历史中国书系

春秋原来是这样

姜狼——作品

中国出版集团　现代出版社

图书在版编目（CIP）数据

春秋原来是这样 / 姜狼著. -- 北京：现代出版社，2024.12. -- (历史中国书系). -- ISBN 978-7-5231-1098-0

Ⅰ.K225.09

中国国家版本馆CIP数据核字第2024MW7665号

春秋原来是这样
CHUNQIU YUANLAI SHI ZHEYANG

著　　者	姜　狼
选题策划	张　霆
责任编辑	张　瑾
责任印制	贾子珍
出版发行	现代出版社
地　　址	北京市安定门外安华里504号
邮政编码	100011
电　　话	010-64267325
传　　真	010-64245264
网　　址	www.1980xd.com
印　　刷	三河市宏盛印务有限公司
开　　本	710mm×1000mm　1/16
印　　张	26.75
字　　数	475千字
版　　次	2024年12月第1版　2024年12月第1次印刷
书　　号	ISBN 978-7-5231-1098-0
定　　价	898.00元（全14册）

版权所有，翻印必究；未经许可，不得转载

序

在中国古代的文明史上，春秋战国是个无论如何都绕不过去的特殊时代，就像说欧洲文明史不可能绕开古希腊一样。之所以说春秋战国时代特殊，是因为这个伟大时代是中华文明的孕育期。中华文明的主要思想体系，就形成于春秋战国时代。

成语所谓"釜底抽薪"，如果将春秋战国从历史上抹去，就好像大树被刨断了根，中华文明也就无从谈起。无法想象一个忘记管子、孔子、老子、孙子、孟子、荀子、墨子、庄子、韩非子的中国文明史会是个什么样子。

无论是思想史，还是政治史，或者是经济史、文学史、军事史，哪怕是耻辱血泪史，都是历史有机结合的重要部分，割裂哪部分，都不是一个完整的整体。历史可以被批判，甚至可以被否定，但不能被割裂，更不能忘记。一切历史都是当代史，一个忘记历史的民族，注定没有未来。

都说春秋战国是个伟大的时代，那么春秋战国的伟大到底体现在哪个层面？简单地说，主要体现在思想层面上，春秋战国时期，中国思想界最大的特点就是"百花齐放，百家争鸣"。各种不同的思想体系井喷而出，从而奠定了中华文明的基石。

不过从政治角度或历史角度来说，春秋和战国又是两个不同的历史时期，对于春秋和战国的时代划分，比较流行的有以下几种划分法：

一、春秋从周平王姬宜臼东迁雒邑的那一年（前770）开始，至周威烈王二十三年（前403），三家分晋，战国开始。公元前403年也是司马光《资治通鉴》的起始年代，这个时间划分比较主流。

二、孔子修订《春秋》时的起始年代，即鲁隐公元年（前722），至鲁哀公十四年（前481）结束，此后进入战国时代。

三、司马迁认为春秋始于公元前770年，止于周元王姬仁元年（前475），此后进入战国时代。

四、从周平王姬宜臼东迁雒邑（前770）开始，至周敬王姬匄崩的那一年（前476），春秋结束，此后进入战国时代。

五、《左传》始记于鲁隐公元年（前722），至鲁哀公二十七年（前468）结束，此后进入战国时代。

六、从公元前770年开始，至齐国大夫田恒发动政变杀齐简公姜壬（即田氏代齐事件）的这一年，即公元前481年为止，此后进入战国时代。

将公元前770年、周平王东迁雒邑定为春秋的起点，这一点基本没有争议。但春秋和战国之间的年代起点向来是比较混乱的，争议也比较大。为了行文方便，决定另辟蹊径，以晋国六卿之一的智伯被晋国的另外三卿赵氏、韩氏、魏氏联合消灭的那一年，也就是周贞定王姬介十六年（前453）为春秋的年代下限。

史学界公认"三家分晋"是中国奴隶制社会形态向封建制社会形态转型的重大历史事件，对于这一点，争议不是很多。不过以周威烈王二十三年（前403）为春秋的年代下限，似乎略晚了些。

从经济史的角度来看，一般将铁器大规模取代青铜器作为春秋与战国的起始点，但这种划分并不严密，因为无法确定铁器大规模使用的具体年限。所以还是用政治史的角度来划分春秋与战国的起始点比较稳妥。

以公元前403年"三家分晋"作为春秋的结束年限，倒是一种比较方便简捷的划分法。但问题是公元前403年，"三家分晋"只是走的一个法律程序而已，实际上早在五十年前，赵氏、韩氏、魏氏三卿就已经淘汰掉了范氏、中行氏、智氏三卿，三家瓜分了晋国政权，魏、韩、赵三足鼎立的局面早已形成。

如果以"三家分晋"事件结束春秋时代，那就会出现一个问题。大家都知道，三国曹魏正式开始于公元220年，而严格意义上来说，曹魏始祖曹操应该算是东汉人。可是如果不将曹操算成三国人物，那整个三国历史都将全部改写，谁会接受一个没有曹操、吕布、袁绍、孙策、周瑜、关羽、鲁肃的三国呢？

曹操正式建立曹氏政权，是在汉献帝建安元年（196），曹操接受荀彧"挟天子以令诸侯"的建议，迎接汉献帝刘协入许昌。也就是说，曹魏政权早在曹丕正式建立魏国前二十五年就已经出现了。

所以，综合来看，以智伯之死（前453）作为春秋的年代下限，这个观点并没有超出司马光《资治通鉴》以"三家分晋"为战国开始的时间概念，只是将这个时间概念朝前推进了五十二年。

从法统层面上来看，春秋和战国只是东周王朝的两个不同的阶段而已。在最正统的中国古代帝王世系表上，只有东周25位名不副实的周天子。当然严格来说，东周作为一个真正意义的王朝是不存在的，就像名存实亡的汉献帝刘协、魏元帝曹奂、晋安帝司马德宗、东魏孝静帝元善见一样，他们留给历史的，只有一段段莫名的悲伤和一声声无言的叹息，以及一堆堆华丽的历史碎片，东周也是如此。

史学界通常将东周和之前的西周合称为周朝，西周是中国历史上最早有纪年的王朝，公元前841年，即共和元年。而西周之前的夏朝和商朝给后人的感觉总像是在云山雾海里若隐若现，看不真切。

元朝人郝经将夏、商、周列为前三代，汉、唐、宋列为后三代。古人提到周朝，一般是将西周和东周一起算进来的，最有名的一句，罗贯中在《三国演义》中借名士水镜先生的嘴吹捧诸葛亮："兴周八百年之姜子牙、旺汉四百年之张子房。"

周朝的八百年是从哪儿算到哪儿的呢？以前在提到西周建国的年代时，只是笼统地说始建于公元前11世纪，现在有了具体的年代，就是公元前1046年，周武王姬发灭商纣王的那一年。到了公元前771年，也就是周幽王姬宫湦十一年，申侯联合戎人攻破西周国都镐京，杀掉周幽王，西周就结束了。

东周就比较好算了，从公元前770年周平王东迁雒邑开始，至公元前256年，周赧王姬延被秦昭襄王灭掉结束。西周和东周合起来计算，国祚共有791年。如果要算上周文王和周武王（灭商之前）在关中地区的统治时间，姬姓建立的周朝在791年国祚的基础上，还要再加上近七十年，确实是名副其实的八百年之姬周。

凡事有果必有因，要讲春秋，就必然从西周开始讲起。如果西周不是以超级荒谬、荒唐、荒诞的方式灭亡，周幽王平安坐天下，那也许历史上就不会出现春秋战国了。

我们这一代人有幸处在旧历史阶段的终点和新历史阶段的起点，曾经那一段段金戈铁马、庙堂谋略、儿女情长的故事，都被我们收览眼底。"以铜为镜，可以正衣冠；以古为镜，可以知兴替；以人为镜，可以明得失。"用现在时髦的话说，历史是一个大课堂，我们能从中学到许多有益的东西。

站在浩荡奔流的历史长河面前，我们每个人都会感觉到自我的渺小，我们应该满怀敬畏地去回望历史。一千个读者就有一千个哈姆雷特，历史也有许多角度和侧面，供我们切入，去寻找属于自己心中的那一份感动。

　　每当夜深人静的时候，那一个个熟悉的身影，那一段段精彩的片段，总会悄悄地走进我们的内心深处，继续上演他们的传奇。

目 录

一 / 夏商周以来的点滴故事 / 001

二 / 西周之末,春秋之始 / 007

三 / 郑庄公和母亲武姜的恩怨情仇 / 016

四 / 郑庄公和东周王室的扯皮大战 / 025

五 / 石碏"大义灭亲"与祁奚的"举贤不避亲仇" / 034

六 / 齐国文姜乱伦杀夫事件始末 / 043

七 / 一个西瓜引发的血案:齐国宫变 / 051

八 / 千古一相说管仲(上)/ 062

九 / 千古一相说管仲(中)/ 070

十 / 千古一相说管仲(下)/ 077

十一 / 齐桓公的贤臣们 / 084

十二 / 齐桓公的不世霸业 / 092

十三 / 性格决定命运:齐桓公的家庭悲剧 / 101

十四 / 仁者亦有敌:宋襄公的悲喜剧 / 109

十五 / 春秋小霸楚成王 / 117

十六 / 曲沃代晋事件 / 125

十七 / 晋国内乱始末 / 134

十八 / 晋国兄弟之乱 / 143

十九 / 晋惠公的悲剧 / 149

二〇 / 晋文公周游列国(上)/ 155

二一 / 晋文公周游列国（下）/ 165

二二 / 龙战城濮：春秋争霸的巅峰之战 / 172

二三 / 秦穆公：拉开统一大幕第一人 / 183

二四 / 一鸣惊人楚庄王 / 194

二五 / 晋楚邲之战 / 205

二六 / 子产和晏婴：春秋两名相 / 213

二七 / 晋国执政赵盾 / 222

二八 / 赵氏孤儿真相 / 232

二九 / 春秋两兵圣之田穰苴和《司马法》/ 241

三〇 / 春秋两兵圣之孙武和《孙子兵法》/ 251

三一 / 吴楚柏举之战 / 261

三二 / 伍子胥复仇记 / 270

三三 / 春秋刺客列传 / 279

三四 / 勾践：千古第一隐忍者 / 288

三五 / 聪明的范蠡和不聪明的文种 / 296

三六 / 季札和豫让 / 306

三七 / 孔子闪亮登场 / 315

三八 / 孔子的绝世传奇（上）/ 321

三九 / 孔子的绝世传奇（中）/ 329

四〇 / 孔子的绝世传奇（下）/ 334

四一 / 孔子的七十二门徒 / 342

四二 / 侠儒子路 / 351

四三 / 千古一圣说老子（上）/ 357

四四 / 千古一圣说老子（下）/ 365

四五 / 春秋名嘴逸事 / 375

四六 / 三家分晋始末 / 383

四七 /《诗经》的魅力（上）/ 393

四八 /《诗经》的魅力（下）/ 399

大事年表 / 406

一 / 夏商周以来的点滴故事

在中国的演义小说史上，商周之际的历史题材库比起东汉三国、隋唐之际毫不逊色，写东汉三国的野史小说有《三国演义》，写隋唐的野史小说有《说唐传》。写商周兴亡的是哪部野史小说呢？说出来大名顶破天——《封神演义》。

就拿民间的传播度和知名度来说，《封神演义》可能要略逊于《三国演义》，但应该强过《说唐传》，以及《大明英烈传》等演义小说。《封神演义》捧红的历史人物数不胜数：一代暴君商纣王、一代妖后妲己、崇侯虎、黄飞虎、两代贤君周文王和周武王，以及民间的智慧之神姜子牙，他直钩钓鱼的故事可谓家喻户晓，"姜太公钓鱼——愿者上钩"，不管读没读过《史记·齐太公世家》，都应该知道这个超级有名的历史典故。

最有意思的是《封神演义》不仅捧红了真实的历史人物，甚至连太上老君、太白金星、元始天尊，还有什么通天教主、南极仙翁、昆仑十二仙，以及女娲娘娘，这些神话人物都跟着出尽了风头。

作为唯物论者，我们是不相信天上有这些神仙鬼怪的，天上除了看不到尽头的大气层，什么也没有。而且即使是姜子牙这样的真实历史人物，也被《封神演义》涂上了一层浓重的神话色彩，比罗贯中神化诸葛亮有过之而无不及。

由于那段历史离现在太过遥远，再加上《封神演义》的添油加醋，其本来的历史面貌已经被弄得面目全非。在这里有必要将商亡周兴这段历史简单地讲一讲，正本清源，然后进入春秋正文。

如果单纯地从文字上的历史来看，中国公认的第一个出现等级制度的王朝是夏朝。夏朝的建立者是启，姓姒，姒启的父亲就是那位为了治水三过家门而不入的大禹。在启建立夏朝之前，中国远古社会在权力传承上采取的是"推选制"。

夏朝之前的国家形态其实是许多个不同的部落组成的联盟，联盟的大头领去世后，由各个部落公推公选一位大头领，尧、舜、禹的大头领地位都是这样产生的。尧、舜、禹其实都是后史的简称，真正的称谓是帝尧、帝舜、帝禹。按照这个制度，大禹死后，大头领的位置应该是东夷首领伯益。不要小看这个在历史上默默无闻的伯益，相传著名的《山海经》就是伯益写的。

但帝禹的儿子启是个野心家，他因不甘心父亲大禹的江山被不相干的伯益捞走，发动了政变，联合诸侯搞掉了伯益，自己做了大头领，正式建立了中国历史上第一个奴隶制王朝——夏朝。随后，姒启又灭掉了不服他统治的有扈氏，"天下咸朝"，各个部落见启如此彪悍，不敢惹这位爷，都俯首称臣。

从姒启开始，远古的"禅让制"被家族传承制完全取代，龙的儿子永远是龙，老鼠的儿子永远是老鼠，等级制度的根本其实就是权力的家族传承制。夏朝的存在时间相当长，大约从公元前2100年到公元前1600年，将近五百年。

不算大禹的话，夏朝共有十七位天子，其中最有知名度的那一位不是启，也不是启的儿子太康，以及那位喜欢养龙的孔甲，而是夏朝最后一位天子，也就是历史上鼎鼎大名的暴君桀。桀和后世商朝的暴君纣，成为历代暴君的代名词，谁要是以暴力治天下，必被人骂成"桀纣再世"。

自从孔甲以来，夏朝的统治力就被明显削弱了，诸侯武装反叛事件不断发生。到了桀统治的时代，因为这位暴君宠幸妹喜，"不务德而武伤百姓"，被愤怒的各阶层联合起来打掉了，迎立商侯成汤，建立了历史上赫赫有名的殷商王朝。

商朝之所以也称为殷朝或殷商，是因为商朝第二十位天子盘庚在位时，将商朝国都迁到了殷（今河南安阳），所以史称殷商。

相对于历史实物缺乏的夏朝来说，商朝出土的文物相当丰富，被誉为"镇国之宝"的司母戊大方鼎，以及曾经震撼世界的殷墟甲骨文，都证明是商朝的文物遗存。如果说夏朝是奴隶制社会的磨合期，那商朝就是奴隶制社会的鼎盛期，商朝的综合国力非常强大，是当时举世公认的东方霸主。

关于奴隶制社会和封建社会的定义，史学界向来是有争议的。被称为奴隶社会的夏、商、周时代都有平民，而夏、商、周之后的朝代，一直到清朝，都有奴隶。无论是奴隶社会还是封建社会，其社会形态的形状都呈哑铃形，即两头大中间小的社会等级格局。

奴隶社会虽然有平民，但当时社会的主流形态是奴隶主与奴隶的阶级存在，一般来说，奴隶制社会的定义是在生产活动中大规模使用奴隶。而战国以后的封建社会虽然也有奴隶，但不是社会的主流形态，大多数人都是平民身份。从这个角度来讲，奴隶社会确实是存在的。

关于封建社会的定义，争议更大，"封建"的本意是夏、商、周的"封疆土建诸侯"，就是权力分封制。如果从政治角度来看，从夏商周到汉武帝下"推恩令"，这段历史都属于封建社会。从经济角度来讲，夏商周的封建领主制（有政治权和经济权）和秦汉之后的封建地主制（只有经济权），在经济权力的垄断上，是没有太大区别的。

相对于云山雾海里的夏朝帝王来说，商朝有许多为后人所熟悉的帝王，如灭夏的商汤、被废的太甲、迁都的盘庚、中兴的武丁，以及那位著名暴君——纣王。

商朝还有许多著名人物，如辅佐商汤灭夏的贤相伊尹、辅佐武丁中兴的贤相傅说、商亡后"义不食周粟"的伯夷和叔齐。除了这一堆男性，商朝还有两位非常著名的女人，一位是武丁的老婆，号称中国历史上第一位女性政治家、军事家的妇好；另一位就是纣王的妃子，"史上第一妖女"妲己，她之前的妹喜和她之后的褒姒的知名度都不如妲己。

"纣王"其实只是后人对他的泛称，他真正的名字叫子辛，"纣"是后人给他安的谥号，是个恶谥，和隋炀帝杨广的"炀"字谥号是一样的。商纣和杨广有很多相似之处，商纣和杨广都不是长子，他们都是文武全才，都是历史上的超级败家子，本来固若金汤的江山，没几年就被他们给折腾光了。

商纣和杨广还有一个共同点，他们都好大喜功、狂妄自大、总以为论文治武功，老子才是天下第一。明君治国，讲究是的"战战兢兢，如履薄冰"，虽然说治大国如烹小鲜，但首先你要会烹饪。如果没这门手艺，别说小鲜了，就是小虾米，也准给烹烂了。

要说商纣的治国能力还是有的，杨广也一样，只要他们端正态度，什么样的国家他们治理不好？最关键的问题就是他们的态度不端正，将一己私利置于天下万民之上。

虽然世袭制是家天下的核心价值所在，但百姓和私权之间有一个利益平衡点，只有百姓能吃上饭，活得有尊严，天子的私权才能稳如泰山。掌握不好这个点，军事力量再强大的王朝，也会分崩离析。当一个王朝触犯了社会上大多数阶层的利益时，统治基础必然瓦解。

不可否认，商纣的私德很差，不过私德和能力之间往往不存在必然的因果关系，历史上的暴君很多，但并不是所有的暴君都是亡国的。

商纣也贪酒好色，最有名的事件就是他纠集一大帮淫男浪女，在酒池子边饮酒作乐。这是私德范畴，本来不算什么大事。但问题的关键不在私德差上面，而在于商纣打破了商朝与统治内部其他利益集团（以及百姓）之间的利益平衡。

不管是什么人，什么地位，只要惹纣王不高兴了，商纣就将其抓来施以酷刑，杀人无数。商纣崇尚暴力治国，挤占别人的利益存在空间，必然会导致各阶层的群体反抗。

这时在商朝统治核心区域的西边，也就是现在的陕西关中附近，出现了一个诸侯国，就是西周。关于西周的起源，根据《史记》记载，周朝始祖是黄帝曾孙帝喾（即三皇五帝中的三皇之一）儿子的后裔。在中国古代的法统传承上，凡是能和黄帝扯上亲戚关系的，都属于"根红苗正"的正统，当然都是字面意义上的。

周族早期一直在关中地区活动，到了商纣统治时期，周族的势力日益壮大，尤其是公季时代，周族在诸侯及百姓中的威望高涨，"笃于行义，诸侯顺之"。公季死后，儿子姬昌继位，他就是历史上著名的周文王，不过当时的封号是西伯，时人称为西伯昌。

姬昌在历史上的受尊崇程度和汉文帝差不多，可以说没有姬昌，就没有日后威震天下的周朝。虽然这时的姬周地盘并不大，但其发展速度非常惊人，无论是在军事上还是在政治上，都已经严重威胁到了商朝的统治。

到了姬昌统治晚期，周国的实力已经超过了商朝，但姬昌似乎从来没有以武力灭商的计划。从法统角度来说，周国再强大，也只是商朝治下的一个方伯，与商纣有君臣名分。所以姬昌虽然三分天下有其二，但他在名义上对商纣称臣，至于推翻商朝的历史任务，准备交给儿子姬发。

姬昌在位时间很长，大约有五十年，公元前1056年，姬昌驾崩，据说他活了九十六岁。商朝的历史坟墓，姬昌都给儿子姬发挖好了，周武王姬发唯一要做的，就是将商纣拽进这座坟墓，然后砌上最后一块砖头。

不过姬发做事比较稳重，他并没有急于伐商，而是在等待最合适的机会。虽然商纣残暴荒淫，得罪了周边方伯，但商朝内部的统治基础还很牢固，因为商纣身边还有一位著名的忠臣，就是太师比干。比干不死，姬发伐商就没有把握，所以姬发在和比干耗时间，看谁死在前头。

果然，两年后，比干因为劝商纣改邪归正，惹恼商纣，被杀掉了。比干是商朝统治集团健康力量的象征,比干被杀,商纣的名声就彻底臭了,这时的商朝只剩下一副华丽的空壳,是时候动手了。

大约在公元前1046年,姬发率甲士四万五千人东向伐纣,此役对姬发来说是命运大决战,一旦失败,九族俱毁。

残暴无比的商纣王也知道这场战役的重要性,他和姬发必将有一个灭亡。不过此时商朝的军事实力已经大不如前,商纣王抓耳挠腮,勉强纠合了七十万(一说是十七万)军队在牧野抵抗周军,企图欺骗历史,蒙混过关。

战争讲究的是兵贵精不贵众,更何况商纣派来的多是没有经过正规军事训练的奴隶百姓,哪里是周国正规军的对手?而且商朝的奴隶百姓早就对商纣的残暴无道恨之入骨,正愁没机会反戈一击呢,姬发来得正是时候。商军大多数人在阵前易帜倒戈,这就是历史上著名的牧野之战。

天上掉下来一块大肉饼,姬发当然笑纳。气势如虹的周朝军队迅速推进到了商朝国都朝歌城下,商纣被逼上了绝境,他没有选择投降,而是"悲壮"地抱着珠玉宝贝,在鹿台上自焚了。冲天的火光无情地向历史宣告殷商王朝统治的彻底终结。

其实这场牧野之战在军事上没什么可讨论的,牧野之战的历史价值在政治层面,如果商纣能善待国人,至少不用那么极端的方式来对待国人,谁会在阵前倒戈?这就说明了一个问题,作为最高统治者,一定要给阶级金字塔最底层的广大百姓一条活路,至少要让百姓看到希望。统治者如果不顾百姓死活,把百姓逼得走投无路,百姓唯一的出路就是反抗到底。

历史上有句名言:"殷鉴不远,在夏后之世",说的就是商朝亡国。历史上几乎所有新王朝的初期都吸取了前朝亡国的历史教训,在政治上都是相对比较开明的。周朝统治集团取代商朝统治天下后,立刻"散鹿台之钱,发钜桥之粟,以振贫民"。就是给贫苦的底层百姓生路,收买人心,稳定局势。

除了收买人心,还需要建立一整套完备的统治体系,巩固姬周天下。在这方面,最著名的例子就是周朝创造性地实行了"封建制",所谓封建制,其实就是诸侯分封制,周朝统治集团将自己的宗族子弟和功臣分封到各地做诸侯,用生理血缘关系和政治血缘关系,以"众星拱月"的政治模式来维持周朝的统治。

周朝号称分封了八百个诸侯,但因为周朝的地皮有限,所以各诸侯国的疆域大小不一,大的如晋、秦、楚、齐,踞城数十,拥甲数万。中等的卫、鲁、宋、吴、越，而有些小的诸侯国甚至只有现在乡镇大小。

这些诸侯国都有自己的军队，在自己的封地里可以为所欲为，周天子也懒得管他们，但事先都给诸侯们划了一条政治红线：不能造反，要听话。

周朝推翻商朝统治后的第一个天子就是周武王姬发，不过姬发在位时间很短，只有五年。姬发死后，他的弟弟周公姬旦辅佐年少的周成王，开创了西周王朝近二百年的盛世。

西周如果从周武王开始算，共有十二位周天子。对后人来说，最熟悉的周王无非就是周文王姬昌、周武王姬发、周穆王姬满，再加上两个活宝周厉王姬胡和他的孙子周幽王姬宫湦。周穆王之所以出名，是因为他有一段传奇的"西游记"经历，传说姬满到西天极乐世界，并在瑶池见到了王母娘娘……

至于周厉王姬胡，也是个浑球儿，在位期间胡作非为，却在国内实行"钳口"政策，不让百姓说话，人们只能"道路以目"，引起众怒。大臣召公为了劝姬胡改邪归正，说了一句非常有名的话："防民之口，甚于防川。"君子动口不动手，但如果连话都不让人说，那君子们就只有动手，来捍卫自己说话的权利。

姬胡是个"良言劝不了的该死鬼"，依旧我行我素，最终引发了历史上著名的"国人暴动"，愤怒的百姓将姬胡赶跑了。这一年是公元前841年，也就是中国历史上有明确纪年的开始，史称共和元年。

姬胡被赶跑后，周朝并没有立太子姬静为天子，而是由周公和召公等贵族联合执政。直到十五年后，也就是公元前827年，被废黜的周厉王姬胡病死，太子姬静才正式继位，即周宣王。

姬静是个好大喜功的君主，在他在位的四十六年间，经常发动对外战争，对威胁周朝安全的狄、戎和淮夷等部落进行大规模围剿，并征服江淮地区强大的徐国。一时间，万方称臣，周朝的武功之盛，达到极点。

历史反复证明，对外扩张的同时不修内政，所谓的武功只是昙花一现，大风一吹就倒。后世的先不说，周宣王之前的商纣就是这么垮掉的。到了周宣王晚期，周朝的统治已经危机四伏，如果周朝能出一位贤君，也许还能力挽狂澜，苟延残喘几十年。可继周宣王上位的偏偏是个超级昏君，时也，命也！

二 / 西周之末，春秋之始

公元前781年，周宣王驾崩，继位的是太子姬宫湦，就是著名的昏君周幽王。

不知道周宣王有多少个儿子，不过周朝是嫡子继承制，讲的是"子以母贵"，姬宫湦不仅有一个好老爹，更有一个好老妈，所以姬宫湦没有任何悬念地当上了至尊无上的周天子。

由于西周距离现在时间过于久远，留下的史料极少，姬宫湦早期的活动于史无载，只知道他生于周宣王三十三年（前795），生母不详。

按照中国传统史家书史的惯例，开国帝王出生时，都会出现祥瑞，比如冲天的火光、乌龟兔子大麻雀们蜂拥上街庆贺。如果是末代帝王，他们出生前后总会莫名其妙地跳出几个怪兽，向人们预告剧情。

周幽王作为末代昏君，自然少不了这样的"待遇"。根据东晋人干宝《搜神记》的记载，周幽王出生的那一年，不知道在什么地方，突然有一匹马，一抹马脸，就变成了一只风骚妩媚的狐狸。

物种变异不太可能，但周幽王即位初期，周朝统治区域内却发生了一场著名的自然灾害，就是周幽王二年（前780），在今陕西关中一带发生的那场大地震。这场大地震给关中地区造成了极大的损失，关中三大河流——泾河、渭河、洛河的水位直线下降，几乎都能看到河床。

就在关中大地震的同年，周朝的发源地岐山突然无故自崩，一连串的自然灾害给周朝统治高层造成了极大的心理震撼。周朝大夫伯阳父精通阴阳八卦，他从这个角度对地震及山崩在政治上大做文章，伯阳父神神秘秘地告诉身边人说："天地阴阳皆有序，失其序则天下乱，民陷水火。现在三川枯竭，岐山崩摧，此阳气失序而阴气上升之故。三川无水，则民无以饮用，地无以浇灌，民必由此乏财，民生艰，必有乱作。昔日夏亡时，伊洛之水枯竭；商亡时，黄河之水枯竭。如今三川无水，不出十年，周朝必亡。"

不知道是巧合，还是伯阳父真有通晓古今的本事，果然在地震之后的第十年，周幽王很"配合"地把一座锦绣如画的大周朝搞得分崩离析。

伯阳父的这通感慨，后半段确实是实情。在任何时代，农业生产都不可能离开优质水源，西周的统治核心地区就在关中，现在关中几大河流都见了底，鱼虾们都躺在河床上晒太阳，西周的农业经济必然会遭受重创，百姓无粮，天下必乱。

伯阳父预言天下将乱时，姬宫涅只是当了两年的周天子，他的劣迹还没有来得及全面铺开，伯阳父怎么就知道姬宫涅将祸乱天下？当然，常言道："三岁看大，七岁看老"，作为统治核心层的大臣，伯阳父在姬宫涅继位前就有机会接触他，所以从某些方面看透姬宫涅的恶劣人品完全是有可能的。

伯阳父的预感很准确，或者说伯阳父很幸运地猜对了骰子的大小，姬宫涅果然是个无道昏君，后世的秦二世嬴胡亥、北齐后主高纬、宋徽宗赵佶都是姬宫涅的徒子徒孙。

不过在这些亡国帝王中，有人是因为糊涂而亡，比如胡亥；有人是因为残暴而亡，比如高纬；有人是因为不务正业而亡，比如赵佶。但姬宫涅亡国和他们都不一样，按传统史家的观点说，西周亡于"红颜祸水"。一个名叫褒姒的绝世美女，是西周亡国的头号罪人。

旧式史观有个很不好的传统，总是把一个政权的灭亡归罪于女人，动辄曰红颜亡国。这是典型的大男子主义，对女人是非常不公平的，没有帝王宠爱女人，又怎么会有亡国惨祸？《国语·郑语》就指责周幽王"周法不昭，而妇言是行"。但姬宫涅听信褒姒，可不是褒姒逼他做的。

英明帝王之好色者亦非少见，魏武帝曹操、北齐神武帝高欢、唐太宗李世民都是有名的好色馋猫，可在他们治下的帝国如日中天，又当何解？

真正导致西周亡国的罪魁祸首，正是周幽王姬宫涅本人。不过从八卦的角度讲，谈到西周亡国，就不可能不讲远古时代的三大"红颜祸水"之一的褒姒，另外两个"红颜祸水"是著名的妹喜（夏桀宠之亡国）和妲己（商纣宠之亡国）。

褒姒是褒国人，褒国是西周时期罕见的与夏朝同姓的部落国家，位于现在陕西汉中附近。褒国和夏朝的关系，类似于另一个诸侯国——宋国与商朝的关系，属于遗民政权。在西周国势最强大的时期，褒国已经完全臣服于周朝的统治，就像南宋初建时，著名的"逃跑专家"赵构低眉顺眼地给女真人当侄子一样。

在姬宫涅即位的第三年，也就是公元前779年，褒国向周天子进献了一名绝世美女，算是褒国向周朝交的"保护费"。因为这个美女是褒国人，而褒国又姓姒，所以后世称其为褒姒。面对如此绝色，姬宫湦的口水直流，当即就笑纳了如此厚礼。

此时周王朝的国势很像一千二百多年后的南朝陈，明显出现了衰落的迹象，但整体实力还在，属于"百足之虫，死而未僵"。自姬宫湦和陈叔宝继位，两朝的国势开始不可逆转地向悬崖边滑去，与此同时，在这两个昏君身边，各自出现了一位绝代美女，心甘情愿地替昏君丈夫背上了亡国的政治黑锅。

周幽王姬宫湦和陈后主陈叔宝亡国有以下几个共同点：

一、姬宫湦的父亲姬静和陈叔宝的父亲在军事上闹过很大的动静，东伐西讨、南征北战。

二、二人都是嫡出太子，最合法的王朝继承人。

三、二人都是昏君，但不是暴君。

四、姬宫湦和陈叔宝都有一个正妻，但都甩掉正妻，偏爱小老婆及她们的儿子。

五、姬宫湦和陈叔宝都废掉正妻所生之子的储君之位，改立小老婆生的儿子为太子。

六、他们的正妻娘家背景都非常显赫，都是当时的一流豪门。

陈叔宝废正妻黜嫡子，估计就是从姬宫湦那里取的歪经。姬宫湦自从得到了褒姒之后，不仅爱得魂飞魄散，连骨头都酥掉了，至于原来的正妻，姬宫湦已经不记得长什么样了。

姬大王的王后姓申，是申国国君申侯的女儿。申国是西周王室的姻亲关系户，专门将女儿嫁给周天子，周文王姬昌的祖母就是申国人。远的不说，周幽王的祖父，那位著名的昏君周厉王姬胡的王后也是申国人。

西周封建五等：公、侯、伯、子、男，春秋的楚国实力强大，但终归只是个子爵，而小小的申国却是侯爵，略低于鲁国，与齐国相等，可见申国在当时政治格局中的地位。

姬宫湦和申后的婚事，是周宣王姬静出于拉拢地方诸侯的政治考虑给安排的，从一开始，姬宫湦就和申后不来电，只不过履行了夫妻间该有的一切手续，申后给薄情寡义的姬宫湦生下了一个王子，就是后来的周平王姬宜臼。

姬宜臼出生的那一年，他的父亲姬宫湦继位为周天子，在姬宜臼三岁之前，姬宫涅还给予他一定的父爱，但自从姬宫涅得到了沉鱼落雁的褒姒后，一切都发生了天翻地覆的变化。

不知道是在哪一年，姬宫涅最宠爱的小老婆褒姒给他生了一个大胖儿子，取名姬伯服（《左传》记为"伯盘"）。喜新厌旧的姬宫涅非常疼爱小老婆生的儿子。姬宫涅越看伯服越顺眼，再加上他对褒姒的爱已经到了丧心病狂的程度，姬宫涅打算废掉申后和姬宜臼，改立褒姒为王后，姬伯服为太子。

陈叔宝敢想不敢做，以当时陈朝皇室的势力，根本无法撼动吴兴沈氏这棵大树。所以终陈叔宝的皇帝生涯，都没敢废掉皇后沈婺华，虽然张丽华所生的儿子陈琛当上了皇太子，但张丽华到死也只是个小老婆的名分。陈叔宝的段位远逊于姬宫涅，姬宫涅自恃国力强大，敢想敢做，根本没把老婆的娘家申国当盘菜。

在某年某月某日，薄情寡义的姬宫涅将发妻申后废黜出宫，姬宜臼也自然失去了太子位，跟着老妈回到了娘家申国，找申侯哭诉去了。申侯是个性烈如火的老头，看到女儿和外孙无端被废，申侯的老脸顿时挂不住了，因为这将影响到申国在诸侯国中的实际地位。只是周朝实力强大，申侯暂时还不便发作，但在心里记下了前女婿姬宫涅的这笔烂账。

老丈人报仇，十年不晚！

顶住了来自各方面的压力，姬宫涅如愿以偿地将褒姒和伯服扶正，成为名正言顺的女一号和未来的男一号。

虽然姬宫涅是货真价实的昏君，但不可否认的是，他对褒姒的感情非常真挚，不掺一丝杂质，陈叔宝也是如此。为了讨褒姒的欢心，姬宫涅不惜和发妻嫡子决裂，冒着得罪申国等地方实力派的危险，在他力所能及的范围内，给了褒姒他所能给予的一切。

褒姒是个聪明的女人，她知道自己侍奉的是天下身份最尊贵的男人，"率土之滨，莫非王臣"。跟着这个大靠山，褒姒不仅确保了自己一生的荣华富贵，还使用各种盘外招，替儿子姬伯服争来了太子位，将来周朝的天下就是伯服的，褒姒本人就是双料国母，褒姒的人生不可谓不成功。

但不知道为什么，褒姒已经争来了她所能得到的一切，她却有一个常人难以理解的怪癖，成为姬宫涅心中最大的一块心病。原因很简单：自从褒姒来到宫里之后，无论姬宫涅用什么手段逗她，褒姒居然从来没有笑过！

姬宫涅无法理解，他几乎是把褒姒当老娘一样供着，享受人间最尊贵的生活,这个女人为什么连个笑脸都不肯给他。这个问题纠结了姬宫湦很长时间,用什么办法才能让褒姒开口一笑?姬宫湦茶饭不思,成天琢磨。

看到姬宫湦被褒姒不笑折磨得快不成人样了,西周史上著名的末代奸臣虢石父知道拍马屁上赶子的机会来了,精明过人的虢石父给幽王出了一个绝妙的主意。虢石父的这个妙计,就是周朝史上著名典故"烽火戏诸侯"的由来。

烽火戏诸侯,严格来说,其实是"烽火戏诸'猴'"。虢石父为了讨幽王的欢心,把在台下看热闹的地方诸侯无端扯进来,诸侯变成了一群猴子,在台上被姬宫湦当成猴子戏耍。

所谓"烽火",实际上是指散建在周王朝与各诸侯国之间要道上的烽火台。自周宣王以来,周朝和关中附近的犬戎族经常大打出手,鸡毛乱飞,关中地区岁无宁日。为了抵抗犬戎族对周王朝核心统治地区的军事进犯,周朝在各地兴建了许多烽火台,一旦发现犬戎武装进攻,就点燃烽火台上的柴火。冲天的大火迎风飘散,诸侯闻警,白日见烟,黑夜见火,知道周王有难,立刻率兵救驾勤王。

只要看到烽火台烟尘大起,诸侯就出兵勤王,这本是诸侯的分内事,并没有诸侯抱怨过。不过君子贵在诚信,只有受到犬戎军事侵犯时,周王才敢点燃烽火,平时谁敢拿自己的诚信开玩笑?

"狼来了"这个故事和周幽王烽火戏诸侯讲的是一个道理:千万不要浪费自己的诚信储量!

人的诚信储量是有限的,做人一定要守诚信,以欺骗别人为乐的,最终必将被命运所欺骗,出来混迟早要还的,这是铁律。不报及己身,必报及子孙!但是那个放羊的小孩子和周幽王都没有意识到这一点,为了一个极小的目标,而以牺牲整体利益为代价,见过愚蠢的,没见过这么愚蠢的。

虽然《史记·周本纪》上并没有说"烽火戏诸侯"这个馊主意是虢石父出的,而说是姬宫湦本人想出的绝世妙计,虢石父只有建议权,没有拍板权。如果姬宫湦能分得清轻重缓急,也不会让虢石父之流的佞臣得逞。所谓苍蝇不叮无缝的蛋,先有昏君(有缝的蛋),后有佞臣(苍蝇),就是这个道理。

姬宫湦立刻让人窜到各处烽火台上,嬉皮笑脸地点燃了柴木,然后他带着褒姒来到城墙上,等着看要"诸猴"的好戏。因为之前的周王在"燃烽"的问题上从来不弄虚作假,诚信度非常高,所以地方诸侯看到冲天的火光,不敢怠慢,立刻点齐兵马去镐京救驾。

远处烟尘大起，车马喧嚣，诸侯的军队以最快的速度冲刺，姬宫涅和褒姒在城墙上已经看到了他们。在离镐京不远处的时候，诸侯就已经发现有些不太对劲，往常犬戎来犯，镐京附近都是鸡飞狗跳猫上吊，现在却异常安静，不符合常理啊。

诸侯揣着一肚子的疑问来到城下，拍拍身上的尘土，抖抖疲惫的精神，瞪着牛一般的大眼四处观察，犬戎在哪儿？

秋风吹过，一地鸡毛，诸侯变成了"诸猴"。

一阵阵粗鲁的骂娘声响彻镐京城外……

看到"诸猴"气急败坏，在城下吹胡子瞪眼，被姬宫涅强行拉到城头上的褒姒终于忍不住，仰天大笑，眼泪都流出来了，这个游戏太有趣了。褒姒花一样的身躯不停地颤抖着，姬宫涅见虢石父的妙计果然奏效，脸上顿时堆满了桃花般的笑容。难得有机会拍褒姒的马屁，姬大王跟着褒姒放肆地大笑。

看到天子和王后笑得前仰后合，城下的诸侯似乎察觉出被耍了，一个个怒气冲天。在城下等了大半天，也不见周天子出来给他们一个说法，这些倒霉的诸侯只好强忍着一肚皮的不快，打马回国。

虽然按礼数君尊臣卑，诸侯不敢强行找姬宫涅讨说法，但经过这么一折腾，周天子的威信在诸侯心中已经大打折扣。权力存在的一个重要因素就是统治者在被统治者心中的威信指数，何况周朝中央朝廷和地方诸侯的权力从属关系是松散型的，诸侯只是把周天子当成实力最强的江湖老大，而不是可以主宰他们生死的主人。诸侯的实力如果单独和周朝相比，自然不成比例，但如果这些被戏耍的诸侯联合起来，就是一股强大的足以对抗周朝的力量。

作为一国之君，最忌讳的就是拿国家社稷的前途命运开玩笑，权力和威信是官场中人的吃饭家伙，没有人敢在这上面玩火。偏偏姬宫涅不知此中利害，他只管褒姒是否开心，并不在乎他这块周天子的金字招牌已经严重褪色，更没有察觉到危险已经一步步向他逼来。

褒姒笑完之后没多久，姬宫涅又故技重施，再次点燃了烽火台的柴火。在姬宫涅的想象中，那些彪乎乎的诸侯会马不停蹄地赶到镐京城下，接受周天子和周王后的再次戏耍。

结果秋风再次掠过，地上没有一根鸡毛，城下连个鬼影也没有。

《史记·周本纪》："为数举烽火。其后不信，诸侯益亦不至。"

姬宫涅本就不多的诚信储量终于消耗完了，这也意味着西周王朝在诸侯那里已经完全没有了市场，威信处在破产的边缘。诸侯已经达成默契，无论周天子发出什么指令，他们都集体拒绝。

周天子姬宫涅还在为诸侯不听他的号令而生气，但他忘记了在镐京不远的申国还有三个恨他入骨的人。申侯作为被废黜的申后的父亲，无法容忍姬宫涅对女儿的背叛。

申侯对前女婿有了杀心，不仅是因为女儿被废，更重要的原因是姬宫涅昏庸无道，让申侯看到了除掉姬宫涅、立自己的外孙姬宜臼为王的希望。如果姬宜臼即周王位，申侯便可以以外戚身份执政。

凭申侯自己的力量还难以推翻姬宫涅，申侯一个人摘不了果子，那就叫来几个同样对果子垂涎三尺的围观者，比如缯国和犬戎人。虽然这场战争的发起者是申国，但实际上申国和缯国都是打酱油的。无论是《史记·周本纪》，还是《史记·郑世家》，都明确记载犬戎人才是真正的主力部队。

犬戎和西周久有过节，当年周穆王差点把犬戎一锅端掉，现在周朝危在旦夕，犬戎人自然不会放过这个千载难逢的机会。

周幽王十一年，即公元前771年，强悍的犬戎人怒吼着冲进了镐京。在得知犬戎人进攻的消息后，还在为褒姒不笑而愁眉苦脸的姬宫涅被逼得走投无路，幻想周边诸侯能勤王救驾。烽火台再次熊熊燃烧，但姬宫涅始终没有盼来一个救兵。

二百五十七年前，鹿台的冲天大火宣告一个时代的伟大终结。二百五十七年后，镐京附近的冲天大火再次宣告一个时代的伟大终结。唯一不同的是，商朝之亡，取而代之的是周朝更为稳固的统治，而西周之亡，则拉开了轰轰烈烈的春秋时代的大幕。

《史记·郑世家》："犬戎杀幽王于骊山下，并杀桓公。"桓公就是周幽王的叔父郑桓公姬友，这位倒霉的国姓爷本来在郑国过得有滋有味，因为治政非常出色，被侄子姬宫涅调到京城做司徒。结果没做两年，姬友就遇到了犬戎之乱，命丧镐京。

至于"红颜祸水"褒姒，她的命运比张丽华略好一些，张丽华被隋朝重臣高颎斩于青溪桥，而褒姒则是被犬戎人当成战利品带回国，下落不明。但相信以褒姒的美色，足以打动犬戎的大首领，也许褒姒会开启新的美丽人生，并在不久后，忘记被犬戎人杀掉的前夫姬宫涅和儿子姬伯服。

申侯的目的基本达到了，姬伯服的死，造成了周朝天子继承的真空。唯一能填补这个真空的，只有申侯的外孙姬宜臼。但问题是镐京已经被犬戎人严重破坏，而且距离犬戎的势力范围太近，不再适宜做国都，只有向东迁徙。周朝的东都雒邑有幸被选中成为新的国都，在申侯、鲁公和许文公等诸侯的拥戴下，年轻的姬宜臼在雒邑即周天子位，这就是历史上有名的"平王东迁"。

申侯的算盘打错了，他应该没有料到犬戎人对镐京的破坏会如此严重，周朝国都会东迁雒邑。问题恰恰出在这里，西周名义上统一天下，实际上不过是天下诸侯的领导者，对东方诸侯并没有予夺生杀的权力。

东方诸侯敬畏周室，是因为周室实力强大，政治稳定。当西周灭亡，王室衰微之际，周室之于东方诸侯的实力优势已经荡然无存，号令不出雒邑，还会有哪个诸侯继续把周王室当盘菜？

类似君弱臣强的局面在后世不断上演，比如汉末藩镇割据和唐末藩镇割据，都是趁中央权威衰落之际逞强自立。更极端的事例，是控制中央政权的原地方诸侯可以根据自己的利益需求而废立帝王，有些实力强大的地方诸侯甚至可以自己过把皇帝瘾，中央帝室的权威丧失殆尽。

东周新都雒邑并非周朝传统意义上的直系领地，数百年来，周室的根据地一直在以岐山为中心的关中。平王东迁，就意味着放弃了自己的三居室，跑到别人的二居室当免费房客，难怪房东不给好脸色看。有些野心勃勃的"房东"开始盘算能从落难的王室身上多拔下几根漂亮的羽毛……

我们都知道申侯等诸侯拥立姬宜臼做周天子，实际上还有一个不太为人所熟知的历史事件，就在周平王即位的同时，虢国的君主姬翰在携（地名，实址未详，当在洛阳附近）另立周幽王姬宫涅的庶子姬余臣为周天子，史称周携王。

在至少十年的时间里，东周是二王并立，不过正史只承认申侯所立的周平王。这段历史很容易让人们想到了距今一千三百多年前的另一段历史：隋炀帝杨广在江都被杀，唐公李渊占领长安后，立杨广之孙杨侑为过渡性的隋天子，史称隋恭帝。同时在洛阳，军阀王世充也立杨广的另一个孙子杨侗为隋天子，史称"皇泰主"。

其实不论是周平王，还是周携王，都不过是诸侯手上的提线木偶，后世的杨侑、杨侗兄弟几乎就是东周二王的翻版。帝王之所以尊贵，是因为他们手上握有至高无上的权力，失去了权力，他们一无所有。

姬宜臼运气还算不错，至少他还继承了祖先留下来的政权法统，虽然这在野心勃勃的诸侯看来，这不过是一块铝合金招牌，但它保护了东周王室长达五百多年。即使后来争霸如齐桓公者，依然高举着"尊王"的大旗，不过这一切，并不是姬宜臼想要得到的。

中央政权的崩溃，带来的最直接后果就是诸侯割据、军阀混战，东周如此，汉末如此，唐末如此，乃至清末都是如此。《史记·周本纪》记载："平王之时，周室衰微，诸侯强并弱，齐、楚、秦、晋始大，政由方伯。"

汉灵帝刘宏祸乱天下，结果身后不久，东汉朝廷便土崩瓦解，各路军阀粉墨登场，最终演变成曹操、刘备、孙权的三足鼎立，其精彩程度让后世叹为观止，历史原来可以如此精彩！

周幽王姬宫湦的"历史贡献"也在于把本来铁桶一般的西周江山搞得支离破碎，各路英雄好汉蜂拥而出，骄傲地站在灯光闪耀的舞台上。甚至可以这么说，西周之后春秋时代的出现，对中华文明的发展起到了决定性的作用。

按现在的行话说，东周的建立，掀开了历史新的一页。

盛世的终结，传统社会秩序被彻底打乱，往往意味着新的时代在孕育发展。新的历史时期，必定涌现出代表新时代历史发展方向的杰出人物，也许后人会庆幸周幽王姬宫湦的昏庸无道。非如此，艳绝千古的春秋时代也许就胎死腹中，后人就无法领略到春秋风流人物的无限精彩。

三 / 郑庄公和母亲武姜的恩怨情仇

说到郑庄公姬寤生，相信大家并不陌生，虽然他的功业无法和齐桓、晋文相提并论，但他占了一个天大的便宜，导致他在历史上的知名度非同一般。原因很简单，因为姬寤生是记录春秋历史最权威的史书《左传》中第一个出场亮相的主要演员。姬寤生在春秋的地位，和《水浒传》中第一个出场的九纹龙史进非常相似，姬寤生运气不错，一个不经意间的精彩亮相，就让历史牢牢记住了他。

在姬寤生不怎么波澜壮阔的人生中，他实际上只做了两件"大"事：

一、姬寤生和他的母亲武姜之间不可思议的恩怨情仇，并设计除掉了有夺位野心的弟弟。

二、姬寤生以诸侯的身份与周天子互换人质，并因为争夺领地最终大打出手，还射了周桓王一箭。

因为这两件事情，姬寤生在历史上的形象并不怎么光彩，有关他的评价也以负面居多。不过这些负面评价主要集中在批判姬寤生的私德上，对他的小霸之功基本上还是持肯定态度的。

《春秋穀梁传·隐公元年》就对姬寤生的能力有很高的评价："郑伯（即姬寤生）既为人君，有威怒之重，自为戎首，设赏罚之柄，故君师用命，战士争先。"这样的评价送给秦皇汉武同样合适，说明姬寤生混江湖的能力不可小觑。不过现在先不讲郑庄公的宏图霸业，先讲一讲他和母亲武姜的恩怨情仇。

姬寤生出生在一个根红苗正的王室家庭，而春秋五霸之首齐桓公再怎么牛哄哄，也只是王室外姓。姬寤生的曾祖父非常著名，就是西周历史上头号大暴君，开创中国历史明确纪年的周厉王姬胡，换言之，西周末代天子姬宫涅是姬寤生的堂叔。

姬寤生的祖父，实际上前文曾经提到过，即在镐京之乱中随同姬宫涅一起被杀的司徒、郑桓公姬友。姬友的知名度远低于他的孙子姬寤生，但姬友曾经和政治预言家——太史伯展开一场关于姬周国运的大讨论，此事详细记载于《国语·郑语》，且称之为《国运论》。

中国历史上有三部著名的政治预言读本，即《马前课》《推背图》《烧饼歌》。其实太史伯的《国运论》对姬周国运的推演相当神奇，特别是太史伯准确预言到姬姓晋国、姜姓齐国、嬴姓秦国、芈姓楚国必将随着周朝的国运衰落而崛起。

郑桓公是两周交替之际最为可惜的一位诸侯兼贤臣，他是西周末年少有的贤明宗室，他善于治国，勤政爱民，治理郑国三十年，"百姓皆便爱之"。随后入京任司徒，"和集周民，周民皆悦，河雒之间，人便思之"。

如果周宣王姬静在临终之时把天子之位传给弟弟姬友，而不是荒唐的儿子姬宫湦，也许西周不会这么早退出历史舞台。姬静擅长武功，征伐天下，而姬友擅长文治，调和五行，是姬静最合适的政治继承人。姬静以天下为小私，不为小公，致使先祖辛苦打下来的大周天下一朝土崩，遂至瓦解。

姬友稀里糊涂为姬宫湦陪了葬，郑国的第二任国君是郑武公姬掘突。姬掘突在历史上没有太大的作为，他在历史上有那么一点知名度，完全是他那位喜欢多事的老婆给招惹出来的。

武公的夫人来自申国，因姓姜，又嫁给武公，所以后人称她为武姜。春秋时代的著名女人多被称为某姜，如武姜、庄姜、宣姜、文姜、齐姜，"姜"代表着她们所在的姜姓诸侯国，比如姜姓齐国、姜姓申国、姜姓许国、姜姓吕国。这些在一定程度上改变春秋历史的美女"名姜"的风流故事，以后会重点介绍。

在武姜的人生中，做出的第一件"青史留名"的伟大事迹，就是在生长子姬寤生的时候难产，差点母子双亡。武姜非常迷信，因为长子的出生差点要了武姜的老命，所以武姜特别讨厌这个儿子。等到武姜再次怀孕生产时，次子共叔段的生产特别顺利，所以武姜把她所有的母爱都给了共叔段。姬寤生在母亲武姜的眼中，不过是一个与她毫无关系的路人甲。

一般来说，在政治舞台上，性格强悍的女人特别容易涉足政治，武姜也没有例外。因为姬寤生是嫡长子，所以郑国太子的位置非他莫属，但武姜执意干政，逼老公姬掘突废长立幼。

共叔段的能力，姬掘突是清楚的。这位少爷是典型的权贵二代做派，仗着母亲的宠爱，"恃宠骄恣"，姬掘突此时已经身染重病，没几天活头了，所以断然不敢把江山传给这个败家子。姬掘突拒绝了武姜的逼宫，姬寤生也有惊无险地继承了郑国的统治权。

替幼子夺权行动的失败，在这个好强女人的内心深处形成了强大的幽怨之气，她实在咽不下这口气，总想着扳回一局。姬寤生做了郑伯又如何，她照样要把她不喜欢的长子拉下马来。

现在的问题是，姬寤生已经获得了合法的统治权，并且姬寤生得到了许多朝中重臣的支持，用政变的办法似乎很难扳倒姬寤生。武姜为共叔段想到了"曲线夺位"的妙计，就是把共叔段封在外地的大邑，多置办兵马，待机会成熟，母子二人里应外合，拿下姬寤生。

据现有史料记载，武姜应该是中国历史上第一个企图废长子、立幼子的太后，后世的窦漪房不喜欢长子刘启，想立幼子刘武，所用的办法几乎就是从武姜这里抄袭过去的。

武姜想要得到什么，姬寤生心知肚明，这位新任郑国君主也不是盏省油的灯，他首先拒绝了武姜为共叔段请封为制邑（即后世著名的虎牢关旧址）的请求，理由有两个：

一、制邑地处偏远，不易管理。

二、制邑曾经是东虢国的封地，后东虢国为郑所灭，把弟弟封在这里，恐为不祥。

除了制邑，母亲选择其他封地，姬寤生都会答应。

姬寤生拒绝把制邑封给共叔段的真正原因，其实是因为制邑是东虢国旧都，北依黄河，南临汜水，地势险要，粮草充足，进可攻，退可守。如果把制邑封给共叔段，就等于放虎归山，再难控制。更重要的是，制邑距离郑国国都新郑太远，一旦有变，姬寤生鞭长莫及。

武姜应该察觉到姬寤生对她已经有了防备，但她又不好多说什么，只好退而求其次，为共叔段请到了京邑为封地，姬寤生微笑着答应了母亲的请求。京邑位于新郑东北方向，正处在新郑与制邑之间，而且京邑四周无险可守，以后姬寤生要通过军事手段拿下京邑要远比拿下制邑容易。

武姜把最喜欢的幼子送到了京邑，并让共叔段暗中招兵买马，成立嫡系部队，为日后的武装进攻做准备。对于武姜明目张胆的干涉政治，郑国的核心统治阶层非常不满，大夫祭仲非常不理解姬寤生为何放掉野心勃勃的共叔段，留在新郑就近监视岂不是更好？

姬寤生似乎是出于保密的考虑，并没有告诉祭仲自己的长远计划，只是假模假样地说母命难违。祭仲一时没转过弯来，还继续发出善意的警告："姜氏心怀诡诈，公岂不知？不如先下手为强，斩草除根，以绝后患。等到彼等势力坐大之时，再欲除之，恐非易事。"

姬寤生本来是不想过早地暴露自己的想法，被祭仲逼急了，姬寤生才慢吞吞回了一句，结果立刻成为千古名言："多行不义，必自毙。"我都不急，你急什么！慢慢等着吧，不久之后就有一部大片上映，你准备看热闹吧。

姬寤生的性格比较内敛阴鸷，他不会把心里的真实想法说出来。这种性格的君主，往往给人的感觉比较阳光，做事坦荡，实际上一肚子坏水。唐朝第一奸臣李林甫，人称"笑里藏刀"，其实姬寤生的所作所为更符合"笑里藏刀"的标准。姬寤生和李林甫有一点不同，李林甫奸诈阴险是天生的，为了上位不择手段，而姬寤生的"坏"很大程度上是母亲武姜一碗水端不平给逼出来的。

祭仲的反对意见，姬寤生何尝不知？祭仲只看到了武姜对姬寤生的咄咄逼人，却忘记了一点，武姜再怎么可恶，毕竟是姬寤生的亲生母亲。自从姬寤生懂事起，他就一直生活在母亲偏爱幼弟的阴影之中，这让他对武姜产生了深深的怨恨：难产的罪过怎么能推到我头上，我还不是你生的？

每次看到武姜宠爱共叔段的时候，姬寤生心里总会泛起难以克制的酸苦和忌恨。但无论武姜对姬寤生的态度有多刻薄，母子二人的矛盾有多深，姬寤生始终对武姜抱有一丝幻想，他希望母亲能把她给予弟弟的母爱分出一点给他，一点就足够了。

姬寤生一直在给武姜机会，但武姜对这个曾经让她受过惊吓的长子丝毫不感兴趣，她现在满脑子都在想怎样帮助共叔段夺取郑国统治权。至于姬寤生的生死，武姜并不关心。

姬寤生的心态一直处在矛盾和纠结之中，一方面他必须打消母亲和弟弟对国君之位的觊觎之心，另一方面他又希望母亲能悬崖勒马。不过从现在的形势来看，武姜是打算一条道走到黑了。在武姜一意孤行的时候，姬寤生对她的态度明显是怨恨多于期望。

而且姬寤生已经得到情报，共叔段不断扩大自己的地盘，势力范围越来越大。这个消息更加激怒了姬寤生，他坚信共叔段的背后一定有母亲的支持。郑国的统治阶层对此坐立不安，都出面劝姬寤生不要再拖下去了，迟则生变，应该趁共叔段羽翼未丰之时果断拿下。

姬寤生还是摇摇头拒绝了，他此时已经基本放弃了对母亲的幻想，但他的理由是："不义不昵，厚将崩。"意思是说共叔段的所作所为于公不合君臣大义，于私不合兄弟亲情，失败是迟早的事情。

面对弟弟的得寸进尺，姬寤生不是选择以大义责之，矫正共叔段的错误做法，而是任由其胡作非为，并且挖坑引诱共叔段，这也是后世对姬寤生诟病最多的地方。

共叔段是姬寤生在政治上最大的敌人，姬寤生早就欲除之而后快，但他如果之前就动手，没有合法的理由，弄不好会身败名裂。等共叔段谋逆暴露之时再动手，罪过全都由共叔段和武姜背着，自己反倒落了一个好名声，为人奸雄如此，曹操也要望其项背。

明人冯梦龙在小说《东周列国志》中就评论姬寤生此举是"养成段恶，以塞姜氏之口，真千古奸雄也"。三国大奸雄曹操在姬寤生面前，也只是个小弟。曹操在江湖上设计坑人的桥段，有许多都是直接剽窃姬寤生的。

首先要承认姬寤生对共叔段独占母爱有强烈的吃醋心理，但如果没有武姜的存在，姬寤生是否就不会"陷害"共叔段了？答案显然是否定的。虽然姬寤生恨弟弟，但弟弟随时有可能取代自己做郑国国君，这才是姬寤生给共叔段设套的主要原因。

在家天下时代，权力的性质从来都是属私的，特别是一个官场中的强势男人，他可以和别人分享富贵，但绝对不会让人分享自己的权力。姬寤生制订了几近完美的"除弟计划"，导火索也应该是共叔段的为臣不忠、为弟不悌，姬寤生的行为可以认定属于自卫性质。

从姬寤生即位那一年算起，武姜和共叔段已经骑在姬寤生头上擅作威福长达二十年。都说勾践隐忍二十年，终灭强吴，姬寤生的忍，从难度来说甚至可以说在勾践之上。

勾践面对的夫差只是外人，而姬寤生却要面对自己的亲生母亲和同胞弟弟，何况姬寤生并非冷血之人，他始终对母亲和弟弟的幡然悔悟抱有幻想。这种亲情上的痛苦纠结，不身处其境，是很难理解的。

由于《左传·郑伯克段于鄢》这篇文章在历史上的知名度实在太高，许多正统的封建史家对姬寤生口诛笔伐，讥其教弟不严，却很少有指责武姜偏爱幼子的，这对姬寤生来说太不公平。

人非圣贤，曹操曾经对十几万手无寸铁的百姓痛下杀手，却得到了历史的原谅。姬寤生只不过是想守住本就属于他的权力，并没有枉杀一人，不应该对他的这点毛病揪住不放。

从后来姬寤生对母亲的思念来看，他还是特别渴望得到那份本应该属于他的母爱的，所以在整个事件的发展过程中，姬寤生始终采取比较文明理性的手段来对付母亲与弟弟。只是武姜和共叔段已经被贪婪冲昏了头脑，只想着夺嫡易位，不让他们撞下南墙，他们不知道天有多高、地有多厚。

姬寤生早已经布好了局，就等着共叔段起兵造反了，只有这样，姬寤生才能占据道义上的绝对优势。共叔段却丝毫没有察觉到兄长的阴险用心，还在努力"配合"兄长的"剿贼计划"。

表面上，共叔段在京邑招兵买马，但他的整体实力和姬寤生掌握的郑国精锐部队还是没法比，这也是姬寤生敢于放纵共叔段扩建私军的重要原因。

姬寤生从来没有把弟弟的这些虾米兵当回事，但最让姬寤生伤心的是，母亲武姜还是没能悬崖勒马，反而陷得越来越深。据内线的可靠情报，武姜和共叔段的夺位计划已经到了实施阶段，具体方案是共叔段率兵南下进攻都城郑，武姜趁机打开城门，里应外合，一举除掉人嫌狗憎的姬寤生。

姬寤生一直没有把共叔段当回事，他在意的是母亲的态度，但武姜最终的选择严重激怒了由失望变绝望，再由绝望变恨之入骨的姬寤生。该来的迟早会来，二十多年的恩怨情仇，是到了算总账的时候了。

郑庄公在位第二十二年的夏五月，一场意料之中的兄弟夺位之战精彩上演。不过出乎武姜意料的是，战争的主攻方不是共叔段，而是姬寤生。姬寤生的实力非常强大，他拜叔父姬吕为将，一次就出手二百辆战车，浩荡北上。

春秋的兵制上承西周，军事实力多以"车"为计算单位，每辆战车有四匹马，上有甲士三人，步卒七十二人，后勤兵二十五人，共计百人，此外还配有后勤牛十二头。二百辆战车，单论人数，就是两万人的兵力，在这春秋时期算是比较大规模的用兵了。

优势一直都在姬寤生这边，但还有个细节不太为后世所注意。当郑军北上的时候，共叔段营建多年的根据地京邑突然宣布脱离共叔段阵营，归降郑伯。这一点说明了什么？很简单，这是姬寤生给京邑的官员做过策反工作。如果京邑都是共叔段的人马，不至于仗还没打就投降了，甚至共叔段的嫡系部队中都有人可能被姬寤生提前收买了。

其实这场所谓的战争并没有打起来，共叔段安身立命的那支部队在郑军到达之前就已经作鸟兽散了，一阵尖叫之后，共叔段成了孤家寡人。已经"累累若丧家之犬"的共叔段为了躲避兄长的追杀，一路向南逃到鄢（今河南鄢陵）。姬寤生当然不能让弟弟有喘息复苏的机会。共叔段不想成为兄长的阶下囚，更无脸面对失望的母亲。共叔段转折北上，逃到了共国，此后下落不明，也有一说是共叔段被姬寤生的军队杀死了。

共叔段已经成为历史，姬寤生可以当没有过这个弟弟，但他必须面对视他如仇人的母亲武姜。

除了郑庄公与母为仇，还有两个著名的例子，一是秦始皇和他的母亲赵姬，二是辽兴宗耶律宗真和他的母亲萧耨斤。武姜、赵姬、萧耨斤有一个共同点就是不喜欢在位的大儿子，偏爱小儿子，密谋发动兵变，结果都失败了。最巧合的是，她们三人都被自己的亲生儿子关了禁闭，发誓至死不相见，但最终都和好如初，母子团圆。

不过此时的姬寤生，对武姜却只有恨，恨之入骨。他恨武姜的偏心，二十多年的屈辱涌上心头，几乎让姬寤生难以自制。姬寤生不想再见到这个薄情寡义的女人，只是厌恶地挥一挥手，让人把武姜强行押到了城颍（今河南临颍），距离郑三百多里。

姬寤生托人给每日在城颍以泪洗面的武姜带了句狠话："不及黄泉，不相见也。"这算是姬寤生对母亲的诀别之言，母子之间已经恩断情绝，自此便是陌路人，老死不再相见。

武姜在城颍孤苦伶仃，姬寤生是知道的，他感觉非常解恨，这是这个薄情的女人应该得到的下场。但当姬寤生猛地看到殿外和煦阳光的时候，他的心突然被狠狠地刺痛了，他又想到了他从来没有得到的母爱。

人生在世，不一定有子女，但一定有母亲，只是并非所有的母亲都会把母爱给自己的孩子，姬寤生不幸尝到了这种痛苦的滋味。这些年所受到的屈辱，在姬寤生彻底取得胜利之后，变本加厉地爆发出来。

但在发泄之后，姬寤生突然感觉到一阵强烈的孤独感向他袭来，几乎把他击倒。直到这个时候，姬寤生才痛苦地发现，他从骨子里就没有恨过母亲。

姬寤生对自己把母亲放逐到城颍并关了禁闭感到后悔，只是他作为一国之君，不可戏言，狠话都说出去了，天下尽知。如果现在变卦，把母亲接回来，世人会笑骂他是个贱骨头，威望尽失，以后还有什么脸面在江湖上混？

一方面是权力的压力，另一方面是母子之情的召唤，姬寤生一时想不出办法，这位英明的郑国君主陷入了痛苦的纠结中不可自拔。

替姬寤生解决这个感情难题的，是郑国大夫颍考叔。

此时的颍考叔并不在郑，而是在镇守颍谷，当他从侧面了解情况后，立刻动身来到郑，他打着向国君进献礼物的名义见到了姬寤生。小弟来拜见老大，按惯例，老大自然要留小弟吃顿饭，好酒好肉是少不了的。

不过让姬寤生奇怪的是，明明案上摆着肉食，颍考叔却不动筷子，而是把肉轻轻放在一边，难道这货是个素食主义者？面对姬寤生的疑问，颍考叔带着善意的微笑，说臣不是不喜欢吃肉，而是家中有老母，臣要把肉带回家孝敬老母。

颍考叔是故意这么说的，目的就是勾起姬寤生的思母之情，为他下面劝国君母子和好做铺垫。果然，姬寤生听完颍考叔的话，差点没哭出来，别人可以得到母亲的疼爱，自己却和母亲老死不相往来。

姬寤生强忍着心中的凄苦和悲凉，看着颍考叔，做羡慕状："寡人真的非常羡慕先生，还有机会孝敬老母，寡人却孤苦一人，无母可孝敬。"姬寤生平素为人较为诡诈，但他的这句话是发自肺腑的。即使再邪恶的人，在他的内心深处，总会留有一个柔软的空间，何况姬寤生人品并不算太糟糕。

颍考叔当然知道姬寤生和武姜之间发生了什么事情，他明知故问，逼得姬寤生说出了自己心里最真实的想法。姬寤生不停地在颍考叔面前表达当初把母亲流放到外地的后悔之情。

颍考叔大笑，他此来就是为国君解决这事的。他知道姬寤生是一国之君，君无戏言，但他有个好办法，既让姬寤生保住面子，又能与母亲和好。"君何患焉？若阙地及泉，隧而相见，其谁曰不然？"这是颍考叔给姬寤生出的好主意。

姬寤生说过不及黄泉不相见，那就在地下挖一眼黄泉出来，具体的办法就是挖一个能见到黄泉（应该是地下水）的隧道，让国君和武姜相见。而且颍考叔相信武姜一定会接纳国君，因为她在感情上已别无选择。

事实也证明了颍考叔的判断，听完了颍考叔的计划，武姜泪流满面，对颍考叔的感激之情无以言表。武姜对自己的糊涂和绝情悔恨不已，几十年来，她视姬寤生如路人，却忘记了自己作为母亲的责任。造成兄弟反目成仇的罪魁祸首其实就是她自己。

　　共叔段已经成为过眼烟云，她眼下只有姬寤生一个儿子，她甚至在想，只要姬寤生能原谅她，她愿意把失落的母爱加倍还给这个内心孤苦的儿子。现在机会来了，武姜内心的起伏是非常剧烈的，久久难以平静。

　　当姬寤生借着火把的亮光，流着泪走进隧道，激动地赋诗："大隧之中，其乐也融融！"他已经听到了隧道深处传来一阵熟悉的脚步声，武姜泪流满面地站在儿子面前，和着泪吟诵着她夹杂着太多悔恨的幸福："大隧之外，其乐也洩洩！"

　　姬寤生激动地给母亲行大礼，武姜情绪异常激动，直到这一刻，她才真正理解做母亲的含义和幸福。之前，在武姜的潜意识中，生姬寤生时难产的阴影总是挥之不去，继而对姬寤生产生反感。可她却从来没有想过，姬寤生当时只是一个不谙人事的婴儿，他有何罪？

　　好在上天已经厌倦了这场人间悲剧，给了武姜一个赎罪的机会，还了姬寤生一个公道。

　　《左传·隐公元年》："遂为母子如初。"

四 / 郑庄公和东周王室的扯皮大战

接着讲郑庄公姬寤生。

在颖考叔的妙计安排下，姬寤生既保住了面子，又和母亲和好如初。这是一则很温馨的家庭故事，姬寤生对母爱的渴望让人感动，这是人性中最本真的一面。

但话说回来，世界上每个人都具有人性的双重性，心中各有一个魔鬼和天使，这两种人性时刻处在一种矛盾和纠结的状态，姬寤生也不例外。当姬寤生放下个人感情，以郑国国君的身份出现在诸侯争霸的舞台上，他还有着另一张人性面孔：嚣张霸道，蛮横无理，以及他所谓的江湖义气。

姬寤生被称为春秋小霸，在历史上也算是大名鼎鼎，他平生做过两件"大"事，都受后人诟病。一是他设计除掉了弟弟共叔段，二是他对东周王室的不敬。共叔段的悲剧已经讲过了，下面主要讲姬寤生与东周王室的扯皮大战。

在东方诸侯中，有许多姬姓诸侯国，比如晋、鲁、燕、卫，但这些诸侯与西周末、东周初的周天子的血缘关系非常疏远，有些类似刘备与汉献帝的关系。而要说与周平王血缘关系最近的姬姓国，首选郑国。

郑国之所以和东周王室血缘近，是因为郑国出现得太晚，郑国第一任君主郑桓公姬友是周厉王姬胡的儿子，而晋、鲁、燕、卫等国已经存在二百多年了。先把郑国与东周王室做个关系表：

周厉王姬胡→周宣王姬静→周幽王姬宫涅→周平王姬宜臼→太子姬泄父→周桓王姬林
└─→郑桓公姬友→郑武公姬掘突→郑庄公姬寤生

从关系表中可以看出，姬寤生是周平王姬宜臼未出五服的堂弟，他们有一个共同的曾祖，但姬宜臼比姬寤生大了二十五岁。

说到二人的关系，早期还是不错的，因为姬寤生的父亲姬掘突还有另外一个身份，就是周王左卿士。所谓卿士，其实就相当于后世的宰相。与后世宰相不能世袭不同，周朝的宰相是可以世袭的，姬掘突死后，姬寤生很自然地就接了老爹的位置。

可能是姬宜臼为了限制姬寤生的权力，准备由西虢国的国君姬忌父出任右卿士，从中制衡姬寤生，以免其坐大。姬寤生不是个省油的灯，他通过各种手段，打听到了这件事情。

宰相的位子是一人之下，万人之上，就近控制周王室，对姬寤生的争霸天下来说具有特别重大的意义。该死的姬宜臼不让姬寤生吃肉喝汤，姬寤生岂能答应？

姬寤生的做事风格向来比较高调，而且为人心狠手辣，连同胞弟弟都敢除掉的人，还会在乎堂兄吗？仗着郑国军事实力强大，姬寤生闯进大殿，吹胡子瞪眼地质问姬宜臼："听说陛下要废掉臣，可有此事？"

姬宜臼虽然贵为周天子，但他所控制的"周朝"只有今河南、山西交界地区。郑国地大兵多，姬宜臼暂时惹不起姬寤生，只好忍气吞声，不敢当场顶撞姬寤生，只能违心地说没有此事。

姬宜臼以天子的身份，向诸侯低三下四地自辩，并没有打动蛮横霸道的姬寤生，凭什么相信你？让我相信你，那你就必须用实际行动证明这一点。

姬寤生步步紧逼，最后把姬宜臼逼到了墙角，姬宜臼才不得不做出一个严重违反君臣大义的荒唐决定：周王室与郑国互派人质。姬宜臼把自己的儿子姬狐打发到郑国，由姬寤生就近控制，这就是春秋史上有名的"周郑交质"事件。

虽然表面上姬寤生也派自己的儿子姬忽到东周做人质，但姬忽有强大的郑国做后盾，姬宜臼根本不敢动姬忽一根汗毛。这笔买卖，姬寤生是稳赚不赔的。

对于姬寤生强迫天子送人质的做法，历代史家多有指责。左丘明就批评姬寤生的荒谬要求，他有一段极有见地的评语："信不由中，质无益也。明恕而行，要之以礼，虽无有质，谁能间之。"大意是周天子和郑庄公之间已经没有最基本的信任，互送人质也改变不了他们之间的尔虞我诈。

姬宜臼作为天下共主，却被一个小霸欺负成这样，心中的委屈窝囊可想而知。可以想象，如果汉献帝刘协把自己的儿子交给曹操做人质，刘协会是什么样的心情。

不过对姬宜臼来说相对有利的是，虽然周王朝早已破败不堪，但周平王上承祖宗之德，他的威望在诸侯心中的分量还是很重的。再说郑国再强，也不过是一个诸侯，同时存在的晋、齐、鲁、宋、楚等国哪个也不是省油的灯，当然不会任由姬寤生骑在周天子头上擅作威福。正因为这一点，姬寤生对周平王的态度还算客气，没有把事情做绝，互相都留有余地。

周郑交质事件发生在周平王驾崩的当年，即公元前720年。没过多久，在位五十一年，六十二岁的周平王姬宜臼在委屈窝囊中含恨去世。因为周太子姬泄父早死，所以周天子的位子交给了姬泄父的儿子姬林，也就是周桓王。

和祖父含垢忍辱不同，姬林正当少壮，年轻气盛，他早就看不惯姬寤生的飞扬跋扈。而且姬林深知一点，祖父平王是周幽王之子，好歹还能继承一点西周王朝的余威，但到了姬林这一辈，周王室的威望还剩下多少？

如果他对姬寤生的嚣张不闻不问，其他诸侯会如何看自己？摆不平横着走路的姬寤生，姬林的江湖威望无法树立，以后他也没法在江湖上混了。出于这种考虑，姬林一上台，就一改祖父偏于保守的外交政策，对外咄咄逼人，四处放火。

姬林点燃的第一支火把，果然就扔在了姬寤生的头上。

姬林初生牛犊不怕虎，做事情充满了年轻人应有的朝气和果敢，姬寤生哪里疼，他就专往哪里戳。姬寤生占着周王卿士的位置不肯撒手，姬林就对外宣布，他即将任命西虢公姬忌父为新任卿士。姬林以为此举能镇住张牙舞爪的姬寤生，让姬寤生畏服于王权，结果却捅了一个大大的马蜂窝。

周平王此前虽然有任命姬忌父的打算，但慑于姬寤生的淫威，没敢对外承认，好歹保住了姬寤生的面子。现在姬林公然拿掉姬寤生，等于在江湖围观者面前狠狠抽了姬寤生一个响亮的耳光，如果姬寤生不做出激烈反应，以后还有什么脸面在江湖上混？

按辈分，姬寤生是姬林的堂叔祖，相当于齐明帝萧鸾之于齐废帝萧昭业的关系。为了利益，父子都可以反目成仇，更何况是血缘渐渐疏远的堂祖堂孙。既然姬林不给他面子，姬寤生也没打算给姬林面子。

姬林专戳姬寤生的痛处，那姬寤生就以牙还牙，专踢姬林的下三路。东周是个疆域并不大的诸侯国，经济实力有限，而东周赖以生存的经济基础，说白了，就是河南的粮食。摸清了姬林的家底，事情就好办了。

姬寤生做事非常阴狠毒辣，在公元前720年的夏秋两季，姬寤生派大夫祭仲带着大队人马，窜到温县和雒阳两地，强行割取属于东周的麦子，然后打包回国。老话说："功高莫过救驾，计毒莫过绝粮。"姬林的饭碗被姬寤生砸了，这位年轻的天子顿时火冒三丈，跳脚大骂姬寤生是个无耻的强盗。

事情发展到这一步，姬林和姬寤生的关系算是闹翻了。祖孙二人撸胳膊挽袖子，互相指责对方虚伪无耻，场面非常搞笑，史称"周郑交恶"。

按封建礼法，姬寤生以诸侯冒犯天子，明显占不住理。姬寤生敢公开给周天子难堪，说穿了，还是强大的实力做后盾。真理在哪里？真理就在闪闪发亮的刺刀上面，有"力"走遍天下，人皆跪拜山呼；没"力"寸步难行，到处是白眼冷饭。

姬寤生虽然最终取得的霸业并不大，但他在历史上树立了一个不好的标杆，就是打破了"理"与"力"的平衡关系。一千七百年后，北宋太祖赵匡胤公然践踏江湖道义，以君主国的身份欺负南唐，说"卧榻之侧，岂容他人酣睡"，实际上就是从姬寤生这里学来的本事。

姬寤生为了得到失去多年的母爱而激动，但对于他这样的枭雄来说，重情和重利是可以兼而有之的。再以赵匡胤为例，赵匡胤辜负周世宗柴荣托孤，兵变篡位，差点杀了柴荣的儿子，并毒死蜀后主孟昶，霸占花蕊夫人，可谓心狠手辣，可赵匡胤却事母极孝。

姬寤生眼里只有实力，不讲道义，信奉强人哲学："打得过我，你就是爷爷；我打得过你，你就是我孙子。"强大的实力支撑着姬寤生的霸道蛮横，周天子在他眼里只不过是个乳臭未干的黄口小儿，不高兴就上前踹姬林两脚。

对于姬林来说，当众被姬寤生扇耳光，是件极没面子的事情，天子威严何在？换成周平王，姬宜臼能忍下这口恶气，但年轻气盛的姬林哪里能忍得住这种屈辱。

在公元前717年，姬寤生打着朝见天子的旗号窜到了洛阳，名义上是向天子汇报工作，实际上是来探姬林口风的。姬林恨透了这个假仁假义的堂叔祖，一看到姬寤生，气就不打一处来，对姬寤生也没有好脸色，赌气的话没少说。

倒是姬林身边的大臣姬黑肩在私下场合劝姬林不要意气用事，现在姬寤生自恃实力强大，不拿东周当盘菜，陛下能忍则忍。姬黑肩劝姬林在公开场合多给姬寤生留点面子，通过善待郑国给其他诸侯做好表率，争取更多诸侯对王室的支持。

姬黑肩的话其实并没有说透，他的潜台词是如果面对诸侯的不礼，周天子就咬牙切齿地记仇，会让诸侯觉得周天子胸怀太窄。周天子对郑国无礼的反应，在很大程度上影响着诸侯对周天子人品的看法。虽然史料并没有记载姬林是否听进了姬黑肩的建议，但从后来姬林和姬寤生大打出手来推断，姬林对姬寤生只有恨，恨之入骨。

和握有强大军队的姬寤生相比，姬林手上的牌并不多，最值钱的只有"周天子"这块铝合金招牌了。姬寤生对天子不敬，但他始终坚守自己的政治底线——只打不杀。

无论姬寤生如何抽天子的耳光，天子的人身安全是必须得到保证的，这倒不是姬寤生发善心，而是出于外交战略的考量。而这个底线恰恰是姬林得以自保的最大优势，如果姬寤生灭掉天下诸侯，姬林早不知道被踢到哪儿喝西北风去了。

姬寤生一边忙着与宋、陈、齐诸国争霸，一边要花心思对付满脑袋仇恨的周天子。在春秋早期，秦、晋、齐等国还没有发展起来，虽然姬寤生在江湖上有不少仇家，但郑国是诸侯中当之无愧的大国，在江湖上影响甚大。

公元前706年，齐国受到北狄的进攻，姬寤生派太子姬忽出兵相救。齐僖公姜禄甫为了感谢郑国，不惜自降国格，以小弟的身份跟在姬寤生的后面，窜到洛阳，朝见周桓王。在江湖上，只要有姬寤生出没的地方，就一定能看到姜禄甫鞍前马后地跟着，可见姬寤生的势力之大。

姬寤生在事业上的成功并非偶然，其中有一个很重要的原因，就是姬寤生善得人心。曹操还有一点非常类似姬寤生，就是二人在待人接物方面，有着浓厚的江湖习气。带有这种处世风格的领导者，往往蔑视礼法，轻儒尚侠，凝聚力强，麾下文武对他们的忠诚度非常高。

有一个例子可以证明这一点。大夫颍考叔曾经帮助姬寤生获得母爱，姬寤生视他如兄弟。颍考叔也知恩图报，对姬寤生忠贞不贰，每逢大战，颍考叔都要身先士卒，与敌人血战。在讨伐许国的战争中，颍考叔执旗登城，结果被妒忌心极强的庄公堂弟公孙子都暗箭射死。姬寤生得知噩耗后，痛不欲生，下令全军向天诅咒射死颍考叔的贼人。

姬寤生善用人，能得人死力，所以他的统治时期是郑国历史上最强大的时期，没有之一。姬黑肩反对周桓王姬林和姬寤生撕破脸皮，也是因为这一层的考虑。

姬林很有血性，但他的这种血性严重脱离了现实，就像魏高贵乡公不满司马昭专权，带着几十个老苍头要找司马昭决斗，结果被司马昭轻松除掉一样。没有实力做后盾的血性之举，往往会酿成悲剧，成为敌人茶余饭后的谈资和笑柄。

姬林始终没有看透这一层，他也说服不了自己容忍姬寤生的嚣张跋扈。在姬林的潜意识中，他希望能用武力征服诸侯，恢复西周时的王权强盛局面。基于对恢复祖业的强烈渴望，姬林决定玩一把轮盘赌，武力解决人嫌狗憎的姬寤生。

在动武之前，姬林先在政治上打击姬寤生，罢免了姬寤生的左卿士职务，把左卿士的职权交给右卿士姬忌父。姬林此举的用意非常明显，就是激怒姬寤生，让姬寤生在冲动之下做出对王室不敬的举动，然后姬林就可以打着讨伐不臣的旗号收拾姬寤生。

姬林的算盘打得精明，姬寤生果然被此举刺激到了，一怒之下，姬寤生再也不上朝了。虽然《左传》对姬寤生的态度一笔带过，但可以想见，以姬寤生的暴驴脾气，他不把姬林骂了个底朝天才怪。

姬寤生的无礼之举，正是姬林所需要的。在公元前707年的秋天，周天子姬林率江湖上反姬寤生的诸侯军，浩浩荡荡朝着新郑的方向杀来。周军来势汹汹，除了王师之外，还有虢、蔡、卫、陈等当时的中等诸侯国军，姬寤生当初和姬林撕破脸，就知道姬林会玩儿这一手，早就做好了军事准备。

这场发生在繻葛（今河南长葛）的荒唐战争，实际上是姬林和姬寤生多年交恶后的必然结果。姬林要恢复祖业，姬寤生要争霸天下，双方的利益完全是不可调和的。这两位大爷互相给对方挖坑，使盘外招，迎风洒狗血，最终大打出手，鸡毛漫天飞舞，出尽了洋相，堪称春秋时代第一闹剧。

姬林的情绪越来越激动，他恨不得在瞬间打垮郑军，砍下姬寤生的狗头。周天子亲自披挂上阵，自主中军，虢公姬忌父主右军，蔡、卫二诸侯军从之；周公姬黑肩主左军，陈军从之。三军并列，中军稍前，形成"品"字阵形。

周军的阵法很讲究，但郑国内部同样有高人，公子姬子元眼光非常毒辣，他提出了一个绝妙的对策。在周天子的仆从国中，陈国正在内乱，陈桓公妫鲍死后,妫鲍的弟弟妫围杀掉太子妫免,陈国的政治形势极度不稳。

在这种情况下,陈军的战斗力是值得怀疑的,姬子元认为先击溃陈军,让陈军的溃卒自行冲击周军联盟,然后郑乘隙攻之,必能大胜。姬寤生听从了他的建议,摆出了著名的"鱼丽阵",以祭仲居左军,檀伯居右军,原繁和高渠弥随姬寤生居中军。

春秋战争主要是以车战为主,己方士兵站在战车上,拿着戈矛与敌军战车上的士兵交战,很少有步兵全副武装在地面上进行肉搏战。步兵战没有成为战争的主要方式,也是春秋以前战争规模较小的原因之一。

"鱼丽阵"虽然也没有改变车战的主流模式,但创造性地发明了即伤即补的后勤供应体系。具体战法是:在每一"偏"(即25辆战车)的后面,紧随着二十五名步兵。这些步兵的任务是跟在战车后面与敌人搏杀,一旦战车上出现战斗力减员,他们就上车补员。在面积相对狭小的作战区域内,与步兵相比,战车显得笨拙,不够灵活,而增加了步兵协同作战后,可以有效地解决这个问题。

随后的战事也证明了"鱼丽阵"的威力不是吹出来的,再加上陈国的军队是一群没有斗志的乌合之众,郑军号令严明,进退如一人,战局的优势很快就倒向了郑国一边。史称"蔡、卫、陈皆奔",打掉了这三个打酱油的仆从军,姬林所率领的周王师光棍一般晾在了姬寤生统率的强大郑军面前。

东周地少人寡,所能征用的兵力有限,而郑国的国力、军力都明显处在上升的阶段,双方实力不可同日而语。更要命的是,姬林只有一支中军,而姬寤生手上三军完好,可以有效地对周军进行钳形包围。

如果不算西周末年申侯联合犬戎杀周幽王的话,郑庄公姬寤生是历史上第一个敢与周天子出兵对攻的诸侯,而且他还是姬姓诸侯,典型的宗室内乱。姬寤生的胆量还绝不限于向周天子开战,更在于他对天子权威的极度蔑视,在周王师已经大败的情况下,他还指使部下祝聘对准周天子放冷箭,一箭正中姬林的肩膀。不过姬林的伤势并不严重,没有危及性命,姬林还能强忍着伤痛继续指挥军队。

敢于当场践踏天子权威的枭雄,我们最熟悉的是曹操,他当着汉献帝刘协的面,派华歆虐杀伏皇后,扑杀二皇子。但曹操和姬寤生相比,也只是小巫见大巫。曹操敢杀皇后、皇子,但终曹操之世,他对刘协本人始终敬奉臣礼,不敢少违。姬寤生做了曹操不敢做的事情，直接操刀上阵，与天子大打出手，甚至还恶意伤害周天子。

但如果说姬寤生暗中放冷箭是想直取姬林性命的话，那也太小瞧姬寤生的政治智慧了。和曹操一样，无论对天子如何不敬，绝不会超越给自己划定的政治红线，天子只可欺不可杀，否则就要触雷，上面讲过这个问题。

出于这层考虑，姬寤生制止了莽撞的祝聃乘胜追击姬林的举动，因为他要考虑政治风险。要单论双方实力，姬寤生可以轻易灭掉周天子，但之后呢？正如曹操拿着孙权劝他称帝的信告诉文武："是儿欲使我居火炉上耶！"姬寤生同样不会做傻事，别忘了，齐、晋、楚、宋等诸侯都等着姬寤生犯错。

姬寤生很聪明，他编了一个美丽的花环，然后戴在自己的脖子上。他告诉祝聃："做人不能随意欺负人，更何况是至尊天子？这场战争我只不过想自卫图存，不敢与天子为敌。你擅自放箭，伤了天子，这已经是我天大的罪过。万一你用力过猛，置天子于死地，我岂不是弑君的逆贼！"

世人多说汉高祖刘邦深得厚黑学之真谛，实际上姬寤生的厚黑功力比刘邦有过之而无不及。姬寤生这通鬼话，除了最后一句是真的，其余全是假话。姬寤生很善于洗白自己的丑行，两瓣嘴唇上下一碰，罪过全成别人的，自己落得一身干净，可谓"厚颜无耻"。

更绝的还在后面，就在姬林被射伤的当天晚上，姬寤生就派祭仲去周军大营，代他向天子请罪。祭仲说完一通言不由衷的鬼话，甩掉吹胡子瞪眼的姬林，和周朝大臣勾肩搭背，替姬寤生说好话，估计没少给这些大爷们喂银子。

祭仲此行，还有一个不能说出来的目的，就是向落败的周天子显示郑国的实力，警告姬林别拿豆包不当干粮。再有下次，射中的可就不是你的肩膀，而是你的脑袋。

明人冯梦龙在《东周列国志》中对姬寤生的虚伪大加嘲讽，作诗一首："漫夸神箭集王肩，不想君臣等地天。对垒公然全不让，却将虚礼媚王前。"这场战争虽然是姬林主动挑起来的，但导火索却是姬寤生对周天子的不敬和戏弄，追根溯源，问题还是出在姬寤生身上。

是姬寤生的野心，导致了这场传为后世笑柄的周郑大战，天子挨箭，郑伯挨骂，一地鸡毛，全是荒唐。不过，还是要为姬寤生说句公道话，在当时周天子权威沦丧的情况下，即使姬寤生不出头，照样有其他什么枭雄冒出来。

春秋初期，宋国的实力也在中上，与郑国不分伯仲，只是宋与周之间夹着强大的郑国。如果把宋国和郑国的位置调过来，周天子可能要遭到比姬寤生更为残酷的打击，因为宋国是商朝王室的直系后人，和姬姓周朝有刻骨的灭国之恨！而姬寤生与周天子同宗，血脉关系是诸侯中最近的，姬寤生即使废掉周天子自立，姬姓血脉也不至于断送。

　　从这个角度讲，郑国的存在，实际上对东周王室起到了战略屏障作用，隔断了子姓宋国向西扩张的企图。当然，姬寤生对周天子的戏弄是姬林一生都无法洗清的耻辱，不过两害相权从其轻，被同宗的堂叔祖戏耍，总比被仇人砍了自己的脑袋要划算得多。

五 / 石碏 "大义灭亲" 与祁奚的 "举贤不避亲仇"

周朝的爵位分为五等，周天子以外，以爵位高低排列，分别是公、侯、伯、子、男，即著名的五等爵位制度。

在陈胜高呼 "王侯将相宁有种乎" 之前的夏商周（春秋战国）时期，王侯确实都是有 "种" 的，老子打江山，儿孙坐江山，从来没有人质疑过。

周朝的等级制度极为严格，凤凰生的儿子，天生就是凤凰，麻雀生的只能是麻雀。和诸侯有五等之分一样，官僚阶层也分为五等，即上大夫（也可单独称为卿）、下大夫、上士、中士、下士。和诸侯的爵位高低要看与周王室的关系亲疏而定不同，诸侯辖下的官僚阶层并非铁板一块。能力出众的，又生逢其时，就可以挤进官僚统治集团，最典型的就是百里奚和孙叔敖。

在春秋诸侯的官僚体系中，二大夫的地位要高于三士，士是统治阶层的最低一级，再往下就是庶人（自由民），之下还有奴隶。虽然士在官僚体系中地位不高，却是权力金字塔的基座，人数最多。历代的官僚体系，都是以帝王（天子）为塔顶，高级官僚（大夫）为塔身，士人为塔基。

在周朝各级统治阶层的名单中，士都列入其中，比如按制度，天子有七庙，诸侯有五庙，大夫有三庙，士有一庙。再如统治集团所冠戴的冕旒，天子有十二旒，诸侯有九旒，上大夫有七旒，下大夫有五旒，士有三旒。这应该是上承夏商两朝的礼仪制度，可见早在夏商之际，就已经有了士的存在。

大夫的政治待遇虽然比士要高一些，但都是领工资的打工仔，不过大夫算是金领，士算是白领。在春秋诸文献中，大夫和士被连称为 "大夫士"，直到战国之后，逐渐演变成 "士大夫"。不论是大夫士，还是士大夫，他们都有着一个最显著的共同点，就是他们都属于知识垄断阶层，也就是知识分子。

"士大夫" 的存在意义，大致从三个角度可以切入解读：

一是文化意义，这是士大夫的根基，没有文化便谈不上士大夫。

二是道德意义，在春秋以后的语境中，"士" 和 "君子" 基本上是同义词，而这两种身份到了唐宋以后，基本实现合流为儒。在他们看来，士君子应当临危不苟免，行事磊落，坦荡无私。

三是政治意义，食君之禄，谋君之事，以天下之忧为己忧。

在这三重意义上，士大夫群体最看重的是第二种，即道德意义。《孔子家语·儒行解》中着重讲了士的道德标准，"儒有内称不避亲，外举不避怨；程功积事，不求厚禄，推贤达能，不望其报；君得其志，民赖其德，苟利国家，不求富贵；其举贤援能，有如此者"。

从道德层面解读儒家思想，有一个很重要的标准，就是洁身自好，不贪不佞。《孔子家语·儒行解》："儒有委之以财货而不贪，淹之以乐好而不淫，劫之以众而不惧，阻之以兵而不慑；见利不亏其义，见死不更其守。"能做到以上举的这两条标准，基本上就符合了儒家士大夫的行为规则。

儒家之士在社会人群中的存在，讲究的是以德服人，以仁义教人，如以上所举的"内称不避亲，外举不避怨"。春秋时代的卿大夫们多出身贵族，如钱穆先生在《国史新论》中所举的臧文仲、子罕、吴季札等二十人，但后人从春秋的高级官僚身上已经看到明显的儒家行为特质。

正如钱先生所说："其人虽都是当时的贵族，但已成为将来中国典型学者之原始模样。他们的知识对象，已能超出天鬼神道之迷信，摆脱传统宗教气，而转重人文精神，以历史性世界性，在当时为国际性社会性为出发点。专在人生本位上讲求普遍的道德伦理规范，而推演到政治设施，决不纯粹以当时贵族阶级自身之狭隘观念自限。"

虽然儒家思想因为孔子而发扬光大，实际上儒家真正的创始人是周公姬旦。孔子的儒家学说只是集大成而已。孔子平生最大的偶像就是周公，他曾经说过："如有周公之才之美。"从西周开始，卿大夫们就开始积极地融入政治生活中，如反对周穆王穷兵黩武的祭公谋父、劝周厉王多听社会下层民意的邵公虎，以及和郑桓公姬友进行国运大讨论的太史伯等人。

"道德"一词，不仅为道家所用，也成为儒家的主流社会意识形态，只不过各方对"道德"的解读不尽相同。儒家经典著作《礼记》开篇就讲道，"道德仁义，非礼不成"，说明儒家思想在早期阶段就已经非常注重培养知识分子兼爱天下的普世情怀。

先贤的表率作用，也深深影响了春秋时代有社会责任感和道德使命感的士大夫，促使他们坚持自己的道德及政治操守。下面讲两个故事，有两位早期儒家的代表人物，他们用实际行动完美阐释了"内称不避亲"和"外举不避怨"。

先来讲一下"内称不避亲"，代表人物是卫国的大夫石碏。

历史上有一个特别著名的成语"大义灭亲"，这个成语的创造者就是石碏。在讲述石碏的故事之前，先把卫国的世系简单地介绍一下。

在春秋前期，卫国是个非常重要的诸侯国，处在晋、宋、齐、郑之间，统治区域大抵在今晋冀豫鲁四省交界之处。以与周朝王室的关系亲疏来说，卫国是正宗的龙子凤孙出身，卫国的第一任君主卫康叔是周武王姬发的同母弟弟，深受千古一相周公旦的喜爱。

卫国是姬姓诸侯国中比较严格遵从周公政治思想的国家，卫康叔是卫国最著名的贤明君主，能"百姓和集"，曾经被周成王通令表扬。卫国国祚传到卫武公姬和时，已经是第九代了。

可以说姬和是小一号的卫康叔，他在位期间，奉行祖先康叔的仁政，史称"百姓和集"。卫国本来是侯爵，但在著名的幽王之乱时，姬和曾经出兵帮助周平王，所以平王很感激姬和，把卫国的爵位由侯升为公。姬和在位时间相当长，足有五十五年，公元前758年，姬和寿终正寝，太子姬扬即位，就是卫庄公。

姬扬在历史上没什么名气，但他有幸娶到了一位著名的美女，跟着老婆在历史上出了一把小名。这位美女就是庄姜，因为她出身姜齐，又嫁于卫庄公，所以称为庄姜。关于庄姜的爱情故事，以后会专门讲述。

除了庄姜，姬扬旗下还有两个女人替他生了儿子，一个是陈国宗室女，生下了公子姬完，还有一个无名妾室，生下了公子姬州吁。姬扬非常喜欢那个无名妾室及她所生的儿子姬州吁，虽然姬完是长子，又为夫人庄姜所养，按礼法有资格继承大位，但姬和却让姬州吁控制军队，明眼人都能看出来姬州吁有夺嫡的野心。

第一个站出来反对国君"嫡庶无别"的，就是上大夫卿石碏，他反对的理由非常充分，庶子喜欢舞枪弄棒，掌握兵事，则置长子于何地？若国君立州吁，请即立之，如果不立州吁，则请罢州吁之兵，否则州吁恃宠夺嫡，大乱将启。

同时石碏还提出了六逆、六顺之说，六逆是贱妨贵，少陵长，远间亲，新间旧，小加大，淫破义。六顺是君义，臣行，父慈，子孝，兄爱，弟敬。州吁之所以不入石碏的法眼，主要原因就在于州吁的身份和行为不符合石碏坚持的以春秋礼法为内核的早期儒家思想。

石碏滔滔不绝、大义凛然地讲完了，差点口吐白沫，结果姬扬全都当成了浮云，根本听不进去，继续听任姬州吁胡作非为。石碏实际上是希望国君立长子姬完为太子的，但并没有达到目的。

更让石碏忧心的是，他的那个宝贝儿子石厚似乎已经看出姬州吁得宠，将来必能继承国君之位，成天和姬州吁在一起鬼混。石碏已经认定了姬州吁将来必成为作乱卫国的祸首，劝儿子不要上这条破船，石厚已经鬼迷心窍了，对于父亲的劝告根本听不进去。

卫国的二子争嫡，几乎就是之前郑国二子争嫡的翻版，只不过郑国有个偏心老妈，卫国有个偏心老爸。不过姬扬虽然疼爱幼子，但并没有易储，等姬扬去世后，姬完很顺利地继承了国位，史称卫桓公。

姬完为人忠厚，性格偏于怯懦，在气场上很难压制弟弟姬州吁。其实姬完也不是无能之辈，至少他已经看清了弟弟的野心，根据《史记·卫康叔世家》的说法，在姬完即位的第二年（前733），姬完以姬州吁为人骄纵不法为由，罢免了姬州吁的所有职务，轰出国都。

说来好笑的是，姬州吁虽然流落江湖，但他结识了一个志同道合的外国朋友，就是同样被国君兄长打败，逃到国外的郑国共叔段。共叔段的失败，深深刺激了姬州吁，如果自己不有所作为，下场可能还不如共叔段。

卫桓公十六年（前719）三月十六日，野心勃勃的姬州吁纠结大批流亡的卫国人，在卫国发动叛乱，杀掉了毫无防备的姬完，自立为卫公。姬州吁弑君夺位，开了历史的先河，后世的宋元凶刘劭、后梁废帝朱友珪、金海陵王完颜亮，都是姬州吁的徒子徒孙。

从人生轨迹上来说，姬州吁和完颜亮的相似度极高，二人都是杀兄夺位，在位期间穷兵黩武，民不聊生，最终又被弟弟干掉。对于姬州吁的为人，鲁国大夫众仲看得非常透彻，他和鲁隐公谈论姬州吁就说："州吁为人刚忍，好弄兵，众叛亲离，无德无行，必将玩火自焚。"

事实也证明了众仲的判断，姬州吁杀兄夺位仅半年后，就被愤怒的卫人除掉了，迎立了州吁在邢国做人质的弟弟姬晋，是为卫宣公。而设计除掉姬州吁的，正是已经告老居家的上大夫石碏。

如前面所讲，姬州吁即位之前的所作所为就已经和石碏的政治理念相冲突，而州吁弑君杀兄，以暴治国，残虐百姓，更是突破了石碏政治理念所能容忍的底线。强烈的历史使命感让年迈的石碏挺身而出，不惜一切代价铲除乱臣贼子姬州吁，以及他那个助纣为虐的儿子石厚，他要对历史负责。

石碏在江湖上闯荡久了，从政经验非常丰富，他并没有采取力取之计，就像东汉末年老太尉陈蕃那样，带着几百个学生，悲壮地要与太监集团决斗。双方实力悬殊，以力拼之，石碏未必是姬州吁的对手，只有智取。

石碏智取姬州吁计划的核心，就是"调虎离山"，想办法诱使姬州吁离开他的大本营卫国，去一个人生地不熟的地方，然后一举擒之。至于把姬州吁骗到什么地方，石碏想到了一个最合适的所在——陈国。

被弑的卫桓公姬完正是陈桓公妫鲍的外孙，姬州吁杀了自己的外孙，妫鲍对姬州吁恨之入骨，必欲除之而后快。当然，姬州吁也不是不知道陈桓公对自己的态度，但最终他还是听从了石碏通过石厚转达的建议，带着石厚赴陈国转一圈。

姬州吁成功夺位，大权在握，威福自专，但他还少了一样东西，就是合法认证。根据制度，诸侯即位，必须得到周天子的承认，否则就是非法夺位，政治上非常被动。石碏设计说，陈桓公是周桓王身边的红人，"有宠于王"，只要陈桓公在周桓王面前美言几句，就能拿到合法执照。姬州吁为了得到天下的承认，只好硬着头皮去了陈国。

与此同时，石碏已经派出心腹之人，抢在姬州吁之前赶到陈国，把自己的除贼计划通告了妫鲍，由于利益一致，二人一拍即合。双方达成协议，只要姬州吁和石厚来到陈国，妫鲍就立刻拿下姬州吁。

石碏始终坚持自己的士大夫情操，为国为民，儒之大者。虽然石厚是他的亲生儿子，但由于石厚的"反动立场"，让石碏对这个不争气的儿子由怨转恨。而且石碏在给妫鲍的请求中，明确指出，姬州吁和石厚二人合谋弑君。说明石厚在石碏的心中，父子之情已经断绝。

事情办得非常顺利，姬州吁和石厚刚到陈国，还没见到陈桓公，就被陈国的武士拿下，关进牢狱。妫鲍的任务已经完成，接下来要做的就是把处置权交还给石碏，虽然妫鲍知道石碏必杀此二人，但他还是想把脏水泼给石碏，自己落得一身干净。

接到妫鲍的请求后，石碏没有做任何犹豫，派出官员右宰丑去陈国杀掉了姬州吁，同时，石碏派出自己的家臣儒羊肩杀石厚于陈。这个细微的用人区别显示了石碏的政治成熟，姬州吁是前国君，只能由卫国官员出面杀掉，而石厚是自己的儿子，可以家事处置。如果右宰丑和儒羊肩互换，那问题就非常严重了。

不清楚石碏总共有几个儿子，也许石厚是独子，但在私情与公器的选择中，石碏毫不犹豫地选择了后者。"大义灭亲"，是《春秋》对石碏以义灭子的肯定，"石碏，纯臣也，恶州吁而厚与焉，大义灭亲，其是之谓乎！"评价不可谓不高。

到了宋朝，许多士大夫对石碏的大义灭亲高度赞赏，北宋人苏轼对石碏也称赞不已，在《论郦寄幸免》中，苏轼对石碏的杀子给予了非常高的评价："石碏之子厚与州吁游，碏禁之不从，卒杀之。君子无所讥，曰大义灭亲。"

南宋人洪皓有诗："恶吁及厚笃忠纯，大义无私遂灭亲。后代奸邪残骨肉，屡援斯言陷良臣。"石碏以义诛州吁和石厚，后世每逢帝王废嫡立庶，多以石碏事为史据，比如北魏孝文帝废太子元恂，唐高宗废太子李贤，但这并不是石碏的过错。明人徐三重在《授芹录》中也歌颂石碏的大义之行，"石碏以诡言杀州吁石厚弑逆之贼，春秋岂得非之哉！"

石碏杀子，并非石碏冷血无情，而是石碏拎得清私情与公器的轻重，想必石碏看到石厚的人头时，心里会非常悲酸，毕竟父子骨肉连心。明燕王朱棣攻进南京，以灭十族威胁一代大儒方孝孺，方孝孺眼睁睁地看着亲人故旧一个个惨死在自己面前，却始终不降。这样的例子非常多，说明一点：真正人格独立的士大夫，往往轻名而重义，身可死，子可杀，但是他们的政治操守是不会动摇的。

前面讲的两个故事，郑庄公与母亲的恩怨情仇，石碏大义灭亲，因为被著名的古代散文选编《古文观止》收录，分列第一篇和第三篇，所以他们的故事为大众所熟知。

下面讲的晋国大夫祁奚，虽然他营救叔向的故事也被收录进《古文观止》，但此事是发生在祁奚"内举不避亲，外举不避仇"之后。祁奚以国事为重，先后推荐自己的仇人解狐和儿子祁午出任高级军职中军尉的故事，千载之下，仍然让人非常感动，所以接下来讲讲祁奚的坦荡胸怀。

祁奚，实际上应该称为姬奚，字黄羊，因为他的封地在祁地，所以世称祁奚。祁奚出身非常高贵，他是晋献公姬诡诸的玄孙，正宗的金枝玉叶。严格意义上，祁奚应该划为宗室贵族，不过士大夫阶层是开放式的，只要言行举止符合士大夫的价值观，都可以算进来。

当然，祁奚的政治起点远高于一些出身普通的士大夫，史料中第一次出现祁奚的名字时，他就已经是晋国的中军尉了。春秋兵制，天子六军，诸侯三军，分为上军、中军和下军，中军尉是中军的主将，也称为元尉。

祁奚有能力，有人品，懂得谦和让人，又是晋国公族（即宗室），所以很受晋悼公姬周的器重。不过祁奚却在任官多年后，突然向姬周请求辞掉中军尉的职务，回家养老。

按春秋礼制，人生七十岁而称老，这也是官员退休的年龄。可祁奚生于公元前620年，到此年，祁奚也只有五十岁，远没有达到致仕年龄。而上文提到的祁奚营救叔向，已经是十几年后的事情了。祁奚辞官的具体原因已经于史无考，推测一下，最大的可能是祁奚已经厌倦了官场生活。在官场中混，表面上风光无限，但容易人红是非多，不如撂挑子，落得一身清闲。

从史料的记载来看，晋悼公姬周并没有挽留祁奚，但这并不能说明姬周轻视祁奚，因为接下来姬周给了祁奚一个巨大的荣誉。姬周把下一任中军尉的选择权交给了祁奚，只要祁奚说出人选，姬周一定会无条件答应。

不过当祁奚说出"解狐"这个名字时，却让姬周吃了一大惊，祁奚莫非疯了，怎么会选择解狐？晋国高层都知道，祁奚和解狐之间有很深的仇恨，具体什么仇恨不清楚，但一定是刻骨铭心的仇恨。

对祁奚推荐仇人解狐的这段历史，《左传》只用了一句话带过，语焉不详。其实这很好理解，国君让祁奚推荐的是下任中军尉的人选，这是国家用人的大事，并非个人家事。祁奚公私分明，对解狐的痛恨并不影响祁奚对解狐能力的认可，仇人未必皆饭桶，亲人未必皆干才。

首先要承认，官员也是人，也有七情六欲和喜怒哀乐，当一个人走进官场，他的私人身份和官方身份是几近重叠的。官员犯罪，特别是贪污罪，往往是因为当事官员没有分清公利与私欲的边界，把官场当成菜市场，摆摊做买卖，批零兼营，公器私用，大肥腰包。

祁奚很好地把握住了公利与私欲的边界标尺，祁奚是晋国公族，从这个角度讲，晋国的安危也事关祁奚本人的利益。所以他推选解狐，只是站在晋国的利益立场上看问题，和私人仇怨毫无关系。

古往今来，在官场上捞饭吃的官员无数，但真正能做到祁奚这样举贤不避仇的并不多。面对官场中的仇人，挖坑埋雷、落井下石的不可计数。人品稍好些的，也不过冷眼旁观，黄鹤楼上看翻船。

祁奚更为难得的一点，是他明知道他推荐解狐后，解狐有可能利用新获得的权力对他进行打击报复，依然没有改变自己的选择。不清楚解狐为人如何，但祁奚只在乎公器的利益，他相信解狐的能力于国家有所裨益。至于解狐会不会打击报复他，那是另外一件事。

祁奚克制住自己对解狐的私仇，为国家社稷着想，力荐解狐。早在春秋时，就有一种说法，认为祁奚推荐解狐出任中军尉，是想通过此举向解狐献媚，化解二人的私怨。以祁奚的行事风格来看，他完全没有必要这么做，《左传》作者左丘明也称赞祁奚"称其仇，不为谄"。

剧情发展到这里，一段感人肺腑的故事应该结束了，实际上这才仅仅是个开始，精彩的还在后面。

极富戏剧性的是，解狐天生就没有当中军尉的命。晋悼公姬周被祁奚深深感动后，已经同意了让解狐出任中军尉，委任状刚发下来，解狐就突然去世了。

解狐死了，中军尉的职务再度空缺，晋悼公姬周在惋惜解狐薄命的同时，再次让祁奚推荐合适的人选。之前祁奚推荐仇人解狐让姬周震惊，而这次的人选再次让姬周惊掉了下巴，因为祁奚力荐的第二位中军尉人选名叫祁午，是祁奚的亲生儿子。

官场上历来都有回避原则，推荐或安排自己的亲朋好友出任重要职务，很容易被人认为是结党营私。官场就是战场，身边没几个心腹帮手，就敢在官场上蹚浑水是非常危险的。祁奚的两次推荐人选让所有人感到莫名惊诧，祁奚在搞什么？先推荐仇人，后推荐儿子，从一个极端跳到另一个极端。

祁奚推荐儿子祁午出任中军尉，道理和推荐解狐一样。解狐因为有才干，虽然他是祁奚的仇人，祁奚以国事为重，推荐解狐，这就是祁奚的逻辑。同理，祁奚认为解狐能胜任中军尉，值得推荐，祁午同样可以胜任，所以祁奚不避嫌疑，推荐儿子。

很多人评价祁奚这两个举动时，都会突出解狐、祁午之于祁奚的关系，一个是仇人，一个是儿子。实际上祁奚在推荐二人时从来没有考虑到这一层关系，当他推荐人选时，解狐和祁午的身份只是国家公务人员，至于仇人和儿子，那都是私人感情问题，不会影响祁奚对国家大事的判断。

晋悼公让祁奚推荐中军尉的人选，是国家大事，虽然姬周知道解狐、祁午和祁奚的关系，但那都是私人问题。姬周只问公事，祁奚自然也要把自己的角色限定在公事范围内。

推荐仇人，祁奚可以给人留下胸怀豁达的印象，推荐儿子，却很容易抵消祁奚推荐解狐时获得的印象分。祁奚当然清楚其中的利害，但祁奚在这两次推荐时都坦坦荡荡，没有任何私心。

其实除了对祁午"举贤不避亲"，祁奚同时还推荐了已经病故的中军尉副官羊舌职的儿子羊舌赤接任其父的职务。祁奚的理由依然非常简单：羊舌赤能胜任中军尉副，这与他是羊舌职的儿子毫无关系。如果单纯地因为回避制度，而造成高端人才的浪费，对政权来说是得不偿失的。

公职人员的自我身份界定，是对其政治品格的重要考量标准。多数人在进入官场后，经不起利益的诱惑，放弃自己的人格操守，徇私枉法、拉帮结派已成常态。在这种情况下，祁奚的坦荡胸怀尤其难能可贵。

六 / 齐国文姜乱伦杀夫事件始末

前几篇主要讲了郑庄公姬寤生,以及卫国(石碏)、晋国(祁奚)的事情,接下来把镜头摇向地处黄海之滨的齐国。

西周建立后,对姬姓宗室子弟大行分封,天下诸侯半数姓姬,而且都封到了肥地。比如周武王弟姬旦(即周公)封在鲁国、弟姬鲜封在管国、弟姬度封在蔡国、弟姬封封在卫国,周武王子姬虞封在晋国,即使是姬姓旁支召公姬奭也封在燕国。

姬姓之外也有许多分封,但无论是楚之熊氏、秦之嬴氏,都封在当时远离中原文明的边荒地区,算不上是肥封。在外姓诸侯国中,自西周创建以来就算得上大国的,只有齐国。

说起齐国的首位君主,可以说是大名鼎鼎,妇孺皆知,就是直钩钓来周文王,辅佐周武王灭商得天下的太公姜子牙!

姜子牙在历史上的知名度不用多介绍,可以说有多少人知道诸葛亮,就会有多少人知道姜子牙。一部《三国演义》成就了诸葛亮的千秋盛名,一部《封神演义》也成就了姜子牙的万古不朽之名。

如果说诸葛亮是蜀汉建立的第一功臣,那么姜子牙就算得上是姬周灭商的第一功臣,无论是在当时,还是在后世,这一点都没有太大的争议。套用现在的政治语言,姜子牙是伟大的政治家、军事家、思想家,他在西周王朝从小到大、从弱到强的发展进程中建立了不朽的功勋。

基于此,武王灭商后,把姜子牙封在齐国,史称"齐太公"。这位齐太公将自己丰富的政治智慧运用到齐国的政权建设上,"修政,因其俗,简其礼,通商工之业,便鱼盐之利,而人民多归齐,齐为大国"。

从姜子牙到春秋初期,传了十三代齐侯,齐国几乎没有闹过太大的动静,但情况到了齐僖公姜禄甫(也称"齐釐公")发生了变化。姜禄甫即位于公元前730年,卒于公元前698年。在姜禄甫统治时期,他经常跟着春秋小霸姬寤生在江湖上来回蹚，也混出了一些知名度。郑庄公姬寤生春秋小霸的盛名在外，实际上与姬寤生同时代的还有一个春秋小霸，就是齐僖公姜禄甫。

姜禄甫在政治上有所作为，但后世记住他，不是因为他的所谓春秋霸业，而是他那几个成为"人中龙凤"的儿女。这几位活宝把本来好端端的春秋历史搞得乌烟瘴气、一地鸡毛，其荒唐、荒谬程度比周郑交恶有过之而无不及。

姜禄甫生有一个儿子，就是日后继承君位的齐襄公姜诸儿，以及两个女儿：宣姜、文姜。宣姜的故事特别"精彩"，她先嫁给卫国太子姬伋子，但被在位的卫宣公姬晋看中，强行抢过儿媳妇，立为夫人。一千三百多年后的唐玄宗李隆基强抢儿媳妇杨玉环做情人，其实不过是天下文章一大抄，因循故事而已。

宣姜抛弃丈夫，转投公公怀抱，后来又嫁给了宣公的儿子姬顽，生下一堆女儿，已经让人惊掉了下巴，但她的妹妹文姜的乱伦更为惊人。宣姜乱伦只是在外姓父子，而文姜乱伦则是和自己的亲哥哥姜诸儿！

我们都知道文姜后来嫁给了鲁桓公姬允，成为鲁国国母。实际上文姜在姬允之前，是许过婆家的，只是后来被准夫婿退了货，这才转了二手，去了鲁国。

文姜的准女婿名叫姬忽，姬忽在历史上名气不大，但姬忽的父亲是我们再熟悉不过的大人物，就是前几篇的主人公——郑庄公姬寤生。姜禄甫之所以要把女儿嫁给郑国公子，应该是他看到郑国国势如日中天，而姬忽将来会继承郑国国君之位，所以想把女儿嫁给姬忽，提前在郑国内部插个钉子。

不知道出于什么原因，姬忽决定放弃这门亲事，理由是郑是小国，齐是大国，他高攀不上，这就是著名成语"齐大非偶"的由来。以当时齐郑两国的国力来看，郑国绝不逊于齐国，姬忽说齐强于郑不过是个借口。

推测一下，姬忽悔婚，最有可能的一个原因，就是他风闻到了文姜和其兄姜诸儿之间的"闺房秘事"，一怒之下放弃了文姜。

郑国退掉了婚事，总要给女儿寻个婆家，姜禄甫把主意打到了邻居鲁国的头上，鲁国君主就是鲁桓公姬允。这位鲁国第十五位君主可不是一盏省油的灯，他本是鲁隐公姬息姑的弟弟，为了夺得君位，与公子翚合谋，一刀做掉姬息姑后，姬允大模大样地继位。

文姜色艺双绝，却被退货，而姬允对文姜却非常中意，你不要，我要。公元前709年，姬允亲自跑到齐国，和姜禄甫在嬴（今山东莱芜附近）碰头，商量迎娶文姜过门事宜。

文姜和兄长姜诸儿暗中保持情人关系，作为父亲，姜禄甫应该是知道的，但家丑不可外扬，与其让齐公室蒙羞，成为天下人的笑柄，不如趁早拆散这对野鸳鸯。齐鲁双方达成协议后，公子翚以特命全权大使的身份，代表姬允去临淄迎娶文姜。

按当时礼制，国公的姐妹出嫁外国，应该由该国上大夫陪送，如果是国君之女，则由下大夫陪送。而文姜出嫁鲁国，却是由姜禄甫亲自陪送的，此举在当时引发了很大的争议。姜禄甫和姬允都谈了些什么，不得而知，但能肯定的是，姜禄甫不会把儿女乱伦的事情告诉女婿，否则老脸往哪儿搁？

从历史记载来看，姬允是非常疼爱文姜的，夫妇二人和敬有礼，举案齐眉，小日子过得有滋有味。在婚后的第四年（前706）九月，鲁公夫妇的第一个儿子来到人间。因为儿子和自己的出生日期相同，所以姬允给儿子起名为姬同，这就是后来著名的鲁庄公。

如果生活能这样平淡而幸福地过下去，对文姜来说未必不是件好事。她和兄长之间的那段感情太不正常，从姜诸儿那里，她能得到肉体与灵魂的双重快感，但她不会感受到夫妇和敬的快乐。这段感情一直处在地下，会对文姜的性格造成很大的负面影响，进而变得压抑，甚至发生扭曲。

自嫁到鲁国后，文姜就和兄长很少有机会接近了，时间会冲淡曾经的海誓山盟，文姜也应该断了对兄长的非分之想。但当鲁桓公十四年（前698）十二月二日，父亲姜禄甫去世、兄长诸儿即齐侯位的消息传到曲阜时，文姜仿佛感觉到了冥冥之中，她和兄长之间又将要发生什么。

爱情就像鸦片，一旦上瘾，根本拔不出来，文姜就是如此。她和兄长之间的"爱情"，经历了十多年的沉寂，文姜对乱伦的欲望不但没有转淡，反而越来越强烈。恪守妇道十多年，对文姜来说只是火山爆发前可怕的寂静。

鲁桓公十五年（前697），姬允和自己的大舅哥姜诸儿在艾（今山东莱芜东）举行齐鲁领袖级会谈，商谈的议题是如何平定许国之乱。史料并没有记载文姜是否跟着丈夫去见兄长，从后来鲁大夫申需的劝谏来看，文姜应该没有同行。但姜诸儿不会忘记这个和自己曾经有过一段不伦之恋的妹妹，与姬允的谈话中，姜诸儿有可能向姬允询问妹妹的近况。

姜诸儿想妹妹想得眼都绿了，但礼法森严，春秋时规定"男女之别，国之大节"，姜诸儿也不敢轻易逾制。思念是一种无解毒药，越想越难受，简直如百爪挠心。如何让姬允带着妹妹来见自己，这是摆在姜诸儿面前最重要的一个问题。

也许是机缘巧合，也许是姜诸儿的刻意安排，在他即位后的第三年（前696），姜诸儿准备迎娶周庄王姬佗（周桓王姬林的长子）的妹妹做夫人。然后，姜诸儿以此事为借口，请鲁公姬允来齐国替他主婚。

如果是国家公事，姬允可以不带夫人前来，但这是个人私事，又是姬允的大舅哥结婚，于情于理都应该带上文姜。但从鲁国大臣强烈反对文姜赴齐的态度上来看，姬允本人似乎并不想带文姜去齐国，多一事不如少一事。

大夫申繻反对的理由非常明确："女人嫁夫，男子娶妻，所谓男女授受不亲，不再有私相往来，这是礼法的规定。如果国君执意带夫人前去，必生祸乱。"细测申繻的话，估计申繻已经知道文姜和姜诸儿之间的"精彩故事"，就差直接把话挑明了。

姬允当然听得出来申繻的话中有话，但姬允最终还是带文姜去见了姜诸儿。个中原因，《左传》没有交代，《公羊传》和《穀梁传》对此事却有一些记载。从其中的蛛丝马迹不难看出，姬允此行，基本上可以认定是被文姜"绑架"过去的。

如果按传统惯例，姬允偕夫人出行，应该写成"公与夫人姜氏如齐"，文姜的地位应该低于丈夫。而《公羊传》《穀梁传》均记载为"公、夫人姜氏遂如齐"。把文姜放在此句记载的主体地位，与姬允并列，就很能说明问题。

这个"遂"字用得很巧妙，"遂"的字面意思是"终于能"，姬允以鲁公身份去见齐侯很正常，用不着做什么努力，这只能说明特别想见姜诸儿的正是文姜本人。

《穀梁传·桓公十八年》还有这么一句话："以夫人之伉，弗称数也。"意思是文姜处事霸道，对鲁公傲慢无礼。《穀梁传注疏》也记载"夫人骄伉"，说明姬允已经失去了对文姜的控制。文姜在私下不知道用了什么手段，强迫老公带她去齐国，姬允应该是反对过，但没有成功。

姬允想必已经知道了文姜和姜诸儿那些拎不上桌面的风流故事，他明知道此行去见姜诸儿，难保文姜不会旧情复发。但来自文姜的压力又让姬允感到窝火，同时又无可奈何，他唯一能做的，就是祈祷什么事情都不要发生，好去好回。

姬允与姜诸儿会面的地点在泺（今山东济南西北），虽然史料上没有记载，但完全可以推想出，当姜诸儿和文姜见面的时候，二人的心中会激荡出怎样的浪花。

当姬允意识到此行带文姜是个巨大的错误时,错误已经不可避免地发生了,应了那句老话,"该来的,迟早会来",躲是躲不掉的。每一次,文姜外出,虽然理由千奇百怪,但姬允知道她是去干什么。

文姜带着双重满足回到姬允的驻地时,已经忍无可忍的姬允,对着坐在铜镜前自我欣赏的文姜大发雷霆,咆哮之声震动屋瓦。维系夫妻感情的最重要纽带就是忠诚,特别是在男权社会里高贵女人对感情的背叛,必然会在政治上造成很大的负面影响,甚至直接改变历史的发展进程。

虽然姬允得国不正,但他对文姜的感情确实是非常真挚的,当年姬允接纳在江湖上几乎无人问津的文姜,从某种角度讲,是在拯救文姜。不过文姜从来没有这么认为,她甚至认为是姬允破坏了自己和兄长的甜蜜爱情。如果让文姜自己选择的话,她一定会选择留在齐国,与兄长长相厮守。

正是出于这种心态,文姜对姬允毫无好感,更多的是憎恶。在文姜的潜意识中,兄长才是她的丈夫,才是她此生最可托付的人,姬允不过是个同床的路人。姬允冲着文姜发脾气,不但不能改变文姜的执迷不悟,反而激化了文姜对他的憎恶之情。对姬允怀恨在心的文姜在丈夫那里挨了骂,转身就去找她的姘头姜诸儿,把自己受的"委屈"全都倒了出来。

历史上还有一个相似的例子,就是南朝宋前废帝刘子业和自己的姑妈刘英媚之间的乱伦故事,刘子业为了长久霸占姑妈,毒死了姑父何迈。但刘英媚深爱自己的丈夫,对自己和侄子的乱伦深以为耻,只不过畏于强权,不敢反抗而已。

话题再回到姜诸儿身上。老话说,"一个巴掌拍不响",文姜再怎么折腾,如果没有姜诸儿的配合,事情也不可能发展到不可收拾的地步。姜诸儿可不是一盏省油的灯,为了巩固自己的权力,和堂弟公孙无知钩心斗角,最终导致齐国大乱,二公子争位,齐国差点跌入万劫不复的深渊。

以姜诸儿的地位,什么样的女人他得不到?偏偏喜欢自己的同胞妹妹。以姜诸儿的本意,如果不是封建礼教所束缚,他都敢立文姜为夫人,这种事情他绝对能做得出来。

和文姜一样,姜诸儿对姬允也有一种莫名的憎恶,他始终把姬允当成自己不共戴天的情敌。正是在这种非理性情绪的推动下,再加上文姜的哭诉,让姜诸儿咬牙决定:做掉姬允,然后和文姜做一对长久的夫妻。

姜诸儿明知道杀掉姬允会引发不可预知的外交麻烦，但他还是义无反顾地做了，原因应该有二：

一、他深爱着自己的妹妹，不能容忍妹妹受"欺负"，虽然明明他勾搭人妻在前。

二、自恃齐国实力强大，杀掉姬允，鲁国也不敢把自己怎么样。

特别是第二点，是姜诸儿敢于下黑手的主要原因。郑庄公姬寤生与天子交恶，甚至箭伤天子，依然不影响郑国的小霸事业。

古时杀人有罪，但强者无罪，出于这种考虑，姜诸儿理直气壮地干起了这票杀人买卖。其实这个故事的情节很老套：淫妇不喜欢自己的丈夫，和姘头密谋，杀死丈夫。

我们都知道名著《水浒传》中有西门庆和潘金莲谋杀武大郎的"精彩故事"，施耐庵以他的如花妙笔，把这段故事写得跌宕起伏，是《水浒传》最经典的桥段之一。对比一下，不难发现，西门庆、潘金莲谋杀武大郎，几乎就是全盘照抄姜诸儿、文姜做掉姬允的情节。唯一不同的是，在这两场情杀案中，文姜主动出手谋杀亲夫，而潘金莲则是被动地谋杀亲夫。潘金莲淫则淫矣，但未必毒辣，文姜则是"五毒俱全"。

西门庆很狡猾，他虽然策划谋杀，却是唆使潘金莲给武大郎灌下毒药，而姜诸儿干脆亲自披挂上阵，置妹夫姬允于死地。事情发生在公元前694年四月十日，姜诸儿打着国宴的幌子，请姬允赴宴。

当时没有"鸿门宴"一说，但明眼人都能看出来，姬允此次赴宴，肯定与文姜乱伦一事有关系。不过姬允虽然想到了文姜会把自己发脾气的事情捅给姜诸儿，但他不相信姜诸儿敢冒天下之大不韪，对自己下毒手。

姬允对姜诸儿和文姜的性格都不是很了解，这对"奸夫淫妇"为了他们所谓的爱情，是什么事情都做得出来的。而且姬允也忘记了当年自己是如何杀兄夺位的，他自己做事心狠手辣，却希望别人发善心，岂非荒唐。

这场"鸿门宴"的结局没有任何意外，姜诸儿先是用甜言蜜语打消姬允的戒防心理，然后勾肩搭背，称兄道弟，把姬允忽悠得找不着北。等姬允醉得不省人事时，姜诸儿给守候在旁边的大力士彭生递了个眼色。彭生心领神会，把如同一摊烂泥的姬允抱进了鲁国公的专用马车，在车上，彭生"拉杀"了姬允，就是折断肋骨，姬允惨叫吐血而亡。

奸夫姜诸儿一直在不远处等待着彭生的好消息，而淫妇应该不在现场，但以她对姬允的刻骨仇恨，当她得知姬允的死讯时，可以想象得到她的庆祝方式是何等的夸张。

姬允死了，也就意味着姜诸儿可以和文姜长相厮守了，但来自鲁国强大的外交压力，也迫使姜诸儿不得不做出一些虚假的姿态，以缓解鲁国的愤怒。打手彭生为主人办完了事，还没来得及数赏钱，就被姜诸儿杀掉了。

杀彭生，是鲁国对齐国提出的唯一要求。鲁人知道桓公之死，是姜诸儿的"杰作"，但慑于齐国强大的实力，鲁国不敢提出"更过分"的要求，只好退而求其次，杀彭生泄愤。

鲁国突遭这种弥天大祸，而天下皆知桓公的死因，如果不对齐国施加一点压力，以后还有什么脸面在江湖上混？这就是鲁人所说的"无所归咎，恶于诸侯"。

姜诸儿远比西门庆幸运，因为他是大国之君，鲁人奈何他不得。西门庆虽然在阳谷县势力大，但奈何武松是个愣头青，一刀就把他宰了。而文姜之所以没有落得潘金莲身首异处的下场，原因有二，一是她背后站着齐侯姜诸儿，二是因为她是新任鲁公姬同（即鲁庄公）的亲生母亲。

特别是第二个原因，虽然姬同痛恨自己的母亲，与她断绝了母子关系，但在文姜回到鲁国办事期间，姬同并没有加害母亲。估计是文姜受不了儿子的冷眼，在鲁庄公元年的三月，文姜裹着金银细软，乘车狼狈逃回齐国。

当年姬允杀害隐公，他的死也算得上"死有余辜"，但鲁国世系自桓公以下，皆是姬允的子孙。所以鲁国史家对文姜杀害桓公一案耿耿于怀，极力将文姜描绘成一个十恶不赦的淫妇。

《左传·庄公二年》记载文姜在禚（今山东长清西）幽会时，用了一个特别刺眼的"奸"字。《左传》作为一部正史，书中却记载了大量社会上流人物的八卦故事。

作为最有名的春秋八婆之一，文姜的"精彩故事"让后人惊叹，《左传》自然不肯放过这个绝好的题材。何况文姜和鲁国有世仇，自然会极尽丑化之能事。文姜和姜诸儿的每次幽会，《左传》都会记录在案。

从鲁桓公被杀，到姜诸儿后来在齐国内乱中被杀，前后相隔八年。在这八年中，《左传》共记录文姜和姜诸儿幽会五次，每次记载都笔带辛辣，极力挖苦。这一次记载文姜邀请姜诸儿共赴宴会，共享二人甜蜜世界，下一次记载文姜窜到齐国军队中见齐侯通奸。

历史是男人写的,特别是封建礼教极为森严的春秋时期,文姜的行为严重违反了当时人共同遵守的行为规范,她在史书被抹黑也就不足为怪。"天作孽,犹可恕;自作孽,不可活。"文姜在历史上留下千古骂名是她自找的,不值得同情。

路是自己走的,坑是自己跳的,怨不得别人。

七 / 一个西瓜引发的血案：齐国宫变

接着上一章，继续讲齐国的话题。

兄妹乱伦事件，让齐襄公姜诸儿在八卦史中出尽了风头，历史也牢牢记住了这位另类的齐国君主。在历史上，像姜诸儿以八卦花边闻名的帝王还有不少，比如明宪宗朱见深。朱见深在位二十三年的政治作为，早已经湮没在发黄的旧纸堆中，但人们对他和万贞儿的爱情耳熟能详。

姜诸儿的人生和朱见深非常相似，总结起来有两点：

一、他们都是爱情世界的偏执狂，他们的另类爱情故事不为世人所接受。

二、他们在童年时都受到父辈不公平的对待。朱见深的父亲明英宗土木堡兵变被瓦剌俘虏，叔父朱祁钰即位，朱祁钰废掉朱见深的太子位，将他贬居冷宫。姜诸儿的叔父夷仲年早死，留下一个儿子姜无知，而姜诸儿的父亲姜禄甫特别疼爱姜无知，允许姜无知享受太子待遇，让姜诸儿在感情上受到了严重伤害。姜诸儿和朱见深的严重偏执，应该是受到了童年阴影的影响。

不过，仔细比较二人的话，会发现朱见深待人接物要比姜诸儿宽厚一些。叔父朱祁钰那么薄待他，他依然能以德报怨，给叔父上尊号，并给父亲英宗的"仇人"于谦平反洗冤。明朝有两个被隐藏的盛世，一个是明孝宗弘治盛世，一个就是明宪宗的成化盛世。

朱见深追求另类的爱情，但并没有乱伤无辜。而姜诸儿为了满足私欲，不惜大开杀戒，做掉了妹夫姬允，在历史上臭名昭著。都说童年的不幸会影响人的一生，这话很有道理，姜诸儿在即位后，变得敏感而多疑，甚至是穷兵黩武，这正是内心没有安全感的外在表现。

虽然姜诸儿和妹妹乱伦的事情为世道所不容，但换个角度看，姜诸儿略显平庸的性格中却隐藏着一股刚狠强戾之气，他想做的事情，不惜代价也要做到。至少姜诸儿懂得一个道理，在乱世中混江湖，一定要明断果决，做事不要拖泥带水，而要快刀乱麻。

在姜诸儿做太子的时候，堂弟姜无知因为受到僖公的宠爱，在官场上的地位急骤上升，严重威胁到姜诸儿的政治地位。如果任由姜无知在官场发展自己的势力，姜诸儿不知道什么时候就会被薄情的父亲拿掉，立姜无知为太子。

从小一起长大，姜诸儿太了解姜无知的性格，这也是个睚眦必报的狠角儿。一旦让姜无知骑到自己头上拉屎撒尿，自己会死得很惨，对于这一点，他坚信不疑。

正因如此，姜诸儿为了保住自己的太子地位，不得不和姜无知展开残酷的政治斗争。二姜之争，让我们很容易就想到了历史上另外一例著名的夺嫡之争，就是曹操的两个儿子，曹丕和曹植几乎见血透骨的政治决斗。

姜诸儿在失宠之后的悲凉心情，曹丕最有体会，作为最有资格继承大位的公子，却不得不接受来自弟弟的挑战。姜诸儿的性格和曹丕非常相似，都是表面波澜不惊，实则阴狠刚戾的人物。而姜无知和曹植自恃受到君主宠爱，根本不把兄长放在眼里，步步紧逼，步步惊心。

由于史料有限，姜诸儿即位前和姜无知的夺位之争几乎没有记载，但从曹丕防守的惨烈程度上可以推想出姜诸儿当时的困难。曹丕之所以能取得最终的胜利，原因不外三点：

一、曹丕做人低调，从不表现出对世子嫡位的渴求，一切随遇而安，这赢得了曹操的好感。

二、曹丕积极拉拢曹操身边能说得上话的大员，比如鬼才贾诩，贾诩果然替曹丕美言，几乎是贾诩一言之力，助曹丕上位。

三、曹植不断犯下让曹操愤怒的愚蠢错误。

曹丕一直不太受曹操的宠爱，姜诸儿同样如此。姜禄甫喜欢侄子姜无知的原因，不得而知，估计是姜无知平时嘴甜勤快，还有可能有些文学上的才华，这才压倒了堂兄姜诸儿，距离齐侯的大位仅一步之遥。

在夺位的竞赛中，姜无知已经将姜诸儿远远甩在身后，但当姜禄甫大限将至的时候，他还是把齐侯的位子传给了姜诸儿，姜无知空欢喜一场。究其原因，应该是有齐国的重臣劝说姜禄甫不要废子立侄，只是史料无载而已。

这个道理能说得通，侄子再亲，也不是自己亲生的。如果姜无知继位，他会不会视姜禄甫如父都是个疑问，姜诸儿再不讨自己的欢心，总是自己的亲生儿子，将来传承自己这一脉的香火，还得靠姜诸儿。

五代吴国统治者徐温非常器重自己的养子徐知诰（即南唐先主李昪），但最终他还是选择了亲生儿子徐知训，只不过徐温死的不是时候，被徐知诰强行夺过位子，建立南唐。

姜诸儿有惊无险地得到了他做梦都想得到的东西，接下来他需要做的，就是打击报复自己的政敌姜无知。不要说姜诸儿心胸狭窄，在任何时代，胜利者都有权力惩罚失败者，不过手段不同而已。千古一帝唐太宗杀兄屠弟之后，将十个侄子全部杀死，相比之下，姜诸儿的手段文明了许多。

姜诸儿对姜无知的报复，实际上只是剥夺了姜无知之前享受的太子待遇，严格来说，这算不上打击报复。天无二日，国无二主，姜诸儿身为齐侯，不能再让国中出现另外一个统治中心，换了谁当统治者，都做不到这一点。

父位子承，齐侯的位置本来就是姜诸儿的，结果半路杀出个姜无知，差点抢走姜诸儿的蛋糕。从人性恶的角度讲，姜诸儿有无数个理由处死姜无知，而且也不存在技术手段问题，看看鲁桓公姬允和彭生是怎么死的就知道了。

姜诸儿具有典型的外狠内柔性格，对外人如冬天一般冷酷，对自己人如春天一般温暖。姜无知妄想得到本不属于他的东西，姜诸儿对他还讲些兄弟情面，没有大开杀戒。但即便如此，姜无知对自己失去特殊的政治待遇依然怀恨在心，在他的潜意识中，他既然无限接近了太子之位，那么他就有资格继承齐侯之位。

话是这么说，但当姜诸儿逐渐巩固统治时，姜无知没有任何机会下手夺权，只能心字头上一把刀——忍！自己窝在老鼠洞里，看着敌人风光无限，这种痛苦的煎熬滋味是无法用语言表述的。

从《史记·齐世家》的记载来看，姜无知出现在姜诸儿即位后的历史舞台上，主要有两个时间段。一是姜诸儿即位之初，二是姜诸儿即位的第十二年，也就是说，姜无知整整忍了十二年。虽然史料有限，不过从逻辑上判断，姜无知在这十二年中不会做出格的事情，他依然在忍，同时在等待报复的机会。

关于姜无知的性格，史无详载，但面对强势的敌人，一忍就是十二年，这不是轻易可以做到的。特别是襄公四年（前694），姜诸儿设计害死了鲁公姬允，但鲁国依然对姜诸儿毕恭毕敬，这一点应该对姜无知产生了很大的刺激。男人有权有势有美女，杀人还不受追究，这正是姜无知所追求的人生。对姜诸儿的风光无限，姜无知只有羡慕、妒忌、恨。

同样是忍，姜无知和后世的勾践有所区别，勾践虽然给夫差当马奴，吃粪便，但后来勾践回到越国，有自己的政权和军队。而姜无知什么都没有，无权无势，即使姜无知暗中和齐国官僚阶层往来，也不敢明目张胆。再者，对齐国官僚上层来说，跟着齐侯，富贵等身，谁会和受国君猜疑的落魄公子混在一起？此时的姜诸儿还没有犯下明显的错误，统治一如既往地稳固，让姜无知丝毫看不到翻身的希望。

姜诸儿的统治到了第十二年，突然出现了朝着姜无知有利的方向发展的转机。

姜诸儿不算是个明君，也不算是个十足的昏君，他更准确的历史定位是中庸之主。这类帝王在执政时有个明显的特征，就是政治上基本不犯错，生活中小错不断。但话说回来，帝王的家事就是国事，私生活中的一些不太为人所注意的细节往往在历史的放大镜中被放大，直到造成影响历史发展进程的变局。

细节决定成败，这话说得很有道理，特别是位高权重的人物，平时都把精力放在大事上，所以他们最容易在一些小问题上犯下不可思议的低级错误。

最典型的就是明世宗朱厚熜，朱厚熜守国有成，但性格过于偏执，好仗势凌人，下人经常被他责打，最终惹出骇人听闻的"壬寅宫变"，朱厚熜差点被愤怒的宫女用绳子勒死。

姜诸儿文治平庸，但武功还算不错，在江湖上拎刀乱砍，和郑、卫等国四处结盟拜把子。在姜诸儿治下，齐国国势虽说不是如日中天，也算得上是稳健发展。但姜诸儿没有朱厚熜那么幸运，同样是下人作乱，朱厚熜逃过一劫，姜诸儿却万劫不复。

姜诸儿被杀的原因，按这几年流行的文艺范说法，就是"一个西瓜引发的血案"。西瓜是不会杀人的，姜诸儿之死，是因为姜诸儿把西瓜当成忽悠大臣的工具，结果大臣被他惹毛了，一怒之下，做掉姜诸儿。

被姜诸儿戏耍的大臣就是齐国大夫连称和管至父，在姜诸儿出事的前一年或前两年，他们被国君派到葵丘（今山东临淄西）驻守。虽然说葵丘距离齐都临淄不远，但毕竟不如国都锦绣繁华，没人愿意去外面喝风受苦。

从《左传》所载的文字来推测，连称和管至父是不想驻外的，虽说君命难违，但他们应该向姜诸儿表达过自己的不满。为了平抚二人的不满，姜诸儿也做了妥协，与二人达成了一个口头协议。

因为二人是在当年七月瓜熟时节被派驻葵丘的，姜诸儿做出承诺：你们只在葵丘驻守一年，等到明年瓜熟的时候，寡人就把你们调回临淄。连称和管至父觉得一年很快就会过去，也就痛快地答应了。

老话说，"君无戏言"，周成王姬诵因为一句戏言要封弟弟姬叔虞，被史官逼着实封姬叔虞于晋。因为君主的权威，一言九鼎，让连称、管至父相信了姜诸儿的承诺。

转眼到了第二年的瓜熟时节，连称、管至父开始打点行装，准备回临淄享福，谁愿意待在这个鸟不拉屎的地方喝凉风。但让二人失望的是，等了多日，齐侯的调防令始终没有发到他们手上。

作为臣下，是不能违抗国君命令的，没有姜诸儿的手令，他们不敢贸然回去。唯一能做的，就是提醒齐侯，这也是不得已而为之的。这就如同甲借钱给乙，约定一年后归还，但时间到了，乙装聋作哑，甲只好"厚着脸皮"催促乙还钱。欠钱的趾高气扬，债主低三下四，连管二人窝囊兼憋屈的心态和债主甲是一样的。

连称、管至父催齐侯调他们回临淄，结果遭到了姜诸儿的拒绝，"请代，弗许"。欠债的成了大爷，借钱的倒成了孙子，没人能咽得下这口恶气。姜诸儿"欠钱不还"，自然让连称、管至父感觉到上当受骗，其愤怒可想而知。于是，二人"谋作乱"。

姜诸儿应该不是忘记了自己一年前的承诺，拒绝调防，而是另有隐情。推测一下，应该有三个原因：

一、据《左传》记载，连称有个妹妹，被送入宫，成为姜诸儿的姬妾，但不知道出于什么原因，姜诸儿不喜欢连称的妹妹，"无宠"。姜诸儿很可能是因为这个原因，恨屋及乌，所以对连称没有好感。

二、姜诸儿从一开始就没理由地讨厌连称。

三、连称或管至父曾经在不经意间得罪过姜诸儿，而他们自己没有察觉到。

不论是出于什么原因，姜诸儿作为国君，言而无信，戏耍大臣，都理亏在先。更致命的是，姜诸儿在不知不觉中得罪了许多官场中人，而当这些失意者站在一起时，他们对姜诸儿的恨就会在瞬间爆发，比如姜无知、连称、管至父，以及连称那个因无宠而生恨的妹妹。

连称、管至父对姜诸儿严重不满，最高兴的莫过于苦苦等待复仇机会的姜无知了。姜无知已经忍了整整十二年，从现有史料上看，姜无知在齐国上层应该没有太硬的关系，否则他不会一忍就是这么多年。

敌人的敌人就是朋友，而且连称、管至父在军界人脉甚广，如果能把这二人拢在袖中，姜无知就有很大的胜算扳倒姜诸儿。郁闷了十二年，姜无知当年的雄心壮志也几被磨平，在他即将绝望地沉入水底时，突然发现眼前有一根救命稻草，可以想象姜无知内心的狂喜。

更让姜无知兴奋的是，连称和管至父密谋策划政变的借口，就是姜诸儿当年剥夺姜无知的太子位，他们要为姜无知讨还公道。

几个政坛失败者聚在一起，为了一个共同的目的，三人喝鸡血插草标，结成犯罪小团伙。连称、管至父同意杀死姜诸儿之后，就立姜无知为齐侯，大家共享富贵，作为交换条件，连称和管至父也得到了自己满意的价码。更让连称高兴的是，他还得到一个额外的红包，姜无知已经答应，事成之后，立连称的妹妹为齐国第一夫人，这还是姜无知当着连妹妹的面亲口说的。

不过姜无知等人暂时无法对姜诸儿下手，倒不是公室戒备森严，而是这几日，姜诸儿不在宫中。在当年的十一月，姜诸儿到临淄西北百余里地的贝丘打猎去了。要想下手，只能等姜诸儿回来再寻找机会，至于能不能成功夺权，"成败得失，非臣所能逆睹也"。一切只能听天由命。

姜诸儿当然不会知道姜无知在暗地里都忙些什么，他的心思早就放在贝丘的田野上，因为这里有数不清的豺狼虎豹，可以让姜诸儿在大自然的怀抱中尽情地歌唱自己的美好生活。至于姜诸儿带没带"夫人"文姜，不得而知。

但让姜诸儿万没有料到的是，他在贝丘的田野中并没有发现狼豺虎豹的足迹，反而碰到了一头奇怪的猪。这头猪的体形非常庞大，应该是一头野猪。

离奇的还在后面，姜诸儿身边有个侍从，看到这头大猪后，突然莫名其妙地来了一句："国君请仔细看，这不是一头猪，这是彭生！"彭生，就是八年前受姜诸儿之命杀死鲁桓公姬允的大力士。侍者的话让姜诸儿毛骨悚然。

从道理上来讲，是姜诸儿命令彭生杀死姬允的，但为了推卸责任，姜诸儿又杀掉彭生，是姜诸儿负彭生在先。但让人不可思议的是，姜诸儿居然理直气壮地大骂这头猪，说你这个畜生居然还有脸来见寡人，然后搭箭朝着"彭生"射去。当年姜诸儿杀彭生是杀人灭口，不让彭生把自己杀害姬允的罪恶阴谋捅出来，现在他要杀猪灭口，同样是这个原因。

怪事年年有，那年特别多。这头猪被箭射中后，突然前蹄离地，站了起来，并冲着姜诸儿发出凄厉的嚎叫声。

姜诸儿虽然嘴里强硬，但心里是有鬼的，心虚见不得阳光，被猪这么一惊吓，姜诸儿顿时手足无措。一个不小心，姜诸儿从马车上栽了下来，摔了个狗吃屎，把脚给扭了，鞋子也丢了。

接下来的场面更加搞笑，姜诸儿光着臭脚丫子，被侍人强行架上马车，车夫不敢停留，挥鞭打马，狼狈逃回临淄。

对于治疗外伤，"伤筋动骨一百天"，至少要有几个月的安静休养。东汉末年，小霸王孙策被许贡门客射伤，医生说在治疗期间，不能乱发脾气。孙策不听，到处打人骂人，结果创伤崩裂，二十六岁就死了。

姜诸儿也是如此，回到宫中后，他没有安心养伤，而是对身边人非打即骂。姜诸儿在贝丘丢了鞋子，就把怨气发泄在了主管齐侯衣服鞋帽的寺人费身上，赏了寺人费三百鞭子，打得浑身是血。姜诸儿大富大贵，并不缺少鞋子穿，打寺人费只是泄心中的无名火，纯属没事找事。

好在寺人费人品不错，对姜诸儿非常忠诚，即使差点被打死，寺人费也没有丝毫怨恨姜诸儿（奴性深重）。如果姜诸儿打的是杨金英之类的刺头，十个姜诸儿也被勒死了。

但吊诡的是，寺人费似乎非常神通，他提前预感到了姜无知等人会趁齐侯养伤的时候发动叛乱。寺人费咬牙忍着疼痛，前去宫门外等候叛军，虽然他力不能缚鸡，但至少可以通过一些策略来拖延时间。

对于寺人费被打，姜无知并不知情，但姜诸儿坠车受伤的事他一定知道，否则他不会在这个时候突然发动政变，和连管二人带着人马杀进宫中。《史记·齐世家》也记载："无知、连称、管至父等闻公伤，乃遂率其众袭宫。"姜诸儿受伤，他的精力都集中在养伤上面，宫中戒备应该不如以前森严，肯定有空子可钻，这是千载难逢的机会。

叛军杀进宫后，见到的第一个人就是准备投靠姜无知的寺人费。寺人费的出现把姜无知吓了一跳，他几乎是下意识地命令弟兄们把寺人费绑起来，不能让他逃回去通报姜诸儿。

五代安重荣造反，后晋派杜重威前去平叛，安重荣的部将赵彦之出城投降，结果杜重威误认为赵彦之是来挑战的，结果一顿乱殴，赵彦之稀里糊涂送命。寺人费运气要好过赵彦之，至少寺人费还有时间为自己辩解，在被绑的时候，寺人费大声呼冤，说我不是姜诸儿一伙的，我是来给你们带路的。

口说无凭，寺人费把自己的上衣撩开，露出背来，数十道血印证明了寺人费没有说谎，这才取得了姜无知的信任。这个故事情节，和《三国演义》中黄盖苦肉计诈骗曹操非常相似，但姜诸儿和寺人费似乎没有必要搞什么苦肉计，如果发现叛军进宫，姜诸儿早就被人背着跑了，不至于出此下策，从时间上来讲是说不通的。

寺人费现在唯一能做的，就是用花言巧语拖住姜无知进宫，给还蒙在鼓里的姜诸儿赢得逃跑的时间。寺人费拍着胸脯说这事交给我了，我知道昏君藏在哪儿，公子稍等，我这就进宫，割下姜诸儿的人头来献。

姜无知、连称、管至父等人太傻，他们认为此时的姜诸儿身边一个侍人都没有，能让寺人费轻易杀死姜诸儿。对姜无知来说，最稳妥的办法是让寺人费前头带路，叛军紧随其后，一举除掉姜诸儿。偏偏姜无知就相信了寺人费的鬼话，这伙人站在宫门外，让寺人费去取人头。

寺人费是个聪明人，他知道如果自己耽搁的时间太久，容易引起姜无知的怀疑，所以寺人费很麻利地做好了三件事情：

一、和其他侍人一起把脚部受伤的姜诸儿从床上抱起来，藏到了门后边避难。

二、如果叛军看到床上无人，会很自然地想到床下，所以需要一个人来冒充姜诸儿躺在床上送死。侍人孟阳很爽快地接受了这个任务，估计是孟阳的身材和姜诸儿非常相似，能以假乱真。孟阳穿上姜诸儿的衣服，从容上床，然后盖上被子闭眼等死。

三、把宫里所有的人员集合起来，冲出门和叛军决一死战，尽可能地阻止叛军进宫。

这个过程依然用时很长，《史记·齐世家》称"良久"，至少也有半个小时。这么长的时间，不可能不引起姜无知的怀疑，在宫外等了大半天，姜无知还没见寺人费拎着姜诸儿的人头出来，终于明白被寺人费给耍了。姜无知并不清楚宫里发生了什么，情况不明，益发引起姜无知的恐惧。

双方交战的地点是在宫门前，具体人数不详。《史记》虽然没有说寺人费带了多少人出去决斗，但留了这么一句"宫中与公之幸臣攻无知"，姜诸儿的幸臣人数应该不会太多，而"宫中"应该是指姜诸儿留在宫里的守卫部队，少说也有百余人。至于姜无知、连称等人的叛军数量，从宫军被叛军悉数杀死来推断，叛军人数至少是宫军的两倍以上。

论知名度和地位，寺人费在历史上是一个连三线都算不上的小人物，而且他的努力最终也没有让姜诸儿逃过一劫，但他的忠诚和勇气让人们百思不得其解。在无端被暴打的情况下，他为什么还愿意为丧心病狂的姜诸儿送死？

宫女杨金英等人因为不堪忍受明世宗朱厚熜所谓采阴补阳的变态行为，发动宫女暴动。无论成功与否，杨金英们都知道自己会惨死在政权机器之下，这恰说明杨金英们的刚烈，是值得后人尊敬的。

寺人费以德报怨，固然可敬，但孔子说过，"以直报怨，以德报德"，寺人费最正确的做法是杀死姜诸儿，然后再和姜无知决斗。面对污辱和压迫，一味讲究以德报怨，是一种怯懦的表现，算不得真的勇士。

当然，寺人费在这场混乱的战斗中战死，至少不能认为寺人费是懦夫，只能说他对德与怨的理解有误，真正的懦夫不会为了别人的生存而牺牲自己的生命。对于寺人费，姜无知想必是充满了恨意，但姜无知更关心的是姜诸儿的下落。

一直有一个难以解开的疑问，连称的妹妹得不到姜诸儿的宠爱，已经答应做姜无知的内应，但这场政变中，丝毫看不到连妹妹的身影，史家皆无着墨。当初姜无知告诉连妹妹，说你给我刺探姜诸儿的情况，事成之后封你为第一夫人。

这是一笔明码标价的交易，连妹妹为了当上齐侯第一夫人，肯定会使尽浑身解数，全程监控姜诸儿的动向，她也有这个便利条件。她身边应该有自己的心腹，对外传达绝密消息并非难事，寺人费在宫内使诈，连妹妹没有任何反应，这一点非常奇怪。

不过当叛军闯进宫里，连妹妹之于姜无知的作用已经降至冰点，有没有这个所谓的内应，姜无知都已经基本控制宫内。宫中姜诸儿派系的人马被扫除干净，姜无知相信宫里只有姜诸儿一个人，躲在床上绝望地颤抖。

说姜无知是个白痴并没有冤枉他，他没有想过这一点，既然寺人费是姜诸儿的嫡系，寺人费肯定会把自己发动政变的消息通知姜诸儿，姜诸儿又怎么可能还平静地躺在床上等死？

当姜无知闯进寝室，看到床上躺着一个人，他居然没有反应过来，真以为这个人是姜诸儿，挥刀一通猛砍。杀死孟阳的，极有可能就是姜无知本人，因为他太痛恨姜诸儿了。但快感过后，姜无知才发现上当了，姜诸儿根本没在床上，是孟阳替姜诸儿挨的刀。房间里没有发现姜诸儿的踪迹，姜无知几乎绝望，如果让姜诸儿逃到宫外，以齐侯身份号令天下勤王，胜负尚未可知。

话题再回到之前寺人费藏匿姜诸儿，寺人费对姜诸儿的忠诚没得说，但他缺少急智。有藏姜诸儿的时间，不如把姜诸儿背出宫，或者藏在一个更安全的地方，而不是藏在极易被发现的门板后面。

北朝的齐王高澄遇刺时，就是钻到了床下，虽然最终高澄也难逃一死，但总比藏在门后的安全系数相对高一些。更要命的是，姜诸儿的脚部有伤，根本不可能站立太长时间，等姜诸儿坚持不住的时候，他的末日也就到了。

细心的姜无知果然发现了破绽，在门的后面露出一只没穿袜子的大脚，不问可知，姜诸儿就藏在门后。随着姜无知发出一声凄厉的指令，叛军乱刀齐下，姜诸儿呜呼毙命。

姜无知忍了十二年，终于手刃仇人，报了当年被贬的一箭之仇，心中的快意可想而知。齐国的天下，也很自然地落在了姜无知的手上，在一帮狐群狗党的欢呼声中，姜无知春风满面地即位。

虽然在科学技术发达的现代社会，不应该相信阴阳轮回之说，但有时在翻看历史书的时候，总能强烈地感觉到冥冥之中仿佛真有天意。直言之，就是"你用什么方式得到的东西，就会以什么方式失去"。姜诸儿因为薄待大臣，被连称、管至父纠结姜无知乱刀砍死，而让人大呼荒谬的是，姜无知居然丝毫不长记性，刚上台没多久，就走上了姜诸儿的老路。

姜无知只记得姜诸儿当年欺负自己，却忘记了自己在受欺负的同时，也在欺负别人。这个人就是葵丘大夫雍廪。姜无知欺负雍廪的时间和原因均不详，但可以肯定的是，雍廪对姜无知的仇恨，远胜于姜无知对姜诸儿的仇恨。

人的本性是记仇不记恩，雍廪牢记姜无知曾经带给自己的耻辱，无时无刻不想报仇雪恨。最让人不可思议的是，姜无知似乎已经忘记了自己当年虐过雍廪，他居然有胆量大摇大摆地跑到雍廪的地盘上撒野。公元前685年初，姜无知来到雍林打猎，结果刚到雍林，还没来得及射兔子，就被雍廪的人马突袭车驾，姜无知就这么稀里糊涂地死了。

历史有时很有趣，姬允杀死了姬息姑，姜诸儿为姬息姑报了仇；姜无知杀死了姜诸儿，为姬允报了仇；雍廪杀死了姜无知，又为姜诸儿报了仇。江湖的魅力就在于此：不知道自己是谁的终结者，谁又是自己的终结者。

自郑庄公姬寤生和周天子交恶以来，江湖上就数齐国最热闹，先是兄妹乱伦，接着兄弟群殴，精彩桥段接连上演。姜诸儿、姜无知这对兄弟的恩怨情仇已经化为一缕烟云消散在空中，但齐国兄弟之争的精彩故事还没有结束。

八 / 千古一相说管仲（上）

说到千古一帝，我们在第一时间会想到谁？肯定是秦始皇嬴政。历代数百个皇帝，无论功业如何，都无法超越秦始皇的历史地位，因为嬴政是开天辟地第一帝，仅此足矣。

那么，千古一相呢？

有人会提名诸葛亮，因为诸葛亮的知名度最高，三岁小儿都知道诸葛亮。有人会提名王安石，因为王安石那场轰轰烈烈的变法运动，影响后世一千年。有人会提名张居正，因为张居正的铁腕改革几乎挽救了摇摇欲坠的大明王朝。当然，也会有人提名管仲。

管仲何人？集政治家、改革家、经济学家、军事家、战略家、阴谋家于一身的一代铁血枭雄！从某种意义上讲，管仲堪称春秋第一人，伟大如孔子，对管仲也是俯首膜拜。说春秋，道春秋，是不可能绕过管仲的。

自古英雄出乱世，曹操之所以名垂青史，建立不朽功业，和他所处的大分裂时代是分不开的。如果生在承平时代，曹操即使能位列三公，也不会像今天这么名声震破天。

管仲同样如此，正如英国作家狄更斯在名著《双城记》开篇所讲的："那是最美好的时代，那是最糟糕的时代；那是智慧的年头，那是愚昧的年头；那是信仰的时期，那是怀疑的时期；那是光明的季节，那是黑暗的季节；那是希望的春天，那是失望的冬天；我们的前景无量，我们前景渺茫；我们都在直奔天堂，我们都在直奔相反方向。"

一个风从虎、云从龙的伟大时代，风云际会之时，必有英雄横空出世，书写属于他们、也属于历史的热血传奇。春秋初期，诸侯征伐，天下未定，霸主不知何在。强横如郑庄公姬寤生者，也不过是春秋一小霸，还不足以镇服天下。正是管仲的出现，才算拉开了春秋五霸轰轰烈烈的舞台大幕。

曹操的成功，有一部分功劳可以归于荀彧、郭嘉等超级谋士，但曹操本人就智计双绝，而且性格霸道，曹操要成不了大事，天理也不容。而管仲在本集团中所处的政治地位，更接近诸葛亮之于刘备。没有诸葛亮，就没有刘备的乘龙上天；没有管仲，就没有齐桓公姜小白的不世霸业。

姜小白能力是有的，但他的性格过于随意任性，如果没有一个性格强硬的管家看着他，别说成霸业了，能活到哪天都不知道。历史上"君强相更强"的例子，除了姜小白与管仲，还有一对著名的君臣组合，就是五胡时前秦名相王猛和天王苻坚。

不比这两对君臣的功业，只说性格。王猛与苻坚的性格对比，简直就是管仲和姜小白的翻版，相似度高达99%。

管仲、王猛：性格霸道，做事果断，心思缜密，遇事稳重，绝不动摇地推行自己制定的政策，具有浓烈的枭雄气质，是中国历史上少见的铁血宰相。最不可思议的巧合是，他们在出任宰相之前都曾经做过小买卖糊口。

姜小白、苻坚：天生贵族，性格活泼好动，待人接物过于感性，自己主要负责对外战略，内政基本交由管仲、王猛处理。二人的自控能力较差，耳根子软，经不起糖衣炮弹的进攻，容易犯战略性错误。

结局：管仲、王猛都死在君主之前，他们死后，姜小白、苻坚无人看管，任性胡为，最终酿成不可挽回的历史惨剧，姜小白破家，苻坚亡国。

从年龄上看，管仲应该比姜小白年长二十多岁，王猛比苻坚年长十三岁，可以算是父辈人物。实际上，姜小白一直尊称管仲为"仲父"，苻坚对王猛也几乎以父礼相待。从这个角度讲，管仲和王猛承担着政权的内政外交重任，同时也是自己君主的监护人。

如果说王猛是十六国时期最耀眼的政坛巨星，那么春秋早期最耀眼的政坛巨星，也只能是管仲。对后人来说应该值得庆幸的是，历史在不经意间选择了这个之前并不起眼的中年人，他却还给历史一段不可磨灭的江湖传说。

先讲一讲管仲的家世。

根据《史记》记载，管仲是颍上人。颍上就是今天的安徽省颍上县，颍上县在安徽中部的淮河北岸，与历史名城寿阳（今安徽淮南）一水之隔。对于这个改变春秋历史的伟大人物，史书上称为管仲，其实他的名字叫管夷吾，因为他死后的谥号是"敬仲"，所以后人就称他为管仲。

关于管仲的生年，史书上没有明确的记载，流传有两种说法，一是生于周平王四十八年（前723），一是生于周桓王四年（前716）。此时西周早已经滚进历史坟墓了，由郑庄公姬寤生开始，各路诸侯夹杂着周天子，红头涨脸地大打扯皮战，江湖上鸡毛乱飞。

三国人韦昭说管仲本姓姬，又生于管地，所以管仲极有可能是西周初年发动叛乱的管叔后裔。不过就算管仲是周天子的后人，也无法遮掩他的寒酸出身，汉末那位刘皇叔成天扛着"大汉孝景皇帝阁下玄孙、中山靖王之后"的铝合金招牌四处跑马拉赞助，也没见他搂到几文铜钱。

社会底层出身的人物，对权力的渴求度，远远高过出身高贵、有良好施政平台的官二代。但没有官场中的关系，想进入官场呼风唤雨，难度可想而知。

在春秋及以前的时代，社会阶级是固化的，奴隶主天生是奴隶主，奴隶天生是奴隶，只有中间的平民阶层，偶尔会打破这种权力垄断，挤进统治核心层。

管仲没有关系，没有背景，他现在最需要做的，不是出将入相，笑傲凌烟阁上，而是先活下来。和历史上那些草根英雄发迹前做小生意糊口一样，管仲也做起了小买卖，刘备卖过草鞋、王猛卖过畚箕、刘裕卖过草席、柴荣卖过伞，而朱元璋干脆就是个叫花子。

管仲家贫如洗，身无分文，没本钱还做哪门子生意？好在朋友鲍叔牙很支持管仲，出资帮助管仲经商。不过在春秋时代，经商做买卖的多是出身平民阶层的人物，贵族是不屑于经商的。

管仲曾经给商人的社会地位定调，就是著名的"士农工商"，商人排在士农工之后，说明当时商人的社会地位不高。君子耻于言利，出身士人家庭的，甚至都有权力折辱商人，商人的地位也只比奴隶高一些，属于社会下层人士。

春秋时代的商人，就相当于现在在市场上流动经营的小商贩，受欺负是免不了的。管仲在南阳（当是齐地，非今河南之南阳）做生意，就至少三次被当地的泼皮恶霸砸过摊子，同行的还有鲍叔牙。

汉人刘向所著的《说苑·尊贤》说管仲在南阳经商时，曾经做过"狗盗"，就是高级扒手，"身手"也应该十分了得，可见管仲当时的落魄。

管仲沦落到这种地步，足以让后人唏嘘，刘备混不下去的时候都没这么惨。好在管仲并没有因此丧失生活的勇气，就像韩信一样，胯下之辱，天下笑骂，韩信依然豪情满怀。

管仲做生意赚到多少钱，史料上没有明确记载，但管仲经商对他后来的人生产生了重大影响。通过经商，管仲熟悉并掌握了经济原理，为日后管仲伟大的经济改革奠定了最坚实的基础。

再将王猛与管仲对比一下，二人都曾经在落魄时经商，天南海北地跑，对各地的风土人情有了很深的了解。王猛执政后，对如一潭死水的官场进行雷厉风行的大变法，特别是轰轰烈烈的经济变革，直接奠定了前秦统一北方的经济基础。

除了王猛，在中国历史上，再也找不出人生轨迹、性格特征与管仲如此相似的铁腕人物。更让人不可思议的是，二人不仅性格优点相似，他们的性格缺点也几乎如出一辙，就是贪权与钱。具体地说，王猛贪权，管仲贪钱。

前燕吴王慕容垂在国内受猜忌，西奔投奔苻坚，受到苻坚的重用，这引发了王猛强烈的嫉妒。王猛为了打倒慕容垂，玩了一把金刀计，虽然没有害死慕容垂，却直接断送了慕容家族日后复兴的希望——英明神武的慕容令。

管仲情况稍好一些，他没有因为贪权而害人，但他贪财的行为让人摇头。鲍叔牙每次外出经商都带着管仲，赚到钱后，兄弟二人分钱。也许是管仲穷怕了，见着钱就眼红，根本不顾鲍叔牙出的力比他大，独贪了大头。好在鲍叔牙大度，从来不以此事责怪管仲。

对于一个出身社会底层的人来说，一下子拥有这么多金钱，很容易迷失人生方向。不过管仲虽然贪钱，但他并没有丧失自己的人生理想，他知道他想要得到比金钱更重要的东西。

虽然史书上没有记载，管仲积累这么多财富，应该是准备用在官场疏通关系上。官场从来就是菜市场，按斤称金银，买卖公平，童叟无欺。管仲暗中存钱用在官场上，是可以说得通的。也许是鲍叔牙理解管仲这一点，所以他在金钱上不和管仲计较。

春秋时代的官员仕进之途和魏晋非常相似，基本上靠血缘传承，阶层基本固化。像管仲这样没有关系的底层人物，仅凭金钱也未必能爬到多高的位置，毕竟商人的社会地位比较低，管仲所能选择的职务范围非常狭窄。

管仲在官场上谋得的第一个职务，史学界一般认为是公子姜纠的傅（相当于后来的诸王师傅），梁启超说这是"管子初入政界之始"。不过也有一种说法，认为管仲在跟着姜纠做事之前，曾经在官府中做过"弼马温"，应该是个养马的官，地位低下，被人所轻视。

不清楚管仲是通过什么门路和公子姜纠搭上关系的，不排除管仲为此花费了大把银子。姜纠是齐僖公姜禄甫的次子，长子是上面讲到的齐襄公姜诸儿，幼子便是日后威震天下的齐桓公姜小白。姜禄甫应该只有这三个儿子，否则在姜诸儿死后，齐国大臣没必要等待身在异国的姜纠和姜小白回国即位。

虽然姜禄甫确定了姜诸儿的继承人身份，姜无知也有夺嫡的希望，公子纠位次相对靠后，但能傍上公子纠，说明管仲已经进入了齐国权力最高层的外围，一旦姜纠有机会乘龙上天，管仲就是现成的齐国宰相。另外说一点，给公子（王子）当先生，首先不可能是胸无点墨。这说明管仲在之前经商时肯定恶补过诗书，为日后进入官场做了准备。

值得一提的是，管仲是和他的两位好友携风卷云杀进来的，这两位好友，一位是鲍叔牙，另一位是召忽。"管鲍之交"感动千古，实际上确切的称呼是"管鲍召之交"，刘关张誓死不分，管鲍召同样如此，《吕氏春秋·不广》就说管鲍召"三人相善"，罗贯中写"桃园三结义"时，很可能就是因管鲍召之交而获得灵感。

姜禄甫似乎对管鲍召三人都非常欣赏，从现有史料来看，管仲、召忽相姜纠，应该在鲍叔牙相公子姜小白之前。也就是说，管仲进入官场后，鲍叔牙可能还在做生意，但应该在官场有一定的知名度。

前文讲过，姜禄甫最喜欢的是侄子姜无知，三个儿子皆无宠。除了姜诸儿有惊无险地保住了太子位，对于另外两个儿子，姜禄甫也没有特别安排，只是找来管仲等人给小哥俩当管家，别让这俩小子堕落成野孩子就行。

应该是得到了管仲、召忽的推荐，或是其他人力荐，姜禄甫准备请鲍叔牙出山，给姜小白当管家，没想到鲍叔牙却推辞了。这不仅让姜禄甫感到意外，管仲同样意外，不过召忽却支持鲍叔牙的决定。

召忽为人非常重情义，他不希望鲍叔牙辅佐姜小白，而是想把鲍叔牙拉到姜纠的旗下，兄弟三人一起谋富贵。召忽之所以如此看中姜纠，可能是因为姜纠在兄弟中排位仅次于姜诸儿，一旦姜诸儿有个三长两短，姜纠是最有希望继位的。至于姜小白，在召忽看来并没有特别之处，所以召忽把宝都押在了姜纠身上。

鲍叔牙不想给小白当管家的原因居然是和齐僖公怄气，鲍叔牙同样轻视姜小白，在他看来，姜小白只是一具政治僵尸。国君让他辅佐姜小白，分明是瞧不起他。

但召忽和鲍叔牙的决定遭到了管仲的强烈反对。管仲出任姜纠的师傅，看来并非他的本意，如果能自主选择，管仲宁可放弃姜纠，投身姜小白旗下。

在几乎所有人都轻视姜小白的情况下，管仲却慧眼识珠，一眼就看出姜小白虽然落魄，但绝非池中之物。原因大致有以下几点：

一、自姜诸儿以下，诸公子中最有希望继位的，除了姜纠，就是姜小白。即使姜小白劣势非常明显，谁又敢说姜小白一定不能继位？我们不能把所有的鸡蛋都放在一个篮子里，应该多点投资，确保利益。

二、姜纠虽然比姜小白在政治上更具优势，但姜纠的母亲是鲁国人。齐人和鲁人恩怨甚深，所以恨屋及乌，并不喜欢姜纠，姜纠在国内没有民意基础。而姜小白的母亲是卫国人，曾经得到国君（齐僖公）的宠爱，小白之母早亡，齐人普遍同情这个孤儿。

三、姜纠能力一般，即使他获得齐侯之位，也未必守得住。如果姜纠守不住，上台的必然是姜小白。

综合以上原因，管仲劝鲍叔牙去辅佐姜小白，也算是给我们兄弟三人留条后路。管仲已经把话点得非常明了：万一姜纠不成气候，姜小白上台，势必对姜纠的势力，比如管仲和召忽进行政治清洗，但如果有鲍叔牙在身边，管仲和召忽的人身安全就有了最起码的保障。反过来讲，如果姜小白倒台，则管仲、召忽也会尽全力保护鲍叔牙。

这就是管仲的过人之处，知道两边下注，旱涝保收。狡兔三窟，做事时一定要给自己留条后路，不要把自己置之死地，马谡就是这么完蛋的。从后来姜小白要杀管仲泄愤，但被鲍叔牙死命相救来看，管仲布下这着闲棋冷子是何等的英明！

但让人感到不可思议的是，管仲如此看中姜小白的政治能力，却劝说鲍叔牙一定要忠于姜小白，对姜纠不惜往死里整。而管仲对他所欣赏的姜小白同样是往死里打，半点情面和后路也不留。最经典的一幕，就是后来姜小白在路上与管仲狭路相逢，管仲恶狠狠的那一箭，差点射死姜小白。

至于管鲍召讨论鲍叔牙是否辅佐小白的时间，应该在齐襄公姜诸儿继位之后，《韩非子·说林下》对此事的时间有明确记载，"君（姜诸儿）乱甚矣，必失国"。而管仲、召忽奉姜纠，鲍叔牙奉姜小白为避齐国内乱，狼狈出逃国外，具体的时间，从《左传》记载来看，应该是在姜诸儿即位之初。也就是说，管仲在姜诸儿即位之后，劝鲍叔牙辅佐姜小白，就是在为出逃避难做长远打算。

按照管仲"鸡蛋不能放在一个篮子里"的理论，姜纠和姜小白是分开逃的，姜纠带着管仲、召忽逃到鲁国，这是姜纠的姥姥家，姜小白则去了莒国。二国距离齐国都不远，一旦姜诸儿出事，国内无主，也方便他们回国争位。

姜纠和姜小白残酷争位的"龟兔赛跑"故事，会在后文中详细解读，这里只说姜小白即位后，鲁国在姜小白的压力之下杀死姜纠，召忽绝望自杀后，管仲被押解回临淄见姜小白的事情。

从表面上看，管仲辅佐的姜纠彻底失败，管仲的政治生命也几告终结，但管仲并没有恐慌。原因其实很简单，管仲安排的"卧底"鲍叔牙是姜小白最信任的人，有鲍叔牙在，管仲虽置身虎口，却安如泰山。本质上，姜小白非常情绪化，容易记仇，如果不是鲍叔牙从中打圆场，愤怒的姜小白早就把仇人管仲撕得粉碎。

姜小白虽然自控能力差一些，但他是爱贤的。在鲍叔牙的反复劝导下，他已经接受了鲍叔牙的大度让贤，先把管仲从鲁国捞回来，然后出将入相，共图大业。当然管仲很聪明，知道姜小白对他还是有些怨恨的，心里憋着一股无名火。不如因势利导，把小白的无名火引出来，年轻人心里有气会憋坏身子的。

管仲的演技很好，在见姜小白的时候，管仲让人拎着把大斧头站在自己身后，语态谦卑地请姜小白处死他。姜小白知道管仲在演戏，大家都是跑堂会的演员，在做作一番后，姜小白正式赦免了管仲的射君之罪，与管仲同乘一辆车，回到宫里。"礼之于庙，三酌而问为政。"正式拉开了历史上这一段热血传奇的序幕，历经漫漫严冬的风刀霜箭，管仲的春天终于来了。

其实这一切皆在管仲的预想与掌控之中，先让鲍叔牙辅佐姜小白，等姜纠失败后，由鲍叔牙出面劝说姜小白重用自己。算盘打得如此精明，分毫无差，已经让人对管仲的战略水平惊叹了。算计人到了这种程度，在佩服的同时，也会让人倒吸一口凉气。

历史上能在自己不得志时就把自己的未来算得如此精细的，除了管仲，也就是王猛了。王猛的过人之处，就是在苻生还在位的时候，就一眼看出苻坚是池中潜龙，他通过各种关系慢慢接近苻坚，最终取得苻坚的信任，一飞冲天，立下不世功业。

像管仲、王猛这样的铁血人物，决定了他们的帝王级合作者在性格上不能和他们相同，否则性格上的矛盾是很难让这样的强强君臣组合发挥出自己最大的潜能的。要说历史上君主与宰相皆是铁血人物的组合，只有五代周世宗柴荣和他那位性格刚硬的宰相王朴了。

姜小白为人孩子气，却有主见，骨子里是非常阴狠的，像这种性格，鲍叔牙就很难控制得了。鲍叔牙为人过于谦和，手腕不狠，他可以得到姜小白发自内心的尊重，但姜小白不怕他。而管仲不同，管仲阴狠霸道，做事刚硬，发起火来，天不怕地不怕，正好能在性格上压制住姜小白，这也为管仲日后施展才能提供了一个绝佳的平台。

九 / 千古一相说管仲（中）

　　上面讲了，姜小白和管仲的携手是"珠联璧合"，就如同苻坚与王猛的"婚姻"一样，刘备与诸葛亮也是如此。管仲获得了他所希望得到的所有内部有利条件，姜小白买来了菜，鲍叔牙准备打下手，现在就看管仲如何切菜下锅了。

　　讲到管仲在齐国的全方面改革，就不得不提及管仲留给后世的那部震烁千古的政治巨著《管子》，先讲一讲《管子》一书的来龙去脉。

　　历代对《管子》是否为管仲所作，争议非常大，在疑古派阵营中，以宋人朱熹的意见最有代表性。朱熹在《朱子语类·战国汉唐诸子》中认为，管子非仲所著。仲当时任齐国之政，事甚多。稍闲时，又有三归之溺，绝不是有闲工夫著书之人。著书者是不见用之人也。大意是管仲作为齐国宰相，日理万机，根本没有时间著书立说。另外，作为法家的管仲，其《管子》书中夹杂着大量道家语言，有明显的老庄文风。

　　在先秦诸子中，《管子》号称最为难读。因为其他诸子之作多限于一种学术范围内，如《论语》讲仁义，《老子》讲哲学，《韩非子》讲法术，而《管子》什么都讲，包括政治、经济、军事、文化、思想、哲学、外交、货币、全民道德，涵盖范围极广，可以说《管子》是中国历史上第一部百科全书。

　　学术界普遍认为《管子》是战国时齐国稷下学宫管子学派的集体之作，这个观点倒也有道理，但问题是，清人章学诚针对众多疑古派对管仲著《管子》的问题说过："皆不知古人并无私自著书之事，皆是后人缀辑。"

　　春秋时诸侯是有史官的，齐国史官会把管仲在公开场合谈论的话记录下来，然后由稷下学宫整理而成。清人孙星衍也说过："古之爱士者，率有传书，由身没之后，宾客记录遗事，报其知遇。如《管》《晏》《吕氏春秋》，皆不必其人自著。"

　　不要说《管子》，就是《论语》，也是孔子的弟子及其再传弟子根据孔子的言行辑录而成。本来是一个很简单的问题，结果弄成了哥德巴赫猜想，实在没有必要。所以《管子》所载的关于管仲的施政方针,是完全可信的。

管仲留给后世的精神财富之多,让人惊叹不已,而且各门类实现了全覆盖。从某种意义上讲,齐桓公姜小白只是一个管仲用来实现个人抱负的工具,换句话说,与其说春秋五霸第一霸是姜小白,不如说是管仲。

管仲留下了许多后人耳熟能详的传世名句,大致有以下几条:

仓廪实则知礼节,衣食足则知荣辱。——《牧民》

礼义廉耻,国之四维,四维不张,国乃灭亡。——《牧民》

十年树木,百年树人。——《权修》

大者王,小者霸。——《五辅》

众胜寡,疾胜徐,勇胜怯,智胜愚,善胜恶,有义胜无义,有天道胜无天道。——《枢言》

凡五谷者,万物之主也。谷贵则万物必贱,谷贱则万物必贵。——《国蓄》

匹夫为鳏,匹妇为寡,老而无子者为独。君问其若有子弟师役而死者,父母为独。——《揆度》

特别是前三条,小学生都能倒背如流,可见管仲思想之于后世的巨大影响。《管子》洋洋洒洒八十六篇(现存七十六篇),数十万字,但关于管仲的施政纲领,在《小匡》中记载得最为详细。这也是齐桓公姜小白在与管仲一笑泯恩仇后,以学生之礼请问管仲何以治国时,管仲的回答。这段问答,姑且称为"君臣问对"。

在"君臣问对"中,管仲首先讲的是君王治人之术,具体怎么做,实际上就四个字,"赏罚分明"。管仲的原文是"劝之以庆赏,纠之以刑罚"。通过有效公正的赏罚制度,稳定人心,然后才能施政。

管仲是史上公认的法家鼻祖,他关于法术治国的思想深深影响了历史,晚管仲三百多年的韩非就是管仲的忠实崇拜者,《韩非子·二柄》几乎就是对管仲法术思想的解读。

姜小白问管仲:"何以御民?"管仲的回答强硬有力:"在于六秉,即杀、生;贵、贱;贫、富。"不过管仲没有韩非那么重的杀气,动辄喊打喊杀,《韩非子》一书弥漫着浓重的血腥味。

韩非更侧重于法术，而管仲则要考虑经济发展之于社会安定的重要性。没有良好的经济基础，也就不可能有社会安定，这正是管仲所说的"仓廪实则知礼节，衣食足则知荣辱"。百姓都吃不上饭了，还讲什么以法治国，完全是空中楼阁。

关于管仲的经济思想，一言以蔽之：富民主义。

这是管仲比韩非看得更透的地方，特别是在《五辅》篇中，管仲讲了一段极富人性哲理的话，原文是："夫民必得其所欲，然后听上；听上，然后政可善为也。"社会安定与否，其实评判标准再简单不过。

关于"欲"，儒家推崇仁义道德，强调个人对物欲的节制，而法家则推崇物质刺激，强调以利诱人，忽略了社会教化功能。管子是法家，但他的"法"属于轻法，因为管仲在强调人的动物性（追求物质）的同时，更注重人的社会性（仁义道德）。

儒家说性本善，法家说性本恶，都有道理，又都有偏颇之处，两家都只看到了硬币的一面。管仲的伟大就在这里，他看到了硬币的两面。人的动物性决定了人是有物质欲望的，这是社会教化的基础。

《吕氏春秋·孟冬纪》对人性看得很清楚，"民之于利也，犯流矢，蹈白刃，涉血抽肝以求之"。《荀子·国富》也提出了类似的观点，"欲多而物寡，寡则必争矣"。物质是有限的，人的欲望是无限的。对于人的本能欲望所形成的对物质利益的追求，应该因势利导，在一定程度上满足百姓的欲望，而不是一味打压，否则，是非常愚蠢和危险的。

只有满足社会各阶层的物质需要，才能让人们心甘情愿地受官府统治，才能在此基础上进行社会教化，进而巩固统治。历代之所以兴，无不使民得其所欲；历代之所以亡，无不轻民欲，尽天下之财货以奉一人。

现在我们讲和谐社会，和谐社会的本质其实就是社会各阶层在利益分配上达成一定程度的共识，或者说是妥协。管仲所说的"民欲"，其实就是社会各阶层，特别是中下阶层对物质的合理追求。中下阶层是政权稳定的基础，满足了这部分人对物质的基本需求（活得有尊严），社会是乱不起来的。不要动辄指责老百姓仇富，老百姓只要满足了自己并不多的物质需求，对富裕阶层最多只是羡慕，而不是嫉妒恨。

人的动物属性，决定了人的利益需求，特别是占人口大多数的社会底层。虽然百姓是被统治者，但他们可以决定一个政权是存在还是灭亡，即所谓水能载舟，亦能覆舟。

如何才能实现强国富民，以安天下？管仲开出的药方是：

一、减轻对劳动者的压榨程度，即"薄赋敛"，让老百姓更多的获得自己的劳动所得，这是让民致富最简单的办法。

二、减轻刑法，不论是肉刑还是死刑，都会减少青壮年劳动力，进一步影响国家的安定。

三、建设社会道德价值体系，在乡间多设贤士，通过榜样的作用带动人心向善。

四、增加人口，这是执行第一、第二条政策后所产生的效果。

这里有一个问题，如果政府减少税收，财政怎么办？政府开支、军事开支，以及社会教化，哪项不需要花钱？姜小白并没有理解这一点，反而要对民间征收房产税、树木税，甚至是六畜税，但都被管仲否决了。

姜小白有些不爽："没钱，我吃什么？"

管仲笑了："我们可以向大自然要效益。"管仲的原话是："唯官山海为可耳。"

所谓山海，指的就是铁和盐。齐国地处渤海之滨、黄海之侧，有丰富的海盐资源，而且境内多山，铁矿资源丰富。管仲敏锐地发现了矿产资源之于国家经济的重要性，向大自然攫取财富，不是直接从老百姓身上剪羊毛，老百姓的利益没有受到太大损害。既维护了社会稳定，又扩大了政府财政收入，政治、经济皆得其利，可谓两全其美之上策。

当然，管仲提出的课盐铁之税，最终买单的还是老百姓。特别是盐，盐与粮食一样，是人必须吃的，"无盐则肿"。而管仲的盐铁政策是官方绝对控制，垄断经营，你买也得买，不买也得买，除非你想做白毛女或白毛男。

管仲给姜小白算了一笔账，一个成年男子每年吃五升半的盐，成年女人每年吃三升半，未成年人每年吃二升半。每升盐市价多收二钱，每年的国家收入能有二百万钱。一个千万人口的国家，每年的国家收入就能达到六千万钱。如果我们只征收税赋，那么征收范围只能限定在成年人，未成年人这块的收入我们就得不到了。向成年人征收税赋，每年我们只能收到三千万钱，比卖盐少了一半收入。如果要想通过税赋达到六千万的收入，就只能搜刮未成年人了，这势必引发百姓的不满，造成社会动荡。

不过，并不能因此就说管仲是绕着弯地搜刮民财，管仲这么做，实际上更体现他的爱民情怀。如果管仲贪百姓之财，大可以一方面加重百姓税赋，一方面再高价卖盐。反正无论提不提高税赋额度，老百姓都是要吃盐的。

商品经济的发展，说穿了，就是让老百姓手里有余钱买东西，这样才能刺激市场繁荣。如果老百姓的那点钱都被官府搜刮了去，或被套牢，拿不出钱买东西，市场只会进一步萎缩，进而影响国家财政收入和社会稳定。

管仲的逻辑就是少征收税赋，让老百姓多积蓄，然后拿出一部分钱来购买国家专营的商品，如盐铁。这样一来，国家财政有了收入，老百姓手上还有大量余钱。老百姓手上有了钱，会从政府设置的官商那里购买生产生活资料，扩大生产规模，提高生活质量，形成一个良性循环。

上面讲的是管仲的经济思想，但具体如何实施？管仲也给出了答案，就是著名的"士农工商，各行其业"，这应该是中国历史上首次对社会生产体系进行细致分工的记载。

人不是万能的，总要有个专长，不可能既会写文章、种地，又会打铁、纺织、做生意，所以社会生产就有了明确的分工。管仲提出的社会分工理论，要求士、农、工、商各自形成一个圈子，互相之间不跨行，这样才能形成产业优势。

虽然士与农的地位排在工与商的前面，但齐国的经济支持产业是"工"，主要是纺织品。《汉书·地理志》对此有明确记载："（自管仲经济改革之后，齐国的）织作冰纨绮绣纯丽之物，号为冠带衣履天下。"唐人颜师古在这一条后注释："言天下之人冠带衣履，皆仰齐地。"来自齐国的纺织品几乎垄断了国际市场，这份功劳，主要是管仲的。

如果没有合理成熟的商贸运营体系，再好的商品也要烂掉。管仲最让人佩服的一点，就是有意识地将商人出国经商置于自己的经济外交战理论之下，通过经济战打垮诸国的经济体系，使之在经济上失去与齐国对抗的可能性，从而进一步加速齐国的称霸事业。

管仲的对外贸易是有选择的，理论根据就是"以其所有，易其所无，市贱鬻贵"。敌国缺少什么商品，我们就大量制造什么商品，实行价格垄断，逼着敌国出高价买齐国的商品。有哲人说过，控制敌国的政治，不如控制敌国的经济，一旦齐国的商品填满了各国的市场，天下尽在管仲掌中！

在鼓励本国商人出国经商的同时，管仲还出台一系列优惠政策，吸引外国商人来齐国进行贸易。管仲规定，凡外国商人，来齐国交易一车商品，齐国政府会给他提供饮食住宿；拉三车商品，政府会给他的马匹提供草料；拉五车商品，政府会提供五人的专门服务。看到来齐国经商有厚利可图，各国商人潮水般涌向齐国，"天下商贾归齐若流水"，齐国的商品贸易空前繁荣。

表面上看，管仲是个经济学家，把齐国经济搞得有声有色，实际上管仲是个为了齐国利益无所不用其极的阴谋家，经济只是管仲对外称霸的一个工具。最经典的案例，就是管仲通过鲁缟打垮鲁国的经济基础，迫使鲁国承认齐国的霸主地位，归于齐国霸业之下。

春秋初期，鲁国算是中等强国，有能力给齐国制造大麻烦，比如著名的长勺之战。柯地会盟时，鲁人曹沫执刀劫持姜小白，逼迫姜小白吐出之前强抢的鲁国地盘。齐国霸业初建，羽翼未丰，很难用军事手段解决来自鲁国的威胁，那就只能在经济战线上给鲁国找找麻烦了。

管仲是打经济战的行家，具体的"作战"任务由管仲来安排。管仲深知要打垮鲁国的经济，首先要想办法使鲁国从多种经济变成单一经济，而且是受制于齐国的单一经济。

在管仲的授意下，齐桓公姜小白突然下令，禁止齐人穿齐国生产的纨布衣服，而改穿鲁国生产的缟布。由于齐国的外贸大头就是纺织，此举对齐国纺织业的打击可想而知，民怨四起，但姜小白还是坚定地执行了管仲的计划。

天上掉下来一块喷香的大肉饼，鲁人都笑傻了，没有多想，就张嘴接住了。因为齐国人口非常多，所以鲁国生产的缟布供不应求，为了多从齐人身上拔毛，鲁庄公姬同发动国内所有的纺织作坊，没日没夜地赶制缟布。

看到白花花的银子源源不断地流进鲁国，上自国公，下至百姓，兴奋得合不拢嘴。但鲁人很快发现有个问题需要解决，就是鲁国的纺织业工人太少，跟不上齐国发来的订单。

鲁庄公估计是想趁此机会控制齐国的纺织品市场，下令让国内的农民都改行做纺织工，种地的收成微薄，不如改行织布，一来能赚钱，二来也能缓解国内的阶级矛盾，何乐而不为？

鲁人一窝蜂地弃农从织，导致田地荒芜，鲁人的粮食问题日渐突出。等到姬同发现中了管仲的圈套时，已经来不及了。管仲下令，严禁齐国从鲁国进口缟布，同时立刻恢复齐国的纺织生产，齐人并不缺衣服穿，但鲁人因为得不到齐国的缟布订单，已经没粮食吃了。

齐国不但是纺织品大国，更是粮食生产大国，有足够的粮食销售到鲁国。但问题是，管仲"无耻"地提高齐国的粮食价格，鲁人没粮食吃，只能一边骂着管仲，一边出高价购买齐国的粮食。鲁人之前通过销售缟布从齐国赚来的银子，统统又还给了齐国。更要命的是，鲁国的粮食命脉至少在一年时间内被齐国牢牢扼住，姬同实在没办法，只好向姜小白求饶，答应奉齐国为老大。

管仲的经济外交战之厉害，于此可见一二！不过并不能因为这件事责备管仲心肠恶毒，孟子曾曰，"春秋无义战"，大家屁股都不干净，谁也别指责谁装大尾巴狼。

对于一个国家来说，实现本国利益的最大化，才是世界上最大的道德。姬同指使曹沫不顾道义地劫持姜小白，这本身就不是什么光彩的事情，管仲通过经济战戏耍姬同，不过是一报还一报而已。

十 / 千古一相说管仲（下）

管仲是齐国国相，他首先要为齐国统治集团以及齐人负责，他没有为其他国家利益负责的义务。但同时我们应当看到，当时春秋虽然诸侯国林立，但有同一个宗主国——周朝。这一点也决定了各诸侯国除了"地方主义"之外，还兼有"天下主义"，而管仲正是如此。

除了要为齐国谋霸业，管仲肩上更承担着保护中原华夏文化不受外族侵犯的责任，正如《诗经》所说："兄弟阋于墙，而外御其侮。"管仲所理解的"霸"，绝不只是齐国独为天下之尊，更要铁肩担道义，率诸国捍卫华夏文明。

自西周末年以来，中原地区承受着来自周边各民族强大的军事压力。特别是春秋的出现，诸国内战不断，实力此消彼长，间接地增加了周边各民族的军事实力。东有夷，北有狄，西有戎，南有蛮，特别是北方诸狄戎部族，连年内犯。管仲曾经说过："戎狄豺狼，不可厌也；诸夏亲昵，不可弃也。宴安鸩毒，不可怀也。"

管仲与姜小白，高举"尊王攘夷"的大旗，强硬执行反击戎狄的战略，为捍卫华夏文明做出了伟大的贡献。如果任由戎狄从四面八方向中原扑来，也许华夏文明早就夭折了。

先圣孔子对管仲的人品基本执否定态度，《论语·八佾》对管仲的人格缺陷大加鞭挞，说"管仲之器小哉！"理由是管仲曾经有过"三归"的丑事。关于三归做何解，在历史上有一定争议，一种说法是管仲结了三次婚，一种说法是管仲大治府第，花钱不心疼。孔子鄙视管仲的人品，评价他是个不通情达理的野人，甚至还嘲讽管仲，如果管仲懂礼，那世界上还有谁不懂礼！语言之刻薄，很难想象这是出自"温良恭俭让"的孔子之口。

不过孔子有一个最大的优点——就事论事，功是功，过是过，有过则贬，有功则褒。对于管仲"尊王攘夷"的伟大功业，孔子极为推崇，称赞管仲是伟大的英雄。

孔子的学生子路认为管仲作为公子姜纠的相傅，姜纠之死，召忽随之，而管仲却腆颜事姜小白，为人不仁。孔子当即反驳，齐桓公九合诸侯，成就霸业，这就是管仲最大的仁德！管仲不仁，天下无仁矣。

孔子另一个学生子贡也向老师发难，说管仲不忠于姜纠，即为不仁。孔子义正词严地告诉子贡："管仲相桓公，霸诸侯，一匡天下，民到于今受其赐。微管仲，吾其被发左衽矣！"意思是没有管仲横空出世，拯救华夏文明，我们现在就要服从夷狄风俗，披散头发，穿夷狄服式，岂有今日！

历代评管仲者多矣，唯有孔子的这句赞语最具分量，一是由孔子的历史地位所决定的，二是这句话高度概括了管仲之于历史的贡献。众所周知，春秋战国时代是中华文明最为关键的发展期，中国两千多年的历史发展，是在春秋战国的基础上发扬光大的。如果没有管仲，夷狄入主中原，之后中华文明的辉煌是不可想象的。

孔子对管仲的评价，管仲完全当得起，但孔子指责管仲不知礼，则有失偏颇。《左传·僖公十二年》记载了这么一件事情，这一年（前648），为了调解东周王室与戎狄的紧张关系，姜小白派管仲出使雒邑，周惠王姬阆接见了管仲。

姬阆知道管仲的分量，所以破例以上卿之礼接待管仲，遭到了管仲的拒绝。管仲的理由是我只是齐国的下卿，按礼制，天子就应该以下卿之礼待我，齐国中有高、国二位上卿，如果他们来朝天子，到时天子又将用何种礼节接待他们？

虽然姬阆很欣赏管仲，甚至称呼管仲为舅父，坚持上卿之礼，但管仲半步不让，坚持尊卑有别的江湖规则，受到了士大夫的高度称赞。《左传》就说管仲懂礼节，不犯上，他受到历代的推崇是理所应当的。以此事来看，管仲何处不讲礼？

孔子最重视人的自我修养，他在《论语·学而》中对弟子做出以下要求："弟子入则孝，出则悌，谨而信，泛爱众而亲仁。行有余力，则以学文。"而《管子·弟子职》中也有相同的内容："先生施教，弟子是则。温恭自虚，所受是极。见善从之，闻义则服。温柔孝悌，毋骄恃力。志毋虚邪，行必正直。"要求弟子要尊敬师长，友悌兄弟。

虽然《管子·弟子职》是战国时齐稷下学宫的管子学派所作，但并不能因此认为这是稷下学宫抄袭儒家著作《论语》。当时的儒家还没什么社会地位，经常受到其他学派的批判，稷下学宫本就是百家争鸣之所，而且《弟子职》是当时稷下学宫的学则（校规），稷下诸先生不可能去拍儒家的马屁。

之所以出现《管子·弟子职》的思想接近于儒家的现象，最多只能说明管仲的思想与儒家有着某种程度上的重合，甚至不排除儒家借用了管仲关于人生自我修养的观点。

在西汉董仲舒提出"罢黜百家，独尊儒术"以前，孔子开始被拔高，礼敬为圣人。实际上，如果要评出春秋时期的第一圣人，管仲比孔子更合适。不仅因为管仲比孔子早生一百多年，更重要的是管仲是全才，除了不会英语，几乎没有管仲不会的。

前面讲过，管仲有许多后人加上的头衔，比如政治家、战略家，其实管仲还应该有一个头衔，就是权术家，这往往是后世研究管仲时所忽略的。说到权术，晋朝的创始人司马懿堪称三国第一权术大家，但司马懿和管仲比，还不太厚黑。

司马懿多多少少还受到礼教思想的约束，做事不敢放肆，至少不敢当着曹叡的面要官要权，但管仲就敢。姜小白已经接受了鲍叔牙的建议，赦免管仲之罪，并准备重用管仲。按道理讲，管仲应该假意推让一番，给自己涂上一层谦逊的脂粉，可管仲却反其道而行之，当着姜小白的面要官要权，不给还撒泼耍赖。脸皮如此之厚，可谓千古少见。

老话说，做人要有自知之明，不能蹬鼻子上脸，管仲不吃这一套，他需要得到他想得到的东西。在管仲的潜意识中，这些东西是他应该得到的，所以管仲理直气壮地张口索要。

《韩非子·难一》记载，就在姜小白和管仲的"君臣问对"之后，管仲就开始伸手要官了，他一脸委屈地告诉姜小白："臣现在得到了国君的宠信，臣感激不尽，但臣现在的官职太卑微，请国君提高我的政治地位。"

此时的姜小白对管仲还不是特别了解，就像刘邦被萧何逼着拜韩信为大将军一样，不过是受人之托而已。管仲交浅言深，让姜小白很无语，世界上怎么还有这等不要脸的人。姜小白为了显示自己的豁达大度，对管仲做出了承诺，寡人一定要让先生位居国内大族高氏与国氏之上。

姜小白没想到管仲会得寸进尺，提高了他的政治待遇，他还不满意，又不满地告诉姜小白："臣有地位了，但臣还是个穷光蛋，请国君提高我的经济待遇。"姜小白为了求贤，只好答应了管仲的请求，给管仲以其他大夫三倍的经济待遇。

更搞笑的还在后面，管仲不依不饶，说臣有权有钱了，但臣和国君的关系还比较疏远，请国君以后尊称我为仲父。估计姜小白看到管仲一脸真诚的样子，差点没气吐血，鲍叔牙推荐的这都是什么人？姜小白现在已经没有其他的人选，只好咬牙尊管仲为仲父，姜小白的心里别提多别扭了。

管仲和姜小白刚刚和好，就向姜小白要这要那，是管仲不识好歹吗？当然不是，春秋时人霄略就为管仲的行为辩护，说管仲之所以这么做，是因为管仲作为齐国的首席执政官，如果没有比其他人都高的政治、经济待遇，以及国君的尊重，就很难推行新政。霄略认为管仲这并不是贪婪，而是为了方便管理。

按霄略的说法，管仲这么做是很有道理的，位卑何以号令天下？既然姜小白已经同意让管仲做宰相，那就应该给管仲以宰相的权威，否则何以服人？刘邦拜韩信为大将军时，就授韩信一柄剑，敢不服大将军号令者可斩之，道理是一样的。

为管仲辩护的还不只是在历史上不知名的霄略，还有战国时伟大的思想家荀况。荀况在《荀子·仲尼》篇也谈到了这个问题，荀况认为管仲的做法完全正确，没有权威，如何推行新政？当然，荀况这么说是歌颂姜小白的大度，但也说明了管仲伸手要官要钱，并非出自私心。

上面说孔子指责管仲"器小"，实际上，管仲不但不"小器"，反而很"大器"，比如管仲的用人方面。如果管仲出于私心要官做，他一定会独揽大权，任人唯亲。可管仲获得执政权之后，却立刻提名齐国的几位贤人出任要职，曾经和姜小白一起出逃莒国的隰朋，因为善于辞令，辩才甚佳，所以管仲请隰朋出任"外交部长"。

《吕氏春秋·勿躬》记载了管仲向姜小白推荐五位贤人的事情，大意是：管仲说，搞农业，我不如宁速；搞外交，我不如隰朋；搞纪检，我不如东郭牙（东郭牙应该就是鲍叔牙）；搞军事，我不如王子城父；搞法治，我不如弦章。

当然，管仲非常自负，在推荐完了五位贤人后，冷不丁地来了一句："国君治国强兵，用五贤人足矣，国君欲称霸天下，有管夷吾在此！"单就这一点来说，管仲做得要比诸葛亮好，诸葛亮自负全才，事必躬亲，忽略了培养下一代治政人才。管仲很聪明，抓大放小，他只负责战略布局，具体事务由其他人去办。

对管仲的自负，姜小白鼓掌曰："善！"

刚开始的时候，姜小白对管仲还有所怀疑，毕竟管仲还没有开始施展自己的锦绣抱负，仅凭一张大嘴，谁知道你是英雄还是狗熊？但在管仲不可思议的天才表演后，生性狂妄的姜小白对管仲佩服得五体投地。此时再称管仲为"仲父"，应该是姜小白发自内心的尊敬了。

刘备和诸葛亮的关系，更接近于董事长与聘用的职业经理，诸葛亮在刘备心中的地位还不如谋士法正。管仲则基本获得了齐国的最高统治权，也就是说管仲是齐国政策的制定者，姜小白只是执行者。

前面讲过，姜小白的性格过于随意任性，所以他需要一位严父来管教约束，管仲是再合适不过的人选。随着霸业的不断推进，姜小白早就已经忘记当年管仲差点射死他的那段如烟往事，在他眼中，管仲就像一位慈爱而不失严厉的父亲。

从气质上说，管仲和姜小白都是不世的枭雄，属于腹黑一族，只不过管仲张扬霸道，姜小白内敛沉静。如果说结识鲍叔牙是管仲的幸运，那么能得管仲为相，则是姜小白的莫大幸运。

管仲性格外扬，但心思非常缜密，这是宰相群体的一个普遍特征，有一件小事情可以反映出管仲的心细到了什么程度。姜小白派人去鲁国，把管仲押回齐国，因为管仲已经知道姜小白准备重用他，所以管仲担心的不是姜小白，而是鲁国的施伯。施伯劝鲁庄公不要放管仲回齐，此人是天下奇才，如果不能效力鲁国，不如杀掉，以绝后患。

姬同迫于齐国的压力，没有同意，但管仲不敢保证姬同不会中途变卦。为了尽快回齐，管仲告诉拉囚车的衙役："你们这样拉我实在太辛苦了，我给你们唱歌吧，这样你们就能心情愉悦地拉车了。"管仲放声高歌，衙役们听着悦耳的歌曲，忘记了疲劳，速度也不断加快，最终赶在鲁人变卦之前回到了齐国。

管仲不仅心思缜密，眼光更是出了名的毒辣，任何魑魅魍魉在管仲眼前一过，他立刻就能看穿。有一次姜小白和管仲在密室中商议讨伐卫国，结果这件事情让会察言观色的齐侯夫人发现了，因为她是卫国人，当然要想办法保护母国。在夫人的软硬兼施之下，姜小白对卫国的态度明显软化。

第二天上朝时，管仲当场打了姜小白的脸，"国君是不是要放弃对卫国的军事计划？"姜小白很惊讶，这老头怎么会知道？管仲大笑："国君见我，声音谦恭，面带愧色，所以我知道国君变卦了。"至于变卦的原因，管仲当然知道是卫姬从中作梗，只不过他不好意思当面揭穿。姜小白为了掩饰尴尬，大笑说道："仲父治外，夫人治内，天下不足平也。"

管仲辅佐齐桓公四十年，"九合诸侯，一匡天下"，世人皆知齐桓霸业是管仲一手促成。在公元前645年，管仲病重，眼看着不行了，姜小白前来探视，并请管仲安排了日后的人事。

姜小白首先推荐了鲍叔牙为国相，但被管仲坚决否定。管仲的理由是鲍叔牙为人刚直，眼里揉不得沙子，疾恶如仇，不懂得权术平衡，不是做宰相的合适人选。除此之外，可能还有另外一个原因，就是管仲和鲍叔牙都老了，当时的年龄至少有七十岁。而且在管仲咽气之前，鲍叔牙就已经去世了。

管仲在政治上把鲍叔牙说得一文不值，并不是恩将仇报，事实上管仲从来没有忘记鲍叔牙对自己的大恩大德，他只是就公事论公事而已。鲍叔牙去世的消息传来，管仲失声痛哭，悲不自胜。管仲流着泪告诉身边的人："当年我与鲍叔牙一起做生意，独贪大头，鲍叔牙知道我上有老母需要奉养，从来不以为我贪。我受困于鲁国，是鲍叔牙舍命救我，又推荐我于国君之前，才有今日。生我者父母，知我者鲍子也！"

这才是真实的管仲，热血、敢担当、重情重义，而不是孔子所批判的那个贪财小气的管仲。从时间上来看，管鲍之交至少经历了五十年的风风雨雨，他们早年一起迎风冒雨做买卖，然后一起为官，几乎天天见面，这种真挚的战友情，没有亲身经历过，是很难理解的。

戏曲小说里的包公铁面无私辨忠奸善恶，管仲同样有这个本事。姜小白身边有三个著名的宠臣——竖刁、易牙、姬开方，在姜小白后期，已经和这三个宠臣穿上一条裤子了。管仲一眼就看出这三个人不是好东西，将来必乱齐政。在临死前，管仲苦劝姜小白远离这些人。姜小白虽然按管仲的话做了，但管仲死后，姜小白又把三人召了回来，结果一年后，竖刁等人就将姜小白送上了西天。

历史总是如此相似，一千年后，王猛死前劝苻坚除掉对前秦政权最危险的内部敌人姚苌和慕容垂。苻坚不信，结果淝水败后，慕容垂另立门户，而姚苌则亲手绞死了苻坚。老话说，不听老人言，吃亏在眼前。管仲最擅长品鉴人物，也就是会看人，准确率几乎是百分之百，简直不可思议。

管仲还有一个优点，就是通权达变，在形势不利时会用急智化解危险。比如在著名的"曹沫劫齐桓公"事件中，管仲的急智发挥得淋漓尽致，帮助姜小白逃脱了一场可怕的灾难。

公元前681年，齐鲁两国在柯（今山东东阿）会盟，齐桓公姜小白和鲁桓公姬同走上台之后，鲁人曹沫突然拔剑劫持姜小白。这场劫持事件是姬同之前计划好的,姬同用"同归于尽"来威胁姜小白:不答应我提出的"齐鲁以汶水分界"的要求,今天我们同死于此。

姜小白即位不久,年轻气盛,不想答应姬同的无礼要求。管仲与鲍叔牙执剑冲上台救驾未果,管仲在台下劝姜小白:"只闻用土地来保卫君主,没听说过用君主来保卫土地,国君先答应鲁人的要求,回来我们再做计较。"言下之意是好汉不吃眼前亏,先保住命要紧,君子报仇,十年不晚。姜小白听从了管仲的建议,这才避免一场骇人听闻的悲剧。

管仲是个有缺点的伟大人物,这样的人物才显得真实。管仲虽然能看透世间人情,但也有马失前蹄的时候,比如他对重臣甯戚提出的问题就始终没有想明白。

甯戚有次当着管仲的面说了三个字"浩浩乎!"管仲被弄得一头雾水,不知道甯戚想说什么,吃午饭的时候还在想"浩浩乎"到底是什么意思。倒是管仲身边的婢女博学聪慧,她一语点破甯戚的心思:"宁大夫是想成家了。"管仲不解,婢女笑着回答:"《诗》有云:浩浩者水,育育者鱼,未有室家。"管仲这才恍然大悟。

管仲不是无所不能的先知,他更像是一座散发着耀眼光芒的灯塔,照亮了初步摆脱蒙昧,进一步走向成熟的春秋战国时代,也照亮了整个中国历史。春秋战国百家争鸣,学术成果之灿烂,历史影响之深远,可以说是空前绝后。

孔有儒家,老有道家,孙有兵家,韩有法家,管仲学派到底算是什么家?这在历史上有很大的争议,在有些学术先驱的评比中,甚至没有管仲,实在不可理解。管仲的学说涵盖了儒、道、法、兵、形势、阴阳、纵横等各个学派,可以说管仲是诸子之父,天下第一家。

孔子的忠实门徒朱熹称赞孔子:"天不生仲尼,万古如长夜。"站在儒家思想的阵营中,朱熹对孔子的称赞并不为过。至于管仲,则应该站在天下万国的立场上称赞管仲:"天不生夷吾,万古如长夜。"

这个评价并不过分,管仲完全当得起!因为他是独一无二的管夷吾。

十一 / 齐桓公的贤臣们

有句老话说得好：一个篱笆三个桩，一个好汉三个帮。

英雄拎着人头在江湖的腥风血雨中闯荡，身边总要有几个称心的帮手，单打独斗是成就不了大事的，如果没有张良、萧何、韩信，刘邦早被项羽干掉了。

一个利益集团的成功，不可能归功于一个人，这样的人造神话在历史上是从没有出现过的。没有法正，诸葛亮将困死荆州；没有李威，王猛如蛟龙睡沙滩；没有朱升，刘伯温也将无用武之地，管仲同样也不例外。

在齐桓公姜小白震烁千古的霸业中，我们可以列出许多伟大的名字。虽然这些人不如管仲那么出名，但英雄的伟大与否，并不是看其出现在闪光灯下的次数，而要看他实实在在的历史功业。不可否认管仲在姜小白的霸业中贡献最大，但仅有管仲一人，是做不出什么事情的。下面就讲一讲辅佐齐桓公"九合诸侯，一匡天下"的那些幕后英雄。

说到齐桓公时的贤臣，排在第一位的，当然是鲍叔牙。如果只论人品之贤，即使把管仲算进来，依然排在鲍叔牙的后面。"管鲍之交"感动千古，但在"管鲍之交"中，主角却是鲍叔牙。地球人都知道，没有鲍叔牙的宽宏大度，管仲不死于姬同之手，必死于姜小白之手。和管仲出身帝王之家一样，鲍叔牙的出身也非常高贵，甚至比管仲的"级别"更高，因为鲍叔牙是夏朝始祖大禹的后裔，姒姓。人都是现实的，管仲是姬周之后又如何，家徒四壁，照样被人瞧不起。鲍叔牙虽然上距夏朝灭亡已经整整一千年，但鲍叔牙家境优越，是标准的中产阶层出身，吃穿不愁。

鲍叔牙在很早的时候就认识了管仲，二人外出做生意，本钱都是鲍叔牙出的，他知道管仲兜里没钱。如果用一个字来给鲍叔牙的人品盖棺论定的话，这个字毫无疑问是"贤"字，管仲能交上这样的朋友，不客气地说，是管仲积三代之德修来的造化。

管仲贪财的毛病，鲍叔牙是知道的，但他从来不当面指责管仲，反而替管仲辩解，换成心胸狭窄的，早就透恨了管仲。而当管仲被囚禁鲁国时，鲍叔牙拼了老命，也要把管仲从魔爪下救出来，这更能体现鲍叔牙的胸怀宽广。因为忠心侍奉自己，又共同外逃避难的缘故，姜小白对鲍叔牙非常信任，也有意用鲍叔牙为相。只要鲍叔牙点头，历史上将不会有属于管仲的传奇。如果鲍叔牙坐视鲁人杀掉管仲，那齐国宰相的位子非鲍叔牙莫属，这是一个让人很难抗拒的诱惑。

谁不想扬名立万，青史留名？但鲍叔牙考虑的不是个人利益，而是齐国的国家利益，只要齐国能在管仲的治理下称霸天下，鲍叔牙给管仲当马夫，他都毫无怨言。

至于姜小白念念不忘管仲的一箭之仇，也是鲍叔牙苦口婆心劝姜小白以国事为重，重用管仲的。甚至为了保护管仲平安回到齐国，鲍叔牙亲自率领一支部队来到鲁国，名义上说是把管仲押回齐国处死，实际上是公开保护。更让人感动的是，鲍叔牙在鲁国殿上对着管仲放声痛哭，说归齐之后，兄弟之交就到此为止了，成功骗取了鲁人的信任，可见鲍叔牙的心思是非常缜密的。

唯一看出鲍叔牙在演戏的，是鲁国大夫施伯，鲍叔牙在这边痛哭，施伯在那边大笑，说管仲必不死，必受齐重用。只是姬同已经完全被鲍叔牙的高超演技骗了，施伯也无力挽回。

鲍叔牙心地善良，同时也有自知之明，他知道自己的治国之才远不如管仲，所以极力向姜小白推荐管仲。他告诉姜小白他不如管仲的五点，分别是：一、宽惠爱民；二、以法治国；三、外结诸侯；四、匡范社会；五、带兵打仗。

此时的姜小白还没有忘记管仲的那一箭，恨恨地说："管夷吾差点让寡人做鬼，寡人不计较也就算了，凭什么还要重用我的仇人？"鲍叔牙说当时管仲的主人是姜纠，他射国君一箭，是为了让姜纠即位，此为大忠。鲍叔牙几乎磨破了嘴皮子，才说服姜小白重用管仲。

更为难得的是，管仲执政之后，鲍叔牙能心甘情愿地服从管仲的领导，全方位配合管仲，没有任何怨言，做到这一点非常不容易。管仲在齐国政坛不断被神化，幕后推手，实际上就是鲍叔牙。

真正封神的，不是威震天下的管仲，而是鲍叔牙。如果说管仲"千古第一相"的地位还存在争议，那么，鲍叔牙"千古第一友"的地位则没有什么争议。

朋友处到这种程度，带来的已经不是感动，而是震撼。所以在春秋以来的士林圈中，士大夫对鲍叔牙更为推崇，《史记·管子列传》肉麻地歌颂鲍叔牙的仁友之情:"天下不多管仲之贤,而多鲍叔能知人也。"多是称赞的意思。

鲍叔牙之于管仲的作用,不仅体现在私人交情上,在工作中,鲍叔牙也是管仲最为得力、也是最为信任的助手。鲍叔牙对管仲的内外政策基本上是认同的,管仲说一,鲍叔牙不说二。这不是说鲍叔牙胸无主见,恰恰相反,这正说明鲍叔牙有着不逊于管仲的政治才能。

姜小白和管仲在工作中也有理念不同的地方,难免互起争议,每当这个时候,鲍叔牙都坚定地站在管仲一边。相信管仲是鲍叔牙的政治信条,仅在《管子·大匡》中,鲍叔牙就三次劝告姜小白对管仲言听计从,其中姜小白听信了两次。唯一没有听进去的那次,姜小白增加了关税和市场税,结果齐人不满。

管仲拜相,号令齐国,但他和姜小白的关系主要还是君臣关系,论与姜小白的私交,管仲是赶不上鲍叔牙的。所以在管仲与姜小白之间,鲍叔牙起到了润滑作用,如果没有鲍叔牙从中沟通,凭管仲和姜小白"宁进勿退"的霸道性格,翻脸是迟早的事情。

管仲也知道这一点,所以让鲍叔牙做了"大谏",相当于后世的御史大夫。同样一句话,管仲说了,姜小白未必当回事,但从鲍叔牙嘴里说出来,分量就不一样了。

鲍叔牙、管仲之于姜小白,和三国的法正、诸葛亮之于刘备非常相似。诸葛亮是刘备聘用的"总经理",但二人私交一般,刘备反而和法正打得火热。只要法正开口,没有刘备不答应的事情,诸葛亮只能"羡慕嫉妒恨"。

有一次,姜小白和管仲、鲍叔牙、甯戚等重臣饮酒谈心,喝得五迷三道时,姜小白嬉皮笑脸地问鲍叔牙:"鲍叔牙何不敬寡人一杯酒,以为祝寿。"像这样戏谑的话,不是私交极好,是说不出口的。

看到姜小白没有个国君的体统,鲍叔牙举杯而起,满脸严肃地说道:"我祝国君不要忘记当年在莒国受的苦难。"同时,鲍叔牙也善意地警告管仲和甯戚不要忘记曾经那段屈辱的日子,不要因为一时的得志就忘乎所以。无论是以大谏的身份,还是以老大哥的身份,这样的话由鲍叔牙来说,远比其他人说更合适。

孔子说:"其身正,不令则行;其身不正,虽令不行。"鲍叔牙正是如此,严于律己,宽以待人,这样胸怀宽广的君子,谁会不喜欢呢?

说完了著名的鲍叔牙,再来讲一位隐形的重臣。此人在历史上几乎没有知名度,他在齐国政坛上的地位却远在管仲之上,管仲这么牛的人物,见了此人都要毕恭毕敬。他就是齐国的顶级贵族——大夫高傒。

高傒其实姓姜，齐国宗室，他是周天子在齐国正式任命的两个监国上卿（另一个为国归父）。而管仲虽然统领齐国军政，但管仲只是个下卿。高傒获得如此高的政治地位原因大致有两点：一、和齐侯同宗同脉，肥水不流外人田；二、没有他，姜小白就不可能做齐国之主。换句话说，高傒是姜小白的头号政治恩人。

短命的齐侯姜无知被雍廪所杀，齐国无主，公子姜纠和姜小白进行了惨烈的"龟兔赛跑"。姜小白技高一筹，骗过了鲁国和姜纠，抢先一步回到临淄，此时临时主持齐国国政的就是大夫高傒。

更为重要的是，高傒之前就和姜小白私交甚密，在小白回国的过程中，高傒和国归父利用自己的情报网，给姜小白通风报信，所以姜小白才能顺利回来。高傒和姜纠没什么交情，自然希望姜小白即位。既然姜小白回来了，高傒生怕夜长梦多，立刻奉姜小白为齐侯。先下手为强，姜小白即位后的第六天，姜纠就回来了，如果高傒再慢一步，到嘴的鸭子可能就飞走了。

政治交易和到菜市场买菜一样，价格公道，童叟无欺。高傒帮助姜小白即位，作为报答，姜小白是不会亏待他的，有一件事情可以证明高傒从姜小白那里获得多么丰厚的回报。

在管仲的建议下，姜小白把齐都临淄分为二十一个乡，相当于现在的市辖区。当时临淄人口为四万二千，每乡二千人，除了工、商共有六乡，其他十五乡，姜小白和高傒、国归父各管理五乡，即各管辖一万人。

这些人可不是普通的居民，而是准军事化的民兵部队。《管子·小匡》对此有记载，"万人一军，五乡之师率之"。通俗一点讲，齐国分为三军，姜小白自主中军，高傒领左军，国归父领右军。虽然姜小白给高傒开出了巨额支票，但高傒心安理得地接过了五乡的统治权，这是他应该得到的回报。

高傒并不是那种饱食终日、大腹便便的饭桶型贵族，他本人的治政能力其实并不在管仲之下。至于鲍叔牙告诉姜小白："我认为管仲之才当在高傒之上，请国君立管仲为相。"应该这么看，鲍叔牙和管仲是莫逆之交，和高傒没什么私交，所以在潜意识里，鲍叔牙还是想肥水不流外人田。

不过从姜小白的利益角度讲，他是不想，也不敢立高傒为相的。高傒世代为齐大夫，在齐国官场的势力盘根错节，如果立高傒为相，很容易形成臣强君弱的局面，姜小白可不想做傀儡。

北宋赵匡胤联合义社十兄弟，背叛了周世宗柴荣的托孤，夺位于孤儿寡母之后，立刻对义社兄弟下手。姜小白不敢立高傒为相，就如同赵匡胤不敢封石守信为殿前都点检一样。姜小白任管仲为相，不用承受过大的政治风险，管仲在官场上无门无派，没有自己的势力，一旦姜小白对管仲不满意，随时可以拿掉。

像高傒这种级别的老臣，如果只是养着，实在太浪费了，应该让高傒发挥自己的余热。上面讲了，隰朋是齐国的"外交部长"，而高傒也从事外交工作，但他的政治身份应该是齐国特使全权大使，代表姜小白与诸国会盟。

公元前672年，齐国与鲁国在防地（今山东诸城西北）会盟，鲁国方面的最高代表是鲁庄公姬同，而齐国派出的最高外交代表就是高傒。代表国君出席如此高级别的会议，管仲都没有享受到这个待遇，可见高傒在姜小白心中的地位。

高傒有时也参与军事工作，著名的鲁国庆父之乱，就是高傒率领精锐的南阳军平定的，随后高傒立鲁庄公幼子姬申为鲁公，就是历史上著名的鲁僖公。鲁人对高傒立僖公非常感激，数代不忘其德，《春秋公羊传》称"鲁人至今以为美谈，曰犹望高子也"。

上面讲鲍叔牙在管仲与姜小白之间起润滑作用，其实高傒也能起到这个作用。高傒有着鲍叔牙所没有的优势，就是高傒是齐国的三位大股东之一，管仲只是姜小白聘用的首席执行官。如果高傒看管仲不顺眼，凭他的通天能力，十个管仲也被扳倒了。

看到首席执行官管仲为齐国大把捞银子，大股东高傒自然乐得合不拢嘴，谁会把管仲这只会下金蛋的鸡赶走？除非疯了！不论高傒和管仲私交如何，他都会全力支持管仲，甘愿给管仲打下手，修个墙、补个锅什么的。

首席执行官不能世袭，但股东可以世袭，高傒出身高贵，有花不完的银子，自然要传给子孙。高傒手上的这只金饭碗一直传到他的曾孙高固，依然没有变色，高固世袭上卿，权势滔天，他可以逼迫齐惠公劫持鲁宣公姬俀，让姬俀把原齐昭公姜潘的夫人叔姬改嫁给他，并亲自去鲁国迎亲，齐国高氏的势力之大，让人咋舌。

齐国三大股东，高氏、国氏、吕氏（即齐国姜姓公族），在齐桓公执政的四十多年中，这三大股东各有一个代表人物，跟着姜小白建立了不朽功业。高氏的代表是高傒，国氏的代表是国归父，而吕氏的代表就是隰朋。

如果按辈分，隰朋是姜小白未出五服的堂侄，隰朋的曾祖父齐庄公姜购是姜小白的祖父。不过从年龄上看，隰朋和管仲、鲍叔牙是同一辈人，应该比姜小白大几岁。从派系上说，隰朋则是姜小白的贴身死党，是姜小白最信任的少数重臣之一。

早在姜小白还做公子的时候，隰朋就已经进入他的幕府，甚至比鲍叔牙进幕府更早一些。姜小白逃到莒国避难，隰朋、鲍叔牙、宾须无不离不弃，忠心无二，让姜小白非常感动。

等到姜小白即位时，自然要给兄弟们分蛋糕，在重要的岗位上，都会安排自己的嫡系人马，古今中外莫不如此。齐国的权力分配很有意思，"总统"姜小白先任命管仲为"总理"，然后由管"总理"提名各部"部长"人选，姜"总统"批准，内阁就算成立了。鲍叔牙的职务相当于第一副总理，而隰朋由于懂得外交礼仪，能言善辩，毫无意外地出任"外交部长"，这也是管仲提名的。管仲在提名隰朋时是这么评价隰朋的："升降揖让，进退闲习，辩辞之刚柔，臣不如隰朋，请立为大行。"大行就是"外交部部长"。

隰朋出任"外交部长"，如鱼得水，这里才是他施展锦绣抱负的天空。在隰朋的外交生涯中，最辉煌的一次外交成就，就是公元前651年的平定晋国之乱。这一年，晋献公卒，嫡庶争位，晋国形势大乱，隰朋以齐国特命全权大使的身份，率领军队直入晋国，与秦军一起推立献公子姬夷吾为晋侯。而姬夷吾的兄长，就是春秋第二霸——晋文公姬重耳。

因为姬夷吾的地位需要获得周天子的承认，所以在第二年的四月，周天子的代表周公忌父、大夫王子党与隰朋共同举行仪式，正式册立姬夷吾。如果没有隰朋与秦国的及时出手，稳定住了晋国局势，任由这场空前的宗室之争闹下去，难说不会出现更可怕的后果。

姬夷吾即位，实际上是为十几年后其兄姬重耳回国即位扫清了障碍。从这个角度看，隰朋为晋国的稳定做出了突出贡献。本来隰朋的名气不算大，但经过这件事情，隰朋在江湖上出尽了风头，各国都知道齐国的隰部长是个厉害人物。

隰朋活跃在外交战线上，是管仲称霸事业中最重要的一环，由于这个原因，隰朋和管仲走得非常近。许多史料都把隰朋与管仲并称，如《韩诗外传》称"齐桓公得管仲、隰朋，南面而立"。

管仲最感激的人，肯定是鲍叔牙，但管仲在工作上最器重的却是隰朋，管仲经常说上天生此隰朋，做我的舌头。隰朋在"国际"事务中的作为，完美地阐释了管仲的外交思想，可见隰朋在管仲心中的分量。

管仲临死前，姜小白问管仲："鲍叔牙可继为相否？"立刻被管仲否定掉了。姜小白让管仲提出下一任宰相的人选，管仲毫不犹豫地说出了隰朋的名字。姜小白问理由，管仲答："隰朋为人谦和，对上不谄，对下不骄，在私不忘公，在公不忘私，对国君忠心耿耿。以仲看来，能称得起大仁的，只有隰朋。"

在管仲看来，鲍叔牙、宾须无、甯戚各有优势，但也各有劣势，只有隰朋在具备其他人优点的同时，并没有明显的弱点。宰相的职位决定了坐在这个位置上的人，一定要有全才，通观全局，隰朋显然能胜任这个职务。

从历史记载来看，管仲死后的第十个月，隰朋也去世了，说明隰朋只做了十个月的宰相，他们都卒于公元前645年。历史就是这么无情，两年后，齐桓公被宵小所杀，齐国几近崩盘，如果隰朋多执政几年，完全可以避免这场塌天的政治灾难。

上面讲的三位贤臣鲍叔牙、高傒、隰朋有一个共同特点，就是他们的出身非富即贵。都说"王侯将相，宁有种乎"，其实在齐桓公的肱股重臣中，还真有一位出身贫贱，甚至比管仲还要落魄，他就是甯戚。

管仲好歹跟着鲍叔牙做生意，也能混个小康，甯戚穷得家徒四壁。不过甯戚很有农业方面的才能，但苦于没有门路和齐桓公搭上关系，情急之下，甯戚想出了一个办法接近姜小白。

甯戚先是跟着一支商队来到临淄，然后牵着一头牛站在门下，等姜小白的车队路过他身边时，甯戚突然猛敲牛角，放声歌唱，吸引姜小白的注意。甯戚的苦心果然得到了回报，姜小白听完歌后，大呼："此人绝非凡品！"

激动的姜小白把甯戚带回宫，请甯戚教他治国之道。甯戚也不客气，穿戴上姜小白新赐的衣冠，坐在小白对面，抵掌而谈。第二天，姜小白再次接见甯戚，这次谈的是称霸天下之术，没想到甯戚也精于此道，不逊于管仲，姜小白兴奋得大笑。

不过"外交部长"的位子已经有隰朋了，根据甯戚对农业的兴趣，加上管仲的提名，姜小白即日任命甯戚为"大司田"，即农业部长。管仲在提名甯戚时，是这样说的："开荒垦田，修建城邑，向土地要效益，增加人口，我不如甯戚。"

在任何时代，农业都是国家的立国之本，更何况生产力不发达的两千多年前。没有收成，农民吃不饱饭，就会操起锄头造反。姜小白把事关国家命脉的农业交给甯戚，足见他对甯戚的信任。

也许是由于都出自社会底层，价值观相同，管仲和甯戚很能谈得来，私交不错。甚至甯戚没有老婆，也找管仲敲边鼓，就是"说管仲（下篇）"提到的婢女解诗的故事。

除了鲍叔牙、高傒、隰朋、甯戚，齐国还有许多贤臣，比如"司法部长"宾须无、"国防部长"王子城父、"人事部长"晏子（不是晏婴）、"宰相办公厅主任"弗郑、"科技部长"皇子告敖，他们都为齐桓公的不世霸业做出了贡献，因为篇幅有限，就不再一一介绍了。

十二 / 齐桓公的不世霸业

讲完了管仲、鲍叔牙、隰朋等不世贤臣，再来讲一讲不世贤君姜小白。不得不承认管仲的伟大，但如果没有姜小白这棵梧桐树，管仲这只金凤凰连个落脚的地儿都没有，更遑论建立功业，青史垂名了。正如唐人卢照邻所说："如果不是遇到齐桓公，管仲只能去做阳城的上门女婿。"话虽刻薄，但也有几分道理。

在"千古一相说管仲（上）"中，着重分析了管仲与王猛的相同之处，实际上姜小白和苻坚也几乎是一个模子里刻出来的帝王，各方面相似度极高。如果把姜齐称霸、前秦统一北方的功劳都归于管仲和王猛，这对姜小白和苻坚来说是不公平的。

别的不说，姜小白对管仲的建议几乎言听之，计从之，严格执行管仲制定的内外政策，能做到这一点就很不容易。如果让管仲辅佐姜诸儿那样的荒唐君主，不出三年，管仲准被姜诸儿气死。

《吕氏春秋·任数》记载了一个小故事，说有关部门来找姜小白，请他对某事做出批示，姜小白让他们去找管仲。有关部门不知道出于什么原因，又向姜小白请示了两次，姜小白还是让他们找管仲。有些人对姜小白当甩手大掌柜非常不满，当面嘲讽姜小白："什么事都找管仲父，当国君实在太容易了。"姜小白的回答是："在没有仲父之前，国势艰难，自得仲父之后，国势如日中天，仲父如此多能，我就不用掺和了。"

姜小白说这些话，其实只是给管仲脸上涂脂抹粉，帮助管仲在官场上树立权威，方便管仲处理政务。姜小白从来不是任由管仲摆布的傀儡，他也有自己的主见。实际上姜小白和管仲在工作上是有分工的，管仲主要处理国内政务，发展经济，提高综合国力。姜小白主要负责国际战略，纵横杀伐，为齐国增强国力赢得良好的生存空间。

翻阅《管子》，会发现一个问题，凡是《管子》一书涉及内政的内容，几乎找不到姜小白的身影，而凡涉及齐国外交的篇章，比如《大匡》《小匡》《霸形》

《封禅》《小问》，都有大量关于姜小白的文字，这足以说明这一点。

姜小白的野心非常大，他应该知道郑庄公姬寤生的小霸故事，但姜小白显然瞧不上姬寤生的档次，他要做春秋大霸，一统江湖，万载尊代。但老话说，心急吃不了热豆腐，在他初即位，管仲还没有来得及进行全方位改革、提升国力的时候，姜小白就开始了他所谓的争霸之路。

姜小白时代的第一场争霸战争，就是历史上著名的长勺之战，发生于公元前685年，也就是姜小白即位的第二年。当时齐强鲁弱，姜小白以为吃掉鲁国比吃口西瓜还容易，哪知道他的大牙磕在了核桃上。鲁国名将曹刿的"一鼓作气"，将毫无思想准备的姜小白打得满头开花，狼狈逃回。

第一次的失败，是成功之路最完美的开始，这话说得很精彩，姜小白被曹刿迎头棒痛击，才对齐国的综合实力有了一个更清醒的认识。以现有的国力，守成是没有问题的，但要称霸天下，首先还是要积累内功，发展经济，培养人才，建立起一套有效的人才运作机制。

四百多年后，楚人李斯上书秦王嬴政，即著名的《谏逐客书》，李斯认为秦应该以宽广的胸怀接纳天下贤士，而不是搞地方保护主义。其实李斯所呼吁的用天下之才的机制，早在齐桓公时就已经运作得相当成熟了。

与秦朝被动地接纳外国人才相比，齐国是主动到国外发现并招揽人才的。姜小白派出一队队的伯乐，每队伯乐配备好车好马，带上足够的粮食和货币，游走于诸国，"以号召收求天下之贤士"。当然，这些伯乐还肩负着另外一项任务，就是做间谍，凡发现所在国朝局不稳、内乱渐弥者，立刻向临淄通报，以方便齐军对该国进行准确的军事打击。

按照管仲的称霸计划，执政三年之内不对外用兵，集中精力发展国力，第四年做准备工作，第五年铁血出击。诸葛亮应该就是汲取了齐伐鲁失败的教训，用了五年时间恢复国内经济，等到内和外通之际，诸葛亮高举兴复汉室的大旗，发动了震动天下的北伐。

姜小白也接受了这个教训，不打无准备之仗，在前五年姜小白口不言兵，一心发展经济。打仗，说白了，就是烧钱，兜里没钱，怎么打仗？姜小白初出江湖的第一枪，对准了刚刚经历过国内政治动荡的宋国。

宋潜公子捷因为在打猎时和大臣南宫万发生矛盾，被南宫万杀死在蒙泽，立公子子游为国君。不久后，宋国的反南宫势力联合起来，干掉了南宫万和子游，改立子捷的弟弟子御说，也就是宋桓公，即宋襄公子兹甫的父亲。

宋国的形势逐渐稳定下来，但与宋为邻的齐桓公姜小白从中看到了无限"商机"，姜小白大笑：发财的机会来了。在公元前681年的春天，姜小白纠集了鲁、陈、蔡、邾等国，在齐国境内的北杏（今山东东阿附近）召开了臭名昭著的"宋国之友大会"，当然，出席的还有当事国宋国。

姜小白的逻辑非常简单：宋国不能没有动乱，否则齐国就失去了称霸之路上的战略支撑点。为了齐国的利益，姜小白理直气壮地打着维护世界和平的旗号，赤裸裸地干涉宋国内政。

这次干涉宋国内政，姜小白的目的并不是推翻子御说，而是旨在建立以齐国为主导的国际新秩序。姜小白明白无误地告诉子御说："国际社会依然承认你是宋国合法的领导人，但是，你要听我的指挥。否则，后果你是知道的。"

宋国的整体实力要弱于齐国，而且子御说刚刚即位，统治基础还不太牢固。在这种情况下，子御说不敢当面对姜小白说"不"，只好忍气吞声地答应了姜小白的无理要求。

等到子御说回国后，越想越窝囊，大骂姜小白趁火打劫，做人太不厚道。子御说可不是一盏省油的灯，南宫万逃到陈国后，被陈人送回宋国，子御说亲手将南宫万剁成肉酱。这样的刺头人物，岂会心甘情愿地受姜小白摆布？就在北杏"宋国之友大会"结束后的当年年底，子御说就强硬地撕毁了与姜小白之前达成的各项协议，宋是宋，齐是齐，地位平等。

如果宋国不向齐国交保护费，齐国还拿什么称霸？更重要的是，子御说当着天下人的面，狠狠地抽了姜小白几个响亮的耳光，如果不狠狠教训宋国，以后姜小白还有什么脸面在江湖上行走？他的所谓称霸事业只能沦为国际笑柄。即使姜小白顾忌宋国的强硬反击能力，至少也要做做表面文章。

公元前680年的春天，姜小白纠集陈、曹两个酱油国，三国联军浩浩荡荡地朝着宋国杀来。这次姜小白对宋国出手，也不是真打，主要还是对宋国进行武力恐吓。为了给自己的强盗行为披上一件人道主义的外衣，姜小白非常聪明地把周天子也拉下水。

春秋时代的中原，更像个村，村里住着二百多村民，村子里最大的领导就是村长，不过村长早就已经被架空了，大家各玩各的。等到有人需要利用村长的名义为自己谋利益时，就会把村长抬出来，指着被打的一方说："看清楚了，不是我要打你，我是奉村长之命打你。"

新即位不久的周僖王姬胡齐为了多从财大气粗的姜小白手上赚些活动经费，自然愿意跑场子。姬胡齐派单伯来到宋国，对宋国进行"劝解"，实际上是逼迫子御说接受姜小白制定的不平等条约。

具体的谈判内容不太清楚，但子御说应该在周天子和齐国的强大压力下屈服了。当年年底，单伯代表周天子，齐、宋、卫、郑各国在卫国的鄄城（今山东鄄城北）举行第二次"宋国之友会议"，落实之前达成的一揽子协议。

在这场近乎闹剧的外交活动中，姜小白最漂亮的一招就是得到了周天子的支持，这也是子御说不得不向姜小白示弱的重要原因。虽然这次会盟，齐国并没有得到实际利益，但最重要的是姜小白已经在国际社会打出了自己的威望。

经过几年的发展，齐国整体国力不断上升，已经初具超级大国的雏形，所以姜小白才有底气突破国际道义的约束，明目张胆地为自己谋取利益。

不过话说回来，任何一个国家的称霸，都需要披上一件仁义牌衬衣，一手拎根大棒子，一手捏着一把枣子，软硬兼施才是王道。跟着姜小白混江湖的那些酱油国很注意观察齐国的国家品质，看看姜小白是否具有江湖老大的宽宏大度。

管仲很敏锐地发现了这一点，就在那一年年底，发生了鲁宋柯之盟时曹刿劫持事件，事后，姜小白不想承认与鲁国的边界划定条约，被管仲及时劝住。管仲的理由是大国之君，应当言而有信，不能出尔反尔。管仲坚持按原定条约办事，其实是做给江湖上各路诸侯看的，让大家看到齐侯是个正人君子，为日后的齐国称霸铺平了道路。

各方面的因素综合起来，姜小白在江湖上的威望日益高涨，有武装力量，有资金，还满嘴仁义道德，这样的老大打着灯笼也难找。公元前679年春，各路诸侯再次在鄄城召开武林大会，会议的主题很清楚：尊齐国为诸侯长，相当于安理会唯一的常任理事国。齐国的争霸之路，至此迈出了关键的第一步。

姜小白的做事风格充满了霸权主义的狡诈和贪婪，但他的本质还是不错的。至少他知道收了兄弟们的保护费，老大就要负责兄弟们的安全，保护费不是白拿的。什么叫老大？老大就是既为自己的利益插兄弟两刀，也为兄弟的利益插别人两刀。

第二次鄄城会盟的当年秋天，姜小白接到了他出任诸侯长以来的第一单买卖，附属于宋国的小郕国突然宣布脱离与宋国的臣属关系，举旗造反。小弟家中出了乱匪，姜小白作为老大，自然要拎刀上阵。小邾国位于今山东滕州附近，离齐国非常近，姜小白当然不会错过这个树立老大威信的大好机会。

超级大国齐国带着一帮仆从国，凶神恶煞般地扑向小邾国，要为宋国讨说法。虽然史料记载不多，但可以肯定的是，膀大腰圆的联军把和豆芽差不多大的小邾国揍得七荤八素，找不着北。

姜小白的风头还没有出完，在小邾国叛宋的同时，与宋堪称百年世仇的郑国趁机浑水摸鱼，赚了宋国一票。姜小白现在是宋国的带头大哥，小弟被人揩了油，岂有不出头替小弟讨公道的道理？公元前678年，姜小白带着仆从国军，大摇大摆地围着郑国一阵狂殴，郑厉公被打得吱哇乱叫。

随着齐国的国力不断提升，姜小白的贼手也越伸越长，只要是齐国够得着的地方，都被姜小白看成需要保护的齐国利益。哪个小弟受欺负了，姜小白都要拎刀上阵；哪个小弟家里出了乱子，姜小白都要出面摆平。比如著名的鲁国庆父之乱，就是姜小白派高傒出兵搞定的。

姜小白有一点很聪明，他只欺负中等国家，却从来没有打算消灭对方。用现代话说，就是齐国只注重在其他国家保护齐国的利益，却不会对某个国家提出领土要求。在政治上，姜小白要的是诸国服从于齐国；在经济上，姜小白要的是诸国开放本国市场，以便齐国的商品打开国际市场。

对于那些不服从于齐国霸业的小国，姜小白坚定不移地执行武力打压的政策，直到将对方打服为止。郑、宋、鲁这类的中等强国，以及卫、陈、蔡这样的偏小国家，接二连三地被齐国摁倒在地，一顿狠揍。姜小白的武林盟主地位基本上得到了确认，除了楚国。

楚国是长江流域新崛起的超级大国，其时在位的楚成王熊恽同样野心勃勃，而且论能力、手段均不逊于姜小白。熊恽不甘心做一个偏安君主，成天和一群"蛮貊"打交道，他更渴望做中原的霸主。熊恽即位以来，楚军像一台大马力的推土机一样，不断向北平推过去，所过之处，鸡飞狗跳猫上吊，江湖上一片惊呼。

当时的国际格局，北有晋，东有齐、鲁，西有秦，南有楚，中有郑、宋。特别是郑、宋二国，是中原地区防御楚国的最后一道战略防线，一旦让楚国突破郑、宋防线，后果不堪设想。

公元前666年，熊恽派一代名将子元率战车六百乘北伐郑国，只要拿下郑国，熊恽就能初步实现称霸中原的目标。楚军的战斗力确实不是吹的，很快就杀到了新郑城下，甚至突进了郑内城。幸亏郑文公姬踕玩了一出空城计，子元怀疑城中有埋伏，没敢贸然进入，这就为诸侯救郑赢得了宝贵时间。

熊恽想称霸，先问问老牌霸主姜小白答不答应，如果蛋糕被熊恽吃了，姜小白只能喝西北风了。在诸侯联军的威胁下，楚军连夜撤军回国，一场新老霸主之间的决战往后推迟了三十年（即公元前632年晋楚城濮之战）。

虽然大战没有打起来，但楚国这次伐郑，在姜小白看来，依然是对齐国霸主地位的严重挑衅行为，是姜小白所不能容忍的。而且姜小白已经意识到楚国将来必是中原大患，如果不在楚国崛起之前打掉对方的嚣张气焰，以后中原就别想过安生日子。

公元前662年，姜小白向江湖遍发英雄帖，号召中原各门派联合起来，共同讨伐楚国，为郑国报仇。不过在当年年底，鲁庄公姬同病死，鲁国诸公子争位，形势大乱，姜小白只好将伐楚的事情搁置一边，先派上卿高傒去稳定鲁国局势。

直到七年后，也就是公元前656年，姜小白才准备和楚国熊恽摊牌。之所以选择在这一年动手，原因是熊恽又对郑国动手动脚了。形势对联军不太有利，因为郑文公姬踕有些承受不住来自楚国的军事压力，准备向楚屈服。

还是大夫孔叔警告姬踕：齐国已经出兵来救我们，如果我们背叛姜小白，国君认为姜小白会放过我们吗？与其叛齐附楚，还不如维持现状，何况齐国加上联军的实力，赢面要远大于新兴的楚国。

这一次的伐楚动静非常大，不仅齐国主力尽出，再加上宋、鲁、陈、卫、许、曹，算上郑国，正好是"八国联军"，甚至管仲也来凑了一回热闹。联军先是急驰数百里，以疾风骤雨之势打爆了楚国的前线喽啰蔡国，然后尖刀直插楚国北线防御重镇陉邑（今河南郾城）。

蔡军的崩溃，实际上对楚国并没有太大的损失，以楚国强大的军事实力，完全有能力与姜小白决一死战。但楚成王熊恽也要考虑战争成本问题，如果和姜小白拼个鱼死网破，自己能得到什么？

姜小白同样考虑过这个问题，姜小白此次大张旗鼓地伐楚，主要目的还是通过军事行动逼迫楚国承认齐国的霸主地位。

放眼天下，具有超级大国骨架的，只有齐、晋、楚三国。而晋国此时正发生破坏力空前的内耗，几十年内不会威胁到齐国的地位，只有楚国是齐国的心腹大患。即使用武力打败楚国，也注定是一场高消耗的战争，所以能不战而屈楚之兵，让楚国承认齐国的霸主地位，对姜小白来说是最有利的。

形势正如姜小白所预料的那样，楚国的对齐之策是以强硬对强硬，熊恽亲自率军北上，来找姜小白要个说法。表面上，齐楚两国剑拔弩张，似乎一场大战不可避免，但其实双方都不想打这场没有赢家的战争。

齐国由管仲出面，和熊恽面对面进行谈判。管仲指责楚国不向周天子进贡，所以齐师来伐，实际上这是管仲给熊恽找台阶下，只要熊恽承认自己对周天子有失臣礼，齐国就有借口罢兵，然后各回各家，各拜各妈。

熊恽知道管仲的深意，自然也要成人之美，姜小白不就是想做霸主吗？那就成全他吧。熊恽也明白楚国暂时还不具备挑战齐国霸主地位的实力，不如暂且低头，日后再作计较。

当年夏天，齐楚两国在召陵（今河南漯河东）举行结盟大会，楚国方面的最高代表是大夫屈完。屈完虽然嘴硬，说如果齐军胆敢过汉江一步，楚军将与齐军决一死战，但他也看到了齐军的强大，乖乖地在协议书上签字画押，正式承认齐国诸侯长的地位。

获得了新兴强国楚国的承认，姜小白的霸主地位再也无人可以撼动了，包括周天子也承认这一点。其实周惠王姬阆并不喜欢姜小白，因为姜小白自恃国力强大，粗暴干涉周朝的内政。

周襄王不喜欢太子姬郑，有意废掉姬郑，改立幼子姬带。姬郑也不是省油的灯，为了巩固自己的地位，姬郑暗中和姜小白达成了有利于齐国的某种约定。姜小白自然不会放过这个控制下任周天子的绝佳时机，对此事大肆炒作，把事情闹得满城风雨，周天子姬阆对姜小白极为不满。

公元前 655 年，姜小白率鲁、宋、陈、卫、郑、许、曹等国在首止（今河南睢县）公然会见姬郑，表达了对姬郑的支持。虽然姬阆暗中指使郑国背盟，但并不影响姜小白在诸侯中的威望，有了以齐国为首的"八国联军"的支持，姬郑的腰杆也硬了，最终顺利即位，是为周襄王。

姬郑即位后，准备对弟弟姬带痛下杀手，姬带抢先一步逃到了齐国避难，随后姜小白就派管仲来雒都替姬带求情。姜小白收留姬带，原因很简单，留下姬带，就能威胁到姬郑的天子地位，可以从侧面控制住姬郑，以保证姬郑不会做出伤害齐国利益的事情。国际生存法则就是这样，没有永远的敌人，也没有永远的朋友，法大理大，说到底利益最大。

被姜小白敲打后，姬郑终于老实了，他也摸清了姜小白的战略底线，从此再不敢对齐国有什么非分之想，只能乖乖地听从于姜小白的指挥。姬郑也知道姜小白想从自己这里得到什么，说穿了，就是需要姬郑以周天子的身份正式确认姜小白的霸主地位。

姜姓齐国历史上的最高潮终于到来了，公元前651年，齐桓公姜小白大会诸侯于葵丘（今山东曹县西）。出席大会的还有卫、郑、鲁和许、曹等卫星国，当然，这场大会的主角，其实是周天子姬郑派来的外交代表——太宰姬孔，他是代表周天子来向姜小白表示臣服的。

按当时的礼制，齐国是外姓诸侯国，所以没有资格获得天子赐的胙肉。但周天子这回破了例，赐齐桓公胙肉，这对姜小白来说是极高的政治礼遇。

另外，在感谢天子赐肉的仪式上，姜小白要遥拜周天子，姬孔说天子有命，齐侯不必下拜，这一点也说明了周天子姬郑已经认可了姜小白的地位。

天子都如此器重姜小白，那些混出场费的酱油国自然也没意见。姜小白为之奋斗三十年的称霸大业，在葵丘会盟之时，达到了后人不可逾越的顶峰。后来晋楚相继称霸，但都没有达到姜小白这个高度。

晋楚两国是继齐国之后，举世公认的两个超级强国，但问题是这两个超级大国同时存在，互相制衡。而在姜小白时代，齐国是唯一的超级大国，楚国在楚成王时也只是地区性大国，关于这一点，没有人否认。

在这场由齐国主导的葵丘会盟中，诸国达成了五项协议，具体内容是：

一、诛不孝、无易树子，无以妾为妻（弑父者死，不许国君废嫡立庶，不许妻妾易位）。

二、尊贤、育才，以彰有德（建立有效的人才选拔机制，鼓励民间的教育发展）。

三、敬老、慈幼，无忘宾旅（尊老爱幼，礼待客人，树立良好的社会风气）。

四、士无世官，官事无摄，取士必得，无专杀大夫（反对基层权力世袭，不许国君杀害士大夫）。

五、无曲防，无遏籴，无有封而不告（诸国之间要团结协作，互通有无，不许大家乱挖邻国的墙角）。

老大发话了，弟兄们谁敢不听，都唯唯拱手，肃然听命。

葵丘会盟，是春秋时代第一次国际战略格局的调整，出现了以齐国为诸侯长的国际新秩序。这就是做老大的好处，可以制定游戏规则。

葵丘会盟，是一个人的舞台，江湖莫不仰视。须发皆白的姜小白以江湖盟主的身份，发表了热情洋溢的讲话："凡我同盟之人，既盟之后，言归于好。"这同时也是姜小白对国际社会发出的警告：世界和平协议已经签署，以后大家都要遵守这份协议，否则老大我是不会放过你们的。

虽然不知道姜小白当时的确切年龄，但在周公姬孔劝止姜小白给天子遥行大礼的时候，说"伯舅耋老，无须下拜"。耋是指七十岁以上的老人，说明这一年（前651），即使姜小白没有七十岁，也应该六十多岁了。

人生七十古来稀，在人生的夕阳时分乘风入云，江湖中人山呼伏拜，姜小白此生无憾。

十三 / 性格决定命运：齐桓公的家庭悲剧

和春秋小霸姬寤生充满笑料的人生相比，姜小白这一生几近完美。生在富贵之家，有这么多的贤臣辅佐，年少得志，老年称霸，身边妻妾如云，膝下儿孙满堂。这样的人生，谁不想拥有呢？

有时不得不承认姬寤生、姜小白等人的家庭背景好，龙生龙，凤生凤，老鼠的儿子会打洞，他们一生下来就顶着公子的头衔，过着锦衣玉食的生活。不过话说回来，收入与风险是成正比的，不能只看到他们在舞台上的风光无限，也要看到他们在顶层官场上混迹所要承担的政治风险。

生在大富大贵之家的孩子，长大后就必须面对财富与权力的分配问题。嫡庶之争，妻妾之争，拎着脑袋玩命，一旦失败，下场非常凄惨。玄武门之变，李世民杀掉了一母同胞的兄、弟，十个侄子全部处死。其实这也不能怪李世民心狠手辣，如果李建成成功，李世民的儿子们也一个都活不了。

在家天下时代，君主的家事即国事，凤子龙孙一生下来，就会被卷入权力斗争的旋涡，姜小白自然也不例外。官场之中充满了险恶，稍有不慎，粉身碎骨也没人怜惜。

李世民之所以敢于以次子的身份杀兄屠弟，一个很重要的原因就是李世民在唐朝建立并统一的过程中立下奇功，而李建成因为是嫡长子就平白占了太子的位置，让李世民如何服气？唐高祖李渊在立李建成为太子的那一天起，就已经埋下了兄弟仇杀的种子。

姜小白的情况要比李世民好多了，虽然姜小白的母亲卫姬深受父亲姜禄甫的宠爱，但据现有史料看，姜禄甫从来没有立姜小白做太子的打算。正因为这个原因，所以在一定程度上反而保护了姜小白的安全，至少齐襄公姜诸儿不会猜忌这个异母弟弟。姜小白的堂兄姜无知因为威胁到姜诸儿的地位，差点没被姜诸儿整死，这是一个很好的例子。

如果姜诸儿能把心思都用在治国上，做一个守成的明君，姜小白至死也只是一个富贵终生的公子哥。就像周世宗柴荣多活十年，赵匡胤也会心甘情愿地在柴荣麾下做一个将军一样。

历史老人的安排让人无法琢磨，姜诸儿在执政后期突然变成了二百五，国内形势一片混乱，大家都在给自己找后路，这才把没有心理准备的姜小白推到了风口浪尖上。此时的姜小白应该还没有做齐侯的野心，他逃到莒国的唯一目的，只是避难。

在之前的齐国政治舞台上，并没有多少人在意姜小白，因为按长幼顺序，姜诸儿死掉，继位的只能是姜诸儿的次弟姜纠。只有少数高层人士看准了姜小白，认为他必能成为一代明君，和姜小白走得很近，比如两位齐国上卿高傒和国归父。

说到姜小白从普通的公子一跃成为争夺国君之位的最热门人选，就不得不提及另外一个著名帝王，就是前面讲到的前秦皇帝苻坚。姜小白有许多和苻坚相似的地方，大致有以下几点：

一、他们都是时任君主的弟弟，姜小白的兄长是姜诸儿，苻坚的堂兄是苻生。

二、他们的帝王兄长都荒唐得可以，姜诸儿乱伦杀妹夫，苻生以虐杀动物为乐。

三、他们在朝中都有大佬支持，高傒、国归父支持姜小白，梁平老和吕婆楼支持苻坚。

四、他们都有一个足以威胁到自己继位的哥哥，姜小白的哥哥姜纠，苻坚的同父兄长苻法。

五、他们都把一个江湖上的中等国家打造成铁血帝国，姜小白称霸天下，苻坚统一北方。

六、他们都得到一位旷世绝古的名相，姜小白有管仲，苻坚有王猛。

七、他们都非常好色，姜小白有几十个姬妾，苻坚霸占了慕容垂的夫人，宠幸一代美男慕容冲和他的姐姐清河公主。

八、他们都狂妄自负，滥施仁义，把最危险的敌人当朋友。

九、他们都外表纯洁，内心腹黑。

十、他们的结果几乎相同，由于不听管仲、王猛临终前的劝告，姜小白和苻坚都被自己最亲近的人杀掉，沦为千古笑柄。

像姜小白、苻坚这样因为一时的用人之差而导致被臣下杀死的帝王，历史上还有很多，比如著名的菩萨皇帝萧衍。他们三个人有一个共同点，就是前半生异常英明雄武，如果他们各自早死一年，他们的人生都可以用"伟大"来形容，可惜历史不能假设。

苻坚在发动云龙门之变时，由于忌惮苻生的强悍，犹豫不敢动手，是苻法和梁平老等人率先冲进宫里，苻坚才壮胆杀掉苻生的。相比之下，姜小白比苻坚更有主见，做事果断，而且应变能力非常强。

姜诸儿被杀的消息分别传到鲁国和莒国，姜纠、姜小白看到了回国继位的希望，开始了惨烈的"龟兔赛跑"。鲁国希望自己的外甥姜纠做齐侯，为了防止姜小白抢先一步入临淄，派管仲带着一队人马，在从莒国去临淄的要道上劫杀姜小白。

虽然管仲认为姜小白的能力更强，但此时各为其主，为了姜纠，管仲必须杀掉姜小白。就在姜小白没有对管仲有太多防备的时候，管仲突然放了一支冷箭，想置姜小白于死地。可管仲的箭法实在不怎么样，结果一箭射在姜小白佩戴的钩子上。

如果此时被箭射中带钩的不是姜小白，那么这个人很可能会从钩子上把箭打掉，然后大骂管仲暗箭伤人太无耻。但如果管仲发现这一箭没有射死姜小白，他很可能会指挥鲁军包围姜小白，乱刀砍死，以绝后患。

姜小白的应变能力让人惊叹，在被箭射中带钩电光石火般的瞬间，他想到的却是利用这一箭来给自己争取回临淄的时间。姜小白假装被这一箭射中腹部，然后大叫一声，当场做毙命状，果然骗过了管仲。

管仲也粗心大意，没有上前察看真相，还以为姜小白已经倒地身亡，急匆匆地回曲阜复命。告诉鲁庄公姬同姜小白已经死了，公子纠回临淄即位已经没有任何障碍了。姜纠也放松了警惕，慢悠悠地往临淄进发，结果比姜小白慢了六天，大好机会彻底葬送。

当然，管仲没有射死姜小白，还有另外一种可能。管仲早就看出姜小白非池中物，将来必能与他进行合作，成就一番霸业，所以有意留姜小白一条生路，然后回曲阜骗姜纠，让姜小白提前一步即位。至于姜小白会不会因为此箭记恨管仲，管仲应该没有这个担心，毕竟鲍叔牙在姜小白身边，足以劝止姜小白。

即使如此，姜小白能放弃对管仲的一箭之恨，说明他并不是一个心胸狭隘的人。因为姜小白心里始终怀有一个称霸天下的梦想,鲍叔牙坚持欲霸天下,非管仲不可,姜小白信人不疑,重用管仲,这绝非一般人能做到。李世民也对魏徵当初劝李建成杀掉自己而怀恨在心,但为了天下大业,李世民与魏徵亲密合作,最终成就了一段伟大的历史传奇。

姜小白和苻坚、李世民一样,都是极具个人浪漫色彩的理想主义者,但苻坚的理想主义严重脱离实际,特别是王猛去世之后,局面一发不可收拾。姜小白的情况好一些,为人理性沉稳的管仲死得较晚,所以管仲能在相当程度上控制姜小白的浪漫病,姜小白在江湖上追求着他的理想主义,没有后顾之忧。

管仲并不是一个容易和他处朋友的人,但姜小白显然更喜欢结交朋友。姜小白的一个"朋友"是不得不提的,就是后来继姜小白之后称霸江湖的晋文公姬重耳。其实姜小白和姬重耳还有一层拐弯抹角的亲戚关系,姜小白的女儿齐姜就是姬重耳的异母兄长——太子姬申生的生母。

因为晋国内乱,申生被杀,姬重耳流落江湖,受尽了白眼。但当姬重耳来到齐国之后,受到了姜小白的热情接待,不但送给姬重耳大量财物,包括二十辆豪华马车,还把齐国的宗女嫁给了姬重耳,让姬重耳在异地他乡依然能感受到家的温暖。

姬重耳也是个非常重感情的男人,姜小白待他如亲生儿子,姬重耳非常感动。在他来到齐国的两年后,姜小白因为内乱被杀,姬重耳的处境相当危险,姬重耳依然不想离开齐国。还是他的齐国妻子苦苦相劝,姬重耳才依依不舍地离开了齐国。

姜小白的浪漫理想主义还体现在一件事情上,姜小白听说齐国有个隐士,名叫小臣稷,姜小白很想见到这位隐士,就屈尊去找小臣稷。不知道什么原因,姜小白连去三次,都没找到小臣稷。侍从有些不耐烦,说国君已经尽到待贤之礼了,反正也找不到这个野人,国君就不要再去了。

姜小白当即反驳说:"即使是小臣稷故意不见寡人,也不是他的过错,士人视国君如粪土是理所应当的。"《吕氏春秋》对姜小白这个举动非常欣赏,评价姜小白说,虽然齐桓公的私生活乱七八糟,但他对贤人如此,这正是他成为霸主的主要原因。

这个评价很准确,姜小白的霸业无人可及,但他的私生活实在乱得不成样子。上面讲到姜小白与苻坚的十点相似之处,但他们有一点不同,苻坚的失败不是因为家庭原因，而姜小白的最终悲剧，最主要的原因就是姜小白没有做到好家庭成员的利益平均分配。在这一点上，姜小白和李世民倒有很多相似的地方。

首先，这两位伟大的君主都是好色之徒，李世民的好色是出了名的，姜小白也不遑多让。在姜小白的春宫中，就养着数百位美艳妇人，随时准备接受齐侯的临幸。

不过做姜小白的女人，是要冒一定政治风险的，因为姜小白喜新厌旧的速度非常快，稍不满意，姜小白就会休掉她。有一次，姜小白和夫人蔡姬在湖里乘船游玩，蔡姬天生活泼，想和丈夫开个玩笑，她故意摇晃船桨，造成要翻船的假象。姜小白不会游泳，蔡姬这个玩笑差点没把姜小白吓死，一怒之下，姜小白休掉蔡姬，将其赶回了蔡国。

姜小白对蔡姬下如此重手，可能还有一个不便明说的原因，就是蔡姬与他共同生活多年，却没能生下一个儿子。其实不只是蔡姬，蔡姬之前的两个夫人王姬和徐姬同样命中无子，这让姜小白如坐针毡。

在家天下时代，财富或权力的拥有者没有子嗣，是一件非常危险的事情。为了生出儿子继承家业，姜小白在宫里塞了上百个女人，实行"广种薄收"，不信生不出儿子。

姜小白的"努力"没有白费，在这些女人中，有六位深受姜小白的宠爱，享受夫人的待遇。她们也很争气，各生下了一个儿子，分别是：大卫姬生姜武孟、小卫姬生姜元（即齐惠公）、葛嬴生姜潘（即齐昭公）、郑姬生姜昭（即齐孝公）、密姬生姜商人（即齐懿公）、宋华子生姜雍。

姜小白以为收获了六个龙子，哪知道却生出了一堆跳蚤。等跳蚤们长大后，对老爹的齐侯之位虎视眈眈。儿子们都想当太子，但姜小白最终打算让长子姜武孟做太子，虽然当时的太子是姜昭。个中原因，并不是因为姜武孟的母亲大卫姬受宠，而是因为姜武孟攀上了当时著名权臣易牙。

提到易牙，就很自然地扯出了姜小白最终悲剧的另一个原因——宠信佞臣。更加要命的是，姜小白不是宠信一个，而是和好几个小人厮混在一起。这些人分别是：易牙、竖刁、姬开方、雍巫，这是姜小白旗下的四大佞臣。

论受宠程度，这四位大爷不相上下，但易牙和竖刁相比于姬开方、雍巫更为知名，他们也成为后世佞臣的代名词。先说易牙，此君文不能治国，武不能安邦，但他有个别人不具备的特长——善于烹饪。可以这么说，易牙是春秋第一大

· 十三 / 性格决定命运：齐桓公的家庭悲剧 · 105

厨，姜小白不为色迷，居然被易牙的美食迷倒，甚至得了"美食依赖症"。

易牙不仅善烹美食，而且为人机敏，善于察言观色，知道如何讨姜小白欢心。有一次姜小白随口说了句："寡人尝遍天下美食，唯独不知道人肉是什么滋味。"易牙为了进一步取得姜小白的宠信，居然丧心病狂地杀了自己的儿子，然后用儿子的肉做了一盘美食献给姜小白。

此时的姜小白早已经没有年轻时打天下的英武和睿智，面对用人肉做的"美食"，姜小白不但不指责易牙丧失人伦底线，反而大快朵颐。易牙会做人，姜小白很喜欢他，打算让易牙接替病重的管仲做宰相，但遭到了管仲的极力反对。管仲的理由很充分：连自己亲生儿子都舍得杀，还能指望他忠君爱国吗？

至于竖刁和姬开方，管仲对他们也极为反感，特别是竖刁，为了能得到姜小白的信任，他不惜自残身子，进宫做了宦官。姬开方虽然出身贵族，但也不是什么好鸟，他在卫国的父亲去世后，居然没有回国奔丧，这在讲究礼孝的春秋时代，是不能被社会主流所容忍的。

管仲看人的眼光非常毒辣，这三个以阿谀拍马为能事的小人在管仲眼前一过，就现出了原形。管仲行将就木之际，几乎是哭着劝姜小白：千万千万不要用这三个佞臣，否则社稷危矣！

晚年的姜小白刚愎自用，根本听不进去管仲的良言。虽然在管仲死后，姜小白遵照管仲的遗训，驱逐了三人，但不久后又把他们召回来，加倍重用。这是一个非常危险的信号，说明姜小白已经完全失去了独立的判断能力，被佞臣玩弄于股掌之间。

《论语》上说"君子喻于义，小人喻于利"。无论君子对小人如何规劝引导，小人追求利益的原始本能是永远不会改变的。而在小人逐利的过程中，违背道义和良知是根本不可能避免的。姜小白以为他能用自己的仁爱感化易牙等人，实际上这只是姜小白的一厢情愿。

易牙等人并没有感激姜小白对他们的再次重用，而是考虑一个问题：今天国君能废掉我们，明天同样也会这么做，不如趁早给自己谋条后路。所谓的谋后路，其实就是杀掉年老昏聩的姜小白，另立符合他们利益的新君。

如何做掉姜小白？其实非常容易，齐宫内外已经被易牙等人牢牢控制，姜小白对他们来说只是一具死尸。此时的姜小白已经完全没有当年的锐气英武，年老多病的他躺在榻上静候死神的召唤。

易牙指挥自己的心腹，在姜小白所居的寿宫外修建高墙，禁绝姜小白对外联系的一切通道，甚至连食物、水都不得送进去，坐看姜小白自生自灭。可怜一代枭雄姜小白困病于床，求食而不得，狂呼"嗨嗨"，羞病交加，死于冰冷的榻上，"九合诸侯，一匡天下"的霸业也如烟消云散，时间是公元前643年十月十八日。

更可悲的是，在知道国君已经去世的情况下，无论是易牙、竖刁、姬开方，还是五位公子依然在为了获得最高权力而进行惨烈的争夺，甚至都没有去榻前看一眼已经死去的姜小白。直到六十七天后，姜小白的尸体才被人发现，可人们看到的却是一副让人恶心的场面：国君的尸体已经腐烂，无数只尸虫顺着门缝往外爬……

同样是宠信奸臣，同样是年老饿死，梁武帝萧衍死后的待遇就比姜小白好多了，萧衍死后的当月，就被叛臣侯景以高规格下葬，至少落了个全尸。《南史》评价萧衍："留心俎豆，忘情干戚，溺于释教，弛于刑典。既而帝纪不立，悖逆萌生，反噬弯弧，皆自子弟，履霜弗戒，卒至乱亡。"这句评价，送给姜小白再合适不过了。

正如《说苑·尊贤》篇所说："九合诸侯，一匡天下，毕朝周室，为五霸长，以其得贤佐也；失管仲隰朋，任竖刁易牙，身死不葬，虫流出户。"姜小白落得这么一个可悲可怜的下场，完全是他自找的，典型的自作孽不可活，苻坚也是如此。

在姜小白尸体腐烂变臭的这六十七天里，他的宠臣和儿子们正在为各自的利益大开杀戒。听说老爹死了，有五位宝贝公子率自己的人马抱成团地撕咬，你咬我，我咬他，鸡毛漫天飞舞，史称："桓公病，五公子各树党争立。及桓公卒，遂相攻。"老爹死了不心疼，丢了国君位子才心疼。

宫外，五公子在临淄展开激烈的巷战；宫内，易牙、竖刁、姬开方彻底铲除了异己，接下来就要按他们的利益需求来选定下一任国君了。在几位公子中，要数长公子姜武孟与易牙等人的关系最好，姜武孟的母亲大卫姬早就和易牙他们组成了内宫政治集团，共进共退。最关键的是，姜小白在生前就许诺立姜武孟为太子，有了这句话，佞臣们就可以名正言顺地立姜武孟为齐侯了。

这些人以为立了姜武孟就万事大吉了，却忽略了一个更为关键的因素，就是来自外国的干预。此时的齐国霸业衰落，整体国力大不如前，而齐国的邻居宋国在子兹甫（即大名鼎鼎的宋襄公）的治理下，国力蒸蒸日上，基本具备对外称霸所需要的硬件设施。

　　子兹甫野心勃勃，他渴望成为第二个姜小白，但苦无机会对外下手。齐国发生内乱，正是子兹甫扩大自己在国际上的影响力的绝佳时机，他当然不会错过这个机会。在子兹甫的强力干预下，齐人只好将即位三个月的姜武孟杀死，改立子兹甫心仪的人选姜昭为国君，就是著名的齐孝公。

　　关于宋襄公子兹甫的称霸事业，包括他对齐国国君人选的强力干预，接下来进行专门的讲述。

十四 / 仁者亦有敌：宋襄公的悲喜剧

关于春秋五霸到底是哪五位君主，在最流行的那份春秋五霸名单中，一般认为是齐桓公姜小白、晋文公姬重耳、楚庄王熊侣、秦穆公嬴任好，外加这篇的主人公——宋襄公子兹甫。因为子兹甫这个名字比较拗口，所以下面皆称为宋襄公。

嬴任好的霸主之位虽然在历史上也有不同看法，但争议不是特别大，而宋襄公的"春秋霸业"，却往往引来后人无数的嘲笑声。

说到宋襄公的家世，那可不是一般的牛。论血统之高贵，姜小白、姬重耳、熊侣、嬴任好之流远远不能望其项背，因为宋国国君是商朝后裔。宋国的远祖微子开，就是史上著名暴君——商纣王子受辛同父异母的兄长。

在西周建立后分封的诸侯国中，宋国是最特殊的一个。宋国的特殊之处在哪儿？可以从《诗经》中找到答案，《诗经》分为《风》《雅》《颂》三部分，其中的《颂》只有西周王室才能享用，由于鲁国是周公姬旦的封国，所以特许进入。而在姬姓之外唯一有资格进入《颂》的，就是商朝的后裔宋国。其他强大的诸侯，如齐、晋、郑，只能在《风》中找到自己的座位。

宋国之所以能得到周朝如此高的礼遇，主要是微子开见纣王无道，弃暗投明，归顺了周朝。商朝灭亡后，是微子开代替自焚身亡的纣王向周军投降，"肉袒面缚"。因为微子开无罪，又如此识时务，所以得到了周朝统治集团的普遍同情。分封诸侯国时，周朝把商朝故地（以河南商丘为中心的地区）划为微子开的封地，这就是宋国的起源。

宋襄公的父亲，就是在《齐桓称霸》篇讲到的那位敢当众戏耍齐桓公姜小白的宋桓公子御说。不过子御说敢于挑战强权的刚硬性格并没有对宋襄公的性格形成产生多少影响，相反，宋襄公的性格更接近于他的远祖（微仲）之兄微子开，"仁贤，殷人爱而戴之"。

不仅是宋襄公知书懂礼，谦让友爱，他的异母兄长子鱼同样仁且贤，兄弟二人互敬互爱，比姜小白那帮争风吃醋的宝贝儿子强多了。公元前652年冬，子御说病重，因为是嫡子身份，所以之前就被立为太子的宋襄公请求父亲改立兄长为太子，理由是"长且仁"。

还没等子御说开口，子鱼就拒绝了弟弟的请求，说："弟弟能想到把太子之位让给我，这就是世界上最大的仁德，说明他比我更有资格继位，何况我还是庶出。"

如果从阴谋论的角度看，宋襄公也有可能是故意让位，给自己脸上抹上一层道德的脂粉，实际上他根本不想让。或者是宋襄公想到了一个历史典故，远祖之兄微子开同样是庶兄，而作为嫡子继承人的子受辛却是一个千古暴君。当时天下谈"纣"色变，宋襄公可不想做纣王第二。

不过宋襄公有一点做得要比纣王好，纣王即位，微子开没有进入统治核心层，而宋襄公在公元前651年即位时，就拜兄长子鱼为左师（相当于国相），兄弟二人齐心闯荡险恶而未知的江湖。

宋襄公即位后，应该做的第一件事就是给父亲下葬，但还没等宋襄公操办父亲后事，江湖上就发生了一件大事。就在宋桓公去世的那年夏天，齐桓公姜小白率诸侯在葵丘举行武林大会，周襄王姬郑正式承认姜小白的江湖霸主地位。作为中原重要的诸侯国，宋国自然也要参加，而宋国外交代表团的团长，正是宋襄公本人。

宋襄公初入江湖时，在江湖上没什么名气，那些江湖老油子对他也不太了解。宋襄公只不过是臣服于齐国霸业的酱油国之一，姜小白也没有太在乎这个来自宋国的年轻君主。宋襄公在葵丘大会上能做的，就是遵照姜小白的指示，在《葵丘联合声明》上签字画押，承认齐国是天下霸主，然后领盒饭下场。

但作为一名群众演员，看到圈中一线大腕无限风光地走红地毯，拿小金人，心里不受触动是不可能的。姜小白在台上以武林盟主的身份宣读《葵丘联合声明》，在台下，宋襄公满脸的"羡慕嫉妒恨"，凭什么你能住豪宅，开豪车，我就只能吃盒饭，住笼屋？

其实宋襄公所想的，他的父亲子御说曾经想过，只是苦于国力微弱，没有足够的实力在江湖上称霸，只能俯首甘做姜小白的仆从国。子御说的立国战略是先苦练内功，然后等天道有变，乘势取之。宋襄公继承了父亲这个比较稳妥的发展战略，他和兄长子鱼并肩作战，暂时不过问江湖上的事情，发展经济，积蓄军力。《左传·僖公九年》记载："（宋襄公）使（子鱼）为左师以听政，于是宋治。"

宋襄公手上有了足够的资本，开始把战略重心向外转移，四处伸头探脑，看什么地方有喷香的肉饼。正好齐国发生内乱，五公子争位，这让宋襄公看到了无限的财路。易牙等人扶持公子姜武孟即位，这是宋襄公所不能接受的，因为他已经有了合适的人选，就是齐国太子姜昭。

早在姜小白时代末期，名相管仲就已经看出了齐国内乱的苗头，为了让太子姜昭日后顺利继位，管仲需要给姜昭找一个有相当实力的靠山。宋国距离齐国较近，而且宋襄公励精图治，国势蒸蒸日上，是一个非常合适的人选。通过各层关系，管仲和宋襄公达成了共识，一旦姜昭的地位受威胁，宋襄公就出手相救。

正因为有这一层关系，所以姜昭和宋襄公走得很近，如果姜昭即位，就能在最大程度上确保宋国在齐国的战略利益。现在易牙这伙小人把姜武孟弄上台，明摆着是要断宋襄公的财路，换了谁也不能答应。

姜昭为了躲避易牙等人的追杀，卷起包裹逃到宋国避难，并请求宋襄公给予军事援助。自己在齐国的政治代理人受了委屈，作为未来的宗主国，宋襄公不能坐视不管。

虽然史料上没有记载，但可以肯定的是，宋襄公通过某种渠道向齐国表达了自己的意愿：必须立姜昭为齐侯，否则我和你们没完。不要指责宋襄公粗暴干预别国内政，当年姜小白可没少干这种事，春秋无义战，不讲什么仁义道德，只看谁的胳膊粗。

宋襄公的态度如此强硬，是基于宋国和齐国实力对比的变化，经过这些年的发展，宋国国力虽没有超过齐国，但至少可以持平。来自宋国的强大军事压力，迫使易牙等人不得不做出违心的选择，杀掉倒霉鬼姜武孟，准备迎立宋襄公的政治代理人姜昭。

虽然易牙、竖刁、姬开方对宋襄公公开服软，但齐国的另几位夺位失败的公子坚决反对姜昭即位。蛋糕就这么一块，如果让姜昭一口吞掉了，弟兄们都去喝西北风？本来这几个鸟人互相撕咬，现在大敌当前，他们抱成团地反对姜昭。正由于几个公子的反对，立姜昭为齐侯的手续始终办不下来，大家就这么干耗着，谁也别想私吞蛋糕。

宋襄公威胁齐国必须立姜昭，等于把自己置于无路可退的境地。一旦齐国四公子当场翻脸，而宋襄公又不对齐国使用武力，宋襄公就将成为江湖上的笑柄，他在江湖上好不容易树立起来的威望将遭到毁灭性的打击。

政治手段解决不了问题，那就用武力解决问题，用雪亮的刺刀来证明真理在自己这一边，古往今来，都是这样。

公元前642年正月，宋襄公纠集了曹、卫、邾等国，组成联军，带着姜昭，朝着临淄的方向杀来，要为姜昭讨个说法。不久后，鲁国也发现了这条财路，自然不肯落后，也挤进来入了股。这一年的五月十四日，以宋为首的"五国联军"与人心不稳的齐军在甗（位于山东济南）大打出手。

统治齐国的易牙集团和四公子这些人，迎风拍马搞阴谋是把好手，但让他们冒充军事家，自然会穿帮露馅儿。当年的五月，乱哄哄的齐军被气势如虹的联军杀得惨败，连内裤都输掉了。

从《左传·僖公十八年》的记载"（宋襄公）立孝公而还"来推断，以宋襄公为首的联军应该至少杀到了临淄城下，迫使战败的齐国的饭桶集团迎接姜昭入临淄，即齐侯位。

背靠大树好乘凉，姜昭抱上了宋襄公的粗大腿，自然无人敢招惹。虽然四个弟弟对姜昭坐在齐侯的宝座上恨得牙根痒痒，但慑于宋国的武力，他们只能忍气吞声，看着姜昭吃香喝辣。

西方有个寓言故事，说有一只猴子看到火中有个香喷喷的栗子，就唆使旁边的猫帮忙把栗子捞出来，这只蠢猫用烫伤爪子的代价，把栗子捞出来给猴子吃，宋襄公就是这样的蠢猫。

姜昭即齐侯之位后，就开始疏远宋襄公，姜昭并不想做宋襄公的傀儡。齐国不像曹、邾、陈、蔡这样的酱油小国，能被大国武力慑服，齐国虽然内乱，但大国骨架还在，骨子里的大国基因是不可能消失的。姜昭借宋襄公的势力达到自己的目的，宋襄公到头来白忙一场，别提多丢人了。

公元前641年的冬天，姜昭联合楚、陈、蔡、郑诸国在齐国召开国际会议，会议的主题是恢复齐桓公制定的国际旧格局，还在做霸主梦的宋襄公非常尴尬地被拒之门外。这次会议打着维护世界和平的旗号，实际上是各国建立反对宋国霸权的同盟。

宋襄公为人不识时务，自以为是，总认为齐桓公第一自己第二，沉迷在做中原霸主的黄粱大梦中不能自拔。看到宋襄公到处出洋相，左师子鱼劝弟弟有多少米吃多少饭，不要做超出国力承受范围的国际形象工程，得不偿失。

就在齐、楚、陈等国结盟之前，因为曹国拒绝承认宋国的霸主地位，宋襄公拎着菜刀砍上门，围着曹国一顿拳打脚踢。子鱼实在看不下去了，委婉指责宋襄公不修内德，不以德服人，成天妄想征服世界，迟早会栽跟头。宋襄公满脑子霸权主义，谁的话他都听不进去。

公元前639年的春天，宋襄公对楚国展开了大规模的外交攻势，与楚成王熊恽举行鹿上之盟，当面请求楚国支持宋国的称霸大业。让宋襄公惊喜的是，熊恽居然很痛快地答应了他的请求。作为新兴的超级大国，熊恽会心甘情愿地做宋襄公的小弟？别开玩笑了，熊恽笑里藏刀，分明是在戏耍宋襄公。

宋襄公越来越狂热地追求霸业，他的兄长子鱼当头泼了弟弟一盆冰凉的洗脚水。子鱼说宋是小国，和楚国根本不是一个重量级上的，熊恽根本不可能放下身段屈服于宋，你别做春秋大梦了。宋襄公却鬼迷心窍，他不相信熊恽会出尔反尔，他现在唯一考虑的事情，就是接受熊恽在自己这位伟大霸主面前低眉顺眼。

当年的秋天，熊恽和几个酱油小国率兵来到宋境内的盂（今河南睢南西），说是要尊宋襄公为天下霸主。宋襄公得到消息后，笑得合不拢嘴，当即跳上高头大马拉的豪华车驾，猴子一般窜到了盂地。

但让宋襄公没有想到的是，迎接他的不是胙肉和周天子派来的上卿，而是熊恽的反客为主和背信弃义。从字面上分析，熊恽带的楚兵人数应该远在宋襄公之上，所以当熊恽大笑着命人把宋襄公软禁的时候，宋兵没有丝毫反应。

……

霸主？不好意思，这里没有霸主，只有一只被关在笼子里任人免费观赏的猴子。随后熊恽挟持着目瞪口呆的宋襄公，指挥楚军，风驰电掣般地杀向宋国本部，在宋国境内大巡游，搞得宋国人心惶惶。

熊恽搞突然袭击，原因并不难猜，宋襄公想做霸主，熊恽何尝不想？二十多年前，齐桓公姜小白逼迫熊恽向齐低头，熊恽憋着一股无名火，但好歹齐国是超级大国，暂时低头也就算了。宋国算哪根葱，也敢在老虎头上拔毛？

不过宋国好歹也是个中等强国，不是楚国一口就能吃掉的，熊恽囚禁宋襄公，只是想给这个妄想症患者一个警告。在鲁僖公姬申的调停下，当年冬天，熊恽在亳地（今山东曹县南）释放了宋襄公。

按道理讲，初出茅庐的江湖新锐受到这等羞辱后，应该对自己的张狂行为有所收敛，闭关苦练，十年后再来华山论剑。可宋襄公与众不同，他从这次羞辱事件中得出的结论不是宋国实力不如楚国,而是应该和楚国决一死战,以报此仇。

左师子鱼早就瞧出弟弟是个什么货色,别人撞了南墙就回头,他是撞了南墙也不回头。子鱼私下对人说:"熊恽这么羞辱他,也改变不了他的本性,迟早要出更大的洋相。"

公元前638年的夏天,怒气冲天的宋襄公纠集了卫、许、滕等酱油国,集中优势兵力,对宋的邻国郑国进行外科手术式的袭击。之所以拿郑国开刀,是因为郑国在江湖上是公认的楚国小弟,如果能打垮郑国,对宋有两个好处,一是用武力逼迫郑国弃楚归宋,二是从北线压缩楚国向北发展的空间。

想法倒是不错,但问题是熊恽根本不可能坐视郑国被打,一则关乎脸面,二则关乎楚国的战略利益。熊恽也意识到不解决宋襄公这个刺头,以后别想过安生日子。于是楚军大举北上,朝着商丘的方向杀来。

宋襄公非常期待这场复仇之战,拒绝了子鱼的劝告,把主力部队拉到了泓水(今河南惠济河)北岸,静待楚军前来送死。不知道是什么原因,在宋襄公即位之后,对子鱼提出的事后证明正确的建议一个也听不进去,子鱼劝他不要拿鸡蛋碰石头,再次被拒绝。

有一种可能是宋襄公的自大心理在作怪,如果事事都听子鱼的,那还要我这个国君做什么?所以子鱼说打狗,他偏撵鸡,专和哥哥拧着干,让子鱼徒呼奈何。

最让子鱼窝心的是,在泓水之战时,楚军开始大规模地从河南岸涉水到北岸,子鱼提议乘楚军涉水未半而击之。因为楚军渡河时,并没有作战时必要的阵形和思想准备,如果在此时对楚军发动猛攻,已经上岸的楚军必然溃乱,回头往河里挤,宋军必能大获全胜。这样一条几乎完美的作战建议,又被愚蠢自负的宋襄公拒绝了。

更令人发指的是,等楚军完全上了岸,还没有列好作战阵形时,子鱼认为不能再等了,这是我们取胜的最后机会。楚宋实力差距太大,一旦让楚军列好阵形,被打哭的只能是我们。宋襄公还是没有同意,气得好好先生子鱼差点没爆粗口。

宋襄公和子鱼的兄弟情还是有的,他之所以屡次拒绝兄长的建议,主要还是出于他心中那份廉价的自信与仁义。至于宋襄公自己所谓君子不伤二毛之类的假话,实际上他自己也不信,最关键的核心在于,宋襄公想堂堂正正地用一场阵地战打败楚军。只有这样，他的霸主地位才比姜小白更有含金量，毕竟姜小白从来也没有打败过强大的楚军。

和偶像姜小白一样，宋襄公也是一个理想主义者，但姜小白的理想主义有深厚的现实土壤，而宋襄公的理想主义完全是在空想做梦，严重脱离现实。自古兵不厌诈，在战场上，取得胜利才是最大的道德，宋襄公一味拘泥于道德的约束，屡失战机，他自以为能得到敌人的尊重，但现实狠狠嘲弄了这位崇尚假大空的滑稽君主。

宋襄公要仁义之名，但他的对手熊恽只要实实在在的胜利，在渡河未半和上岸后未排列好阵形时，他也担心宋军会搞突袭，结果却让他大呼意外。敌人的慷慨就是对自己最大的道德，那还客气什么。

楚军的实力本就在宋军之上，打大规模阵地战，齐军都不敢言必胜，何况这豆芽菜一般大小的宋军。等楚军做好了战斗准备，宋军才在宋襄公的率领下，张牙舞爪地扑了过来，结果一口咬在了冰冷坚硬的石头上。

结果是不必多说的，是役，楚军大胜，宋军几乎被全歼。仁义的宋襄公在这场战役中身负重伤，被楚军的乱箭射中了大腿，倒在地上破口大骂，也不知道在骂谁。幸亏子鱼眼疾手快，拉着这个只会出国际洋相的弟弟狼狈逃回宋国，身后鸡毛漫天飞舞。

熊恽笑眯眯地回国数银子，而回到商丘的宋襄公则和愤怒的国人发生了激烈争吵。对于这场近乎闹剧般的战役，宋人气得直摇头。宋国怎么会有这样蠢的国君，不但煮熟的鸭子飞了，还被鸭子反咬了一口。

宋襄公面对舆论炮轰，还在用所谓的战争道德来自我辩护，有两点：一、楚军中有不少老年人，我不忍心杀他们（不伤二毛）；二、楚军未布好阵形（不鼓不成列）就发起攻击，不是君子所为。

看来子鱼对这个弟弟已经忍够了，对宋襄公的谬论当面进行驳斥。《左传·僖公二十二年》记载了子鱼的原话，虽然说得洋洋洒洒，但不如《史记·宋世家》批判得更有力度，也更能堵住宋襄公的臭嘴，原文是："兵以胜为功，何常言与！必如公言，即奴事之耳，又何战为？"

这句话翻译过来就是："自古兵不厌诈，取得胜利就是英雄，而不是像你这样成天君子曰，圣人云。对着镜子照照，你是个君子吗？如果你想做君子，那何必和楚人开战，不如去做楚人的奴隶，熊恽一定称赞你是个君子。"

子鱼不仅在政治上很有一套，从对战局上的判断，说明子鱼具有相当高超的军事素养，称之为军事家并不为过。只可惜子鱼是庶出，不能继承宋子（宋国君的爵位）之位。如果子鱼做宋子，他的内政外交政策会根据宋国的国情来安排，而不是好高骛远地做什么武林盟主。

宋襄公称霸事业的惨败，正是由于他没有意识到他的称霸构想已经远远超出国力所能承受的极限。其实最符合宋襄公实际的，是做郑庄公姬寤生那样的小霸，而不是姜小白那样的大霸。

宋襄公没有自知之明，姜小白都不敢和楚军决战，他怎么就敢拎着菜刀上阵？熊恽是好惹的吗？被兄长不留情面地严厉斥责，宋襄公应该有所醒悟，但已经来不及了。第二年（前637）五月，因为大腿的箭伤复发，"春秋霸主"宋襄公一命呜呼，带着遗恨去了天堂，却给人间留下了千古笑柄。

宋襄公有称霸的野心并没有错，错就错在一没有自知，二不会知人。正如宋人苏轼在《宋襄公论》所说："齐桓、晋文得管仲、子犯而兴，襄公有一子鱼不能用，岂可同日而语哉。"宋襄公只看到姜小白最终称了霸，却从来没有思考过姜小白为什么能称霸。

成语东施效颦，用在宋襄公身上再合适不过了。

十五 / 春秋小霸楚成王

这场笑料百出的泓水之战，宋襄公输了一个底朝天，而所有的蛋糕都被他的对手楚成王熊恽吃掉了，下面就讲一讲熊恽的事情。

在春秋五霸的评选大会上，许多评委都把票投给了齐桓公姜小白、晋文公姬重耳、楚庄王熊侣、秦穆公嬴任好、吴王夫差、越王勾践。搞笑的宋襄公子兹甫也捞到不少选票，即使是小霸郑庄公姬寤生，也有自己的支持者。所有的镁光灯、话筒都对准他们，请他们发表获奖感言，却忽略了台下还坐着一位沉默的霸主候选人，他就是熊恽。

楚庄王熊侣的功业是历史公认的，他是响当当的春秋霸主，但熊侣赖以称霸的楚国超强的国力，却是他的祖父熊恽打造的。换句话说，楚国的称霸事业，实际上是从熊恽开始的。

在春秋战国的八百诸侯国中，可以说楚国是最特殊的一个。楚国的特殊之处有以下几点：

一、因为楚国的位置偏南，所以从民族心理上，楚国介于华夏与蛮夷之间。

二、严格来说，楚国不算是西周建立时分封的权贵封建系统，而是以家臣身份获得了对长江流域的统治权。

三、楚国自出现在历史舞台上，就与周王室若即若离，甚至公然与周朝作对，也是诸侯中第一个称王的，虽然楚国的爵位只是子爵。

四、春秋时的楚国，与战国时的秦国非常类似，对领土扩张有着天然的冲动，都是中原诸国的心腹大患。

熊恽的远祖鬻熊，不知道通过什么门路，在周文王姬昌手下当差。从《史记·楚世家》记载鬻熊"子事文王"来看，姬昌应该很欣赏鬻熊，在一定程度上，可以把鬻熊视为姬昌的干儿子。

从鬻熊往后三代，鬻熊之子熊丽、熊丽之子熊狂、熊狂之子熊绎，都在周王身边当差。也许是熊家侍奉君王有功，所以周成王姬诵念及他们的忠诚，把熊绎封在了荆蛮之地，也就是现在的湖北汉江流域。

在商周之际，汉江流域基本没有得到开发，是典型的"蛮荒"之地。周朝把熊氏封在这里，也不算是什么厚封，只是看熊家事主有功，随便赏个仨瓜俩枣就打发了。

熊氏子孙骨子里的狂妄和冒险精神是与生俱来的，在五代楚子尽力服从于周王室之后，终于出现了一个狂妄自大的君主，就是开楚国争霸先河的熊渠。

熊渠有文武才，能治民，"甚得江汉间民和"，开始对外扩张，灭掉许多小国，扩大地盘。关于熊渠的历料不多，他做得最威武的一件事情，就是公然与周厉王作对，自封为王，说："我蛮夷也，不与中国之号谥。"虽然熊渠很快废除了王号，但熊氏对周天子的蔑视，却一辈辈传了下来。

熊氏楚国又往下传了几代，直到熊通杀掉侄子自立为楚子，又恢复了楚王的名号。更有意思的是，熊通想让周平王封他为王，遭到拒绝，熊通跳脚大骂周天子。

熊通甚至公然污辱周天子的先祖，他的远祖鬻熊明明是周文王的家臣，却被熊通说成是周文王的老师。反正熊通知道，东周王室日渐萎靡，无力南下，所以熊通自恃武力强大，视周天子如粪土。

楚成王熊恽，就是自大狂熊通的孙子。熊恽可不是盏省油的灯，他的兄长庄敖看他不顺眼，准备杀掉他，没想到熊恽先下手为强，联合随国反客为主，干掉了兄长，自立为王。

和狂妄自大的祖父熊通相比，熊恽相对低调一些，也更为务实。虽然熊恽同样轻视周天子，但他知道周天子是一块可以利用的金字招牌，和周天子作对，容易招致其他诸侯打着周天子的旗号讨伐楚国，并不符合楚国的利益。

楚国虽然日渐强大，但还没有强大到足以让诸侯臣服的地步，所以熊恽的外交政策是"远交近攻"，修改被祖父破坏的对外政策。熊恽做了两件事情，一是同当时的主要诸侯国，如鲁、齐、郑互通有无，礼尚往来，为楚国赢得良好的外部生存环境。二是朝贡周天子，表示楚国尊重天子的威信，绝不做逆臣。

凭空掉下来了一个大忠臣，家里已经没有多少余粮的周惠王姬阆喜出望外。为了表彰熊恽，姬阆赏赐了熊恽一块腊肉（胙肉），这是齐桓公姜小白当年享受过的待遇。

姬阆还给熊恽留了一句话，或者说是一块金字招牌，"镇尔南方夷越之乱，无侵中国"。这句话可以理解成周天子正式承认了楚国在南方的霸权，随便你在南方怎么折腾，别跑到中原砸场子就行。

这是一场赤裸裸的政治交易，虽然史料没有记载，不过姬阆应该不是只代表周王室说的这句话，而是代表中原的华夏诸国和熊恽进行谈判。中原诸国也经常大打出手，但这属于人民内部矛盾，兄弟之间有个磕磕碰碰很正常。楚国与中原异俗，和中原诸国也玩不到一块去，不如各玩各的，井水不犯河水。

从周厉王开始，楚国就是江湖上公认的刺头，特别是东周分裂以来，楚人不断四处扩张，引起了中原诸国的警觉。虽然齐国是当时唯一的超级大国，但齐国地处东北，与楚国并不直接接壤，真正起到拱卫东周雒都的，是郑、许、陈、蔡等国。但这些都是小国，整体实力根本无法与楚抗衡。宋国倒是有一定实力，可看了宋襄公那副招风耍宝的模样，周天子根本指望不上宋襄公。

为了换取楚国不对周王室做出不利的承诺，周襄王姬阆达成了利益分配协议：楚国不北上，其他地方随便拿。对楚成王熊恽来说，这是一份可以接受的协议，虽然暂时不能北上攻城略地，但周边还存在着许多周天子允许楚国侵占的小国。吃一个大饼能填饱肚子，吃十个小窝头同样可以吃饱。

《史记》记载，"（周襄王赐肉之后）于是楚地千里"，说明楚国进行了大规模的领土扩张，但应该没向北扩张，所以楚国的扩地千里在中原诸国的心理承受范围之内。

楚国从西周时的"蛮荒"小国，发展到战国时"地方五千里、带甲百万、车千乘、骑万匹、粟支十年"的超级大国，并非一人一时之功，而是积累数十代艰苦开拓才形成的。

不妨拿楚国和清朝做一下对比，发现这两个相隔两千多年的政权有许多相似之处：

一、先祖都是臣服于大国，地理位置都比较偏远，经济落后，但民风都刚强尚武。

二、熊渠和努尔哈赤非常相似，二人都和原宗主国产生矛盾，直至刀兵相向。

三、熊通和皇太极很像，二人都在父祖基业的基础上进行二次扩张，基本打造出大国骨架。

四、熊恽和康熙非常相似，他们都不是开国君主，但"名为守成，实同开创"，在他们治下，楚与清都成为当时天下首屈一指的超级大国。

五、熊恽之子熊商臣（楚穆王）与雍正非常相似，起到了承上启下的关键作用，甚至他们在位时间都相同。熊商臣在位十二年，雍正在位十三年。

六、熊侣和乾隆非常像，都是吃祖宗饭，熊侣成为公认的春秋霸主，乾隆又号称十全老人，天下大治。

七、自熊侣和乾隆之后，楚与清都出现了严重的滑坡。

如果没有康熙打的家底，雍正整肃内政，"乾隆盛世"是根本不可能出现的。同理，楚庄王熊侣能称霸天下，首先要感谢的，就是给他留下这份偌大的家业的祖父熊恽。

由于各种原因，楚庄王熊侣的知名度远高于他的祖父熊恽，而春秋时代最伟大的一场战役——城濮之战的两大主角，一个是晋文公姬重耳，一个就是楚成王熊恽。因为这场著名战役的胜利，晋文公"大名垂宇宙"，而熊恽不幸沦为配角，连份盒饭也没领到。

城濮之战大败，并没有影响楚国作为新兴超级大国的江湖地位。而且城濮之战的失败，和熊恽并没有直接的关系，是子玉等人头脑发热，不听熊恽的劝告，才中了埋伏。

说来巧合的是，熊恽最终没能挤进春秋五霸之中，但他和两位生活在传说中的超级霸主——姜小白、姬重耳都打过交道，只不过这两次让后世激动万分的双龙会，熊恽都是以配角的身份出场，这也在一定程度上影响了熊恽的知名度。

更为滑稽的是，虽然在泓水之战，熊恽是最终的胜利者，可惜历史只记住了失败者宋襄公，而胜利者熊恽再次不幸地沦为配角。连续三场万众瞩目的大戏，小金人都被别人捧走了，熊恽的运气可以说差到了极点。

赢得身后千古名，是英雄渴望得到的，不过他们更看重的是生前能建立多少功业，做到这一点，足为不朽。论知名度，齐桓公、宋襄公、晋文公都是历史舞台上的一线人物，但足以让熊恽骄傲的是，三位霸主对熊恽的态度可以用一个词来形容，那就是敬畏。

姜小白的霸业让天下震撼，却不包括楚国，熊恽向来没把姜小白当回事。熊恽对姜小白的态度很明确，就是你玩你的，我玩我的，一旦玩过界，熊恽就会强硬地顶上去，这才是楚人的霸道风格。

有其君，必有其臣，熊恽性格强硬，他手下的文臣武将也多是这样的性格。

公元前 656 年，因为楚国攻打郑国，姜小白作为江湖老大，自然不会坐视小弟被欺负，率"八国联军"来找熊恽讨说法。

熊恽以强凌弱，姜小白发兵问罪，熊恽反而理直气壮地派人质问姜小白为什么侵犯楚国利益。这段话很精彩："君处北海，寡人处南海，唯是风马牛不相及也，不虞君之涉吾地也，何故？"这就是著名成语"风马牛不相及"的出处。

其实熊恽心里明白，姜小白救郑只是幌子，他真正的目的是打压楚国，给楚国扣上一顶破坏世界和平的大帽子，扩展齐国的战略利益空间。管仲出面指责楚国要对几百年周昭王南征时不幸身亡负责，楚使立刻顶了上去："昭王之死，和我们没有任何关系，你可以到江汉之滨，问问水神。"

熊恽不给姜小白面子，姜小白当众下不来台，只好硬着头皮继续南下。熊恽向来不怵姜小白，你爱来不来，关我什么事？熊恽派大夫屈完去诸侯军的驻地召陵给姜小白上一堂思想课。

姜小白想吓唬屈完，大陈兵甲，然后拉着屈完到处参观，让屈完见识一下大齐雄师的威武。姜小白迎风说大话："以我军的强大实力，普天之下，谁能御之？寡人要攻城，何城不能克？"

屈完虽然奉熊恽之命前来与齐人议和结盟，毕竟熊恽也不想和姜小白拼个鱼死网破，但屈完的态度非常强硬。屈完面对姜小白赤裸裸的军事威胁，冷笑一声，他的回答铿锵有力："国君如果以仁义布施天下，谁敢不服？如果国君对楚使用武力，你将什么也得不到。楚国以方城为盾，以汉水为城墙，众志成城，必以死战。齐军虽多，楚亦不惧。"

召陵之盟，与其说姜小白南下迫使熊恽放弃进攻郑国，不如说以齐国为首的中原诸国暂时阻止了楚国的强势北进。楚人集团敢当面对天下霸主姜小白连发呛声，还是基于楚国强大的实力，弱国无外交，就是这个道理。

姜小白和熊恽的性格截然相反，姜小白似火般炽热，有浓烈的理想主义气质，而熊恽如水般沉静，他更专注于现实利益的得失。春秋第二霸姬重耳流浪到楚国，熊恽以诸侯之礼接待了姬重耳。熊恽这么做，不是因为姬重耳有多高的江湖声望，而是熊恽断定姬重耳必非凡品，将来极有可能回晋国继位。熊恽拉近与姬重耳的关系，方便楚国日后从姬重耳那里得到战略利益。

熊恽很会做生意，但他绝不是那种内心冰冷的、只讲利益不谈感情的腹黑政客。熊恽厚待姬重耳，却只能从姬重耳那里得到"如果楚晋相战，晋退避三舍以报楚子之德"的承诺，其他什么也没得到。

楚国大将子玉也看出姬重耳不是等闲人物，主张杀掉姬重耳，以绝后患。熊恽当然也看得出来，姬重耳不是个善茬儿，如果杀掉姬重耳，对楚国有利无害，但熊恽还是拒绝这么做。

看得出来，熊恽很欣赏姬重耳的贤德仁义，以及姬重耳身边的那几个贤佐。英雄惺惺相惜，即使曹操看出刘备将来必为大患，他也拒绝程昱杀掉刘备的建议，英雄是不能随便杀的。

熊恽和曹操都比较腹黑，但是他们的这种腹黑只用在政治上，在生活中，他们待人真挚，甚至还带着几分孩子气。在姬重耳准备出发去秦国时，熊恽替秦穆公嬴任好说好话，说秦君仁德，可付大事，然后熊恽厚赠姬重耳大量财物，挥泪而别。

这也是同为腹黑帮成员，熊恽显得比勾践更有人情味的主要原因。换句话说，熊恽腹黑手不黑，勾践不但腹黑，而且手黑。即使在城濮战败后，熊恽也没有后悔过当初放走姬重耳，反而称赞姬重耳是天命所归，非人力所能阻止，埋怨子玉不该无事生非。

熊恽喜欢结交诸国落难的公子，除了姬重耳，齐国五公子内乱之后，齐桓公的另外七个儿子为了避难，全都逃到楚国。由于齐国形势日趋稳定，熊恽收留七公子，在政治上是捞不到大便宜的，何况当年姜小白对熊恽非常蔑视，但熊恽还是大度地收留了他们，并封为大夫。

熊恽生性比较诙谐，特别是他戏耍"霸主"宋襄公，将宋襄公软禁起来，然后带着宋襄公满世界兜风耍宝，让人捧腹。如果换成秦昭襄王那样的虎狼暴君，十个宋襄公也别想回去。

当然，熊恽故意放回宋襄公，还有一层深意，体现了一个成熟政治家的远见卓识。宋襄公志大才疏，根本不是当霸主的料，而其兄子鱼文武双全，如果熊恽杀掉或永久软禁宋襄公，宋人必拥护子鱼继位，这是熊恽不愿意看到的结果。

宋国是楚国日后北上争霸中原的必经之地，子鱼控制下的宋国必然会成为楚国的劲敌，与其如此，还不如留下宋襄公。虽然不久后，宋襄公在泓水之战受重伤而亡，但宋人并没有立子鱼为君，想必熊恽心里的一块大石头落了地。

正因如此，熊恽才敢大举伐宋，企图突破宋国防线，北上争霸。但让熊恽万分遗憾的是，他真正的对手不是宋成公子王臣，而是他曾经无比欣赏的晋侯姬重耳，这才引发了历史上著名的城濮之战。

齐桓公姜小白和晋文公姬重耳的称霸大业，严格来说，都建立在成功阻止楚国强势北进的基础上，属于战略防御。从这个层面上讲，可以将楚国视为与齐、晋同等级别的超级大国。城濮战败，并没有使楚国伤筋动骨，楚国依然有能力给中原诸国制造强大的军事压力，就如同赤壁之败，曹操依然是江湖上的第一。

有句话说得好：再伟大的英雄也会被时间残忍地杀死，古今中外，莫不如此。熊恽的生年不详，但他杀兄即位时大约二十岁，而城濮之败的那一年（前632），熊恽已经在位三十九年了，此时熊恽的年龄差不多六十岁。

岁月不饶人，当年意气风发、席卷江汉的那股霸气渐渐被岁月腐蚀殆尽，晚年的熊恽早已没有了年少时的锐气，变得暮气沉沉，容易听进谗言。特别是在立储君的问题上，熊恽因为溺爱太子熊商臣，杀掉了贤臣子上，但随后又猜忌熊商臣，准备废长立幼，结果激怒熊商臣，把老爹干掉了。

因为子上不喜欢熊商臣，认为太子"蜂目而豺声，忍人也"，不宜继承大位，熊商臣恨之入骨，欲除子上而后快。熊商臣把城濮战败的主要责任归罪于子上，诬陷子上接受了姬重耳的贿赂，故意兵败，不杀子上，楚国无威。熊恽也不辨真伪，立刻杀死了子上，自剪羽翼，导致熊商臣的势力坐大，熊恽实际上成为儿子手上的人质。

更要命的是，熊恽丝毫没有发觉这一点，还以为自己能牢牢控制权力。当熊恽看熊商臣不顺眼时，就想废掉商臣，另立商臣的庶弟熊职。本来这件事情是秘密运作的，但知情人之一、楚成王的妹妹江芈却被熊商臣的幕僚潘崇设计，把熊恽的真实想法抖了出来。

熊恽担心商臣不好驾驭，准备先杀熊商臣，再立熊职。熊商臣听说后，愤怒可想而知，眼看到嘴的蛋糕不但要被老爹送人，而且自己吃饭的家伙都要被砸了，性格暴虐的熊商臣岂能答应？

楚成王四十六年，即公元前626年的十月，再也控制不住愤怒情绪的熊商臣率兵闯进宫，逼迫老爹自杀谢罪。处在绝望之中的熊恽还在做最后的挣扎，告诉儿子想吃蒸熟的熊掌，以拖延时间，等待自己的人马勤王救驾。

熊商臣不是傻瓜，当然知道老爹想做什么，没有同意。不过熊商臣还算有一点"良心"，他没有亲自动手，而是扔给父亲一条白练，请大王找个房梁悬梁自尽吧。

《左传·文公元年》记载了一个略显诡异和夸张的故事,熊恽在被逼上吊自杀后,双目圆睁,脸上写满了愤怒和悔恨。至于原因,书上说是因为熊商臣给他定的谥号是"灵王"。

在谥法中,"灵"和"炀"、"厉"一样,都是著名的恶谥。熊恽生前威震天下,死后也不想做一个昏君,被人骂绝千古。熊商臣尽了最后一份"孝心",把"灵"字改成了"成",熊恽这才心满意足地闭上了眼睛。

"安民立政曰成","成"字确实高度地概括了熊恽不平凡的政坛人生,但在死后争这个虚名,并无太大的意义。

十六 / 曲沃代晋事件

上面重点讲了郑、齐、宋、楚称霸天下的大业，下面讲一讲晋国。晋国在春秋史上的地位，从某种角度上看，影响力甚至超过了秦、齐、楚等大国，特别是春秋第二霸晋文公姬重耳的横空出世，为晋国挣得了太多的印象分。

晋文公姬重耳作为春秋第二霸，青史留有大名，但实际上他并非晋国的大宗出身，而是出自不起眼的小宗，有些类似于明成祖朱棣推翻朱允炆，取代朱标统治明朝。

晋国的始祖是周成王姬诵的幼弟唐叔虞，因为姬诵的一句戏言，被周公姬旦逼着封唐叔虞为唐侯，统治今山西西南地区，《诗经·唐风》其实讲的就是晋国。之所以国号由唐改晋，是因为唐国统治区域内有一条晋河，久而因之，也就换了招牌。

晋国建立初期，在江湖上并不太起眼，在西周时期，政治级别最高、曝光率最高的当属周公姬旦一系统治的鲁国。唐叔虞本人在历史上也没留下多少浓墨重彩，平平淡淡就完成了自己的历史使命。

由于年代过于久远，从唐叔虞往下传了五代，历经晋侯姬燮、武侯姬宁族、成侯姬服人、厉侯姬福、靖侯姬宜臼（与周平王同名），但他们的事迹都于史无考，直到晋靖侯十七年，才有了明确纪年，因为这一年就是历史上著名的共和元年，即公元前841年。

就在周厉王姬胡被国人暴动赶跑的第二年，公元前840年，晋靖侯去世，太子姬司徒即位，就是晋僖侯。其实这些流水账并没有什么可说道的，直到姬司徒的孙子晋穆侯姬费王即位，"鸠占鹊巢"大戏的序幕才被历史老人轻轻地拉开。

先列出晋国大宗与曲沃小宗的世系：

穆侯姬费王

****

文侯姬仇　曲沃桓叔姬成师

* *

昭侯姬伯　曲沃庄伯姬鳝

* *

孝侯姬平　曲沃（晋）武公姬称

* *

鄂侯姬郤　晋献公姬诡诸

************ ****************

哀侯姬光　晋侯姬缗　惠公姬夷吾　文公姬重耳

*

晋小子

从这个世系中可以看出来，晋穆侯有两个儿子：长子姬仇，少子姬成师。这本来没有什么问题，但晋国大夫师服一针见血地指出穆侯给两个公子取名时的荒谬。因为穆侯讨伐仇敌条国时，长子降生，所以取名为姬仇，次子降生时恰逢晋军攻取千亩时大胜，所以取名姬成师。

姬仇作为嫡长子，将来肯定是要继承晋侯大位的，怎么取了个不伦不类的名字；而"成师"又是当时人普遍认同的美名，含有"成就大事"的意思。师服认为嫡庶取名倒置，将来晋国必有争位大祸。

虽然师服的观点带有浓厚的唯心主义色彩，但谁也没想到师服居然一语成谶，晋穆侯去世后，晋国果然出现了庶子夺位的闹剧。说来好笑的是，鸠占鹊巢的不是姬成师，而是穆侯另外一个庶子殇叔。不过姬仇也不是盏省油的灯，想私吞属于我的蛋糕，那就别怪兄弟我不客气了。三年后，姬仇带着自己的嫡系人马，闯进宫里，杀掉了殇叔，自立为晋侯。

谥号同样是"文"，晋文公姬重耳的知名度远远强于晋文侯姬仇，但姬仇的功业其实并非微不足道，只不过被姬重耳耀眼的光芒给遮掩住了。我们都知道十三经之一的《尚书》，而晋国（包括曲沃小宗）的所有君主，能单独入选《尚书》的，只有晋文侯姬仇，这可不是一般的政治待遇。

晋文侯之所以有这样的待遇是因为姬仇杀掉了与周平王同时自立为王的姬余臣，替平王解决了心腹大患，这一年是公元前 760 年。姬宜臼非常感激姬仇的出手相助，所以当着天下人的面，给予了姬仇极高的评价。如果从这个角度看，晋文侯姬仇才是春秋第一霸，因为这一年，春秋小霸郑庄公姬寤生才刚继位不久，更遑论齐桓晋文了。

晋文侯辅佐周平王,"于是乎定天子",也是晋国大宗在历史上最辉煌的时刻,自晋文侯之后,晋国大宗出现了大问题。公元前746年,姬仇去世,太子姬伯即位。就在当年,姬伯把自己的叔叔,也就是姬成师封在了曲沃(今山西闻喜),号称曲沃桓叔,此年姬成师五十八岁。

对于姬伯为什么要封姬成师,史载不详,但倾向晋国大宗的晋统治高层对姬伯的这个举止非常不满,认为姬伯这是在自掘坟墓。对于姬成师的评价,《史记》只留下了九个字,"好德,晋国之众皆附焉"。说明姬成师人品端正,行为举止以德为先,在晋国高层内部拥有很高的支持率,人皆归附。

另外还有一点,晋国的国都在翼(今山西翼城),面积并不大,而姬成师受封的曲沃在当时却是个大城,"曲沃邑大于翼"。如果把姬成师留在翼城,无兵无势,姬成师也闹不出多大动静,可一旦放虎归山,后果不堪设想。

历史上有一个相似的例子,一千年后,东晋简文帝司马昱在宗室内部辈分、威望最高,"道化宣流,人望攸归,为日已久"。所以桓温废掉海西公司马奕之后,从众人所请,迎立司马昱。

曲沃桓叔姬成师的辈分、威望、地位和司马昱差不多,引起晋国大宗的惊恐是很正常的。有人就放出风声,说:"晋之乱其在曲沃矣。末大于本而得民心,不乱何待!"

这位"君子"的唯物主义判断,很快就得到了证实,虽然姬成师年近六旬,但野心勃勃,想推翻侄子姬伯,自己做晋侯。由此可见,姬成师这个人也是王莽、司马昱之流的伪君子,打着仁德的旗号为自己谋私利。

司马昱虽然想当皇帝,但在侄孙司马奕被废的政治事件中,司马昱并没有多掺和,那都是桓温干的好事。姬成师满嘴仁义道德,一肚子冬虫夏草,为了做晋侯,他暗中和自己的嫡系潘父密谋于室,由潘父出手做掉姬伯,然后迎姬成师入翼城即位。

计划很完美,公元前739年,潘父不知道用了什么手段,杀死了姬伯,然后派人去曲沃通知姬成师率兵入翼。潘父和姬成师都忽略了一个问题,即晋国大宗的势力并没有因为姬伯被杀而有所减弱,特别是晋国大宗控制的军事力量。

姬成师打点好行装,兴冲冲地去翼城,准备做晋侯,没想到迎头被晋国大宗敲了一棒。晋军应该是在路上设了埋伏,等姬成师的人马过来时,下山打兔子,结果毫无准备的姬成师被打得找不着北，狼狈逃回曲沃骂娘。

晋国的天下，还是属于大宗的，随后，晋人立姬伯的儿子姬平为晋侯，史称晋孝侯。姬平上台后做的第一件事，就是处死了杀父仇人潘父，铲除了姬成师安插在翼城的内鬼。

虽然史载不详，但可以肯定的是，姬平从杀潘父开始，几乎将姬成师在翼城的势力连根拔起，彻底断绝了姬成师篡位的希望。八年后，即公元前732年，白发苍苍的姬成师含恨而死，其子姬鳝立，史称曲沃庄伯。

有趣的是，晋孝侯姬平和曲沃庄伯姬鳝都把杀害自己父亲的这笔血债算在了对方头上，叔侄成了斗鸡，无不欲除对方而后快。也就是从这时开始，晋国大宗与曲沃小宗的关系彻底破裂，双方成天打鸡毛战，谁也不后退半步。杀父之仇只是借口，真正的原因还是争夺晋国的统治权，姬平想守住蛋糕，姬鳝要吃蛋糕。

从有限的历史记载来看，姬鳝的军事实力远在其父姬成师之上。姬成师费尽了九牛二虎之力，也没能从侄子姬平身上拔下一根鸡毛，反而鸡飞蛋打，一地狼藉。而姬鳝却在公元前724年，率军攻进了翼城，杀掉了仇人姬平。不过姬鳝的目标只实现了一半，还没等他从篡晋侯之位的美梦中醒来，就被愤怒的晋国大宗赶出了翼城，哪来的就回哪去。

姬成师父子两次篡位都遭到了可耻的失败，说明晋国大宗的实力在短时期内是无法撼动的，但暂时的受挫并没有改变姬鳝的灭晋计划，他还在继续追逐在晋国大宗看来几成笑柄的梦想。

新即位的晋鄂侯姬郄在姬鳝看来只是一个乳臭未干的娃娃，姬鳝当然不会放过这个机会。公元前722年十月，姬鳝再次发兵北上，如果能干掉姬郄，曲沃小宗就能实现弑杀晋侯的帽子戏法。晋国方面早有准备，姬鳝刚出洞不久，晋国大夫公子万就率晋军主力顶了过来，姬鳝被打得鼻青脸肿，随后又被晋国大夫荀叔轸礼送出境，损失惨重。

晋鄂侯姬郄也不是个善茬儿，他不能把战场放在自己的地盘内，砸烂了锅碗瓢盆，损失都是自己的。姬郄开始反击，让手下弟兄们带着火种闯进了曲沃境内，一把火烧掉了大片庄稼，烧掉姬鳝的米袋子，差点没把姬鳝气死。

姬鳝以为姬郄是个软柿子，没想到是颗硬核桃，差点硌掉了姬鳝的大门牙，但姬鳝还是咽不下这口恶气。吃不到蛋糕已经很窝囊了，更窝囊的是还被吃的蛋糕狠狠地踹了一脚。姬郤烧了曲沃的粮食,几乎就端掉了姬鳝的饭碗,姬鳝岂能答应。

公元前718年,姬鳝再次北伐翼城,不过这次姬鳝学聪明了,他拉来了两个帮手和他一起做劫票的买卖。郑国和邢国也许是看到了伐晋的广阔商机,跟着姬鳝拎刀抡棒子,去砸姬郤的场子。这位郑国的国君,就是那位到处煽风点火当小霸的郑庄公姬寤生。而姬寤生的仇人周桓王姬林也不甘寂寞,想在浑水中多摸几条大鱼,派大夫尹氏、武氏率军加入了姬鳝的联军。

抛开当时实力强劲的郑国不谈,单是周天子出兵,就在政治上给了了姬鳝极大的便利。姬鳝可以光明正大地打着周天子的旗号暴打姬郤,不负任何法律责任。

春秋初期的晋国实力不算特别强,何况又从中分裂出一个曲沃国,整体实力甚至连一流都算不上。曲沃联合郑、邢,以及东周王师,实力自然在晋国之上。姬郤手上的牌面有限,自然不是联军的对手,三下五除二,就被赶出了翼地,往北逃到随地(今山西介休东南)躲避风头。

联军占领了翼城,表面上很风光,但问题很快就出来了——胜利果实归谁?应该是几个心怀鬼胎的侵略者分赃不均,结果导致姬鳝与周天子姬林的关系彻底破裂,双方指着对方的鼻子破口大骂,在江湖上传为笑柄。

更可笑的是,姬林与逃到随地的姬郤达成了和解,然后掉转刀头,对着姬鳝的屁股就是一通猛砍。当年的秋天,周朝卿士姬忌父奉周天子之命,率军直扑姬鳝在曲沃的老巢。此时的姬鳝还在翼城,听说后院起火,姬鳝一边大骂姬林做人不地道,一边忍痛撤军回保曲沃。

到嘴的鸭子飞了,姬鳝的窝火可想而知,姬林这个滑头朝三暮四,生生坏掉了自己的大事。如果姬林不在这个时候捣乱,姬鳝有很大的把握吃掉晋国大宗,但现在说什么都晚了。姬鳝现在所能做的,就是积蓄实力,等待天时有变。不过姬郤死后,周天子立其子姬光为晋侯,姬鳝依然没有机会下嘴,只能在旁边着急跺脚。

折腾了大半生,姬鳝也累了,属于他的戏份演完了。两年后,公元前716年,姬鳝含恨而死,继位的是他的儿子姬称,也就是曲沃武公。姬称这个人在历史上没什么知名度,但他的出现具有极为重要的历史意义,如果没有姬称,姬重耳永远只能做曲沃小宗,不要说什么称霸天下了,因为姬称就是姬重耳的祖父。

也许是家族基因的遗传，姬成师、姬鳝、姬称祖孙三代都对取代大宗成为晋侯有着天然的冲动。虽然姬成师、姬鳝没有实现这个伟大的梦想，但他们不停地挖晋国大宗墙脚，这些年曲沃对晋国的军事进攻，已经严重削弱了晋国的实力，为姬称最终完成代晋大业奠定了坚实的基础。

曲沃小宗的三代人，和晋朝司马懿、司马师（司马昭）、司马炎祖孙三代的努力非常相似，姬成师、司马懿种下树苗，姬鳝、司马师（昭）浇水除虫，最终由姬称、司马炎摘果子。

江湖生存法则就是弱肉强食，如果曲沃小宗不吃掉晋国大宗，晋国大宗必然会吃掉曲沃小宗，就像三国蜀不灭魏，魏必灭蜀一样。另外还有一个名分问题，曲沃政治地位较低。虽然曲沃的实力接近于中等诸侯国，但曲沃只是晋国内部的一个封国，没有算在周朝的诸侯系统内。

不过有一点对姬称不是很有利，就是曲沃与东周王室的关系早已破裂，现在也很难看到修复关系的迹象，所以姬称要时刻提防周天子姬林在他背上插刀。曲沃在江湖上的朋友本就不多，少了东周这个重要盟友，凭曲沃一国之力很难拿下晋国，于是姬称想到了距离晋国不远的陉廷。

陉廷位于今山西侯马市北郊，并非诸侯国，而是隶属于晋国的一个小邑。陉廷之所以对姬称的联合建议感兴趣，主要还是因为陉廷经常受到晋国的武装侵犯，苦不堪言。为了自保，与曲沃的联手势在必行。

早在公元前710年，晋哀侯姬光就开始对陉廷动手动脚，还是用老办法，专割陉廷人的粮袋子，把陉廷人逼得直骂娘。忍无可忍的陉廷人为了报复晋人，经常和姬称勾搭在一起，密谋讨伐无耻的姬光。

陉廷的实力有限，他们所能给予姬称的帮助，就是开放自己的领地，给曲沃军提供便利。姬称也意识到时间不等人，不能再拖下去了，否则还不知道谁先灭亡。公元前709年的春天，姬称几乎是掏尽家底，大举北上，与晋军决一死战。

有了陉廷人带路，姬称很快就率军来到汾水东岸，然后给姬光下帖子求战。对于这场战略大决战，姬称自信心爆棚，必灭此而朝食。不过姬称也不敢大意，为了预防万一，他调大夫韩万亲自给自己驾车，大夫梁弘手执坚盾，立于自己右侧，防止姬光乱箭伤人。

看来姬光是接受了堂叔祖的挑战，东风吹，破鼓擂，这个年头谁怕谁？姬光扛着一把大砍刀就去约定的场子练摊去了。这场汾水之战的过程不详，最终的结果还是姬称笑到了最后，姬光输得一塌糊涂，老本都搭进去了。

姬光强行杀出一条血路，沿着汾水东岸向北仓皇逃窜，姬称怎么可能放过他，率大队人马紧追不舍。如果按正常速度，姬称很难追上姬光，不过在姬光逃窜的过程中却发生了一个意外，导致姬光被俘。

这天夜里，姬光带着大臣栾叔，乘着他的四马座驾一路狂飙，但因为马车的外挂太多，被河边的树木给钩住了，半天也解不下来。等姬光好容易解开外挂时痛苦地发现他已经被曲沃人马团团围住，姬称在火把的照映下放肆地大笑。

这场汾水之战，姬称只是俘虏了姬光，并没有拿下晋国国都翼城，不过作为翼城左侧的战略屏障陉廷已经被姬称控制，所以姬称基本完成了对翼城的战略包围。在姬光之子晋小子即位后的第二年，姬称就派韩万杀掉了姬光，这是对晋国的公然挑衅，但此时的曲沃与晋国的实力对比发生了变化，晋国已经无力对姬称施加军事压力了，正如《史记·晋世宗》所说"曲沃益强，晋无如之何"。

晋小子是晋国大宗历代君主中唯一没有留下名字的，说明他在历史上并没有做出像样功业，而晋小子在历史舞台上的唯一一次亮相，就是公元前705年，晋小子不知道出于什么原因，被姬称诱骗出翼城，落在姬称的手上，随即被杀害。推测一下，应该是姬称用诈和的手段，对晋小子做出假让步，晋小子没有江湖经验，这才被姬称算计。

晋小子被杀后，周桓王姬林派大夫虢仲偷袭曲沃，迫使姬称兵回曲沃，不过姬称在撤军时又立晋哀侯姬光的弟弟姬缗为晋侯。根据《史记》记载，姬称应该是回到曲沃后拥立姬缗的，说明姬称已经基本控制晋国，至少姬称立姬缗，而晋国大宗没有反抗，这很能说明问题。

姬缗的在位时间非常长，长达二十八年，换句说话，姬称做了二十八年的晋国"太上皇"。以姬称的野心，他应该不能容忍一个傀儡君主占着茅坑不拉屎这么久，很可能是统治高层内部同情晋国大宗的势力反对姬称废主自立，双方在政治上进行博弈，最终达成了一定程度上的妥协。

做儿皇帝是要付出人格代价的，魏高贵乡公曹髦不堪忍受这种精神上的残酷折磨，率几百个老人去和权大势大的司马昭决战，结果可想而知。虽然不清楚姬缗是否这么做过，但从史料记载来看，公元前679年，"晋侯二十八年，曲沃武公伐晋侯缗，灭之"。很可能是姬缗反抗姬称的统治，起兵反抗，兵败被杀。这个推断是符合逻辑的，如果姬称早就想废掉姬缗，也用不着等待二十多年。

姬缗死后，再立晋国大宗已经毫无意义了，自晋文侯姬仇以下六任国君，有五任死于曲沃小宗之手。曲沃小宗用了六十多年时间，基本实现了控制晋国全境的目标，岂能把胜利果实拱手让人？

立国时间长达三百七十六年的晋国大宗破产后，黯然退出了历史舞台，曲沃小宗欢天喜地地挂起"晋国大宗"的招牌，小宗取代大宗，历史翻开了新的一页。

曲沃小宗篡权夺位，成为事实上的晋国统治者，但还需要周天子的认证，否则就是不合法。曲沃与东周王室曾经闹过别扭，也翻过脸，但周桓王姬林早已经去世，在位的是他的孙子姬胡齐（周僖王）。姬胡齐虽然碌碌无为，但还算聪明，不承认曲沃小宗又能如何，反正生米已经煮成熟饭了。再加上姬称不停地给姬胡齐喂银子，把晋国大宗所积蓄的值钱东西都送给姬胡齐，姬大王自然笑纳，伸手不打送礼人，这是江湖规矩。

姬胡齐很快就以周天子的身份下诏，正式承认姬称是晋国国君，列于诸侯。从此以后，曲沃小宗名正言顺地以晋侯的身份行走于江湖，姬成师、姬伯的遗愿终于实现，这俩老家伙可以含笑九泉了。

周天子的任命诏书非常重要，这有助于姬称摆平晋国境内的残余反抗力量，反我就是反天子，这顶政治帽子果然威力无比，"于是（姬称）尽并晋地而有之"，而这一年，是姬称即位的第三十七年。

如果姬称在灭掉晋国大宗之前去世，那么他的谥号将是不伦不类的"曲沃武公"，而现在他取代晋国大宗自立，他死后的谥号就是"晋武公"，这是不一样的政治待遇。

曲沃小宗取代晋国大宗，和田氏取代姜齐在性质上并不相同，后者是异姓相代，相当于曹魏代汉；而前者只是一个政权内部的权力更迭，相当于明永乐取代朱允炆，姬称依然是唐叔虞的孝子贤孙，唐叔虞在地下每年都能吃到一块冷肉。

姬称年龄不详，但他完成代晋之后，也应该白发满头了，不过姬称这辈子没白活，上对得起祖宗，下对得起子孙。两年后，也就是公元前677年，姬称含笑离世，太子姬诡诸即位，就是历史上大名鼎鼎的晋献公。

姬称以为为儿孙抢来了一块大蛋糕，儿孙们可以无忧无虑地享受美食。没想到就是他这个寄予很高期望的宝贝儿子姬诡诸因为好色，引出一场骇人听闻的后宫夺嫡丑闻，差点毁掉曲沃小宗三代人的努力。

接下来，就细说比曲沃代晋更加惨烈、残酷和血腥，而且更加精彩刺激的后宫夺嫡事件。

十七 / 晋国内乱始末

唐朝著名诗人岑参有首《骊姬墓下作》的精彩诗篇,全诗如下:

骊姬北原上,闭骨已千秋。
浍水日东注,恶名终不流。
献公恣耽惑,视子如仇雠。
此事成蔓草,我来逢古丘。
蛾眉山月苦,蝉鬓野云愁。
欲吊二公子,横汾无轻舟。

这首诗所感慨的是春秋初期,晋献公姬诡诸宠爱骊姬,废长立幼,最终引出一场宫廷残杀事件。

这场后宫大戏是春秋时代的经典剧目之一,涉案人物几乎都成了春秋的一线大腕。比如献公姬诡诸,妖女骊姬,太子姬申生,公子姬夷吾、姬重耳、姬奚齐,再加上姬重耳手下那几位贤臣,甚至太子申生的母亲齐姜,论知名度也算是一线,虽然齐姜死在这场内乱之前。

晋献公姬诡诸因为废长立幼,造成大乱,留下了千古骂名。实际上姬诡诸放在整个春秋中考量,也算是有为之君,"假途伐虢"就是他的杰作之一。曲沃小宗代晋后取得晋国的控制权,如果没有姬诡诸的东征西讨,巩固小宗地位,晋国后来的累世霸业是不可想象的。

姬诡诸最大的问题是喜新厌旧的速度过快,前妻一死,他就忘记与前妻曾经的恩爱,甚至对前妻所生的儿子也横挑鼻子竖挑眼。唐玄宗李隆基可以说是晋献公再世,文治武功皆一流,但都毁在了对家庭问题的不当处理上。李隆基纵容武惠妃残害赵丽妃所生的太子李瑛,时任中书侍郎的张九龄就上书把此事与晋献公废长立幼的家庭悲剧相提并论。

虽然李隆基的长子是李琮，但李琮没有当过皇太子，因为其母无宠。姬诡诸的长子姬申生，因为母亲齐姜曾经无限得宠，所以很快就确立了太子地位。姬诡诸和齐姜的关系，有些类似唐高宗李治与武则天，这两对活宝都是庶母与庶子的关系，庶子勾搭上了庶母，生了个大胖儿子。

晋武公姬称晚年多病，不能和齐姜过正常的夫妻生活，所以姬诡诸乘虚而入，把庶母搞到手，齐姜很快就有了身孕。齐姜是春秋第一霸齐桓公姜小白的女儿，姬诡诸不看僧面也要看佛面，齐姜在晋国后宫自然是一把手。

只是齐姜福薄命短，应该在姬诡诸即位之初就去世了。此时姜小白霸业初成，不过姜小白对外孙姬申生似乎并不感冒，任由外孙在残酷的政治斗争中自生自灭，反而对姬重耳宠爱有加。

姬申生的处境，在父亲姬诡诸在位的前五年没有什么太大的问题，如果姬诡诸在此时去世，姬申生能很顺利地继承晋侯之位。但就在这一年（前672），晋国展开了一场军事行动，而姬申生的悲剧命运就此埋下伏笔。

姬诡诸因为要扩大生产规模，把刀头对准了位于晋国西南的骊戎（今陕西西安附近），率军去骊戎打劫。骊戎是个小国，地少兵寡，根本不是晋国的对手，骊戎男（骊戎国君，姓姬，男爵）打不过，只好向姬诡诸求饶。

按江湖规矩，战败方求和必须付出代价，骊戎当地也没什么特产，骊戎男一狠心，把两个貌美如花的女儿送给了姬诡诸，算是战争赔款。姬诡诸本就是个轻薄好色之徒，见到两个美女，骨头都酥了，立刻同意撤军。

甚至可以这么猜测，姬诡诸此次讨伐骊戎，就是冲着大小骊姬去的。《三国演义》中的曹丞相就是出于这个目的，起八十三万大军下江南，欲收大小乔做小蜜，结果被周瑜一把火烧了回去。

姬诡诸收大小骊姬的目的，除了搜罗美人，还有生儿子。姬诡诸的原配贾姬没有生儿子，齐姜已经给他生了一个儿子申生，但姬诡诸不太喜欢申生，所以他希望骊姬能生出儿子，取代申生的太子地位。两位骊姬的肚皮很争气，几番云雨过后，大小骊姬各产下一子，大骊姬的儿子取名奚齐，小骊姬的儿子取名卓子。

姬诡诸始终把大小骊姬当成生产工具，但实际上这两个女人并不是省油的灯，特别是大骊姬（以下皆称为骊姬，其妹称为小骊姬），晋国内乱就是她一把火煽起来的。骊姬生了儿子，而且她本人也深得丈夫的宠爱，但她并没有满足，她还想要得到更多。

骊姬想要得到的礼物很简单，就是希望丈夫能废掉太子申生，立自己的儿子奚齐为太子。做母亲的都希望自己的儿子将来能继承家业，这是人之常情，倒不足为责。问题的关键在于骊姬对申生用的手段太过卑劣下作，让人不齿，当年武姜欲立幼子共叔段，至少手段光明正大，不玩阴招。

骊姬野心勃勃，但当她真正去开始运作这件事情时，发现事情并没有她想象中的那么简单。综合来看，申生有以下几点优势：

一、他虽然不是嫡出，但是长子，春秋礼法，无嫡立长，所以申生的太子之位没有任何争议。

二、由于骊姬的强势介入，让非骊姬所生的几个儿子，如姬夷吾、姬重耳受到了强大的生存压力，兄弟几个抱成团对付这个恶毒的女人。

三、朝中高层支持申生的大有人在，比如里克等人。

骊姬也有自己的劣势，她最大的劣势是朝中无人，她的娘家骊戎国力较弱，在晋国高层中没有什么影响。而申生的外祖父就是齐桓公，一旦姜小白介入晋国夺嫡之争，申生有足够的力量打倒骊姬。

从目前局势来看，齐桓公姜小白正沉醉于自己的称霸大业，对外孙姬申生的困难处境不闻不问，骊姬可以不必担心外国势力施加的影响。她现在最需要做的是从内部搞掉姬申生。

晋国当时最有势力的大臣，非里克莫属，可以说是一人之下，万人之上，姬诡诸也要对里克礼敬三分。更让骊姬恼火的是，里克是姬申生的铁杆支持者，所以走里克这条门路根本行不通。

里克指望不上，骊姬就把主意打在姬诡诸的其他宠臣身上，比如大夫梁五和嬖五。这两个人都是能在姬诡诸面前说得上话的内臣，和姬诡诸私交甚好，走这条门路应该是可行的。

骊姬是个外来户，在晋国官场没什么人脉，要想办成事，自然要舍得砸银子，无利不起早，不给钱谁和你玩？骊姬应该是攒了不少的体己钱，撬开梁五和嬖五的大嘴，往嘴里使劲塞银子，求他们在晋侯那里说说奚齐的好话。

当时官场就是一个利益交换场所，认钱不认理，骊姬按市场价给他们开出这么高的薪水，梁五、嬖五（以下简称"二五"）自然笑纳。拿人钱财，替人消灾，"二五"要替事主上阵卖嘴，拱掉姬申生。

当然，"二五"还不敢贸然提出杀掉申生的请求，骊姬暂时也不敢这么放肆，现在对骊姬最有利的是把姬申生赶出晋国新都绛（今山西绛县），给奚齐腾出位子。"二五"劝姬诡诸把姬申生调到曲沃，理由非常动人，说曲沃是晋国的发家之本，一旦曲沃有失，必然会危及晋国社稷，不如派德高望重的太子去守曲沃。有太子坐镇，曲沃无恙，绛亦无恙。

不过调姬申生去守曲沃，《史记·晋世家》却记载是姬诡诸本人的主意，"二五"并没有参与。姬诡诸这么做，目的就是废掉姬申生，改立姬奚齐，"献公有意废太子"。

结合《左传》和《史记》来看，不排除还有一种可能就是，骊姬事先把计划告诉了姬诡诸，然后再找到"二五"，让他们把计划捅出来，洗白姬诡诸的废立污行。

两书记载不同，但可以肯定的是，姬诡诸对姬申生已经失去了兴趣，所以骊姬才敢公然谋求废立。南唐先主李昇对宠妃种氏提出要废掉太子李景通，立自己的儿子李景遂的请求当场拒绝，甚至还将种氏囚禁起来，避免了一场流血的兄弟之争。

李昇非常宠爱种氏和李景遂，但李昇是站在巩固南唐政权的高度来看待这个问题的，所谓站得高，看得远，从而使南唐顺利实现权力更迭。而姬诡诸在明知废长立幼会引发政局动荡的情况下，依然对姬申生下手，只能说明姬诡诸利令智昏。苍蝇不叮无缝的蛋，如果姬诡诸能做到李昇的一半，骊姬也不敢如此放肆地谋求废立。

骊姬为了奚齐能继位，这次是真豁出去了，不仅要把姬申生驱逐出权力高层，晋侯的其他几个儿子，特别是骊姬的眼中钉姬夷吾、姬重耳都要滚出绛城。姬诡诸看样子是已经全盘接受骊姬的请求，为了满足她的私欲，不惜疏离自己的亲生骨肉。

公元前666年，姬诡诸将太子姬申生外放到曲沃，美其名曰替他守祖宗龙兴之地，实际上是将姬申生踢进活死人墓里。姬申生的待遇还算不错，曲沃在晋国的地位就相当于明朝永乐以后的南京，而姬夷吾和姬重耳则被贬到更偏远的地方，姬夷吾居屈地（今山西吉县），姬重耳被赶到了蒲地（今山西隰县北）。

姬重耳和姬夷吾是姨表兄弟，他们的母亲是亲姐妹，而且二兄弟的后台非常硬，他们的祖父是戎国国君。值得一提的是，戎国也是姬姓，和曲沃小宗同一祖宗，都是唐叔虞的后人。按常理说，姬重耳兄弟有戎国做靠山，骊姬应该对他们有所顾忌，但姬诡诸却把他们贬到了偏远地区，可见姬诡诸为了满足骊姬的私欲，已经不计后果了。

重耳兄弟和姬申生虽然不同母，但他们之间的兄弟感情非常好，这正是骊姬最忌讳的地方。三兄弟的人品贤德方正，是江湖上少见的贤公子，在晋国官场上有着奚齐所不具备的人望，这是骊姬非常忌惮的，所以她一定要拆散这个铁三角。

也许是背后有高人指点，骊姬并没有追击穷寇，置申生等三兄弟于死地，姬申生依然保留了太子的位置。不过明眼人都知道，作为国君合法继承人的太子出居外地，只有骊姬的儿子留在京城，这意味着奚齐被册为太子只是时间问题。所以《史记·晋史家》说"晋国以此知太子不立也"。

把太子姬申生赶出京城，这只是骊姬废储计划的第一步，不过骊姬要想达到目的，必须得到晋侯姬诡诸的支持，否则全是幻想。姬诡诸对姬申生的态度已经很明确，太子位置是肯定要拿下的，但姬诡诸还是要顾及朝中重臣的感受，慢刀子杀人，这种事情是急不得的。明神宗为了废掉长子朱常洛，改立最受宠的儿子朱常洵，与士大夫们斗法二十多年，最终功亏一篑。

太子明着废不掉，那就先玩阴的。公元前661年，晋国突然对周边三个小国霍、魏、耿发起攻击，由于晋国实力超强，姬诡诸很快就把三个小国揣在自己兜里。战争本身没有好讲述的，微妙之处在于太子姬申生在这场战争中的身份。

姬诡诸把晋国军队分为上下二军，他自己主上军，太子姬申生主下军。表面上看，太子能掌握一部分兵权，是国君器重太子的表现，实则不然。

大臣士蒍就看出了此中猫腻，按江湖规矩，各国太子是不需要领兵打仗的，他们的任务就是准备继承国位。下军的最高统帅是卿，堂堂太子居然纡尊降贵出任卿大夫，这明显是在向天下暗示姬申生的太子位置已经保不住了。

还有一点让士蒍坚信自己的观点，就是姬诡诸以太子立功为借口，在曲沃给太子建了一座新城。姬诡诸嘴上没说，但此举实际上等于把姬申生的户口强行落在曲沃，回不到都城，还继哪门子江山？

看出猫腻的还有太子党大佬里克。第二年，姬诡诸再让姬申生统领下军，去讨伐东山皋落氏（今山西垣曲附近，狄人）。姬诡诸让姬申生不停地带军打仗，用意就是想坐实姬申生的卿大夫身份，进而给自己的废立寻找理论根据。甚至不排除姬诡诸在"借刀杀人"，希望敌人替他干掉姬申生。

里克坚决反对太子出征，好在姬申生头上的储君帽子还没摘掉，里克可以光明正大地替姬申生辩护。里克的观点非常明确：一、太子将来是要继承大位的，不宜在外打仗，枪刀无情，万一不慎，太子将有去无回。二、出兵打仗是卿大夫的事情，太子只需要向国君学习治国之道。

其实里克也不傻，姬诡诸不停地耍阴谋，目的就是废申生、立奚齐。里克的劝谏，是在警告姬诡诸：惹出大麻烦，小心没人给你送终。姬诡诸被里克逼到了墙角，只好实话实说："寡人有子，未知其谁立焉！"

在姬申生还在位的情况下，姬诡诸把自己的底线都捅了出来：寡人这么做，就是要废掉太子。虽然姬诡诸没说要立奚齐，但所有人都知道奚齐正眼巴巴等着做太子呢。史称里克"不对而退"，里克已经对姬诡诸不抱任何期望了，那还有什么好说的。

姬诡诸已经公开表示了废立太子的打算，这将导致晋国官场势力的重新洗牌，这是太子党最不愿意看到的局面。不过作为太子党的两位大佬，他们对这件事情的反应并不相同，士芳劝姬申生不如主动放弃太子之位，然后效法当年吴太伯云游四海，还能落个好名声。

至于里克，他似乎对姬申生保住太子位还存有幻想，他的应对之策是以不变应万变，"修己而不责人"。意思是在"孝"字上面做文章，看能否让晋侯回心转意。如果实在不行，至少可以不用得罪骊姬那伙人，保住富贵是没问题的。

综合形势来看，士芳之计实为上计，眼下的姬申生已经没有任何胜算，不如出逃保命。而且士芳应该还有一层意思没有说出来，以姬申生的身份，对其他大国来说就是一件无价之宝，姬申生可以等国君死后，借外国之力杀回晋国。如果留在晋国，即使姬申生对骊姬低头服输，骊姬又怎么可能放过这个心腹大患。死灰复燃的道理，骊姬不可能不知道。

姬申生虽然有些迂腐，但场面上的事情，他还是能看得出来，父亲要换马了。至于换马之后，自己的人身安全能否得到保障，他完全没有把握，骊姬是什么样的人，他不是不清楚。

如果听士芳的出逃建议，不用落在骊姬的魔掌里，可以逃到国外静观事变。只是如果出逃，正如里克所说，姬申生必然要背负"不孝"的罪名。在春秋时代，"孝"与"不孝"是官场中人品问题最重要的考量标准，一旦被认定"不孝"，政治生命也基本走到头了。

而且还有一点，一旦姬申生出逃，等奚齐继位之后，肯定会在骊姬的授意下，开动舆论机器，将姬申生描绘成不忠不孝的政治恶棍。偏偏姬申生又是个好名之人，他绝对不愿意背负"侍父不孝"的罪名，所以他直接拒绝了士芳的建议。

从骊姬的角度看，自然不希望姬申生出逃，只要姬申生还留在晋国境内，她就有办法除掉姬申生。也许骊姬想到了一个历史典故，就是周幽王姬宫涅改立褒姒的儿子姬伯服为太子，原太子姬宜臼前往申国避难，结果犬戎之乱，姬伯服连同褒姒被杀，倒便宜了姬宜臼，在雒邑另建东周。

要论美色，褒姒和骊姬不相上下，但要论狠毒，褒姒远不如骊姬。褒姒只想把姬宜臼赶下台，并没有加害姬宜臼母子，骊姬则是想斩草除根，永绝后患。从手段上来说，女皇武则天在夺位道路上的狠毒与阴险，在很大程度上是受了骊姬的启发。

骊姬深通官场厚黑学，如果直接拿刀砍人，那就不是厚黑，厚黑学的真谛就是不但要杀人于无形，而且还要在别人面前证明自己不但没有杀人，反而会尽全力保护受害者。骊姬是玩弄权术的高手，她自然知道该怎么对付姬申生。

姬诡诸有意废掉姬申生，曾经私下和骊姬通了气。骊姬心里当然高兴，但绝不会把高兴写在脸上，而且一定把废太子的事和自己撇得一干二净，把自己打扮成道德高尚的人，以免被人抓到把柄。骊姬的表演非常精彩，她在姬诡诸面前痛哭流涕，说国君怎么可以因为我受宠爱就废掉太子，这让天下如何看臣妾？骊姬最绝的一招是"威胁"姬诡诸，如果国君一定要废立太子，那臣妾只有自杀谢罪，以清天下之谤。

指望骊姬发善心，就如同指望狼不吃羊一样，表演完后，骊姬就派人给百官通气，让自己的嫡系出马，在国君面前诋毁姬申生。骊姬通吃道德和利益两条船，厚颜无耻的程度，让人叹为观止。

骊姬很清楚一点，她直接杀掉姬申生，在政治上实在太冒险，一旦走漏风声，会置自己于极端被动的境地。最好的办法就是通过他人之手解决姬申生，由姬诡诸本人出面最合适。如何才能让姬诡诸对姬申生彻底失望，并对姬申生采取手段，办法其实很简单，就是栽赃嫁祸。

骊姬的罪恶计划堪称绝妙，她先是找到姬申生，假模假式地说国君梦到了申生的母亲齐姜，非常的怀念，所以命太子在曲沃祭祀齐姜。姬申生竟然相信了这个女人的连篇鬼话。

如果是姬诡诸当面对姬申生这么说，还有一定可信度。当然，姬申生是个孝子，母亲早亡，把他孤零零地丢在人间，思念母亲也是人之常情，所以他答应了这件事情，但这同时也说明了骊姬心肠之恶毒。

撺掇姬申生去祭齐姜并不是骊姬的最终目的，因为这反而能给姬申生在官场上增加不少印象分，骊姬的贼眼，盯在了祭祀时的胙肉上。按规矩，祭祀完毕，姬申生会把胙肉献给姬诡诸，这正是骊姬下手的最佳机会。

从《史记·晋世家》的记载来看，姬申生献肉的时候，姬诡诸并不在宫中，而是外出打猎，这肯定是骊姬掐算好时间，事先安排好的，让胙肉暂时离开姬诡诸的视线，以便从中动手脚。

姬诡诸虽然嘴上说要废掉太子，但一直没有太直接的行动，可能是姬诡诸还念及父子之情，下不了最后的决心。唯一能让姬诡诸下决心的，就只有制造姬申生要置父亲于死地的假象，机会就在那块肉上面，骊姬趁机在胙肉上抹了毒药。

不过骊姬也不敢大意，万一姬诡诸吃了毒肉就麻烦了，所以在姬诡诸回宫后，拿起胙肉准备吃的时候，骊姬突然拦住姬诡诸，说胙肉曾经离开国君的视线，为了安全起见，还是试一试肉有没有毒为好。骊姬寻来一只狗，让狗吃，结果狗中毒而死；让一个小臣吃，结果小臣也死了。

姬诡诸当然不会想到毒是他最宠爱的骊姬下的，他唯一能怀疑的对象，只能是姬申生，骊姬早已经判断出这点，不过她还要坐实姬诡诸对太子的愤怒，又出了一招，在姬诡诸面前哭天抹泪，说太子何其残忍，连自己行将就木的老父亲都不放过。

如果只批判姬申生不孝，即使姬诡诸废掉姬申生，还不足以让奚齐当上太子，所以自己和奚齐必须以受害者的身份出现。骊姬话锋一转，把话题扯到自己身上，说姬申生要毒死老父，无非是害怕奚齐影响到他的太子位置。为了不让国君父子失和，臣妾和奚齐只有自杀，免得太子继位后遭到迫害。

都说司马懿为人厚黑，堪称厚黑第一高手，女版的司马懿，自然非骊姬莫属。脸皮之厚，心肠之毒，手段之狠，比起吕雉有过之而无不及。姬诡诸是个老糊涂虫，已经失去了明辨是非的能力，骊姬说什么就是什么。或者更进一步猜测，在胙肉中下毒根本就是姬诡诸或其智囊团出的主意。《左传·僖公五年》就记载骊姬曾经和一个中大夫密谋，骗姬申生去祭祀齐姜，难说背后没有姬诡诸的鬼影。

姬诡诸确实对姬申生下了手，但不是杀姬申生，而是杀了姬申生的师傅杜原

· 十七 / 晋国内乱始末 · 141

款。个中缘由，可能与姬诡诸的底线有关，骊姬的目的是杀掉姬申生，而姬诡诸即使参与胙肉下毒事件，也只是想利用这个借口废掉申生，并不想杀掉儿子，毕竟父子血脉相连。

杀杜原款，明显是对姬申生暗示：我不忍杀你，你赶快离开晋国。这是一个明显的积极信号，姬申生身边的幕僚看了出来，劝姬申生入京自辩，或许还有机会翻盘。至于该幕僚如何知道骊姬在肉中下毒，很有可能是位高权重的里克把消息捅给了姬申生。

如果是里克有意走漏风声，说明形势朝着姬申生有利的方向发展。即使姬申生放弃太子位置，也可以去京城揭穿骊姬的老底，让奚齐的继位失去合理性，为自己日后的东山再起埋下伏笔。别看骊姬对姬申生步步下狠手，但骊姬始终对里克无可奈何，连姬诡诸也动不了里克。有里克坐镇京城，姬申生还不至于一点机会都没有。

问题又出在姬申生的愚孝上面，他拒绝了幕僚的建议，理由是老父亲片刻也离不开骊姬，一旦打倒骊姬，父亲身边便无人侍奉。当然，姬申生不想去京城，也有可能是担心骊姬再下毒手，但有里克在，他的人身安全应该是可以得到保证的。

上面讲了，姬申生能力不怎么样，但特别爱名。事到如今，姬申生唯一能做的就是出逃国外，等待时机东山再起，没想到这个保命的建议居然也被姬申生否决了，理由还是不想背上侍父不孝的恶名。姬申生已经给自己想好了归宿——自杀。

姬申生的弟弟姬重耳显然比兄长更知进退，姬重耳同样是"背父"，但姬重耳从来不会为虚名所累，活下来就是最大的胜利。选择死亡，只能是便宜了骊姬和奚齐，对自己没有半点好处，何况天下谁不知骊姬是什么样的女人。

说姬申生自私，并不过分，他只想给自己争孝名，却忘记了他还有另外一层任务，就是保护两个弟弟夷吾和重耳。有姬申生在，就能挡在两个弟弟前面，承受来自骊姬的压力。他自己死了倒落得轻松，却把夷吾和重耳直接暴露在骊姬的魔掌之下，如果不是这两个弟弟跑得快，早做了骊姬的刀下鬼。

公元前656年十二月二十七日，晋国太子姬申生自缢于曲沃新城。

十八 / 晋国兄弟之乱

人死如灯灭，双眼一闭，万事不知，但姬夷吾和姬重耳果然被骊姬盯上了。道理很简单，夷吾和重耳都是著名的贤公子，在江湖上有些威望和势力，如果不铲除二人，将来奚齐的位置也坐不稳。

甚至在某种程度上，姬夷吾、姬重耳比姬申生更具威胁，骊姬之所以能顺利铲除姬申生，也是吃透了姬申生的迂腐性格，夷吾和重耳显然是实用主义者，一旦让二人逃了，骊姬是睡不安稳的。

二位公子平时并不在京城，姬夷吾居于屈，姬重耳居于蒲，但他们也经常会进京看望父亲，并在朝中上下打点。骊姬自然不会放过这样的机会，等二公子入朝后，骊姬突然在姬诡诸面前"揭发"二公子的罪行——当初姬申生在胙肉中下毒，姬夷吾和姬重耳知情不报，意图弑父夺权。

骊姬很恶毒，但她显然陷进了一个误区，就是她认为姬诡诸会任由她的摆布，她想杀谁，姬诡诸就会杀谁。事实上并非如此，从现有史料上来看，并没有姬诡诸要杀掉三个儿子的记载。骊姬与其把杀害三位公子的希望寄托在姬诡诸身上，还不如派马仔在三位公子的茶饭里下毒，然后说三位公子畏罪自杀，把自己的责任推得一干二净。

在晋国政坛，骊姬并不是主流，她唯一的靠山也只有晋侯姬诡诸，以里克为代表的卿大夫集团不买她的账。特别是里克，如果是姬奚齐继位，骊姬必然干预朝政，里克就将靠边站。如果姬夷吾或姬重耳继位，必然会倚仗卿大夫集团，从个人利益角度上讲，里克当然会站在公子这边。

骊姬应该是私密地在姬诡诸面前卖命地告黑状，可没过多久，姬夷吾和姬重耳就得到了内幕消息。不用问，这肯定是里克暗中捅出消息，只有里克有这个能力。

姬夷吾和姬重耳可不像他们那个满脑袋豆腐渣的哥哥，对他们来说，死了也是白死，不如先逃出魔掌，等待机会翻身。他们先逃回各自的暂住地，准备静观其变,只是让哥俩没想到的是,这次老爹真被骊姬说动了,发重兵分别进攻蒲与屈。

姬诡诸这次应该吸取了申生事件的教训,不能再留下活口,从姬诡诸逼迫姬重耳自尽来看,姬夷吾也应该"享受"这个待遇。至于姬诡诸没有逼姬申生自杀,可能是顾忌姬申生的外公姜小白是霸主,还不敢授齐国以干涉晋国内政的口实。夷吾、重耳的母亲的娘家势力较弱,所以姬诡诸不怕得罪翟国。

姬夷吾和姬重耳是姨表兄弟,但论地位,姬夷吾应该在前,所以他的军事力量相对强一些。在姬重耳被赶出蒲邑之后,姬夷吾还咬牙坚持了一段时间,直到姬诡诸派出右行大夫贾华率主力部队赶来,姬夷吾的武装才被打散。

姬重耳逃到了母亲的娘家翟国,至少翟国会尽全力保护这个未来翟国在晋国的政治代言人。而姬夷吾可能是因为信息不对称,无法及时逃到翟国,只能南走梁国。姬夷吾没有去投奔翟国,大致有两个原因,一是按照"鸡蛋不能放在一个篮子里的理论",如果兄弟二人都在翟国,很有可能被父亲一锅端掉。二是姬夷吾虽然比姬重耳年长,却是小姬所生,在翟国的受欢迎程度可能不如姬重耳,与其这样,不如不去翟国。

第二个原因是假设,但第一个原因有明确的记载,《史记·晋世家》:大夫冀芮说:"重耳已在矣,今往,晋必移兵伐翟,翟畏晋,祸且及。不如走梁,梁近于秦,秦强,吾君百岁后可以求入焉。"

冀芮说的并非没有道理,一旦姬夷吾去了翟国,极有可能与姬重耳同时被除掉,为了保命,去梁国确实是上策。梁国位于现在的陕西韩城南,黄河西岸,处于晋国与秦国之间。冀芮的方案其实就是背靠秦国,俟机还晋,毕竟秦国是大国,姬诡诸还不敢对秦国如何。有了秦国的支持,日后回晋继位还有希望。

姬夷吾集团之所以如此有信心,关键还在于里克的存在。

这也是骊姬的一大心病,里克作为晋国首席重臣,在军政两界通吃,是骊姬的心腹大患,但以骊姬的实力,还无法吃掉里克。虽然在姬申生死后,里克更偏向于姬重耳,但至少在骊姬这个共同的敌人面前,里克和姬夷吾还是有共同利益的。

骊姬对里克的无可奈何,很大程度上是来自姬诡诸对于里克的绝对信任,即使是姬诡诸明知里克和骊姬不和的情况下。姬诡诸在历史上的知名度,很大程度上是因为他晚年的诸子争位,这也是后世津津乐道的后宫八卦,却有意无意忽略了姬诡诸本人的雄才大略。

都说春秋五霸，实际上即使以齐桓公姜小白的标准，姬诡诸完全有资格挤进来，占有一席之地。《韩非子·难二》对此有明确记载，"献公并国十七，服国三十八，战十有二胜"。姬诡诸的霸业，比起姜小白来也不逊色。曲沃武公姬称以小宗代大宗，入主晋国，但两年后姬称便去世了，真正使曲沃小宗在晋国统治稳如铁桶的，正是姬诡诸。

关于姬诡诸，其实还有另外一个家喻户晓的故事，就是"假途伐虢"。假途伐虢是历史上著名的军事成功范例，位列"三十六计"，可见在军事史上的影响。北宋太祖赵匡胤统一江南，最先使用的就是假途伐虢之计，打着讨伐湖南叛军的旗号，偷鸡摸狗般地窜进荆南，拉开了中原小统一的大幕。

假途伐虢之计，用最通俗的解释，就是一箭双雕。晋国要消灭虢国，但晋与虢之间还有着一个同为姬姓的虞国，姬诡诸对外宣称想借虞国之道灭虢，并送给虞公厚礼——一对玉璧、一匹良马。实际上姬诡诸早就想把虞国装进自己的口袋里，只要虞国同意借道，等晋灭虢后，顺道把虞国处理掉。

虞国大夫宫之奇一眼就看穿了姬诡诸的鬼把戏，极力劝阻虞侯不要贪小便宜，请神容易送神难，一旦强大的晋军进入虞国，局面就不受虞国控制了。虞国是个小国，能拿得出手的宝贝不多，虞侯看到晋国送的两件宝贝，口水直流三千尺，白捡的便宜不要白不要，一口将诱饵吞下肚去。

事实很快就证明宫之奇的判断是正确的，等晋国从虞国境内通过，灭掉虢国之后，顺道就把还沉浸在美梦中的虞侯给请到绛都喝茶去了。姬诡诸之前送出的玉璧和良马，又被姬诡诸收了回来。姬诡诸没花一分钱就吃到两盘海鲜，做生意精明到了这个份上，不得不让后人叹为观止。

姬诡诸最为后世所诟病的，就是纵容骊姬废太子立庶子，酿成一场滔天大祸，险些葬送了晋国的百年霸业。晚年的姬诡诸貌似有些老糊涂，和唐玄宗李隆基几乎是一个模子刻出来的。

不过"假途伐虢"的事情就发生在姬诡诸出兵讨伐夷吾、重耳的同一年（前655），说明姬诡诸还是比较清醒的，废长立庶，主要还是姬诡诸的意见起作用，骊姬只是推波助澜。如果姬诡诸不同意这么做，骊姬纵有天大的本事，也别想过姬诡诸这一关。

其实就废长立庶这件事情本身来说，姬诡诸和骊姬在朝中都属于少数派，正如他自己所说："奚齐年少，诸大臣不服，恐乱起。"绝大多数朝中要员都站在他们的对立面，唯一和姬诡诸穿一条裤子的，只有重臣荀息。在晋国政坛，荀息算是一支可以与里克抗衡的重要力量，姬诡诸只能把奚齐托付给荀息，拜荀息为国相。

荀息并非佞臣，但他还是接受国君的托孤，原因大致有两个：一、他对国君忠贞不贰；二、利用奚齐来制衡里克。荀息大包大揽，说自己一定能保护好奚齐，估计这样的吹牛大话连他自己都不相信，里克是吃素的吗？

对于里克这样的超级重臣来说，国君不听他的建议，执意要立奚齐，是件很没面子的事情。里克和骊姬早就翻了脸，如今奚齐即位，骊姬会给自己好果子吃吗？即使是为了自保，里克也要想办法扳倒奚齐。

公元前651年九月，久病缠身的晋侯姬诡诸留下了一个官场烂摊子，撒手西归，十四岁的奚齐在一片凄风苦雨中继位。相对来说，里克的权臣派实力要强于后宫派，但至少要卖给国君一个面子，按兵不动。现在国君做鬼去了，里克也就没有了最后一丝顾忌，无论是荀息还是骊姬，都不是他的对手。

当然，里克也知道，如果和后宫派大打出手，自己会损失多少利益还未可知。为了和平解决争端，里克想和荀息做一笔政治交易，他和荀息坐在谈判桌前。

里克要求荀息放弃奚齐，改立他最中意的二公子姬重耳。并威胁荀息，如果不答应，三位公子（申生、重耳、夷吾）在晋国的残余势力会在外国势力的干涉下进行反扑，后果你自负。

荀息为人比较强直，和姬申生非常相似，一个愚孝，一个愚忠。荀息和骊姬没有什么私交，但荀息不会有负姬诡诸死前托孤的信任，委婉地拒绝了里克，理由是"吾不可负先君言"。

谈判破裂，意味着里克和荀息即将展开生死决斗，决定谁最终有资格影响晋国的发展方向。荀息是典型的文官，手上没有兵权，而里克横跨军政两界，所以这场政治角逐，明眼人都能看出来里克将笑到最后。

十月的某一天，里克率领心腹闯进晋献公姬诡诸的灵堂，将还在披麻戴孝的候任国君姬奚齐乱刀砍死。其实姬奚齐只是母亲骊姬争权夺利的牺牲品，就像西周最后一任太子姬伯服一样。姬奚齐只是骊姬手上的牵线木偶，杀姬奚齐不是里克的最终目标，那个乱政祸国的女人，才是里克最想除掉的。

至于骊姬的死因，西汉人刘向在《列女传》中说得很清楚，里克将失势的骊姬五花大绑，押到街头，用鞭子活活打死。骊姬好不容易扳倒了对奚齐即位最具威胁的三位公子，却死在了她认为最危险的敌人里克之手。骊姬的死，在姬诡诸去世的那一刻就已经注定，骊姬在军方没有任何背景，里克除掉她易如反掌。

骊姬的惨死，说明了军事力量对于谋求政治利益的极端重要性，这也是骊姬夺权路上的最大弱点。骊姬当初攻击的重点不应该是姬申生等公子，而应该是里克这样的军方实力派，如果骊姬能说服姬诡诸拿掉里克，并进一步掌控军队，即使姬申生等人上台，也不过是骊姬的盘中餐。

姬奚齐和骊姬相继被杀，等于里克狠狠抽了荀息一个响亮的耳光。以荀息的士大夫做派，他自然不会在乎妖女骊姬的死，但他很难接受奚齐被杀，因为奚齐是姬诡诸托孤给他的。荀息百年为鬼后，如何去地下见先君献公？

在姬奚齐被杀后，荀息完全可以和里克做一笔交易，接受里克提出的立姬重耳为君的条件，至少可以换来里克对自己一定程度上的尊重。荀息没有选择妥协，而是继续和里克死扛到底，在幕僚的建议下，晋国相荀息立小骊姬的儿子姬卓子为国君。

这是荀息和里克权力斗争中最大的败招，荀息只想出一口恶气，却忽略了他这么做，等于把姬卓子送入虎口。里克达不到自己立姬重耳为君的目的，是绝不会善罢甘休的，何况里克已经完全控制了局面。

荀息以为里克杀了姬奚齐已经冒天下之大不韪，不敢再对姬卓子动手，但让荀息意外的是，里克的巴掌再次重重地掴在了他的脸上。姬卓子即位仅一个月，又被里克干掉了。而且更为过分的是，里克动手的地点在朝堂之上，"弑卓子于朝"，这等于当着天下人的面让荀息下不来台。

姬奚齐被杀，荀息就有了自杀殉主的念头，说明荀息很重视名节，但他坚持立姬卓子，在逻辑上确实有些突兀。不排除有一种可能：荀息和里克在演双簧！荀息演红脸，里克扮黑脸，干掉姬卓子，来为姬重耳的继位铲除障碍。姬卓子只是个未成年的孩子，荀息真是出于保护姬卓子起见，完全可以接受姬重耳为君，条件是善待姬卓子，而不是把姬卓子往虎口里送。

里克在这场残酷的权力斗争中取得完胜，荀息在姬卓子被杀没几天后，抹脖子升天了。接下来要做的事情就非常简单了——迎立二公子姬重耳。里克和邳郑派人去翟国，请避难于此的姬重耳回绛即位。天上掉下来一块大肉饼，但让所有

• 十八 / 晋国兄弟之乱 • 147

人意外的是，姬重耳居然拒绝了。

姬重耳傻吗？他可是百年不世出的人精，自然知道当国君意味着获得至高无上的权力。《史记·晋世家》说，是姬重耳直接拒绝里克的使者，但《国语·晋语二》却记载建议姬重耳拒绝里克的是舅犯（即名臣狐偃）。

里克派人来接姬重耳回国继位的消息，在跟随姬重耳逃亡的幕僚团里应该引发了很大的争议，尤其狐偃坚决反对姬重耳回国，他的理由是"坚树在始，始不固本，终必槁落"。意思很明确，现在里克当政，朝中皆是里克党羽，公子即位，无权无兵，只能受里克摆布。与其当傀儡，不如暂时不去，静观其变。

狐偃还有另外一层意思，在姬奚齐、姬卓子相继惨死后，姬重耳就欢天喜地地去即位，这等于承认二公子之死和自己有关，是代里克受天下之谤。姬重耳接受了狐偃的建议，委婉地谢绝了里克来使，说小子无德无能，还是另选贤人吧。

这是一个让里克意外的结果，但姬重耳躲在翟国不肯回来，里克也没有办法，只能另选他人。实际上里克已经没有了选择，唯一合适的人选，只有在梁国避难的三公子姬夷吾。

十九 / 晋惠公的悲剧

接着上篇讲姬夷吾的话题。

在晋献公姬诡诸的八个儿子中，姬夷吾是个异数。即使放在"三贤"之中，姬夷吾和另外二贤姬申生、姬重耳也有明显的不同。

姬申生和姬重耳身上有浓厚的理想主义色彩，而姬夷吾则满身铜臭味，只讲利益不讲道德。和"儒商"姬重耳相比，姬夷吾是典型的奸商。但真正的奸商是不会让人看出来的，总会把自己打扮成道德圣人，穿上一件华丽的道德外衣，去做龌龊无耻的勾当。

奸商经常会说自己重义轻利，但当本不属于自己的大肉饼放在面前，他们会毫不犹豫地吞下肚去。不过在接受里克邀请回国即位这件事情上，姬夷吾的选择是可以理解的，姬重耳自己不要，他只不过是捡了个便宜而已，送到嘴边的肉饼不吃白不吃。

姬夷吾在江湖上的名望不如二哥姬重耳，他本人和里克的私交很一般，他也知道里克找他即位是退而求其次。虽然姬夷吾也知道里克是什么样的人，能杀奚齐、卓子，但只要自己能顺利即位，慢慢稳定局面，在和里克的博弈中未必没有胜算。姬夷吾决定接受里克的邀请。

此时的姬夷吾已经在梁国安家，并娶了梁伯的女儿，生下一儿一女，儿子取名姬圉，女儿取名姬妾。但他在梁国只办理了"外来人口暂住证"，并不打算在梁国长期住下来，现在回国的机会来了，姬夷吾立刻和自己身边的幕僚团开会，讨论回国的利弊得失，最大限度地规避政治风险。

幕僚们给姬夷吾出了一个主意，说我们这样光杆司令般回国肯定不行，必须找一个强大的靠山。姬重耳不想即位，很有可能就是由于他所在的翟国力量太过弱小，无法对里克集团形成压力。

两大幕僚吕省和郤芮提议不如和秦国拉近关系，扔给秦穆公嬴任好几块肉饼，让秦国给里克制造强大的外部压力，这样就能从侧面保证姬夷吾集团的人身安全。

姬夷吾的人品很成问题，但他做生意很有一套，知道通过借鸡生蛋，来实现自己的目标。至于得到鸡蛋之后，还不还人家鸡，到时候再说，呵呵。

要想拉嬴任好下水，自然要给他一点好处。老话说无利不起早。姬夷吾给嬴任好开出的价码是只要秦国支持他回晋即位，他就把河西之地割让给秦国。

嬴任好是个生意人，盘算了一下，觉得这买卖很划算，就和姬夷吾达成了合作协议。嬴任好承诺派重兵护送姬夷吾集团回晋，基本解决了姬夷吾的后顾之忧。

但此时又出现了一个问题，姬夷吾不是里克中意的人选，万一里克不把来自秦国的压力当回事，依然有很大的可能把姬夷吾弄成奚齐第二。在这种情况下，姬夷吾集团必须想办法让里克接受自己，现在所能做的，就是对里克让步，并让里克相信姬夷吾即位之后不会侵犯里克的利益。

姬夷吾给里克写了一封信，和里克谈了条件，只要里克不反对自己即位，他就将汾阳附近的百万亩地送给里克做食邑。这个条件足以显现姬夷吾的诚意，而里克最终答应姬夷吾，可能还有一个原因。

除了秦国已经明确表示要助姬夷吾还晋即位，前太子姬申生的外祖父、齐侯姜小白也趁机往晋国插了一脚，率诸侯大举入晋，准备浑水摸鱼。时间不等人，如果不把姬夷吾早些拉回晋国即位，很容易给秦、齐等国干涉晋国内政的借口。

秦国和齐国都是大国，里克也没有实力同时与秦、齐交恶，只能和秦、齐两国达到利益均沾。在秦、齐等国的协作下，公子姬夷吾在绛正式即位，就是历史上有名的晋惠公。

嬴任好和里克以为做了一笔好买卖，哪知道都被姬夷吾给耍了，姬夷吾从来不讲信义。姬夷吾刚刚即位，屁股还没坐热，就公然违背当初的承诺，嬴任好还眼巴巴等着晋国割让河西之地，结果姬夷吾说河西是先君土地，不敢轻易给外人，这事就到此为止吧。

直到这时，嬴任好才发现上了当，后悔当初不听大夫公孙枝的劝告，白白给姬夷吾当枪使了。嬴任好可不是省油的灯，平白被耍，他岂能善罢甘休，虽然暂时没有对晋国采取行动，但从此与晋国翻脸。

姬夷吾对秦国背信弃义，是他外交战线上最大的失策，等于白送给秦国武装干涉晋国的借口。秦国固然不能吃掉晋国，但足以给姬夷吾制造巨大的军事压力,甚至重新选择符合秦国利益的晋君人选。

姬夷吾敢和嬴任好翻脸,追求的是短期效益,而且他也认为秦国没有能力消灭晋国,但里克就不好说了。里克能杀奚齐和卓子,照样能杀姬夷吾,姬夷吾对里克下手很正常。问题是如果没有绝对的胜算,姬夷吾敢拿里克开刀吗?

《史记·晋世家》记载"(姬夷吾)而夺(里克)之权",以姬夷吾的能力,很难凭空夺里克之权,最大的可能是姬夷吾争取到了朝中反里克的实力派支持,这才敢对里克下手。

里克丧失了权力,成了一只没有牙的老虎,但姬夷吾从来没有把这只没牙老虎关进笼子的打算。在权力场上,如果有能力置对手于死地,那就快刀砍乱麻,千万不要学夫差那样滥发善心。

姬夷吾人品不如重耳,有一点却值得赞赏,就是他的坦率,真话假话都放在桌面上。他是这样对里克说的:"没有你,寡人不会坐在这个位置上,但是我知道奚齐、卓子,还有荀息都死在你的手上,以今日之事观之,做你的国君,不亦难乎?"

姬夷吾话中夹枪带棒,逼里克自杀,里克当然听得出来,但此时他已经没有和姬夷吾博弈的本钱。姬夷吾请他自裁,是给他面子,这总比被人乱刀砍死要体面得多。里克在自杀之前说了一句千古名言:"欲加之罪,其无辞?"

里克在伏剑自杀前,应该会后悔一件事情,晋献公有子八人,除了申生、重耳、夷吾、奚齐、卓子,还有另外三人,都在绛都,而且年龄都不大,如果立这三人之一,里克有很大的可能保住权力。姬夷吾的演技太出色了,经常以贤人的面目招摇于市,里克没有看穿姬夷吾的本质。里克本以为请来一位贤主,哪知道请来了自己的催命大仙。

姬夷吾的发家轨迹,和一千年后的宋文帝刘义隆非常相似,他们有很多共同点:

一、都在兄弟中排行老三。

二、父亲都算是开国君主,姬诡诸开创晋国霸业,刘裕打下宋朝江山。

三、他们都身在外地,都曾被权臣请回国都即位。

四、权臣的存在严重威胁到他们的地位,他们反客为主,杀掉权臣独揽大权。

要说他们之间的不同点,应该是刘义隆没有依靠与宋朝对峙的北魏政权的支持，完全是内部权力斗争。姬夷吾实际上是骗取了秦国的支持，才顺利即位的。姬夷吾出尔反尔，耍了秦穆公嬴任好，导致秦晋关系完全破裂，双方大打出手，这也是姬夷吾在位十三年间晋国政局动荡的主要原因。

用《红楼梦》中的一句名言评价姬夷吾得志后的丑行非常恰当，"子系中山狼，得志便猖狂"。姬夷吾即位后，负秦之约，大肆诛杀异己，还经常对外展示自己莫名其妙的优越感。

即位第二年，东周卿士邵过和内史过来到晋国，颁布周襄王对新任晋侯的任命。按当时礼节，姬夷吾接受周天子的委任状后，应该执玉卑，伏地叩谢天恩。姬夷吾觉得自己是大国领袖，不想给傀儡天子行大礼，只拜不叩。

此时的姬夷吾已经完全控制晋国大权，这是他敢于藐视周天子的最大政治本钱，但他狂妄自大的性格缺点已经暴露无遗。内史过回到雒都后，告诉周襄王姬郑："晋侯将来虽能保全善终，但其子孙必无后，权力终将易人。"姬郑问何故，内史过洋洋洒洒说了一大堆，但归结起来，只有一段话："亹亹怵惕，保任戒惧，犹曰未也。若将广其心而远其邻，陵其民而卑其上，将何以固守？"

姬夷吾对内暴虐，"国人不附"；对外不讲诚信，到处得罪人。他能在风雨飘摇中在位十四年，已经是个奇迹。姬夷吾执政期间，最为人所诟病的，就是和秦国糟糕透顶的外交关系。

秦是天下大国，又与晋比邻而居，秦与晋关系如何定性，将在很大程度上决定晋国的国家安全，也包括姬夷吾本人的安全。最让人不可思议的是，姬夷吾戏耍秦国上了瘾，除了即位后给嬴任好在墙上画了一张大饼，又在粮食问题上宰了嬴任好一刀，惹出一场外交大麻烦。

这次粮食引发的秦晋战争，分为两个阶段。第一个阶段是晋国缺粮，姬夷吾厚着脸皮向秦国求救。虽然秦国国内对是否救晋争议很大，但嬴任好还是把粮食借给了晋国，解了姬夷吾的燃眉之急。

按道理说，嬴任好对姬夷吾已经仁至义尽，姬夷吾应该对嬴任好感恩戴德，至少应该借这个机会和秦国搞好关系。可姬夷吾做人根本没有底线，就在第二年，秦国发生了饥荒，嬴任好请求晋国帮助秦国渡过难关。

没有嬴任好，也就没有姬夷吾的今天，为了报恩，晋国应该借粮给秦国，这是道德底线问题。姬夷吾做人非常阴毒，听从了舅舅虢射的建议，非但不向秦国借粮，反而出动军队攻打秦国，企图趁火打劫，捞上一票肥的。

嬴任好两次对晋国的投资都打了水漂，可以想象嬴任好的愤怒。姬夷吾三番两次戏耍嬴任好，最终彻底得罪秦国，逼得嬴任好出兵攻晋，姬夷吾本人也被秦军活捉。要不是秦穆公夫人是姬夷吾的妹妹，在嬴任好面前苦苦求情，姬夷吾的脑袋早搬家了。

关于姬夷吾戏耍嬴任好的事情，将在《秦穆公：拉开统一大幕第一人》中详细解读，这里只说一点，姬夷吾之所以敢两次伤害秦国，归根结底，还是他的性格问题。如果换成姬重耳是不太可能把事情做得如此过分的。在国与国的关系处理上，姬夷吾过于夸大晋国的军队实力，机械地运用"利敌之弊而攻之"，结果自己撞得满头包。

战败国是没有资格和战胜国谈条件的，嬴任好开出了两个停战条件，一是姬夷吾必须实现他当年做出的割让河西八城的承诺；二是姬夷吾的太子姬圉必须留在秦国做人质。

同样是战败，清德宗光绪在甲午惨败后，励精图治，积极变法图强，虽然最终没有成功，但至少朝着正确的方向努力了。姬夷吾却从来没有把失败的责任算在自己的头上，依旧故我地在国内穷折腾。姬夷吾可能认为，秦国虽然赢了这场战争，却没有能力消灭晋国。这应该就是姬夷吾冥顽不化的主要原因。

对于姬夷吾的荒唐举动，大夫庆郑曾经在晋国高层就是否救秦的会议上当面批判过。庆郑给姬夷吾扣了四顶大帽子：一、背施无亲；二、幸灾不仁；三、贪爱不祥；四、怒邻不义。结合姬夷吾的所作所为，庆郑的批判没有错。庆郑预言此次攻秦不得人心，必然会遭到可耻的失败，结果也证明了这一点。

老话说，家有诤子，不亡其家；国有诤臣，不亡其国。庆郑的批判是有些直接了，丝毫不给姬夷吾面子，但忠言逆耳利于行，如果姬夷吾能及时悔悟，也不至于被嬴任好当面羞辱。

姬夷吾倒是记住了庆郑，不过不是庆郑的逆耳忠言，而是记住了庆郑对自己的"羞辱"。姬夷吾被嬴任好释放回国后做的第一件事，就是杀掉庆郑。庆郑的死，使本就丧心病狂的姬夷吾失去了最后一位敢说真话的舆论监督员，身边多是庸碌小人，晋国混乱的政局在短时期内根本看不到好转的迹象。

姬夷吾敢在国内胡作非为，有一个很重要的原因，就是本来可以制约姬夷吾的政治因素已经不复存在。比如晋国最有名的三位贤公子，除了姬夷吾这个假名牌，姬申生已死，姬重耳逃亡国外。如果姬重耳能留在晋国，可以对姬夷吾造成很大的政治压力。

不清楚姬夷吾在即位后是否邀请过姬重耳回国,但以姬重耳对弟弟的了解,回来等于送死,不如流亡天涯,至少还能保命。以姬夷吾对权力的贪恋,他是绝不可能放过姬重耳的,就如同他不会容忍里克专权一样。

姬夷吾做人很虚伪,他即位后,对含恨而死的前太子姬申生以非常高的规格入殓下葬,把自己打扮成道德完人,却暗中准备对姬重耳下手。姬夷吾这么做,无非是姬申生已死,对死人厚葬,都是做给活人看的。而姬重耳在这个世界上多活一天,姬夷吾心里就多一分做贼心虚的恐惧。

在诤臣庆郑被杀后不久,姬夷吾就准备派出江湖杀手,潜入翟国干掉姬重耳。在姬夷吾看来,只有死的重耳,才是他值得尊敬的好兄长,申生也是如此。幸亏姬重耳在晋国有很深的人脉,在姬夷吾动手之前姬重耳就已经得到消息,提前离开翟国,开始了漫长的逃亡生涯。

翟国距离晋国太近,姬重耳留在翟国,对姬夷吾是个巨大的威胁。虽然没有杀掉姬重耳,但能将他赶出翟国,也是一次胜利,至少在短期内,姬重耳不会有机会返回晋国。不过让姬夷吾没有想到的是,姬重耳在江湖上转了一圈,历经齐、曹、宋、郑、楚等国后,居然悄无声息地跑到了与绛只有一河之隔的秦国,成了嬴任好的座上宾。

老话说得好,出来混,总是要还的,姬夷吾终于尝到了被命运捉弄的滋味。这个位子本来就不是他的。搬起石头砸了自己的脚,用句唯心主义的观点结束本篇,姬夷吾这是遭到了报应。

二〇 / 晋文公周游列国（上）

说完了丧心病狂的姬夷吾，再来说说姬夷吾同父异母的兄长姬重耳。

姬重耳这个名字在历史上的出现次数不多，但如果说到"晋文公"，在江湖上绝对是如雷贯耳，这是一个和齐桓公姜小白一样伟大的名字。他所开创的春秋霸业，在某种程度上甚至可以称为春秋第一霸，因为晋国的霸业在春秋各霸中存在时间最长。姜小白虽然称霸天下，但后劲不足，姜小白死后，齐国迅速衰落，而晋国则自晋文公之后一直保持霸主地位，直到春秋后期三家分晋，才告别历史舞台。

"齐桓晋文"已经成为后世军阀们称霸的专用政治名词，战国时齐宣王田辟疆就问孟子"齐桓晋文之事"，曹操也曾经做过"齐桓晋文"。前面讲过，无论春秋五霸的名单如何变化，齐桓公姜小白和晋文公姬重耳是绝对榜上有名的，和秦皇汉武一样，堪称春秋时代的样板国君。

作为齐名的两大春秋名君，姜小白和姬重耳有许多共同点，大致罗列了一下，有如下几点：

一、他们的父亲都是隐形霸主，姜小白的父亲齐僖公姜禄甫治下的齐国堪称春秋小霸，姬重耳的父亲姬诡诸也将晋国打造成天下强国之一。

二、他们的母亲都不是齐人，而是来自齐晋附近的小国。姜小白母亲的娘家是莒国，姬重耳母亲的娘家是翟国。

三、他们都有一个做太子的兄长，兄长都非正常死亡。姜诸儿被杀，姬申生自杀。

四、国内发生政治动荡时，他们都流落国外避难，姜小白居于莒，姬重耳居于翟。

五、国内两大权臣都选择他们做新任国君。高傒相中了姜小白，里克相中了姬重耳，只不过姬重耳没有接受里克的邀请。

六、他们逃亡期间，身边都有一个贤士集团，姜小白身边有隰朋、鲍叔牙、宾须无等人，姬重耳身边有狐偃、赵衰、先轸、介子推等人。而鲍叔牙和介子推又都以让贤名垂青史。

从年龄上看，姬重耳算是姜小白的儿辈，姬重耳比姜小白只小二十岁。但如果从辈分上看，姬重耳同父异母的兄长姬申生是姜小白的外孙，姬重耳应该叫姜小白一声外公。有趣的是，这两位春秋时代最伟大的霸主，他们的人生曾经有过一次伟大的交集，虽然时间只有短暂的两年。

晚姬重耳三百多年的思想家孟子曾经说过一段名言："故天将降大任于斯人也，必先苦其心志，劳其筋骨，饿其体肤，空乏其身，行拂乱其所为，所以动心忍性，增益其所不能。"这段励志名言放在姬重耳身上再合适不过了。虽然姜小白曾躲在莒国避难，但时间不长，在回国的路上差点被管仲射死，也是有惊无险。此后姜小白一路顺风顺水，直登历史的顶峰。

姜小白经历的危险场面，姬重耳基本上都经历过，而且他遭受苦难的时间更长，在外流浪长达十九年，看尽了世态炎凉。更让姬重耳终生耿耿于怀的是，他的亲生父亲姬诡诸和同父异母的弟弟姬夷吾，都派出杀手想结果他的性命。

不过在这场晋国历史上空前的宫廷内乱中，有一点是值得姬重耳庆幸的，就是他不是父亲的嫡子。论年龄，姬重耳比姬申生要大得多，献公姬诡诸即位的那一年（前677），姬重耳已经二十一岁了。

只是由于姬申生的母亲齐姜出身高贵，所以姬申生才有资格被立为太子，但正因为如此，姬申生才成为骊姬这个恶毒后妈攻击的主要目标。直到姬申生被逼自杀后，骊姬才将屠刀架在姬重耳的脖子上，但此时的姬重耳早已经有了心理准备，所以能顺利地拔脚溜掉。

在声名远扬的"三贤公子"中，姬申生过于迂善，姬夷吾又过于狡诈。姬重耳在兄弟排行中年龄最长，政治经验丰富，又明显结合了两个弟弟的性格特点，所以晋国统治阶层对姬重耳的好感，远强于其他公子。

姬夷吾心胸狭窄，即位之后不仅对仇人打击报复，对恩人也经常恩将仇报。姬重耳其实也有这个毛病，他流亡过程中受到卫、曹等国的轻视，即位后，以国家的名义对这些小国大打出手，心胸未必强过姬夷吾。

要说姬重耳最切齿痛恨的仇人，当属被晋献公姬诡诸派来刺杀重耳的寺人披（《史记》作"履鞮"）。事情发生在公元前655年，寺人披奉了姬诡诸的命令，估计也私下得到了骊姬塞给的银子，所以出手非常重，差点置姬重耳于死地。

幸亏姬重耳反应机敏，跳墙而逃，只被寺人披砍掉了一只袖子。就是在被寺人披追杀之后，姬重耳才开始了漫长的逃亡之路，这一走，就是十九年。后来在翟国避难，被姬夷吾派往翟国除掉姬重耳的，还是这个寺人披。

姬夷吾性格过于褊狭，而姬重耳之所以能胜过姬夷吾，原因在于姬重耳会把仇恨放在现实利益的天平上进行考量。如果仇人对自己的利益有帮助，他会一笑泯恩仇，这是姬夷吾所做不到的。后来姬重耳返回晋国即位，姬夷吾的旧党吕省、郤芮欲发生叛乱，寺人披为了自保，私下给姬重耳通风报信，帮助姬重耳顺利铲除了姬夷吾的余部。

姬重耳会记住每个仇人，但不会像姬夷吾那样对所有的政敌斩尽杀绝，姬重耳的所谓报仇，实际上只是一种情感发泄，让他骂上几句也就没事了。姬重耳逃亡郑国时，郑大夫叔詹得罪过姬重耳，等姬重耳即位后，出兵逼迫郑国交出叔詹，准备扔在油锅里烹死。

叔詹为自己辩护说当初劝郑国杀重耳是为了尽忠于郑君，何错之有？在被烹之前，叔詹攀住鼎耳，大声呼号："自今以往，知忠以事君者，与詹同。"这句话果然打动了姬重耳，不但没杀叔詹，反而厚待并送叔詹回郑国。

汉初谋士蒯彻劝齐王韩信造反，韩信不听，后来韩信被杀，刘邦把蒯彻抓来，准备烹死，蒯彻自我辩护说为君尽忠是人臣本分，刘邦便厚赠蒯彻而去。实际上是天下文章两大抄，蒯彻在模仿叔詹，刘邦在冒充姬重耳，连剧情都一模一样，毫无新意。

另外，还有一件特别有趣的事情，就是著名的曹共公姬襄偷窥姬重耳洗澡，姬襄非常无礼，让姬重耳恨得咬牙切齿。姬重耳即位后，出兵攻进了曹国都城，生擒姬襄，姬重耳指着姬襄的鼻子一顿臭骂，但也没杀姬襄，说明姬重耳是拎得清轻重的。

姬重耳还有一点比姬夷吾做得好，就是他能审时度势，不像姬夷吾见着蛋糕就上前大咬一口，也不考虑蛋糕是否有毒。关于姬重耳善于审时度势，最著名的事件，就是里克在杀掉奚齐、卓子之后，派人来翟国请姬重耳回晋即位，却遭到了姬重耳的拒绝。这件事情在上文中详细讲过了，在此不再重复。

姬重耳不是伯夷、叔齐，他也有政治野心，面对如此诱人的国君宝座，说不动心那是骗人的。他之所以拒绝回国即位，除了顾忌里克的强权地位，还有一个原因，就是姬重耳在"待价而沽"。

姬重耳所在的翟国实力虽然不是特别差，还曾经和姬诡诸派出捉拿姬重耳的军队大打出手，不分胜负，但翟国的实力还没有大到足以成为姬重耳靠山的程度。姬重耳留在翟国，只是一种过渡，他还在观望形势。

姬夷吾回国即位，姬重耳是知情的，但让姬重耳没有想到的是，姬夷吾刚回国，就把里克干掉了，夺回君权。面对这个局面，难说姬重耳没有后悔过，自己虽然年纪尚轻，也经不住岁月的无情折磨，万一姬夷吾在位五十年，自己回国的希望就会越来越渺茫。

不过在晋惠公六年，公元前645年，情况发生了一些变化。姬夷吾背信弃义，导致秦国大军北上，俘虏了姬夷吾，直到三个月后，嬴任好才放姬夷吾回国。表面上看，这件事情与姬重耳没有关系，但从姬夷吾回国后立刻派人刺杀重耳来看，姬重耳应该对姬夷吾的位子有些想法，让姬夷吾看到姬重耳对自己的危险性。否则，姬夷吾在位前六年没有派刺客，偏偏在这个时间对姬重耳动手，这不太可能是一种巧合。

姬夷吾没有成功刺杀姬重耳，但让姬重耳明显感觉到了留在翟国的危险，因姬夷吾的老丈人家就在翟国。更为重要的是，姬夷吾的身份是晋侯，位高权重，而姬重耳只是一个寄人篱下的流浪汉，难说翟国不会屈从于姬夷吾的压力，把姬重耳交出去。只要姬重耳落在姬夷吾手上，必死无疑。

不是姬重耳生性多疑，而是人性真的过于残酷，在利益的诱惑面前，人性是最靠不住的。既然翟国待不下去了，姬重耳只能另选落脚点，而此时距离姬重耳来到翟国避难，已经十二年了。

姬重耳在翟国的寄居生活，可以分为两个阶段，自从被父亲派寺人披赶出蒲邑后，姬重耳在翟国居住了五年。第二个阶级是姬夷吾回绛即位，姬重耳又待了七年，直到姬夷吾准备派人来翟国刺杀他，姬重耳才决定离开他的第二祖国。

春秋时代有一个不成文的规则，凡是寄居于A国的B国公子，A国总会把本国的宗室女子嫁给B国公子。这是一种感情战略投资，借以和B国公子进行婚姻联盟。姬重耳也不例外，他寄居翟国十二年，和一个被翟国俘获的美女季隗结婚，生下两个儿子，长曰伯儵，次曰叔刘。姬重耳远赴东方诸侯国，不方便拖家带口，只能把妻儿留在翟国。

说起来非常巧合，凡是嫁给姬重耳的女子，个个都贤淑惠婉，通情达理，季隗就是如此。她非常支持丈夫，她告诉姬重耳：我会一直等你，哪怕你白头如雪，我永远是你的女人。

春秋时有许多感人的爱情故事，但后人似乎很少注意到姬重耳和季隗的爱情，其实他们之间的灵魂拥抱很容易赚后人的眼泪。一对刚安定下来的夫妻面临着生死离别，此去经年，不知相见何时，《左传·僖公二十二年》记录下了他们分手时的对话。

姬重耳："待我二十五年，不来而后嫁。"

季隗："我二十五年矣，又如是而嫁，则就木焉，请待子。"

有时，爱情不是朝朝暮暮的执子之手，而是彼此在时空交错中的牵挂，人生难得是知己，更何况是曾经共榻而眠的红颜知己。二十五年，几乎占了一个人生命的三分之一，等你二十五年，这是一个女人对爱情最质朴的宣言。

关于姬重耳的年龄，有必要多说几句。《史记·晋世家》说姬重耳出逃翟国避难时已经四十三岁，而《国语·晋语》则记载姬重耳此时的年龄只有十七岁，相差二十六岁。按《史记》的说法，姬重耳回国即位时已经六十二岁了。

客观地说，这个年龄有些偏大，因为姬重耳的外公狐突一直在他身边，即使狐突十三岁生女儿，翟女又十三岁生姬重耳，狐突跟随姬重耳逃亡时已经七十岁了，似乎不太可能。

至于《国语》所说的十七岁，又感觉有些偏小，因为骊姬在诬陷姬申生时，经常提到"君（姬诡诸）老矣，且旦暮之人"，说明姬诡诸当时的年龄至少也在六十岁以上，比姬重耳大四十岁左右。

可以确定的是，姬重耳是姬夷吾的兄长，而前太子姬申生的妹妹又嫁给了秦穆公嬴任好。如果按《左传》的记载，姬诡诸是先和齐姜私通生下儿女后，才娶了大小狐姬，生下重耳和夷吾，说明重耳要比申生和秦穆夫人小一些。如果重耳出逃时四十三岁，秦穆夫人的年龄应该在五十岁以内，但问题是此时秦穆夫人嫁嬴任好没多久，国公的女儿四十多岁，在当时是不太可能的。

按古人的早婚习惯计算，姬诡诸和发妻贾姬结婚时年龄不会太大，而贾姬无子，姬诡诸不太可能在贾姬无子几十年后再去和其他女人生儿子。另外还要补充一点，姬重耳在离开翟国前，和妻子季隗做了一席长谈，说我去外流浪，你在翟国安心等我。姬重耳给出的时间是二十五年,如果我二十五年还不回来,你就改嫁。

如果此时姬重耳四十八岁的话,再活二十五年,他已经七十多岁了。如果姬重耳当年不过二十二岁,那么即使他二十五年内回来,也不过四十七岁,正是男人做事业的黄金时期。

虽然春秋时代,人们的寿命普遍不高,但贵族养尊处优,长寿是正常的。春秋数百国君中,仅在位四五十年的就十几个。从这一点上讲,《史记》和《国语》所记载姬重耳的年龄都似乎不太可靠,但相对来说,《国语》的十七岁说比较靠谱。

姬重耳出逃的第一站,是齐国,这是姬重耳的幕僚团精心选择的路线,建议是狐偃提出来的。选择投奔姜小白,狐偃给出的最大理由就是"齐侯长矣,而欲亲晋"。

以晋侯姬夷吾的胡作非为,专和恩人过不去,姜小白显然不会把齐国的希望寄托在姬夷吾身上。而姬重耳性格恢廓大度,是公认的晋公子最贤者,如果能拉拢姬重耳,对姜小白来说有两个好处:一、用姬重耳牵制姬夷吾;二、善待姬重耳,如果姬重耳能回晋继位,会在一定程度上保证齐在晋的利益。

对姬重耳去齐国,《史记·晋世家》给出了另外一个比较新颖的解释:"齐桓公好善,志在霸王,收恤诸侯。今闻管仲、隰朋死,此亦欲得贤佐,盍往乎?"这话是姬重耳亲口说的,如果从字面上解释,这句话的意思就是:姬重耳要去齐国顶替管仲的位置!

姜小白苦熬了几十年,好不容易摆脱了管仲的束缚,怎么可能再给自己找一个爹(相父)。何况以姬重耳的尊贵身份和野心,他也不会低眉顺眼地给姜小白打工。姬重耳说这句话的真实用意,应该是去齐国搞好与姜小白的关系,然后借助齐国的力量回国即位。

齐国的实力天下第一,姜小白的江湖威望远高于有名无实的周天子,老话说"县官不如现管",只要姜小白肯出头帮助姬重耳,姬重耳是有很大希望扳倒无耻的姬夷吾的。

其实相比去齐国找姜小白,近在河西的秦国是姬重耳另一个比较方便的选择,嬴任好对姬夷吾出尔反尔非常不满,如果姬重耳和嬴任好合作,也许嬴任好会帮助姬重耳杀回晋国。

虽然史料上没有记载，但姬重耳此时不去秦国，应该有一个重要的考量。万一姬夷吾与秦国达成妥协，用身在秦国的姬重耳交换河西之地，姬重耳到时连个逃跑的机会都没有。在江湖上闯荡，最要紧的是：谁都不要相信，只相信自己。

由于齐国和晋国相隔几百公里，相当于现在山西临汾到山东临淄，中间还隔着几个小国，其中最重要的一个国家是卫国。所以姬重耳必须借路卫国才能抵达临淄，其时在位的卫国国君是姬毁。

有趣的是，姬毁不但和姬重耳同宗，而且爵位相同，都是侯爵。更巧合的还在后面，二人都是春秋有名的贤君，《史记》称姬毁"轻赋平罪，身自劳，与百姓同苦，以收卫民"，所以姬毁得到的谥号与姬重耳一样，都是文公。

像姬重耳这样闻达于天下的贤公子，按道理讲，姬毁应该以隆重的礼节欢迎姬重耳，为自己捞把好名声，或进行潜在的政治投资。不过姬毁却以正在与邢国和狄国进行战争，无暇接待为由，拒绝接待姬重耳，明明白白地告诉姬重耳：爷没工夫搭理你这个落魄公子。

邢国的国力要弱于卫国，姬毁的话有一半是托词，可能是他看不出姬重耳有回晋即位的可能性。商人是讲利益的，得不到好处，不会把钱扔到无底洞里。

姬毁"无礼"姬重耳，恐怕和狄国有关，因为这个狄国很可能就是姬重耳母亲的娘家翟国。而翟国则是卫国的百年世仇，以好鹤闻名的卫懿公姬赤就死在了翟国人手上。姬毁做人其实还算厚道，没把姬重耳活捉扔在祭坛上给姬赤烧冥币，就已经给足姬重耳面子了。

姬重耳对姬毁的"无礼"非常恼火，但他的目的是齐国，卫国接不接待不是最重要的。窝着一肚皮无名火的姬重耳和幕僚们迎着朝阳，脚量大地，朝着大海的方向蹒跚而去。

卫国距离齐国并不算远，姬重耳很快就抵达齐国国都临淄。早已经得到消息的齐侯姜小白已经布置好了接待任务，他要以非常高的外交规格接待他外孙（姬申生）的弟弟，这对齐国来说是一项非常重大的战略投资。

千古一相管仲已经在几年前去世了，已经成就天下霸业的姜小白也垂垂老矣，他并没有意识到，他和年轻的姬重耳的相见，会在春秋历史上写下怎样一段让后人艳叹的传奇。

其实姜小白并不需要第二个管仲，姬重耳也不想当第二个管仲，他们应该在见面之前就达成了某种共识，姜小白需要礼贤的好名声，姬重耳需要一个返晋为君的战略跳板。

但让姬重耳有些受宠若惊的是，姜小白不但给予自己很高的政治待遇，"甚善焉"，赐马二十乘（每乘四匹马，共八十匹马），还把一位美丽贤惠的齐国宗女嫁给了重耳，让姬重耳在异国他乡感受到了家的温暖。

说到姬重耳在齐国娶妻，不由得联想到另外一位落难枭雄刘备，他同样为了政治目的来到吴国，但被孙权往自己手上塞了一颗名叫孙尚香的定时炸弹。周瑜曾经给孙权出了一个主意，多置美女珍玩，消磨刘备的英雄之志，孙权出于战略考虑没有同意，放刘备回荆州。

刘备在东吴，并非像《三国演义》中所说那样沉迷酒色，不思归荆。作为刘备的江湖前辈，姬重耳面对美女的诱惑，却动了心，准备长居于齐，生为晋人，死为齐鬼。《国语》原文："将死于齐而已矣，曰：'民生安乐，谁知其他？'"

将姬重耳主动留齐与刘备主动离吴比较，他们之间最大的不同，在于刘备虽然实力弱小，但也是一方诸侯，有自己的兵马和战略根据地，姬重耳什么都没有。在位国君姬夷吾年当盛壮，姬重耳无法预测姬夷吾还能在位多少年，也许是齐国女子的美丽与贤惠触动了姬重耳心中那根自卑而消极的感情之弦。

这些年来的政治斗争，让姬重耳身心疲倦，对回国即位不再抱有希望，不如死在异国，至少能落个全尸。从后来幕僚集团和姜氏设计将姬重耳逼出齐国来看，姬重耳不是在作秀，而是确实打算放弃了。

在东晋十六国时代，前燕德高望重的吴王慕容垂被权臣慕容评逼出燕国，逃往前秦避难。前秦天王苻坚待慕容垂如国士，在一定程度上也消磨了慕容垂原来非常强烈的复国之志，但最终慕容垂还是借前秦淝水惨败之际成功复国。

姬重耳与慕容垂经历相似，都在外逃亡多年，但他们之间最大的不同，就是慕容垂在前燕统治集团内部有极深的人脉关系，姬重耳在晋国高层内部已经没有多少支持者了。

当然，慕容垂之所以能成功复国，还要拜苻坚强行攻晋失败，导致前秦统治崩溃的混乱局面所赐，如果苻坚能稳定北方，慕容垂是完全可以接受给苻坚当一辈子奴才的。姬重耳也面临着同样的局面，只要齐侯姜小白还活着，齐国的霸主地位就不会动摇，姬重耳就可以实现终老于齐的消极梦想。

形势很相似，慕容垂逃亡前秦十三年后，前秦崩溃，而姬重耳所面临齐国内乱的时间更短，只有两年。公元前 643 年，一代枭雄姜小白死于诸子争嫡的内乱之中，原来波澜不惊的齐国政坛立刻变成了一个被点燃的大油桶，局面极度混乱。

齐国的局面已经彻底失控，到处杀人放火，姬重耳及其从属人员的人身安全已经无法得到有效保证。不知道出于什么考虑，面对如此混乱复杂的局面，姬重耳居然还在坚持他终老于齐的打算。

幕僚团不想留在齐国等死，说动了姬重耳的夫人姜氏，由姜氏出面，劝姬重耳赶紧离开这个是非之地。让所有人意外的是，任凭姜氏唾沫横飞，说得大义凛然，姬重耳是铁了心留在齐国。姬重耳回了一句："吾不动矣，必死于此。"

在姬重耳第一次拒绝离齐之后，姜氏苦口婆心地再劝，其中有一句说得非常实际，"齐国之政败矣，晋国无道久矣，从者之谋忠矣，时日及矣，公子几矣。"大意是齐国不是久居之所，晋侯姬夷吾昏道误国，公子回晋即位的时机已经成熟。

见姬重耳没有反应，姜氏有些气急败坏，指着姬重耳的鼻子大骂："子一国公子，穷而来此，数士者以子为命。子不疾反国，报劳臣，而怀女德，窃为子羞之。"姜氏想用激将法说动姬重耳离齐，结果还是遭到了姬重耳的拒绝。

更为过分的是，见劝不动姬重耳，姜氏和赵衰等人合谋，把姬重耳用酒灌醉，然后趁着夜色，众人带着不省人事的姬重耳逃离齐国。而当姬重耳醒来后，居然大发驴脾气，操起一只戈追着舅舅狐偃乱打，扬言要杀掉狐偃。当狐偃悲壮地说出如果杀我能成就公子大事，我心无憾时，姬重耳居然回答："这是你说的！如果事不成，我就生吃了你的肉。"表现得非常反常。

姜氏劝姬重耳离齐的动机可以理解，姬重耳是池中潜龙，将来是要做大事的，何况齐国已乱，等死何益。姬重耳宁死不离齐国的动机则有些令人费解，虽然史料无载，但分析一下，有一个最大的可能：姬重耳不是要给姜小白殉葬，而是等待机会，夺取齐国政权！

如果姬重耳真有这个想法的话，只能说姬重耳已经丧失了最基本的理性。姬重耳不过是一个寄居之客，他在齐国高层与民间没有任何人脉，姜姓在齐立国四百年，根基深厚，怎么可能轮到一个晋国的落难公子执掌齐国政权。如果姬重耳没有这个想法，那实在无法解释姬重耳为什么宁死不离齐。

不过既然从齐国逃了出去，姬重耳也不会再傻乎乎地回到齐国送死。在与幕僚们拌了几句嘴后，姬重耳还是叹息着上了路，继续寻找不确定的人生方向。

姬重耳不回齐国，可能是幕僚们给他上了一堂形势分析课，齐侯已死，诸侯皆叛，齐国这副烂摊子即使交给姬重耳，也未必能管理好。不如继续在江湖上寻找买家，天下之大，总有我们的容身之所。

二一 / 晋文公周游列国（下）

从地理位置上来看，齐国是此次姬重耳东行过程中最偏北的国家，其他主要的诸侯国都在齐国南线，姬重耳只能向南行进，而南下的第一站，就是曹国。曹国位于山东定陶附近，是春秋著名的袖珍诸侯国，但因为曹国的远祖是姬周宗室，所以在江湖上名声很响。

这里出现了一个问题，齐国之南有两个地理位置几乎平行的姬姓诸侯国，即曹国和鲁国，但姬重耳的流浪团为何取道弱小的曹国，而不路过实力和名望都远强于曹国的鲁国？

这个问题应该很好解释，姬重耳一行周游列国的目的就是寻找有力之强援，助他回晋即位。在姬重耳集团的外援名单上，齐、宋、郑、楚、秦都是有实力帮助姬重耳实现理想的诸侯，而姬重耳离开齐国之后，下一个去讨饭的地方就是宋国，要去宋国，取道曹国要比取道鲁国更便捷。此外还有更重要的一点，就是鲁国的立国之道在崇尚霸力的姬重耳看来过于柔弱，鲁国未必认同姬重耳的生存之道，与其互相嫌憎，不如不去。

曹国在姬重耳看来，只是一处歇脚喝茶的驿站，没想到在曹国却出了一个超级大洋相，让姬重耳终生引以为耻。问题出在曹国的国君曹共公姬襄身上，此公文不能治国，武不能安邦，却有一个莫名其妙的爱好——偷看男人洗澡。特别是当姬襄听说姬重耳"骈胁"，更是激动得睡不着觉。

所谓骈胁，其实就是男人肘腋下的肋骨连成一片，这不算太大的生理缺陷，最多只是身体畸形，就像刘备长了一对招风耳一样。姬襄是个小国寡君，没见过什么世面，想到有这么一个大乐子，姬襄的口水流了一地……

就在一丝不挂的姬重耳在曹国公室的公共浴室中搓洗自己的污垢时，烟雾氤氲之际，一个肥大的脑袋拱开厚重的帘布，嬉皮笑脸地欣赏着姬重耳健白的身体，毫无心理准备的姬重耳吓得尖叫起来。

姬重耳虽然落魄逃难，但身份贵重，作为同姓诸侯，姬襄应该有最起码的外交礼貌,偷看人家洗澡算哪门子勾当?姬重耳的自尊心极强,何况是在落难的敏感时期,姬襄的无礼深深刺痛了姬重耳已经脆弱至极的自尊心。

姬襄以为姬重耳不过是个要饭的叫花子,就是他也跳进浴桶里与姬重耳共浴,谅姬重耳也不敢对他如何。姬襄不把姬重耳当盘菜,曹国大夫僖负羁的老婆却很有战略投资眼光,她看出姬重耳不是凡品,甚至看出姬重耳恩怨分明。姬襄对姬重耳无礼,一旦姬重耳返晋即位,第一个敲打的就是曹国。与其到时给姬襄殉葬,不如抢先下手,巴结姬重耳,给自己买份保险。

在妻子的劝说下,僖负羁请姬重耳吃了一顿晚餐,并趁无人之际送给他一对玉璧。僖负羁的心思,姬重耳当然明白,他虽然没有接受玉璧,但至少在他心中,僖负羁和人嫌狗憎的姬襄是不一样的,僖负羁很快就买到了自己需要的那份保险。

经历了偷窥事件,姬重耳带上对姬襄的仇恨上了路,下一站是宋国。其时在位的宋襄公子兹甫的战略眼光要远强于喜欢偷窥男人洗澡的姬襄,宋襄公虽然不敢肯定姬重耳将来一定会返晋即位,但谁也不敢否定这种可能性,所以宋襄公提前进行战略投资。

宋襄公刚从与楚国的泓水之战败下阵来,还被楚人射了一箭,正在养伤。但听说姬重耳已经到了,宋襄公强忍伤痛,以最隆重的礼节欢迎重耳公子莅宋,送给落魄中的姬重耳团队二十乘马,即八十匹马。

人在落难时获得尊重和帮助,是最容易被感动的,伍子胥和韩信都是如此,姬重耳也不例外。对于宋襄公的国礼待遇,姬重耳感动得一塌糊涂,后来楚兵围宋,姬重耳就要报恩于宋国,"报施定霸,于今在矣"。

宋国国力有限,很难承受帮助姬重耳返晋即位所需要的费用,宋国司马公孙固告诉狐偃:"宋小国新困,无法更有力地帮助你们,你们还是去别国碰碰运气吧。"姬重耳带着对宋襄公的感恩之心,离开了宋国,前往郑国寻求帮助。

郑国和宋国都是春秋时代的著名小霸,但此时的郑国早已没有郑庄公姬寤生的胆识和霸气,用曹操的话来说,郑文公姬踕就是"冢中枯骨",毫无眼光和作为。姬重耳路过郑国时,作为同姓诸侯,姬踕居然对姬重耳的过郑不闻不问,"弗礼",用仨枣俩窝头就想打发掉姬重耳,因为姬踕相信姬重耳就是一个穷要饭的命,慢待了你又如何,吃了寡人不成?

姬踕的弟弟叔詹劝兄长不要小瞧姬重耳,此人龙行虎步,兼部下从属皆有宰相之器，将来必有作为，何不趁其落魄之际厚金赠之，以结其心。姬踕怒了："郑国不是招待所，南来北往的落难公子都要接待，我兜里没钱！"

不过叔詹提出了一个更毒的计划，既然国君不想结交姬重耳，不如一刀把姬重耳送上西天，除去后患。姬踕只是不想搭上姬重耳，并不想害他的性命，何况以姬重耳之贤，杀了他会在江湖上臭了自己的名声，所以再次拒绝了叔詹。

姬重耳恩怨分明，在郑国的屈辱遭遇让他耿耿于怀，八年之后，已经成为晋侯的姬重耳联合秦军讨伐郑国，对姬踕好一番羞辱，算是出了一口恶气。更惨的是叔詹，如果他不提出杀重耳之计，重耳会视他为知己。但叔詹多说了一句话，却让姬重耳恨得咬牙切齿，兵临郑城，要求姬踕把叔詹交出来，叔詹不堪重耳羞辱，当场自杀谢罪，死后，叔詹的尸体被送给姬重耳当发泄品，可见姬重耳之狠。

在姬重耳的逃亡旅程中，有一个特别的现象值得注意。凡是小国国君，都对姬重耳非常冷淡，爱答不理，如卫、曹、郑；凡是大国国君，都对姬重耳表现出了十二分的热情，以最隆重的礼节接待姬重耳，如齐、宋、楚、秦。

究其原因，其实也很好理解，小国寡民，没什么战略眼光，只计较眼前的蝇头小利。大国厚待姬重耳，无非是在为本国的国际利益进行战略投资，比如接下来要讲的楚成王熊恽。

在卫文公、曹共公、郑文公眼中，姬重耳不过是一块被历史抛弃的破铜烂铁，远不如在位的姬夷吾有价值。但在南霸天熊恽眼中，姬夷吾不过是具行尸走肉，将来有能力威胁到楚国的，必是眼前这个落难的晋国公子。

熊恽非常看重姬重耳，之前接待过姬重耳的如齐桓公姜小白，也不过以寻常礼节见姬重耳，而熊恽干脆以诸侯礼接待他。换句话说，姬重耳是以晋国国君的身份来到楚国的，熊恽此举给足了姬重耳面子，这为日后江湖上接待姬重耳提供了标准。

姬重耳在外漂泊十多年，看够了人情的阴晴冷暖，熊恽突然抬高他的政治待遇，姬重耳反而有些不敢接受，生怕其中有诈。还是大夫赵衰劝他不要犯傻，这正是我们在国际上树立自己名望的绝佳时机，岂能放过，姬重耳这才有些忐忑地接受了熊恽的好意。

实际上，姬重耳不想接受熊恽的超规格接待，可能还有另外一层考虑。熊恽是以这次招待为筹码，在将来向晋国提出非分的要求。出于这层考虑，姬重耳开始装傻，在会见熊恽时，姬重耳一副窝囊无能相，"甚卑"。

姬重耳不想让熊恽看出自己还有返晋即位的可能性，熊恽是个老江湖，姬重耳玩的这套把戏，他心里当然门儿清。熊恽为姬重耳举行了盛大的招待酒会，还没等姬重耳开口致谢，熊恽就把问题摆在姬重耳的面前。熊恽问姬重耳：如果公子返晋即位，何以报寡人之德？熊恽逼姬重耳提前签下割让土地的不平等条约，姬重耳岂会轻易上钩。

姬重耳和他的幕僚团早就想到熊恽会这么说，姬重耳的回答也应该是事先准备好的，姬重耳回答得很狡猾，说楚国万物齐备，晋小国，不及楚国万一，实在想不出有什么可以报答楚王的。

在熊恽的再三逼问下，姬重耳还是没有松口，只是不疼不痒地说了句："若以君之灵，得返晋国。晋楚治兵，遇于中原，其避君三舍。"这已经是姬重耳所能让步的底线，姬重耳不是姬夷吾，不会为了眼前的蝇头小利，人格国格统统不要了，姬重耳有自己的政治品格。

正因为如此，熊恽更加认定姬重耳有霸主之风，日后返晋继承大统的希望极大，所以熊恽依然以诸侯礼接待姬重耳。站在旁边的楚令尹成得臣认为姬重耳对楚王不敬，请杀之，熊恽当然不会同意，理由是重耳"晋公子贤而困于外久，从者皆国器，此天意，不可杀"。

实际上，熊恽另有一层战略考虑。此时的天下只有四个大国，即晋、齐、楚、秦，从地缘政治上看，秦距离晋最近，一旦昏君姬夷吾在晋国的统治崩溃，秦就有利可图，到时楚鞭长莫及。

而楚距离晋较远，如果姬重耳这样的贤主即位，就能有效维护现有的四强格局，遏制秦、齐两大国对晋国的战略扩张，为楚国赢得足够的时间。虽然熊恽也知道一旦重耳继位，必然会影响楚国的北上争霸，但两害相权取其轻。

至于熊恽说"秦晋接境，秦君贤"，并把姬重耳送到秦国，目的也很明显，就是利用秦穆公赢任好与晋侯姬夷吾的矛盾，间接迫使赢任好帮助姬重耳返晋继位。

熊恽想到的，赢任好自然也想到了，本来赢任好是想通过姬夷吾捞上一把的，哪知道此公是个白眼狼，给赢任好添了许多恶心。对秦国来说，与其让姬夷吾在晋国胡闹，威胁秦国的安全，不如扶持相对老实的姬重耳上位。

姬重耳还在楚国逗留时，赢任好就已经派人来到郢都，和熊恽进行接洽，商量请姬重耳入秦的事宜。秦楚关系还算不错，对姬夷吾的立场，秦楚比较一致，所以姬重耳入秦，是嬴任好、熊恽和姬重耳三方都可以接受的方案，三赢。

带着熊恽赠送的大量金帛马匹，姬重耳一行在秦国使者的带领下，先沿汉水西上，穿越蓝田关，再沿渭水南岸西行，一路风尘憔悴，来到了秦都雍城（今陕西凤翔）。对于姬重耳的到来，嬴任好表现出了非同一般的热情，姬重耳前脚刚到，嬴任好就往姬重耳怀里塞了五名美丽的秦国宗女。

姬重耳此时来到秦国非常及时，其实姬重耳集团也清楚，秦国是他们辗转列国的最后一站，下一站就是他们朝思暮想的晋国。而此时的晋国在姬夷吾的十四年荒唐治理下，已经濒临崩溃，姬夷吾本人也身患重病，命不久矣，其时是公元前637年九月。

秦伯嬴任好和以姬重耳为首的晋国影子政府已经达成了一揽子的双边合作协议，只等姬夷吾咽气，秦国就会立刻出兵保护姬重耳还晋夺位。

激动人心的时刻终于来了，秦国的探子已经打听清楚，姬夷吾于当年九月病死，其子姬圉在一片混乱中即位。嬴任好立刻启动早就准备好的方案，"乃发兵送内重耳"，秦国重兵西向渡河，嬴任好要对背叛自己的姬夷吾父子给予最致命的一击。还是同一条西进路线，十四年前，嬴任好同样发重兵护送姬夷吾入晋继位，没想到十四年后，嬴任好第二次当上了"护花使者"。

对于嬴任好的慷慨解囊，姬重耳感激涕零，但他并没有对秦国做出有损于晋国利益的承诺。其实姬重耳只要不像姬夷吾那样对秦国恩将仇报，就是对嬴任好最好的报答，嬴任好实在是被莫名其妙的姬夷吾搞烦了。

对于这一天，姬重耳以及他的幕僚们足足等了十九年，他们激动的心情可想而知。当然，也有人对即将成为晋侯的姬重耳不放心，认为他有可能变成第二个忘恩负义的姬夷吾，此人就是姬重耳的绝对心腹——舅父狐偃。

姬重耳乘坐的大船在浩荡的黄河中乘风破浪，距离故乡越来越近，姬重耳本来极佳的心情却被狐偃一句没头脑的话破坏了。狐偃在船上突然向重耳请辞，并把随身携带的一块玉璧还给了姬重耳，理由是我跟随你在外流浪十九年，让你每天都担惊受怕，所以我罪恶滔天，请你允许我就此离开，算是对我的法外开恩。

狐偃的举动很好理解，大致有三个原因：

一、如上所说，狐偃担心姬重耳学坏。

二、受赵衰、魏犨、先轸这些从龙老臣的委托，逼姬重耳表态，得志之后不冷落功臣。

三、狐偃把自己侍奉国君十九年的功劳都摆出来，在姬重耳面前邀功请赏，以便巩固自己的地位。

狐偃突然来这么一手的目的，姬重耳心知肚明，狐偃真要觉得惭愧，应该在曹国受辱的时候辞职，何必等到现在。在姬重耳的幕僚班子中，不论血缘还是政治立场，狐偃都是姬重耳最为倚重的心腹，他当然会向老臣们表明心迹。

姬重耳举起玉璧，扔进了滚滚黄河里，然后告诉狐偃："所不与舅氏同心者，有如白水！"这话实际上也是说给赵衰、介子推这些人的。其实狐偃、赵衰等人的担心完全是多余的，姬重耳在外流浪十九年，他所能依靠的心腹只有狐偃、赵衰这些人，得罪了这几个老臣，姬重耳在晋国官场上就是光棍，姬重耳没有傻到自剪羽翼的程度。

一切都进行得非常顺利，秦军渡过黄河后，保护姬重耳一路向北急进，在庐柳（今山西临猗）遇到了前来阻止姬重耳回晋的晋军。姬圉在晋国的统治面临崩盘，这支军队的斗志也早已经涣散，晋军来到前线似乎更像是迎接姬重耳还朝的。

不只是姬圉赖以生存的军队，晋国朝中大佬如栾枝和郤縠也早就暗中和姬重耳建立了统一战线，就是这两位大爷派人来到秦国见姬重耳，"劝重耳、赵衰等反国，为内应甚众"。而这个"为内应甚众"，显然也包括被栾枝等人策反了的晋军。因为有了内应，嬴任好才敢放心地送姬重耳还晋。

既然晋军就在眼前，嬴任好立刻派大夫公子絷趁月黑风高之际，窜进晋军大营，和晋军主要将领进行谈判，并最终约定迎接姬重耳入晋的具体时间。至于无德无望的姬圉，早已经被晋国各阶层冰冷地抛弃了。

为了表示对姬重耳入晋的诚意，晋军向东南角撤退数十里，并邀请秦国方面、姬重耳方面的代表在郇地（今山西临猗南，晋军驻地）进行三方谈判。谈判内容不详，但无非是商讨姬重耳入晋的具体细节，晋国君臣所能得到的政治利益，外加秦国在谈判桌上尽力争取自己的战略利益。

三方会盟后的第二天，曾经被姬圉的父亲姬夷吾统治十四年的晋国军队宣布改旗易帜，得到消息的姬重耳立刻率本部人马驰入晋军，正式接管晋军。天下之大，兵权最大，姬重耳紧紧抓住了兵权，这也就意味着姬圉的末日即将到来。

四天后，新一任晋侯姬重耳来到晋国祖庙所在地曲沃，这里曾经是他的先祖浴血奋战的地方，政治地位相当于清朝的盛京（今辽宁沈阳）。曲沃的武宫是晋武公姬称的宗庙，是曲沃小宗代晋之后的每位晋侯即位时都必须朝拜的，政治意义重大。

姬重耳在抵达曲沃的第二天就以极隆重的形式朝拜了武宫，政治用意非常明显，就是他已经是晋国公认的晋侯，正式取代了名不副实的姬圉，这对晋国境内的亲姬圉力量来说是个沉重的打击，同时也是积极的政治信号，规劝自己的反对势力不要再做无用功。

《左传·僖公二十四年》只说姬重耳朝于武宫，而《史记·晋世家》则明明白白地记载："（姬重耳）朝于武宫，即位为晋君，是为文公，群臣皆往。"《左传》的记载相对简略，但基本可以确定姬重耳就是在曲沃武宫举行的即位大典，这也就意味着，历经十九年的艰苦磨难，姬重耳终于苦尽甘来，成为晋国历史上最有名的一位君主，千秋一霸晋文公的时代，已经呼之欲出。

至于实际上已经被晋人废黜的旧君姬圉，姬重耳是断然不会放过的，只要姬圉还活着，姬重耳就会面临非法即位的指责。就在姬重耳在武宫即位的第二天，逃到高梁（今山西临汾东北）避难的孤家寡人姬圉，就被姬重耳派出的杀手做掉了。

晋国一人，其在重耳！

二二 / 龙战城濮：春秋争霸的巅峰之战

春秋争霸三百年，重大战役不胜枚举，比如齐鲁长勺之战（前 684）、秦晋殽之战（前 627）、晋楚邲之战（前 597）、齐晋鞌之战（前 589）、晋楚鄢陵之战（前 575）、吴楚柏举之战（前 506）。这些战役固然精彩刺激，历史意义也非常重大，但要说知名度，没有一个能超过堪称春秋第一名战的城濮之战。

城濮之战的知名度如此大，主要原因只有一个，这场名战是春秋五霸为了争夺国际霸权的开山之战。虽然在城濮之战发生的六十年前，齐鲁之间也有一场著名的长勺之战，但这长勺之战只是鲁国抵抗齐国入侵的小规模战争，这也直接拉低了长勺之战的影响。

在城濮之战前，春秋的争霸战争规模都比较小，而且多以政治手段解决彼此间的冲突，比如到处开会演讲，今天和 A 国结盟，明天和 B 国喝鸡血拜把子。比如春秋第一霸齐桓公姜小白的武林盟主地位，就不是靠兵马打出来的，在一定程度上是靠嘴皮子说出来的。

在春秋早期，有资格争夺国际霸权的，无外乎齐、晋、秦、楚四国。其中晋国正陷于骊姬之乱，无暇外顾，秦国相对弱小，对已经称霸的齐桓公姜小白来说，楚国是齐国巩固国际霸权的最大威胁，楚成王熊恽实在不是一盏省油的灯。

所谓确定齐国盟主地位的召陵之会，也是熊恽在权衡再三后，卖给姜小白一个天大的面子。否则齐楚如果真刀真枪地打一场，被打肿脸的极有可能是姜小白。

按主流的五霸划分法，齐国内乱之后，第二个霸主是宋襄公子兹甫。宋襄公早就对霸主的位子垂涎三尺，公元前 639 年，宋襄公想像姜小白一样不战屈楚之兵，逼迫楚国同意宋国争霸武林，结果被熊恽戏耍了一番，关在囚车里满世界巡回展览，丢尽了面子。

一年后，强悍的熊恽在泓水岸边，给狂妄自大的宋襄公敬献了花圈，这一战也标志着熊恽霸业的最终确立。泓水之战的规模要略大于长勺之战，但也算不上大规模的战争，以宋襄公的实力，充其量只能算是准一线球员，所以不能称泓水之战为关键战役。在春秋战争史上，真正算得上关键战役的，只能是春秋第一场大规模阵地战的城濮之战。

争霸是春秋历史的主旋律，而且在春秋早期，霸主的主要考量标准是政治与外交。但话说回来，争霸固然需要嘴皮子上的纵横功夫，外交同样是争霸的主战场，但如果没有火星四射的战争，争霸总会少了一些精彩。很难想象没有官渡、赤壁、夷陵三大战役，三国的历史会是个什么样子。

城濮之战的起因其实非常简单，楚国为了谋求中原霸权，北上扩张势力范围，但遭到了以晋国为首的国际反楚联盟的顽强反抗，最终在城濮大打出手。

作为春秋第一名战，城濮之战集中了经典战役所必备的所有要素：大国之间的合纵连横、小国的选边站队、双方谋臣的运筹帷幄、疆场上的壮怀激烈，以及两大霸主之间的旧情厚恩，种种因素合在一起，城濮之战想不红都难。

熊恽没有列入春秋五霸的任何一个版本，但谁又能想得到，在公元前7世纪中叶，楚国是公认的天下第一大国，其实力之强悍，远胜春秋首霸齐国。

在当时的中原版图上，可以分为一超多强，一超自然是楚国，旗下还有许多仆从国，如陈、蔡、郑、宋、卫、曹、许，甚至以礼乐传世的鲁国也和"蛮夷荆楚"拜了把子。多强是晋、齐、秦等传统强国，但此时的国力已经被楚国远远抛在身后。

对于楚国一超独霸的局面，江湖上产生了一种绝望的情绪，任由楚国北上扩张，大家早晚会被熊恽没收了饭碗。事情的转机出现在公元前637年，这一年发生了震动江湖的大事——晋国公子姬重耳返晋即位，成为新一任晋侯。

姬重耳的能力是举世公认的，所以姬重耳的继位，对饱受楚国欺凌之苦的诸侯来说，无异于久旱逢甘雨，他们对楚国的恭顺态度也产生了微妙的变化。

最先叛楚归晋的，是在国际上有相当影响力的宋成公子王臣。

宋成公之所以踢掉熊恽，按《史记·宋微子世家》的记载，是宋襄公当初帮助过落难的晋侯姬重耳，在感情上与晋更为亲近。宋有恩于晋，指的是姬重耳路过宋国时，宋襄公送给姬重耳二十乘马，这可是极高的礼遇。

实际上，宋有恩于晋，这只是归晋的原因，而宋叛楚的原因，则是宋与楚有杀父之仇。宋成公是宋襄公的儿子，宋襄公在泓水之战被楚人射伤致死，宋成公岂有不恨熊恽的道理？

还有更重要的一点，叛楚归晋，是宋襄公在世时就制定好的外交政策，这也是宋襄公送姬重耳二十乘马的原因，只不过宋襄公战死，没来得及执行罢了。

公元前 634 年十二月五日，鲁国与楚、蔡、陈等国强行在宋地举行盟会，但宋国拒绝参加此次盟会，也表明了宋国和楚国的决裂态度。子王臣翅膀硬了要单飞，熊恽当然不能坐视不管，以楚国为首的"联合国"军蝗虫一般地扑向宋国。

宋国在被围攻的第一时间就派堂兄（或堂弟）公孙固如快马般闯进绛都，请求姬重耳立刻发军救宋。否则宋垮了台，晋国东南方向就无险可守，大家一起完蛋。

唇亡齿寒的道理，晋国新任执政高层自然明白，晋国的下军佐先轸说得很清楚，救宋有两大好处，一是报宋赠马之恩，二是击楚争霸之路，"取威，定霸，于是乎在矣！"

关于如何救宋的战术安排，晋国勋臣狐偃出了一个堪称绝妙的主意：围曹、卫以救宋，这其实就是战国孙膑成名作"围魏救赵"的春秋版。狐偃的理由是曹、卫皆是楚安插在中原的钉子，进攻曹、卫，则楚必弃宋以救曹、卫，如此，宋可解楚之围。

姬重耳接受了狐偃的建议，除了狐偃所说的原因，还有一个重要原因。当初姬重耳流浪到曹国时，曹共公姬襄偷看姬重耳光屁股洗澡，被姬重耳视为奇耻大辱，所以这次要公报私仇。

此次讨伐曹国，晋军几乎是精英尽出，晋军的主将名单可以用星光灿烂来形容：

中军：主将郤縠，军副郤臻。

上军：主将狐毛，军副狐偃。

下军：主将栾枝，军副先轸。

晋侯姬重耳亲自带队，荀林父为御戎（为晋侯驾马），魏犨为御右。

从实力上来分析，讨伐曹国这样的弹丸小国，根本用不着如此大动干戈，派一大将足矣。姬重耳之所以牛刀杀鸡，其实还是冲着熊恽的楚军主力去的。姬重耳已经预料到了，晋军必将与楚军有一场轰动天下的恶战，攻曹只是拉开了晋楚大战的序幕而已。

另外，晋军以主力攻曹还有一个目的，就是通过军事威胁来警告聚在楚国名下的诸侯要认清形势，不要再跟着楚国一条道走到黑，弃暗投明才是上策。

形势的发展也不出晋国高层预料，晋军假道于卫时，将亲楚的卫成公姬郑擒获，并于公元前632年三月攻下了曹国。晋国征服曹、卫，受惊吓最大的就是曹、卫的近邻鲁国，鲁僖公申很识时务地弃楚归晋。

从晋国的地缘战略利益上考虑，西线因为有相对强大的秦国，可以抵挡来自楚国的压力，南线有郑、宋，也基本为楚所得，这是晋军抵抗楚国北上扩张的主战场。在这种情况下，东线就不能有任何闪失，这次弃宋攻曹、卫的战略考量，就在于此。至于宋国，能救下更好，实在救不下，也不会影响到晋的南线战略防御，无非压力大一些罢了。

此外，姬重耳可能还有一层考虑，拿下曹、卫之后，用曹、卫来换楚国放弃对宋的围攻，避免过早地与楚国决战。楚军实力强大，凭晋一国之力，恐怕很难单独抗衡楚国，如果能把隔岸观火的齐、秦两国拉进这趟浑水，就增加了对抗楚国的胜算。

战略奇才先轸想出来一个让人惊叹的绝招：派人去宋国，让宋国不要再派人来晋国求救，而是改求齐、秦向楚国说情。同时晋国把曹、卫两国的土地分给宋人，因为曹、卫是楚的卫星国，熊恽是绝不会答应的，必然会拒绝齐、秦的请求。如此，楚就得罪了齐、秦，这就能迫使齐、秦亲晋而远楚。

晋国高层对即将到来的晋楚大战做好了一切准备，但可惜只是剃头挑子一头热，楚王熊恽根本就没有和姬重耳大打出手的打算。听说晋军已经南下，身在申城的熊恽立刻发了一道命令，让前线大帅成得臣（即子玉）速撤宋之围，千万不要和晋军主力正面交锋。

晋步步紧逼，楚却步步退让，不是说熊恽害怕晋军，当年姜小白那么大的阵势，熊恽也没把他当盘菜。熊恽担心一点，姬重耳以破落户的身份忽登大位，他接下来要做的就是向江湖上最强大的楚国发起挑战，来抬高自己这个新人在江湖上的地位。

老话说，光脚的不怕穿鞋的，如果晋败了，姬重耳并不会失去什么，如果楚败了，熊恽就有可能在江湖上颜面尽失。出于这种考虑，熊恽反对与晋决战，但楚军主帅成得臣想的却是，如果能打败江湖名望如日中天的姬重耳，成得臣就将一战成名天下知。

成得臣派斗越椒在熊恽面前软磨硬泡，最终把熊恽激怒了，只派出右军和东宫之卒，以及成得臣的家军六百人。熊恽不肯拔毛，让成得臣有些为难，兵力不

• 二二 / 龙战城濮：春秋争霸的巅峰之战 • 175

足,很难和晋人刀兵相向,这可能就是熊恽的一层用意,故意不拨重兵,逼迫成得臣与晋人言和。成得臣也是按照这层设想去做的,他派出大夫宛春赴晋营求和,条件很简单:晋人复曹、卫之国,楚人撤宋之围。

晋、楚双方最高层对两大国之间的战争的态度完全不同,楚尽可能地避战,而晋则必须想办法激怒楚人。楚军主帅成得臣是个火暴脾气,事情就比较好办了,在先轸的建议下,姬重耳做了两件事情:

一、抢在楚国之前,复曹、卫之国。曹、卫都是小国,专在江湖上抱粗腿的,投楚与投晋对他们来说没有本质区别。何况对曹、卫来说,楚远晋近,宁得罪楚,不得罪晋。先倒向晋,万一晋败于楚,曹、卫还可以再认楚当干爹,熊恽也不会拿他们怎么样。"曹、卫告绝于楚。"

二、强行扣下楚使宛春,并押往卫国看管。晋人这么做,无异于当着天下人的面抽成得臣的耳光。成得臣死要面子,自然不会无动于衷,会尽起楚军北上攻晋。只要能把楚军主力引出来,晋人就有办法诱而歼之。

事情的发展都在晋国高层统治集团的预料之中,先轸往成得臣的火药桶里扔了一根点燃的火柴,火药桶岂有不爆之理?特别是宛春被扣事件,弄得成得臣极没面子。讨回面子,是成得臣现在最想做的事情,楚王之前对他的反复告诫,早被扔到爪哇国去了。

《左传·僖公二十八年》:"成得臣怒,从晋师。"为了出这口恶气,成得臣把围攻宋国的楚军主力全部调离北上,寻找晋军主力决一死战。

成得臣很听话地跳进了姬重耳给他挖的大土坑里,姬重耳之所以要调楚军北上,而不是率晋军南下挑战楚军,这里有一个重要的原因。晋军主力此时正驻扎在卫地城濮(今山东甄城西南),而楚军所在的商丘距离城濮约有二百里的路程,晋军如果奔波二百里至商丘,楚军就可以以逸待劳击溃远来之晋军。与其自己满世界瞎跑,不如让楚军长跑二百里,消耗楚军的体能。

至于楚军气喘吁吁地赶到城濮,晋军突然后撤三十里,有两个原因:

一、报当初熊恽厚待姬重耳之恩,熊恽曾经问姬重耳:"若君返国即位,何以报我?"姬重耳说如果晋楚交战,我当退避三舍,以报君恩。现在后撤,也算是报答了当年熊恽的厚待之恩,卸下了姬重耳的思想包袱,可以轻装上阵,和楚人大打出手。

二、成得臣为人向来狂妄自大,晋军向楚示弱,在一定程度上会加重成得臣对晋军的轻视。在实力相当的情况下，越轻视对手，越有可能失败，这是不变的规律。

和楚军长途奔袭二百多里相比，晋军后撤三十里，不会消耗太多的体力，反而会拉开空当，有利于观察敌人平时不易暴露的致命弱点。林冲在柴进庄上和洪教头打擂，就是观察后一棒击之而胜。

姬重耳的花花肠子，楚军早已有人看了出来。而且从《左传》的记载来看，除了成得臣，几乎所有的楚军将士都反对部队北上急行去跳姬重耳挖的坑。但此时的成得臣已经被愤怒情绪完全控制，他只想通过打败姬重耳找回面子，任何人的话他都听不进去。

姬重耳一个小手段就能将成得臣玩弄于股掌之上，应该是他在楚国逗留时，研究过楚军大帅成得臣的性格，这对未来战胜这位易怒的将军将有所帮助。

姬重耳把战场选在城濮，还有一层考虑，城濮是卫地，距离晋国，以及晋的盟友宋、齐，新附晋的卫、曹、鲁都非常近，晋军的后勤完全没有问题，相当于本土作战。楚军北上围宋已经是孤军深入，此次再北上二百里，后勤补给越拉越长，非常不利于楚军保持战斗力。

四月初一，姬重耳拉来的三支友军，宋成公子王臣、齐大夫国归父、秦伯公子小子慭各率本国精锐聚集城濮之下，这更增加了姬重耳战胜熊恽而霸的信心。至于姬重耳念念不忘当初熊恽对自己的好，不过是当着国际友人的面，给自己脸上贴金罢了。

姬重耳非常重视自己仁德好义的形象，姜小白当年之所以能称霸江湖，与其说胜在军事上，不如说胜在政治与外交上。姜小白时时以仁德好义自处，打造了自己的金字招牌，对收拢人心起到了关键作用，连强悍的熊恽都不得不暂时低头，可见政治外交对称霸的作用，单凭军事力量，是打不下霸业的。

此次诸国高层云集，正是姬重耳自我表演的极佳时刻，虽然所谓的齐、秦、宋友军在城濮之战一矢不发，纯属旅游。中国历史就是一个大舞台，各色影帝都在舞台上卖力地表演，姬重耳自然也不例外。

根据剧情安排，姬重耳扮红脸，念念不忘楚王当初对自己的厚遇，说寡人实在不忍心与楚作战，背上忘恩负义的骂名。国舅狐偃和重臣栾枝扮黑脸，狐偃强硬主战，并留下了一个著名成语——表里山河。

栾枝走得更远，针对姬重耳所谓的"奈楚惠何"，栾枝把楚国灭掉汉江流域的姬姓小国的罪行全都抖了出来，说晋身为姬姓，就必须为汉阳诸姬讨个说法，岂能"思小惠而忘大耻"，这一仗必须打。

作为一名演员，演技固然很重要，但演戏都要有个限度，演过了就穿帮了。姬重耳翻江倒海的这通忽悠，基本洗白了自己的好战本质，反而把战争贩子的恶名扣到了楚人的脑袋上。成得臣派大夫斗勃来晋营请战，说要和晋人练练摊，此举正合姬重耳的心意，双方约定次日在城濮之下以武会友。

震惊天下的城濮之战正式拉开了帷幕。

实际上这是一场不均衡的战争，这从双方的重视程度上就可以看得出来。晋国对此战极为重视，国君亲率军界精英出场，晋军主力悉数上阵，包括由晋国公族子弟组成的中军。姬重耳从晋国带来了战车七百乘，每乘车有七十名步卒，合计五万两千五百人，这在参战人数并不多的春秋时代，已经是顶级配置了。

特别值得一提的是晋军的战马配置，堪称超级豪华，金兀术的拐子马披金挂甲，但晋军战马的装备和拐子马相比丝毫不逊色。晋军的战马皆披重甲，马背上的皮甲称为韅（xiǎn），马胸前的皮甲称为靭，马腹上的皮甲称为鞅，马屁股的皮甲称为鞁，可见晋军装备之精良。

这场晋楚大战对于姬重耳来说，更像是一场命运的赌博，一战成名的机会就在眼前，姬重耳几乎是掏空了家底在玩命。姬重耳要对熊恽报恩，所以退避三舍，其实除了报恩，姬重耳也要报仇，仇家就是成得臣。

前一篇讲到了姬重耳答应熊恽，若遇楚军当避三舍。站在熊恽旁边的成得臣感觉姬重耳将来必是楚军争霸天下的最大劲敌，劝熊恽杀重耳以绝后患，所以姬重耳恨成得臣入骨。姬重耳的求战欲望之所以如此强烈，一方面是因为称霸的诱惑，另一方面也因为楚军主帅是成得臣。

成得臣的脾气不好，动辄杀人，但成得臣所率的楚军战斗力非常强悍，是姬重耳不得不防的。晋军实力并不弱，但和楚军相比，似乎还处在劣势，至少在人数上如此。

史料中并没有提到楚军杀到城濮的有多少人，但成得臣率领的这支楚军，实际上是当初熊恽率诸侯围宋的原班人马，楚军加上陈、蔡等国的军队，人数当在十万左右，几乎是晋军的两倍。

成得臣的大腿比姬重耳的腰还粗，自恃兵多，所以成得臣根本不把姬重耳的五万晋军放在眼里。"今日必无晋矣！"因为熊恽不发兵增援，成得臣憋着一口窝囊气，如果能歼灭姬重耳，也算给自己找回面子。成得臣有两大弱点，一是过于自信，二是太爱面子，这也是他一步步被姬重耳牵着鼻子满世界乱窜，最后一头栽进坑里的重要原因。

楚军的布阵非常简单，成得臣将中军居其间，陈、蔡两军归编楚右军，由斗宜申（子西）为将；另有楚左军，以斗勃（子上）为将，三军旌旗十万，足壮成得臣之胆。春秋时的战争布阵一般是强对强、弱对弱，楚军最弱的是陈蔡混杂的右军，与之相对的是晋下军，副将胥臣领衔。

晋侯姬重耳身边有五大贤臣，一般观点认为这五人是赵衰、狐偃、介子推、魏犨和胥臣（有时也以贾佗取代胥臣），其中胥臣的星光最为黯淡，远不如前四位。在城濮之战前，胥臣唯一的亮相就是在秦国劝姬重耳娶晋怀公姬圉的夫人怀嬴。

此次城濮会战，本来也没有胥臣的出场安排，是因为晋原中军主将郤縠在战前突然病故，姬重耳调原下军军副先轸入主中军，空出来的下军军副就临时拉来胥臣充任。

姬重耳时代的晋国大腕如云，星光灿烂，没有人对星味不足的胥臣在城濮之中发挥重大作用抱有太大的希望。但老话常说，机会总是留给有准备的人，胥臣抓住了人生中唯一一根粗大的稻草，在城濮之战中一炮打响，让历史牢牢记住了自己的名字。

历史上有一个著名成语——蒙马虎皮，就是给战马套上虎皮，假扮成老虎去吓唬斗志薄弱的敌军（战马），这个奇怪战术的发明者，就是胥臣。众所周知，马是最怕老虎的，当看到对方阵中清一色的老虎战车，仗还没打，马腿下面就已经尿流成河了。

对胥臣有利的是，他所面对的楚右军整体战斗力在楚三军中最弱，而且楚、陈、蔡之地很少见到老虎，对传说中青面獠牙的老虎有天生的敬畏。当蒙着虎皮的晋下军战马以迅雷不及掩耳之势朝着楚右军扑来时，楚右军的弟兄们以及战马们已经吓傻了，几百只老虎……

《左传·僖公二十八年》："楚右师溃。"一千五百多年后，北宋名将狄青在昆仑关大战侬智高时，就借鉴了胥臣的做法，蒙马兽皮，一战击溃侬智高。

从战略上讲，楚右师的存在对这场争霸战的影响并不大，但从战术上来说，楚右师的崩盘，彻底打乱了成得臣的战前部署。按成得臣的想法，以楚中对晋中，以楚上对晋上，以楚下对晋下。现在右师被晋军打散，等于将以成得臣为中心的楚中军直接暴露在晋三军面前。成得臣不能再安坐泰山，坐等晋军来攻了，他必须主动出击，打掉晋下军，避免被晋三军围而后歼。

对于成得臣的反应，晋军高层似乎早有预料，在楚右师溃败之后，晋上军主将狐毛和下军主将栾枝联袂上演了一场诱敌深入的好戏。狐毛打着中军的旗帜，让成得臣误以为晋军主力已无恋战之心。栾枝把事先砍下的木柴拴在战车上，拖在车后满街跑，扬起尘土。一方面引楚中军咬钩，另一方面模糊楚中军的视线，以便晋军其他部队乘烟尘四起之际围歼楚军。

根据最高统帅部的安排，除了狐毛和栾枝诱敌深入，中军新任主将先轸和军副郤臻率晋军的精锐部队埋伏在半路上，只等楚人一过，漫山遍野杀将出来……

不知道《左传》是否记载有误，胥臣在蒙马虎皮击溃楚右军之后，应该是乘胜进击，而不是佯败后撤。如果晋军想诱楚军深入，应该是佯败于楚右军，又何必把楚右军打散？最离奇的是，以成得臣这样久经疆场的老将，居然也没有看出来晋军的诱敌计，果然步步紧追了上来。

当初晋人轻易地把楚军主力从商丘调往北上城濮，长途奔袭二百里，导致楚军非常无谓地消耗大量体能，成得臣依然没有从中吸取教训。现在晋人打溃了楚右军后就仓皇逃窜，根本不符合战争逻辑，成得臣却只想生擒姬重耳为自己正名。

楚国名臣孙叔敖的父亲蔿贾就曾经告诉楚前任令尹斗谷於菟（子文）："子玉刚而无礼，不可以治军，给他三百乘战车，则楚必败。"成得臣为人不谓不忠，但性格过于暴烈，不适合担任最高军事统帅，楚王熊恽出于维护权力平衡，以及不激怒斗氏家族的考虑，没有及时换掉成得臣，最终酿成大祸。

等到楚军发现中了晋军的埋伏后，成得臣再想从坑里爬出来，已经来不及了。晋军把最精锐的公族子弟兵团埋伏在路上，就是专门用来招待成得臣的楚中军。

"先轸、郤臻以中军公族横击之。"从这句记载来看，晋中军并没有形成一个呈半圆形的口袋阵势，而是摆下了一字长蛇阵，从腰间截断了楚中军的前后联系，企图一举歼灭成得臣所部。

值得成得臣庆幸的是，他率领的楚中军是楚军的精锐王牌部队。楚中军的班底是之前熊恽围宋的精锐之师，再加上东宫直属甲兵，以及成得臣的私家劲卒六百人，这些人都是亡命之徒，战斗力极强。晋军的最精锐部队采用了偷袭方式，也没有拿下楚中军，从史料记载上可以看得出，楚中军只是受到了一些袭扰，并没有受到太大的损失。

斗宜申率领的楚左师就没有成得臣那么幸运了，楚左师应该是楚国的二线部队，抗击打能力自然不如楚中军。在追赶晋军的过程中，没想到二狐领衔的晋上军突然杀了个回马枪，将毫无准备的楚左师冲得七零八落，"狐毛、狐偃以上军夹攻子西，楚左师溃"。

楚左军的崩溃，导致成得臣率领的楚中军无援可倚，晋三军打的是伏击战，体力消耗远小于楚三军，晋下军甚至都没有与楚右军短兵相接，用蒙马虎皮就吓跑了楚右师。晋三军合围楚中军的态势越来越明显，楚中军再英雄了得，也难招架破鼓万人捶。

眼前的形势很清楚，再打下去，楚国最精锐的楚中军极有可能被晋军全歼，纵使成得臣以身殉国，也丝毫不会有益于他在江湖上的英雄之名。与其如此，不如见机而收，把损失降到最低限度。

成得臣在这场本不该发生的惨败的最后一刻，才表现出一位军事统帅应有的沉着。在晋军凌厉的攻击下，成得臣依然能够有条不紊地收拢左师败下来的残卒，补做中军外围，保护中军主力从容撤出晋人的埋伏圈，缓缓南撤回楚。

城濮之战，姬重耳笑到了最后。

如果从战争的惨烈程度上来看，此战并不算过于血腥，远比血流成河的柏举之战小得多，但城濮之战最大的意义并不在军事上，而是在政治和外交上。城濮之战宣告了一个属于楚的时代结束了，一个属于晋的时代开始了，这才是战场赢家姬重耳在政治上最大的收获。

在城濮之战前，楚国北上扩张的势头极为明显，深处中原腹地的曹、鲁、卫、郑都成了楚国的马仔，严重威胁到了中原诸侯国。晋国在城濮之战中取得完胜，一个最明显的标志，楚国元气大伤，再无余力北上，中原投楚的诸侯国转而臣服于属于中原文明圈的晋国。

最大的一棵墙头草就是郑国，此次大战，郑国把自己的所有部队都交给楚人指挥，编入楚左师，结果被二狐吃了个精光。手上已经没有牌面可打的郑文公姬踕只好低三下四地向被自己调戏过的姬重耳求饶，请求和晋结盟。郑国地处天下要津，国力中等，郑国对各大国的态度是大国称霸的政治风向标，郑国投晋，标志着姬重耳霸业的彻底完成。

毫无疑问，城濮之战最大的赢家是姬重耳，无论是从军事角度还是从政治角度。军事角度自不必说，楚军已经被打残，短时期内难以恢复争霸；从政治角度看，在晋国国内，姬重耳的威望达到了顶峰，晋国内部再无人敢捋重耳之缨；在中原文明圈内，晋国已经是当之无愧的老大，原先附楚的曹、鲁、卫、郑都拜在姬重耳膝下。

不过，要想成为名正言顺的霸主，还有一道手续要办，就是必须得到周天子的认可，否则就是野霸王。姬重耳自然知道其中轻重，五月十日，姬重耳把在城濮之战中俘获的楚军俘虏千人，带甲的战马百乘献给周襄王姬郑，在周天子的面子越来越不值钱的时候，姬重耳给足了姬郑面子。

政治买卖，公平交易、童叟无欺，姬重耳需要一张由周天子亲自盖章的称霸文书，吃人嘴软，姬郑自然知道自己该怎么做。两天后，姬郑以周天子的身份号令天下，册命晋侯姬重耳为侯伯，也就是天下的诸侯长。同时，天子赐晋侯大辂之服、戎辂之服，赤色弓一只、赤色箭百支、黑色箭千支（象征晋侯可以代天子讨伐不臣），并虎贲甲士三百人。

最让姬重耳有面子的是，周天子按宗室辈分，当着天下人的面，叫了姬重耳一声叔父，"王谓叔父，敬服王命，以绥四国"。即位时，姬重耳在江湖上的名望还不算很高，所以行事说话都比较谨慎。自城濮大胜后，姬重耳的自信心迅速膨胀，特别是在天子承认他是天下霸主之后。

这一年的冬天，狂妄自大的姬重耳竟然以诸侯的身份，召周天子参加由晋国主持的温（今河南温县）的诸侯盟会。姬郑当然知道这于礼不合，甚至连孔夫子知道这件事情后都指责姬重耳"以臣召君，不可以训"，但现在姬重耳的拳头硬，姬郑不敢得罪这个叔父，只能低三下四地去给叔父撑脸面，不过至少还能捞点车马费。

姬重耳确实很狂妄，但他有资格这么做，在任何时代，兵马都是老大。

二三 / 秦穆公：拉开统一大幕第一人

说到秦国，人们首先会想到"挥剑决浮云，诸侯尽西来"的千古一帝秦始皇嬴政，实际上秦灭六国统一天下，功劳并不是嬴政一个人的。如果往前推算，秦昭襄王嬴稷、秦惠王嬴驷、秦孝公嬴渠梁都为秦国后来的统一夯实了基础，但如果没有秦穆公嬴任好在春秋中期的发奋图强，将秦国的国际地位提高几个档次，秦国最多也就像燕国那样打酱油，而嬴任好就是嬴政的第十九代祖宗。

历史上曾经发生过两次由兄弟三人接替继承王位的奇观，一次是十六国时期的南凉，秃发乌孤传位弟利鹿孤，利鹿孤再传弟傉檀。一次就是秦德公传位儿子秦宣公，秦宣公传弟秦成公，秦成公传弟秦穆公嬴任好。而有史所载的秦国君主名字也是从嬴任好开始的。

嬴任好和秃发傉檀有一定的相似性，比如他们都是三兄弟中的老幺，能力都非常出众，在位时间在兄弟中最长，而且地盘都地处陕甘交界处。秃发傉檀是十六国时期不多见的明君坯子，可惜生逢多难，一朝被袭，便成千古遗恨。

南凉亡国之所以如此迅速，关键在于周边政权太多，强枭辈出，生存环境极为恶劣。相比之下，嬴任好情况略好一些，周分封诸国八百，而在潼关以西立国的，只有秦国。即使再算上西边的犬戎，对秦国也构不成战略性威胁，毕竟这已经不是当年马踏镐京时的犬戎了。

从地理位置来看，秦国与燕国极为相似，都处在中原文明区的边陲，属于"半夏半夷"，生存条件相对优越。燕国从周武王时就立国于此，但七百年来燕国始终默默无闻，直到燕昭王横空出世。按老子的话讲，就是"小国寡民"，自得其乐。

在春秋前期，秦国在诸侯国中并不显山露水，实力也不过二流，远不如齐、晋等大国。如果嬴任好向燕国那样"无为而治"，过自己的小日子，未必不是一个明智的选择。问题是嬴任好不甘心做一个土财主，往远了说，他想做晋献公姬诡诸第二，往近了说，他想做齐桓公第二。

说来很有意思，最公认的春秋五霸，即齐桓、晋文、宋襄、楚庄，再加上嬴任好几乎都生在同一时期，齐桓公姜小白略早，而庄王熊侣略晚。而在嬴任好于公元前659年即位时，东方霸主齐桓公已经在位二十七年了，也就是说，自嬴任好懂事开始，他就一直生活在姜小白的阴影之中。

特别是在嬴任好即位的第四年，也就是公元前656年，姜小白在召陵逼得楚国承认了齐国的诸侯长地位，姜小白风风光光地接受诸侯伏拜，这对嬴任好来说是个很大的刺激。姜某能做到的，我为什么做不到？

嬴任好的争霸事业在悄无声息中展开，此时的秦国就像是一个刚开张不久的乡镇企业，要资金没资金，要技术没技术，要人才没人才。照这样发展下去，也只能打开低端市场，是不可能与专走高端市场的齐国大公司相抗衡的。

嬴任好的家底子薄，要想尽快把公司规模做大做强，引进人才是当务之急。市场竞争，说到底，其实就是人才的竞争，包括高新技术开发，做什么事情都离不开高端人才。和其他乱世一样，春秋各国的人才流动性也比较大，比如著名的"楚材晋用"，再比如吴国的文相武将伍子胥和孙武，都是从楚国来的。

说到嬴任好用人，就不能不提秦朝一代雄相李斯那篇著名的《谏逐客书》。战国后期，各国人才云拥至秦，引发了秦国高层对外国间谍的担心，所以地方保护主义大滥其觞。当时还一文不名的李斯为此上书反对，在《谏逐客书》的开篇，李斯就提到了秦穆公吸纳外国高端人才的开放政策。

李斯提到了五个被嬴任好重用的外国人才，即戎人由余，虞人百里奚，宋人蹇叔，晋人丕豹、公孙支，"此五子者，不产于秦，而缪公用之，并国二十，遂霸西戎"。嬴任好最终能成就一方霸业，没有这些高端人才是不可想象的。

嬴任好时代的秦国和嬴政时的秦国情况不大一样，在嬴政之前，秦国就在执行人才开放政策。比如秦昭襄王的两大名相，范雎是魏人，蔡泽是燕人。所以在当时的秦国上层看来，外国人才在秦国已经处于饱和状态，不需要再继续引进外国人才。而春秋前期，秦国经济落后，地居偏西，高端人才非常少，嬴任好要充实自己的人才库，就只能挖别人的墙脚。

在嬴任好引进的五大高端人才中，百里奚是最著名的，就是脍炙人口的"五张羊皮"的典故。和其他"养在深闺人未识"的人才相比，百里奚早在多年前就已经声名在外，是虞国的名大夫。

在著名的"假途伐虢"事件中，晋献公用一匹马就骗了贪财的虞公，灭虢之后就顺手把虞国给灭了。因为姬诡诸的女儿嫁给了嬴任好，姬诡诸就把虞公和大夫井伯赏给了嬴任好的老婆秦穆姬当奴隶。本来百里奚也在黑名单上，但百里奚运气好，半路逃出生天，来到楚国隐居，没想到又被楚人活捉了。

对虞公这等饭桶来说，被送到秦国等于送死，但对百里奚来说，这里才是他的天堂。嬴任好早就想得到这位贤臣，甚至姬诡诸送虞国君臣入秦，也极有可能是嬴任好亲自下的订单，只是百里奚突然溜掉，对嬴任好来说是个不小的打击。

嬴任好听说百里奚落在楚人手上时，毫不犹豫地给楚人开出了大价钱——五张上等羊皮，要求楚人把百里奚还给秦国，理由是百里奚本就是秦国的奴隶。楚国要一个已经七十多岁的糟老头子没什么用处，不如五张羊皮更实在，楚国当然愿意做这笔买卖。

百里奚对嬴任好并不了解，所以拒绝和秦国合作，嬴任好的脾气非常好，说他"厚德载物"可不是吹捧。换成其他人，你一个下等奴隶敢如此不识抬举，早就一刀砍翻了。嬴任好苦苦追求百里奚，就是看中了他的贤德干才，为了得贤不惜自降身段，这不是一般人能做到的。

更能体现嬴任好人性化的一点是，嬴任好特别告诉百里奚，虞国之亡，是虞公贪财，非你之罪，彻底卸下了百里奚心中的沉重包袱。如果不把虞国之亡和百里奚切割开来，百里奚即使为秦效力，他在人格上也低嬴任好一头，毕竟他是亡国罪臣。百里奚被嬴任好的真诚所打动，心悦诚服地拜倒在殿下，做了秦国的首席内阁大臣，"授之国政"。

人才库建设其实就像滚雪球，引来了第一只金凤凰，就会有第二只、第三只金凤凰飞到梧桐树上，蹇叔就是因为百里奚的极力推荐，被嬴任好用重金迎请来的，并拜为上大夫，参与军国大事。

五大名臣聚集在秦国的大旗下，给嬴任好提供了不可估量的智力支持，这是秦国最大的非物质性财富，其重要性，和刘备得到诸葛亮的分量是一样的。

和刘备天生的强枭性格不同，嬴任好的心存厚道是与生俱来的，他是真正意义上的仁君，而不像刘备的"仁君"头衔多半是表演出来的。如果秦始皇要给第十九世祖上一个庙号的话，"秦仁宗"是嬴任好受之无愧的。

春秋时有一位著名的"仁君"，就是宋襄公子兹甫，但宋襄公的"仁"虽说不是装出来的,但过于迂腐,不能把"仁"与"势"结合起来,徒有仁名而不知用势,结果成为历史上的笑柄。

关于嬴任好的胸襟气度,《说苑·复恩》记载了一个非常有名的小故事,嬴任好钟爱的上等好马丢了,他亲自率人四处寻找,结果在岐山北面发现有一群野人已经把马杀了,正在架锅烧柴煮马肉。

这些人这才知道他们杀掉了国君的马,吓得脸都紫了,叩头求饶。如果有人吃了卫懿公的鹤将军,卫懿公一定不会放过他,但嬴任好没那么刻薄,吃了就吃了吧,一匹马而已。

看到这些人干吃马肉不喝酒,他说了句:"常听老人言,吃马肉要喝酒,我有好酒,汝等与我共饮。"嬴任好很大方地坐在地上,与三百野人共啖马肉饮酒,毫无国君的架子,嬴任好的大度让这些吃马肉的馋鬼羞愧不已。

三年后(《吕氏春秋》说是一年后),嬴任好和晋惠公姬夷吾撕破脸皮,在韩原大打出手,秦军不利,嬴任好的战车被晋军重重包围。而三年前吃马肉的三百名馋鬼正好看到了这一幕,为了报嬴任好大度不杀之恩,馋鬼们拼命从万军阵中捞出了嬴任好,并帮助秦军生擒姬夷吾,为秦国取得在政治上对晋国的绝对优势立下不世奇功。

嬴任好不杀吃马者而受人报恩,应该对楚庄王熊侣不杀调戏姬妾的将军产生了有益的启发,如果楚庄王杀了绝缨之人,危难时刻还有谁来救他出万重之围?底层多奇士,不要因为小事而大开杀戒,放人一条生路,也就是多给自己打开一扇逃生之门。

《吕氏春秋》对嬴任好的大度恕人大为赞赏,"行德爱人则民亲其上,民亲其上则皆乐为其君死矣"。历史上赦人之罪而受人报恩的例子比比皆是,不要小看社会底层人士的力量,在关键时刻,这些被士大夫所轻视的"小人"往往能建立让这些"君子"汗颜的丰功伟绩。

但就当时来说,嬴任好显然不会预见将来他会有这一劫,所以他赦免吃他马的那些人是发自内心的宽厚,并非有意显示宽大邀买人心。另外还有一件事情更能说明这一点,晋惠公姬夷吾在晋国内乱时逃到秦国避难,在嬴任好的帮助下,姬夷吾才得以回到晋国即位。在秦国避难时,姬夷吾和嬴任好做了一笔交易,等他回晋后就割让河西八城。

没想到姬夷吾刚回到晋国就翻脸不认人,还派大臣丕郑来到秦国胡搅蛮缠，拒不认账。做人如此不讲规矩，嬴任好有一万个理由记得姬夷吾的忘恩负义，但不久后，晋国发生大饥荒，嬴任好本应该稳坐黄鹤楼看翻船，笑看姬夷吾饿肚子。嬴任好不忍心晋国百姓受饥荒之苦，他说了句足以感动历史的名言："其君是恶，其民何罪？"姬夷吾不是东西，但晋国遭的天谴不应由老百姓买单。

可以肯定的是，嬴任好不是在演戏，他不需要这么做。如果嬴任好真是个铁血冰冷的人，他完全可以趁此机会，大举进攻晋国，灭掉姬夷吾后再收买人心，更有现实意义。

面对做人没有底线的姬夷吾，嬴任好一让再让，除了他本性善良，还有一层原因，就是姬夷吾的姐姐秦穆姬从中游说。在原地之战，嬴任好生擒姬夷吾之后，准备杀之以祭天，周天子和秦穆姬纷纷向嬴任好求情，放姬夷吾一条生路。

给不给周王的薄面，全看嬴任好的心情，但嬴任好受不了的是秦穆姬的眼泪。要想打败重感情的好男人，女人的眼泪是最好的武器，英雄皆怕柔情剑，就是这个道理。

秦穆姬可怜兮兮地跪在丈夫面前，哭求嬴任好法外开恩，让嬴任好也跟着动了情，说句："夫人是忧。"姬夷吾做人太过无耻，幸亏他遇到的嬴任好是个好脾气，换成勾践，十个姬夷吾脑袋也掉了，勾践是什么事情都干得出来的。

嬴任好为人贤德好施，也是有人证的，就是楚成王熊恽。此时的姬重耳正流浪在楚国，享受着诸侯的待遇，吃香的喝辣的，却突然收到了嬴任好的来信，请姬重耳到秦国小住数月，交交朋友。姬重耳知道秦晋关系因为姬夷吾的胡折腾搞得不可收拾，似乎有些不愿意去，还是熊恽替嬴任好解了围，说嬴任好"秦君贤"，这才劝姬重耳上了路。

嬴任好在江湖上赢得贤名，是对他乐善好施的肯定，和美名在外的郓城宋押司有得一拼。还别说，还真有人把嬴任好比成江湖上的及时雨，这又是一个牛人，就是姬重耳本人。

虽然嬴任好请姬重耳入秦是出于秦国国家利益的考虑，但嬴任好对姬重耳的厚道让人挑不出半根刺来，比无礼的郑文公、曹共公之流高了几个档次。

因为晋惠公姬夷吾的儿子姬圉突然从秦国逃回晋国，秦国失去了可以对晋国施加重大影响的人质。为了保持对晋国的影响，嬴任好想到了流浪在外的姬重耳，在姬圉即位已经不可避免的情况下，嬴任好决定把宝压在姬重耳身上。

嬴任好出手非常大方，姬重耳刚到秦国，嬴任好就送了五名秦国美女给姬重耳当小老婆，甚至包括当初嬴任好送给姬圉的那位秦女。这不仅是嬴任好对姬重耳的器重，也是对姬圉的鄙视，有意羞辱姬圉。其实这也不能怪嬴任好玩腹黑，嬴任好对姬夷吾父子已经是恩重如山了，可这对活宝父子专干忘恩负义的丑事，实在太不地道。

在欢迎姬重耳的宴会上，嬴任好的心情非常好，"大欢"，估计和猴子一样上蹿下跳。在与姬重耳喝了几杯酒后，嬴任好承诺帮助姬重耳回国继位，将姬圉扔进公共厕所里。

姬重耳和赵衰等人对嬴任好的大度，激动得连连下拜，说秦伯真乃及时雨，"如百谷之望时雨"。两千年后，施耐庵和罗贯中合撰《水浒传》，男一号宋江的身上，应该就有一些嬴任好的影子。宋江的绰号"及时雨"，可能就是直接抄用嬴任好的"望时雨"。

甚至可以这么说，如果没有嬴任好的果断相助，姬重耳有可能永远回不了晋国，更无可能开创什么晋文霸业。嬴任好确实选对了人，姬重耳的回晋继位，是秦晋两国真正政治蜜月的开始。

送姬重耳入晋继位，是嬴任好人生中做得最为划算的一笔买卖，不但江湖名望急升，而且也获得了实实在在的战略利益。在嬴任好的称霸计划中，晋国始终是秦国绕不过去的坎儿，摆不平晋国，嬴任好只能大槐树国里称霸了。当时晋的实力强于秦，如果秦晋始终交恶，将严重影响秦国对中原主流文明区获取战略利益。

姬重耳为了表示对嬴任好的感谢，把嬴任好送给他的五名秦女悉数封为夫人，给足了嬴任好面子。更能体现秦国在晋国拥有特殊地位的是，晋国特别允许秦国派出三千名精锐"维和士兵"在晋国驻扎，一旦晋国出现反对姬重耳的势力，三千虎狼秦军会立刻上前扑杀。

毋庸讳言，秦晋两国已经穿上了一条裤子，关系好得不得了，而且秦晋之间是签过正式盟约的，就是公元前636年二月，由狐偃出面，与秦国在郇地（今山西临猗南）签订的郇之盟。

姬重耳继位后的第二年（前635）二月，在赵衰的建议下，姬重耳抢在嬴任好的前面，平定了东周王室的王子带之乱，把周襄王安全护送回雒邑，并得到了周襄王的特别款待，并赐给晋国大片土地，一时间，姬重耳风光无限。

从表面上看，赵衰很敏锐地意识到尊王在政治上的极端重要性，问题是在此之前，秦军就已经做好了所有准备，就等嬴任好一声令下，过河勤王。但秦军莫名其妙地在晋人的劝说下按兵不动，坐看晋人过河去捞大头，难道嬴任好的脑袋被驴踢了？

以嬴任好的国际战略分析能力，他怎么可能不知道勤王的政治好处？而晋国与秦国同时得到周王室发生内乱的消息，何况姬重耳刚即位，国内之事一地鸡毛，肯定不如嬴任好轻舟好扬帆。嬴任好的动作为什么还会落在姬重耳的后面？除了嬴任好有意让姬重耳在国际外交舞台上树立威信，不太可能有更合理的解释。

嬴任好放弃勤王这块肥肉，应该有更深层次的战略考量。晋国虽然历经动乱，但整体实力要强于秦国，从某种程度上讲，晋可以无秦，但秦不可以无晋。

在秦国的东南方向，楚国已经以极快的速度崛起，对秦国已经构成了战略威胁。如果嬴任好抢先一步勤王，嬴任好固然可以出尽风头，但问题是枪打出头鸟，楚国的战略尖刀很可能就会对准秦国。

在这种情况下，嬴任好把绝佳的出镜机会让给姬重耳，有两个好处：

一、姬重耳新即位，在国际上没有什么威望，勤王可以让姬重耳很快地树立威信，对巩固秦国这个铁杆盟友在晋国的统治非常有利。

二、晋国大出风头，成为中原主流文明国家的准盟主，成为众矢之的。楚国就会把晋国当成楚国北上称霸最大的战略敌人，从而使秦国有了更大的回旋余地。晋楚争霸，秦国作为两国最大的邻国，将成为晋楚两国竞相争取的超大砝码，嬴任好两边通吃，反而有利于秦国的生存。毕竟以秦国相对薄弱的国力，是根本不可能单独承受楚国的超强攻击的。

秦晋同盟是绝对不能出现问题的，对嬴任好来说，他必须做到"有秦必有晋，有晋必有秦"。

在公元前635年的秋天，嬴任好就伙同姬重耳，两国联军进攻位于秦楚之间的楚国仆从国鄀国（今河南淅川附近）。这场战役以秦国大胜结束，不但鄀国国都商密开门投降秦国，楚国的地方长官斗克和屈御寇也被秦军俘虏。姬重耳同样出兵南下，但没有得到任何好处，这应该是姬重耳利用此次机会对嬴任好报恩。

不排除嬴任好和姬重耳之间有钩心斗角的举动，但他们首先代表的是各自的国家利益，为了对抗超级大国楚国，秦晋协同合作，救晋就是救秦，救秦就是救晋。在春秋时代最著名的战略性大决战——城濮之战中，嬴任好就派出儿子小子慭率兵来到城濮，配合晋军的正面作战。

秦国与晋国结盟的九年时间里，是秦国最为舒适的九年，虽然秦国对外没有发动大规模战争，但在有利的国际形势下，嬴任好有充足的时间与空间积蓄国力。

不过嬴任好最大的战略短板是他的思维似乎有些跟不上形势的变化，公元前628年，在位仅九年的晋文公姬重耳去世，性格强硬的晋襄公姬驩即位，而嬴任好依然沉浸在与姬重耳友好合作的迷梦中不能自拔。姬重耳对嬴任好感恩戴德，但姬驩对嬴任好并没有什么感觉，而且姬驩急于在国内外立威，他不想活在嬴任好的阴影之中。

关于秦晋反目成仇，最典型的一次事件就是发生在公元前627年的殽之战，是役，秦军被晋军打得鼻青脸肿，秦军三大将孟明视（百里奚之子）、西乞术和白乙丙（皆蹇叔之子）被生擒活捉，秦军被全歼，一个也没逃出来，嬴任好在江湖上丢尽了脸面。

如果追究此战的责任，嬴任好是要负主要责任的。最大的问题就在于嬴任好轻视姬驩，以为他不过是个黄口小儿，就像五代十国的北汉皇帝刘崇轻视新即位的后周皇帝柴荣，结果在高平被打爆头。

事件的起因是嬴任好想趁晋文公去世之际，独吞郑国，在当年出重兵准备奇袭郑国。对于这场莫名其妙的战争，百里奚和蹇叔是坚决反对的，理由是千里袭人，罕有得利者。

嬴任好急于灭郑，应该是对姬驩即位后的晋国外交政策不太放心，但嬴任好最大的错误还是他不应该在灭郑失败后顺手牵羊般地灭掉了晋国的属国滑国。这极大地激怒了姬驩，因为晋文公刚死没多久，棺材还没下地，嬴任好就突然来这一手，自然会被姬驩认为这是对他的冒犯。姬驩急于在国内立威，而且来自晋国统治层的压力也迫使姬驩不得不对嬴任好展示强硬态度。

这场殽之战，是嬴任好出道江湖后遭到的最严重失败，这也几乎终结了秦国向东发展的势头，有晋国在，嬴任好在东线已经没有扩张地盘的机会。

嬴任好身上有许多让人欣赏的优点，其中一个优点就是他知错能改，而且很大度地把殽之战战败的责任都全揽到自己头上，并通过外交手段把孟明视等大将从晋国捞了回来，真诚地向他们道歉，并让他们官复原职，最大限度地挽回了嬴任好因为殽之战而在秦国国内有些下跌的人望。

嬴任好的军事能力，不客气地讲，在春秋时代只能算是中等，比刘备好不了多少，但他最擅长的却是在军队中搞思想政治工作。公元前624年，吃了三年苦胆的嬴任好率兵伐晋，以破釜沉舟之势杀入晋国腹地，将晋军打得落花流水，狠狠地出了一口恶气。不过最精彩的桥段还是在战胜后，嬴任好在殽山的旧战场为殽之战的秦军将士发丧招魂，并穿上丧服，痛哭三日。

他对秦军将士发表的公开检讨是真诚的，嬴任好泪流满面地站在将士们面前，对自己当初不听百里奚和蹇叔的良言导致殽之败表示非常后悔，以后要听人劝吃饱饭，并立誓为证，有再犯者，天人不佑。

嬴任好的自贬，不禁让人想到了一代雄主汉武帝的《轮台罪己诏》，以刘彻的强枭性格，能在晚年反思自己的错误，是非常不容易的。虽然有些帝王也假模假式地下诏罪己，但尽说些不疼不痒的话，逢场作戏而已，嬴任好和刘彻都是发自肺腑地反思，他们所考虑的不是所谓维护皇权的尊严，从某种意义上讲，是让天下公众监督自己，避免以后再犯类似的错误。

嬴任好待人真诚，不掺杂私货，他的表态让士大夫们非常感动，"君子闻之，皆为垂涕"，更不用说心地纯真如明月的三军将士了。当然，嬴任好知道此次认错，会在江湖上增加对他的印象分，有利于巩固统治。

孟明视是秦国的超大号重臣，以孟明视的能力，放在晋、楚等国都能找个铁饭碗。但嬴任好不惜血本把孟明视从晋国救回来的举动，彻底征服了孟明视。

嬴任好对高端人才爱护有加，不像《三国演义》中的刘皇叔摔孩子那么虚情假意，这是他用人的一贯思路。在孟明视回国后，秦国舆论都要求嬴任好杀掉殽之败的头号罪人孟明视，嬴任好主动揽过："是孤之罪也！"为君如此，怎能不让人倾心竭力以死效忠？

如何才能用好人才？做好两点就可以了，一是给予人才充分的空间，用人不疑；二是勇于担当，替下属揽过。正如《左传·文公三年》称赞嬴任好的那样："嬴任好用人向来是疑人不用，用人不疑，孟明视之所以尽忠于嬴任好，是因为嬴任好能反思自己的错误。"

三国大博弈的历史证明，在实力较弱的情况下，刘备之所以能鼎足三分天下，靠的就是"人和"，最大限度地巩固国内执政基础，这也是蜀汉屹立五十年不倒的重要原因。

在春秋中前期，晋、楚、秦小三角格局中，晋类似曹操得天时，楚类似孙权得地利，秦类似刘备得人和。嬴任好深知这一点，秦国力偏弱，如果内部再乱七八糟，那干脆就别玩了。

秦国的发展战略和蜀汉非常相似，曹操得中原，孙权得江东，刘备只能朝西南方向发展，得南中，遂霸一方。嬴任好面临着同样的局面，向东有晋，向南有楚，根本没有力量进行战略突破，嬴任好只能向西发展。

本篇开头讲过，秦国的西线只有犬戎等部落，由于犬戎还没有形成国家，整体实力不如秦，所以嬴任好避开晋、楚之锋，主攻犬戎，这战略是正确得当的。史称："三十七年（前623），秦用由余谋伐戎王，益国十二，开地千里。"

在灭戎之前，秦国的军事实力偏弱，这可能和秦人的农耕习惯有关系。但自灭戎之后，秦军的战斗力有了明显的提高，因为犬戎部落民风剽悍，作战勇猛，是冷兵器时代非常受欢迎的兵源之一。一百年后，吴国灭楚，楚臣申包胥哭求秦国出兵复楚，如果秦军没有融入犬戎兵的强悍作风，是很难把当时最为剽悍的吴人打退的。

对于秦国由弱小变强大，史家多归功于秦惠王接受司马错的建议伐蜀，使秦国一跃成为一线强国，实际上嬴任好的"霸西戎"起到了同样的效果，只不过不为后世所重视。

秦国的统一之路，可以分为三个大阶段，由后往前说，分别是秦昭襄王百战削赵、魏，秦惠王用商鞅变法、伐蜀扩地，秦穆公向西辟地千里。从这层意义上讲，秦穆公才是秦国拉开统一大幕的第一人。

虽然嬴任好在公元前621年去世时，按照旧制杀了一百五十七人陪葬，特别是三位贤臣奄息、仲行、针虎的殉葬，受到了历史的集中炮轰，当时人就作诗讽刺，就是《诗经·黄鸟》。

不过按西汉人匡衡的说法，这么多人给嬴任好殉葬是他们自愿的，"秦穆公贵信，而士多从死"。一般奴隶主去世后会杀奴隶陪葬，但匡衡所说的"士"显然不是指奴隶，而是春秋时的士。

再者，奄息等三人殉葬是因为他们在和嬴任好喝酒时，嬴任好说了句"生共此乐，死共此哀"，所以奄息等人许诺等公死后殉葬，并非强迫。清人赵翼评价这件事时说："（三人）皆从死，则是出于三子之自殉，而非穆公之乱命矣。"

退一万步讲，即使给嬴任好陪葬的是被强迫的奴隶，也不能一味炮轰嬴任好残忍好杀，杀奴隶殉葬是当时的社会风气。

二四 / 一鸣惊人楚庄王

说春秋必论五霸，齐桓、晋文、宋襄、秦穆都讲过了，接下来讲讲最后一个霸主楚庄王熊侣。

由于"春秋五霸"的说法流行甚广，所以熊侣的历史知名度在春秋时也算是一线，比小霸郑庄公高了不止一个身位。实际上，后人对熊侣的了解，多半是通过几个脍炙人口的成语，如下：

一、不鸣则已，一鸣惊人。

二、灭烛绝缨。

三、问鼎中原。

单从数量上讲，熊侣的三个成语不算多，西汉战神韩信就拥有著名成语十几个，但巧合的是，熊侣仅有的三个成语，却能很巧妙地将熊侣波澜壮阔的争霸事业串联起来。

细分熊侣的精彩人生，确实可以分为三个阶段：第一个阶段——夹着尾巴做人，即"不鸣则已，一鸣惊人"。第二个阶段——卧薪尝胆，励精图治，即"灭烛绝缨"。第三个阶段——北上争霸，即"问鼎中原"。

辉煌的人生三部曲，熊侣一气呵成，如果以公元前597年，楚军北上围郑败晋为问鼎标准，熊侣只用了区区十七年，而一代霸主晋文公仅在国外流浪就用了十九年。

当然，有一点要首先说明，作为游离于中原主流文明区域之外的楚国争霸中原，实际上是不能从熊侣开始算起的，而要从熊侣的祖父楚成王熊恽算起。春秋史上第一名战城濮之战，就是熊恽和姬重耳共同完成的梦幻大剧。

城濮之战的失败，从战略上讲暂时挫败了楚国北上争霸的图谋，而且也影响了熊恽在国内的威信。熊侣的父亲熊商臣第一个不服老爸，发动了宫廷政变，逼死了老爸熊恽，自称楚大王。

熊商臣"蜂目豺声，忍人也"，逼死自己亲爹的，是绝对以自我为中心的狂安枭雄。熊商臣在位十二年,继承了成王的对外扩张政策,到处拎刀砍人,连灭江国(今河南罗山北)、六国(今安徽六安)、蓼国(今河南固始北),把楚国的北线防御体系继续向北推进,为日后熊侣的北上争霸创造了有利条件。

熊商臣经营十二年,给熊侣留下了一个很不错的家底,但同时也给熊侣制造了一个难题,就是楚王室和权臣得势之家的权力分配问题。

权臣与公室(王室)的权力之争是春秋政治史的一条主线,楚国也不例外。要说起楚国的第一政治家族,除了王室熊氏之外,非斗氏莫属。楚国历史上有一个著名职务——令尹,基本上被斗氏家族给承包了,外人不得染指。

说起来,斗氏和熊氏是同宗,还是近亲,他们都是楚开国之君熊绎的后人,自楚君若敖之后分支单过,楚成王熊恽就是若敖的玄孙,斗氏先祖斗伯比是若敖的孙子。从斗伯比开始,斗谷於菟(子文)、斗班(班固的始祖)、子班相继在楚国执掌大权。特别是著名贤相子文深得楚成王信任,在楚成王争霸中原的过程中立下了不世奇勋。

像斗氏这样的功勋大族,在为国家建功的过程中,会不可避免地出现权力集中的情况,这在一定程度上削弱了王室的权力。在成王、穆王时期,王室对权力的控制相对强一些,极力主张在城濮与晋军决战的令尹子玉(即成得臣,斗伯比的儿子)在城濮惨败后,被愤怒的成王诛杀,以正法纪。

相比于在位四十多年的祖父熊恽,熊侣即位时年龄不会太大,和八岁即位的清康熙差不多。而巧合的是,康熙在位初期,朝政由鳌拜等四大臣把持,熊侣也面临着相似的朝局。帮助熊商臣发动政变夺位的老太师潘崇还在位,令尹子孔,以及公子燮、斗克,也是四大臣辅政。

斗克和公子燮是楚国官场有名的问题人物,症状是太不安分,野心比西瓜还大。斗克当初被秦穆公嬴任好活捉,因为殽之战秦败于晋,嬴任好把斗克放回楚国,请斗克撮合秦楚联盟。这是很正常的外交联络方式,斗克竟然把传话当成自己的功劳,结果秦楚结盟,斗克没分到一个枣子,心怀不满。而公子燮因为想做令尹被拒绝,所以这两位大爷密谋叛乱。

在公元前613年的八月,潘崇和子孔准备对外用兵,斗克和公子燮在暗杀子孔失败的情况下,劫持"幼弱"的楚庄王熊侣从郢都出逃,准备逃往斗克的根据地商密另立朝廷。好在封在庐地的大夫戢黎和副佐叔麋用计诱杀了斗克和公子燮,成功将熊侣从魔爪下救了回来。

对熊侣威胁最大的斗克被杀，但熊侣丝毫感觉不到轻松。斗克的死，并不意味着斗氏家族在官场的势力被削弱，子文、子扬（子文的儿子，也称斗般）、子良都还处在权力最高层，再加上"狼子野心"的子良之子斗越椒，史称"若敖之族，自子文以来，世为令尹"。

熊侣身边非虎即狼（子文曾经喝过虎乳），他无法控制最高权力。而对王室忠诚度相对较高的子孔又在平定斗克叛乱的当年去世，进一步增加了熊侣的危险。

汉宣帝刘询初即位时，头号权臣霍光的势力如日中天，史称"党亲连体，根据于朝廷"，刘询毫无权力。刘询要想在霍光的阴影下活过来，只能向霍光示弱，等待时机翻盘。

熊侣现在面临的形势，和刘询如出一辙，熊侣为了自保，是断然不能像汉质帝刘缵那样，当众指责大将军梁冀"此跋扈将军"。熊侣能做的，就是装傻充愣，表现出对国事不感兴趣，让斗氏家族相信他是个胸无大志的平庸君主，以减轻斗氏家族对他的疑虑。

精彩的故事演了整整三年，在这三年时间里，熊侣是一副标准的昏君模样。对于军国大事，熊侣一概不问，由当朝执政去处理，熊大王每天只做一件事情——"日夜为乐"。

当然，对权大势大的斗氏家族来说，他们是管不着楚王吃喝嫖赌的，随便你怎么玩。他们真正关心的是楚王对权力的态度，还好熊侣交出了一份让他们满意的答卷，"三年不出号令"。

斗氏家族应该没有看出来熊侣是在演戏，但熊侣为了演得更逼真，随后又下了一道死命令："谁敢对寡人的日夜为乐说三道四，死无赦！"熊侣很厚黑地玩出这一招，不但骗过了斗氏家族，还把忠于王室的大臣们全骗了。

第一个被骗的是大夫伍举，就是后来一代传奇伍子胥的祖父。从这场戏的演出效果来看，伍举对熊侣出演装傻大片事先是不知情的，但伍举的忠直，对演戏上瘾的熊侣来说是最理想的群众演员。伍举对熊侣的荒淫好乐极为不满，堂堂国君怎么像个江湖混混？不明就理的伍举进宫劝熊侣好歹给英明的祖先留一点颜面。

熊侣为了不穿帮，还特意增加了剧情和道具，当伍举进殿时，熊侣正"左抱郑姬，右抱越女，坐钟鼓之间"，这边亲一下，那边摸一下，可谓风声雨声浪叫声，声声入耳。

因为熊侣事先有令，敢谏者死，所以伍举隐讳地讽刺荒淫的楚王，"臣在三年前发现山上有一只鸟，这只笨鸟既不去外面捉虫吃，也不像其他鸟儿一样鸣叫，敢问大王，这是一只什么鸟？"

伍举拐弯抹角地劝熊侣迷途知返，此时的熊侣自然不能说自己在演戏，只能同样隐讳地回答："三年不飞，飞将冲天；三年不鸣，鸣将惊人。"这就是著名成语"一鸣惊人"的原始出处。

三年的演员生涯想必让熊侣非常痛苦，但从形势上看，楚国政局应该是朝着有利于熊侣的方向发展，至少三年的隐忍期差不多已经过去了，所以熊侣才有底气告诉伍举：属于我的时代即将到来，老夫子再忍忍吧。伍举听出了熊侣的弦外之音，欢天喜地地出去了。

熊侣的装傻充愣，除了迷惑权臣，还有一个重要目的，就是熊侣通过下敢谏者杀的命令来考查群臣的忠诚度。在如此政治高压之下还敢冒死进谏的一定是忠臣，所谓"国有诤臣不败其国"。

为了发掘更多忠直之臣，熊侣的火越烧越大，几个月后，熊侣的"荒淫指数"急速上升，史称"淫益甚"，不定玩出什么花来。楚王的荒淫激起了大夫苏从的强烈反对，他冒死上书，在熊侣"敢谏者斩"的威慑之下，苏从大义凛然地表明自己的立场："用臣一条命来换大王的浪子回头，臣认为是值得的。"这句话深深感动了熊侣，而且熊侣很欣赏自己的演技，果然又钓上了一条大鱼。

熊侣应该是到了亲政的年龄，正好顺水推舟，"罢淫乐，听政"。熊侣亲政后做的第一件事情就是整肃吏治，其实就是清洗异己，重新构架由自己绝对掌握的朝局。在此之前，楚国朝廷中有几百名官员，但这些人要么不是熊侣的心腹，要么碌碌无为，必须拿掉这些人，换上熊侣的人马或有志于朝政清明之臣。

不过这几百名官员再不符合熊侣的要求，也罪不至死，贬官即可，但熊侣把这几百名官员悉数诛杀，另选几百名中意的官员充数。谁都不会想到一个只知道吃酒耍钱嫖女人的君主会如此心狠手辣，其实站在熊侣的立场上，这很好理解，这就是以杀立威，从而警告官场上所有的异己者，特别是斗氏家族，有不从寡人者，皆从此例！

此时，熊侣认为自己已经不用再表演了，就摘下了"荒淫"的面具，以刚硬霸道的面目公示天下，以贤臣伍举、苏从为执政，正式拉开了楚国历史上最为辉煌的霸业大幕。等熊侣的反对者醒悟过来，已经晚了，熊侣已经将权力牢牢控制在手中。

权力是每一个政治人物的生命，特别是对熊侣来说，无论他有多么远大的志向，首先必须把权力收回来。

熊侣完成了他人生中第一阶段的资源原始积累，接下来就是第二阶段，即上面讲的"灭烛绝缨"，也就是凝聚人心，树立自己的威信。在熊侣收回权力时，楚国上下对于熊侣杀庸吏进能吏一致叫好，"国人大悦"，但这并不能说明什么。

明嘉靖皇帝新即位时，天下也是普遍拥护，歙歙向治，认为可以收拾正德留下的烂摊子，结果呢？比正德时还不如！熊侣能在多大程度上整合人心，收壮士为己用，将对楚国国势产生重大影响。

关于熊侣收拢人心，《说苑·复恩》讲了一个著名的故事，这个故事能很好地说明熊侣在收拢人心方面做的积极有效的工作。有一次熊侣在宫中设宴招待文武百官，为了表示对大家的尊重，熊侣特意把自己的爱姬叫出来陪酒，大家在一起开怀畅饮，向同僚讲述各自在宦海沉浮的苦与乐。

因为是傍晚开宴，所以天很快就黑了，侍者自然要点燃蜡烛。忽然殿上起了大风，把殿上的蜡烛全部吹灭了，大殿顿时变成了黑风山，伸手不见五指。

还没等熊侣下令重新点燃蜡烛，漆黑一片的大殿上突然传来一阵小小的骚动，间以一位美女的轻声呵斥。等熊侣反应过来，坐在他身边的许姬已经怒不可遏地向她的男人揭发在座的一位将军对她非礼。

事情过程很简单，许姬身旁坐着一位将军，据称名叫唐狡。唐狡可能是仰慕许姬的姿色，但平时根本不敢对王的女人有非分之想。现在大殿烛光熄灭，唐狡突然来了邪念，趁乱揩了许姬的油水。

让他没想到的是，许姬有把子力气，在缠斗中，许姬一把扯下了唐狡头盔上的缨子。这就是物证，许姬也说了，只要大王点燃蜡烛，看看谁的头盔上没有缨子，谁就是大流氓。

熊侣坐的位置应该距离许姬与唐狡不远，二人之间的缠斗，熊侣听声音就知道发生了什么事情，甚至熊侣已经辨认出来此人是谁。

但熊侣做出了一个让许姬惊讶得合不上嘴的决定——他要求所有与会官员都把自己头盔的缨子摘下来，说谁再戴头盔饮酒，就是对寡人的不尊重。大王发了话，群臣都按要求摘掉缨子。当最后一个人摘掉缨子后，熊侣下令重新点燃烛火,大殿上光明温暖,大家继续饮酒作乐。

唐狡心里很清楚,这是楚王有意给他解围,虽然他嘴上不说什么,但心里激动得无以名状。以他犯的这条淫乱大罪,就算楚王当众不予追究,以后他还有什么脸面在官场上混?

而且更重要的是,此人还不是熊侣的心腹,最多算是二线。熊侣突然发神经似的来这么一手,说到底,还是在片场上飙戏,甚至不排除一种可能:许姬和熊侣在演双簧,许姬扮黑脸,熊侣扮红脸,由许姬把这个色鬼引出来,然后熊侣当众展示自己的大度。

还有另外一种解释,楚庄王大度容色鬼的真正目的是拉拢军方人士,在军界树立自己的威望,只要攥紧了军权,天就塌不下来。所以许姬告发唐狡无礼时,熊侣首先揽过:"这场宴会是寡人安排的,醉后非礼也是寡人的过错。"特别是熊侣后边紧跟了一句:"若察而罪之,显妇人之节,而伤国士之心。"这句话实际上是说给军界人物听的,这里的"士"主要指武人。

三年后,在楚国进攻郑国的战役中,唐狡拼了老命奋勇杀敌,为楚军大胜立下头功,熊侣问他为何如此拼命,唐狡回答:"当年臣对许姬非礼,蒙大王不杀,无以为报,是矣愿肝脑涂地,用颈血湔敌久矣。"

熊侣替下属掩过的目的也在于此,宋江强行把美女扈三娘许配给矮脚虎王英,也是这个道理。冯梦龙还煞有介事地写了一首诗称赞熊侣:暗中牵袂醉中情,玉手如风已绝缨。尽说君王江海量,畜鱼水忌十分清。

如果说"一鸣惊人"的把戏是熊侣针对文官的拉拢,那"灭烛绝缨"则是熊侣专门收买武官的,这两步都非常关键。任何一个政权对外争霸,都首先必须做到内政清明,团结高效,而且要有一支分析判断能力强悍的智囊团,给君主提供智力支持。

比如公元前611年,楚国发生大范围的自然灾害,全国缺粮,楚国周边的部落,如戎、庸、百濮接连造反,楚国上下人心惶惶。楚国高层都倾向于迁都,从而避开夷人锋芒。

面对朝野盛行的右倾投降主义,司马芳贾(孙叔敖之父)给予了严厉批判,说我们能逃到哪儿去?我们能去的,敌人就不会跟着去吗?现今之计,唯有与庸人一战,打退三敌中最强大的庸人,百濮将不战自退。

熊侣半信半疑地采用了芳贾的计策,果然十五天后,百濮人就自行退兵。失去了百濮的支持，庸人陷入单兵作战的苦境，熊侣在政治上采取"远交近攻"，联合秦、巴等国围剿庸人，在战术上采取"将取先予"，将庸人主力吸引出来，然后楚军分成两队，包抄其后，一战灭掉庸国。

这是熊侣争霸天下打响的第一枪，意义非常重大，但如果没有芳贾的阻止，熊侣有可能像宋真宗赵恒那样，被强大的契丹兵吓得迁都南逃，一切就不可收拾了。

这是熊侣重视文官的好处，而在武官方面，虽然有关熊侣在军队思想工作方面的史料不多，但根据"灭烛绝缨"的故事可以推断出熊侣平时是如何养人用人的。一支强大的军队，要在上、下两方面下足功夫：上者，培养忠诚的军事干部；下者，训练精兵。做好这两篇文章，将无往而不胜。

文攻武备相继完成后，接下来就是等待国际时局的变化，强势出击，完成自己的战略目标。毋庸讳言，自楚成王时代，楚国基本完成了超级大国的骨架，楚国北上争霸最大的敌人就是晋国。在晋、楚之间，夹杂着郑、宋、陈这些中小国家，其中郑是楚的铁杆同盟，宋则和晋穿一条裤子，而陈国则是墙头草，哪边风大就往哪边倒。

根据《史记·楚世家》的记载，在熊侣即位的第六年（前608），楚军大举北上，将晋的同盟国宋打得鼻青脸肿，获兵车五百乘。这是一个非常辉煌的胜利，在战略上讲，削弱宋国，等于砍掉了晋国的一条胳膊。

更让熊侣扬眉吐气的是，楚军的一部由芳贾率领，在郑国的斐林（今郑州东南）大败前来援救郑国的晋军，生擒晋国的名大夫解扬，算是给城濮惨败报了一箭之仇。

虽然这场战役规模并不大，但此战之后，晋国的国际地位有所下降，在和楚国的竞争中略处劣势，史称"不竞于楚"。

此时楚国的强悍程度，有两个人可以做证，一是楚国令尹斗越椒，在第二年（前607），晋国执政赵盾率诸侯军进攻郑国，斗越椒奉熊侣之命北上救郑。在临行前，斗越椒说了一句非常霸气的话："要想得到诸侯的真心拥护，首先要把他们打服，晋国也没什么好害怕的。"这是斗越椒针对国内某些人的畏难情绪说的，想必这也是熊侣的真实想法。

二是晋国执政赵盾本人，在听说斗越椒率楚军急驰北上时，他立刻解散了诸侯军，溜回晋国去了。虽然赵盾嘴上说有意撤军让斗越椒取得胜利，以骄其志，为楚国的君权与相权之争埋下伏笔，但一个很简单的道理：如果赵盾有战胜楚军的实力，他还有必要玩这一招败战计吗？

赵盾对楚国"退避三舍"，实际上等于承认楚国已经有资格与晋国争霸天下，而这又对熊侣巩固在楚国的统治产生了良好的影响。至少在熊侣彻底铲除以斗越椒为代表的斗氏家族的过程中，赵盾无形中是"帮"了忙的。

事情发生在公元前605年七月九日，此前斗越椒和时任工正的芳贾互相撕咬，斗越椒棋高一招，送芳贾上了西天。在忍无可忍的情况下，熊侣发起了对骄横跋扈的斗越椒的总攻，交战的地点在皋浒（今湖北襄阳），费了九牛二虎之力，熊侣还挨了斗越椒的两记冷箭，最终将斗越椒打败，灭斗氏之族。

这是一场权力内战，但其影响不可低估，因为在此之前，楚国的对外扩张是由熊侣和斗氏家族共同完成的，斗氏对于熊侣的威胁始终没有解除。现在除掉了斗氏，熊侣完全收回了最高权力，这可以使熊侣完全从内战中抽出身来，心无旁骛地经营他的争霸事业。

这场内战是芳贾在熊侣面前构陷子扬，熊侣杀子扬而招致斗越椒恐慌情绪引起的。表面上看，熊侣要为此负一定责任，但这完全有可能是熊侣暗中授意芳贾出场扮黑脸，以此激反斗越椒。综合来看，这应该是熊侣密谋已久的夺权计划。

上面讲了斗克和公子燮的野心比西瓜还大，实际上熊侣的野心比冬瓜还大，如果说刚即位时熊侣还出于维稳权力考虑表演一下，现在他连面具都摘下来了，直接以野心家的身份蹿到台上跳大神。

在杀斗越椒的前一年（前608），楚国北线扩张的力度越来越大，由熊侣亲自率军北上，讨伐位于今河南洛阳西南的陆浑戎。因为陆浑戎的地盘紧挨着东周雒邑，所以熊侣"凑巧经过"雒邑，在周天子的眼皮子底下耀武扬威，向天下宣示自己的强壮肌肉。

楚人北上示威，周王室不得不表示"欢迎"，周定王姬瑜派大夫王孙满出城"犒军"，熊侣并不讳言自己此来的目标，"楚子问鼎之大小，轻重焉"。众所周知，只有周天子才有资格拥有象征天下至尊地位的鼎，楚王问鼎，其意不问可知！

王孙满说了两句自相矛盾的话，堵上了熊侣的刀子嘴。一句是"兴亡在德不在鼎"，一句是"周德虽衰，天命未改"，警告熊侣不要轻举妄动，熊侣很听话地结束了"观兵于周"，撤了回去。

表面上看，王孙满是胜利者，实际上熊侣根本就不可能有任何灭东周的计划，除非他疯了。周天子的铝合金招牌在当时还是非常有号召力的，即使狂悖如郑庄公射了天子一箭，也得乖乖地向天子认错。熊侣在天子面前耍大刀的目的只是政治性的，向天下宣告楚国将"问鼎中原"的战略企图，楚国有能力与晋国一争高下，让中小诸侯准备站队。

在争霸的过程中，熊侣仿效中原齐、晋等大国，重视塑造本国的政治形象，把自己打扮成一个充满爱心的人。齐桓公姜小白能当上武林盟主，不在于齐国的军事能力一家独大，而在于齐国政治上的正义性和正当性。

虽然春秋无义战，但各大国争霸时都要披上一件仁义道德的外衣，熊侣自然不能免俗。在公元前599年，楚的仆从国陈国发生了一件轰动天下的桃色丑闻，陈灵公、大夫孔宁以及仪行父与陈国第一美女夏姬勾搭成奸，这三个无耻奸夫居然穿着夏姬的衣服在朝堂互相显摆。后来三个奸夫在大夫夏徵舒（夏姬的儿子）家喝酒时，因为三人拿夏徵舒开玩笑，激怒了夏徵舒，一刀送陈灵公上了西天。

陈国内部的权力更迭，按常理说和楚国没有半毛钱的关系，但由于陈的地缘优势突出，一旦陈背楚归晋，楚则门户洞开。熊侣在陈国内乱后的第一时间就出兵北上，夏徵舒无兵无势，很快就被熊侣除掉。

出于战略上的考虑，楚国准备废掉陈国的诸侯编制，改为楚国直辖的一个县。从地缘政治学上来看，熊侣此举是正确的，楚军废陈为县，并驻军于陈，将有效地阻击晋军于楚国本部之外。

楚国大夫申叔时看到了隐藏在正确战略选择背后的问题，夏徵舒杀陈灵公，楚国杀夏徵舒为陈灵公报仇，本来是楚国在国际上树立自己维护正义形象的绝佳机会。如果楚夷陈为县，就等于向天下承认楚国要逐一消灭所有中小诸侯国。这会使中小诸侯国对楚国产生恐惧心理，从而影响楚国整合国际战略资源，毕竟楚国还没有消灭天下诸侯的实力。

在申叔时的劝说下，熊侣恢复了陈国主权，并把逃到晋国的陈国太子妫午迎回来立为陈侯。熊侣顺应时代的举动引起了国际上一片叫好，孔子听说了这件事情，对熊侣大加赞赏："贤哉楚王！轻千乘之国而重一言。"

事实上，熊侣什么时候也没轻过千乘之国，他放弃吞并陈国，实际上获得了更大的政治胜利，熊侣什么也没失去。熊侣眼中只有利益，赤裸裸的利益。

熊侣放弃千乘之国陈国，其实是为了对付对楚国称霸最具威胁的万乘之国晋国，熊侣可以对陈国让步，但他绝不能对晋让步。难以想象如果孔子坐在熊侣的位置上，楚国会发展成什么样子，估计下场不会比宋襄公好多少。

宋襄公演技不错，但国力太弱，无法支撑起他的大国梦想。熊侣的运气较好，从祖、父手里接过了一个初具雏形的超霸，而且熊侣的演技绝对是影帝级别，所以熊侣的蛋糕做得比宋襄公大是很正常的。换言之，熊侣懂政治，而宋襄公只懂廉价的"仁义"。

熊侣精湛的演技还集中在另外一场大戏中，就是发生在公元前597年的著名的邲（今河南荥阳）之战。这场邲之战以楚国大获全胜而告终，也同时终结了晋国的五十年霸业，熊侣以征服者的姿态正式站在历史的台前，成为当时天下人心服口服的霸主！

熊侣能成为春秋五霸中铁打不动的三位之一，靠的就是这场震惊天下的邲之战。关于这场争霸战，将用单独一章讲解。这里只讲一个细节，就是楚军获胜者，大夫潘党劝熊侣把晋军的尸体聚成京观，向天下展示楚国超强的武力。

相比于中原文明系统更成熟的晋、齐等国，楚国一直被所谓的"文明国家"视为不知仁义为何物的野蛮国家，到处杀人放火，在国际上的政治形象比较坏。熊侣刚刚通过"捉放陈"树立了一点江湖威信，如果这时侮辱晋军的尸体，必将激起中原国家的强烈反抗，对楚国没有半点好处。

不知道是熊侣自己的政治见解，还是有江湖高人暗中点拨，熊侣拒绝了潘党的建议。熊侣也是个碎嘴子，洋洋洒洒地给潘党上了一堂政治课，但简而言之，熊侣的理由是"所违民欲犹多，民何安焉？无德而强争诸侯，何以和众？"晋军虽然被杀，但他们忠君爱国，并没有做错什么，如果聚为京观，是对死者的严重侮辱，这种缺德事我做不出来。

特别让后人钦佩的是，熊侣还给后人留下了一条关于军事的重要哲学解读，就是在江湖上经常提到的"止戈为武"。熊侣认为武力是解决问题的重要手段，但不能用武力能解决所有问题。

熊侣赋予了"止戈为武"两重重大含义，一是"禁暴"，二是"安民"。在"无义战"的春秋时代，熊侣提出武力是"禁暴"手段的主张，无疑是进步的和符合历史发展潮流的。仅凭这一点，吹捧熊侣是军事思想家毫不为过。

晋楚邲之战的导火索是楚国进攻郑国，郑国不堪楚国重击，苦撑了三个月后，郑襄公姬坚肉袒牵羊出降。为了防止楚军对郑人施暴，姬坚把一切责任都揽

· 二四 / 一鸣惊人楚庄王 · 203

在自己头上，说得非常悲情。

熊侣被姬坚的忍辱负重感动得一塌糊涂，当众称赞姬坚以国君的身份能忍受这份屈辱，足见姬坚平时是热爱郑人的。就凭这一点，熊侣决定不再对郑国提出非分的要求，甚至为此还拒绝楚国有功将士分功的请求。

熊侣懂得尊重别人，别人也会尊重他，在邲之战中，郑人感激熊侣的不杀，倾全国之力帮助楚军干掉了晋军。更重要的是，在邲之战后，楚国不但在军事上确定了霸主地位，在江湖道义上，楚国也树立了大国威信，这一点是最重要的。

春秋无义战不假，但正因为如此，才凸显"义"的重要性。熊侣之所以能继齐桓、晋文之后真正意义上地称霸，说穿了，就是熊侣懂得如何去平衡军事与政治的关系，以慈悲为怀，以百姓为念，哪怕这种感情是装出来的，总比赤裸裸的暴力更能赢得别人的尊重。

后世之所以把齐桓、晋文、宋襄、秦穆、楚庄奉为最主流的春秋五霸，其中一个最重要的原因就是他们都标榜仁义，至少他们在这方面做得要比阖闾、勾践好。

阖闾和勾践论霸业，远在宋襄、秦穆之上，但他们的道德品质实在太差，阖闾弑兄篡位，勾践忘恩负义杀夫差和文种，所以从道德角度来看，阖闾、勾践不入五霸是有道理的。宋人苏辙有感而叹："楚庄王克陈入郑，得而不取，皆有伯者之风矣。"

二五 / 晋楚邲之战

作为三国史上具有战略意义的三场大战，袁曹官渡之战、曹孙刘赤壁之战、孙刘夷陵之战，打得荡气回肠，是战争史上的标志性战役，再加上罗贯中如花妙笔的渲染，知名度不用多说。

而作为春秋时代两大霸主晋国与楚国，它们的百年争霸史上的三大决定性战役，除了城濮之战的历史知名度勉强可以和三国三大战役相提并论，鄢陵之战多少还有些知名度，但作为标志楚国称霸中原的伟大战役，发生于公元前597年的邲之战却鲜有人知。

虽然《东周列国志》对邲之战进行了浓墨重彩的渲染，但《东周列国志》的普及率和影响远逊于《三国演义》，所以邲之战默默无闻很正常。就事论事，晋楚之间的三大战役，以城濮之战最有名，鄢陵之战次之，但从精彩程度上讲，邲之战似乎更胜一筹。

在邲之战中，晋楚最高层斗勇斗智，各自决策层的分歧不断，再加上各方名嘴闪亮登场，纵横捭阖，风云四起，都为这场战略决战平添了几抹亮丽的色彩，更不说邲之战具有深厚的戏剧性和喜剧性。即使放在整个中国战争史中来衡量，邲之战也是一线名战，至少不应该被城濮之战比下去。

作为邲之战的失败者，看看晋国方面都有哪些人粉墨登场，就足以证明这场邲之战的含金量了。晋军高层配置是：

中军：荀林父为正、先縠为副，赵括、赵婴齐为中军大夫。

上军：士会为正、郤克为副，巩朔、韩穿为上军大夫。

下军：赵朔为正、栾书为副，荀首、赵同为下军大夫。

韩厥（韩献子）为司马。

从晋国的这份名单上可以看出，晋国最顶层的权力精英几乎倾巢而出，这些风流人物放在整个春秋史上来衡量也是一等一的。有人说评价一部戏是否为大制作，关键看出场演员，如果都是顶级大腕，这就是大制作。以这个标准来衡量，邲之战就是春秋战争史上罕见的大制作。

上一章讲了，晋楚邲之战的起因是公元前597年的春季，楚庄王熊侣亲提锐旅北上讨伐晋的同盟郑国。郑国夹在晋、楚之间，两头挨砖，受尽了夹板窝囊气。但总体来看，由于郑离晋近，而离楚远，所以郑经常骑在晋国的墙头上观风景。

从地缘战略上看，郑正处在晋与楚的战略边缘地带，晋得郑，则晋可饮马汉江；楚得郑，则楚可饮马黄河，战略地位相当于南北朝时的徐州，极为重要。郑国倒戈晋国，就是楚国最大的威胁，而熊侣要北上争霸，就必须迈过郑国这道门槛。

郑国在军事上不是楚的对手，楚军仅用了三个月，就迫使郑襄公姬坚牵羊出降。郑国的投降，之于楚国的意义就相当于吴三桂以山海关投降清军，中原从此洞开。楚国以郑为战略跳板，随时可以杀过黄河北岸，这是晋国万万不能承受的。

对于楚国的战略野心和军事实力，晋国方面是心知肚明的，即使楚军不过黄河，仅在郑国驻军，也足以威胁到晋国的南线河防。

实际上，晋国并不是郑国降楚之后才决定出兵的，早在楚决定北上用兵于郑时，郑襄公就派人赴晋告急求救。晋国派出以荀林父为首的豪华阵容，战略目的也很清晰，就是将楚从郑国地盘上赶出去，帮助郑复国。

但不知道出于什么原因，晋军的行动似乎比较缓慢，等郑襄公苦撑了三个月降楚时，晋军居然没有丝毫动静。问题可能出在主帅荀林父身上，作为晋国头牌人物，他的战略大局观却经常出现短路。

比如在晋军得知郑已经降楚之后的前线军事会议上，荀林父居然动了撤军的心思，丝毫不顾及楚得郑后对于晋造成的战略威胁。他的理由是"姬坚投降了熊侣，我们还打什么！不如等到楚从郑撤军后再尾袭楚军，必能得利"。

上军主帅、名将士会的脑袋也被驴踢了，非常认同荀林父的主张，随后摇头晃脑地说了一大通理由，无非是楚王熊侣得人心，善选贤才，百姓拥戴，人皆愿效死力，把熊侣吹上了天。

这两位大帅东拉西扯地找借口，看似理由充足，熊侣可不是善与之辈，谨慎行事自是兵家上道，但还是难逃怯战的嫌疑。分析起来，有两点原因是荀林父和士会没有考虑到的：

一、两位大帅可能忘记了当年秦伯嬴任好在帮助晋侯姬重耳返晋即位后，曾经派出三千精锐部队驻守晋国防叛的历史。此次楚军北上的目的是与晋争夺国际霸权，降郑只是第一步，熊侣下一步就准备饮马黄河，不会轻易撤军南返。退一步说，即使楚军真的南返，也不是没有可能留下精锐驻守郑国。万一如此，晋国在战略上就非常的难受了。

二、在楚崛起争霸之前，晋国是天下公认的头号霸主。什么是霸主？按江湖上的说法，就是小弟有难，大哥得出来主持公道。郑国做了多年的晋国小弟，现在被楚人围攻，晋军却不发一矢，坐看郑国完蛋，以后还有什么脸面在江湖上混？这对晋国的战略软实力是莫大的损害。

大战在即，两大名将临场下了软蛋，这让血气方刚的中军副帅先縠极为不满。作为军人，其天职不仅是服从命令，还要在战场上打败敌人。楚人得郑后，在晋国南线进一步压缩了晋国的战略生存空间，一旦楚人大举渡过黄河，后果是什么，谁都清楚。

先縠在会议上当场批驳荀林父和士会的投降路线，说你们两个畏敌怯战，临阵思逃，置国家利益于不顾，还算是个男子汉大丈夫吗？如果不对楚国进行强硬反击，任由你们胡搞下去，晋国的百年霸业就要毁于一旦。

说完，怒气冲天的先縠率领自己的本部人马，抢先渡过黄河，寻找楚军主力去了，甩下面面相觑的荀林父和士会。下军大夫荀首看到场面无法收拾，出来替先縠说了几句好话，并劝荀林父不要犯傻。不要说你不敢出战楚人将导致你个人声望的下跌，万一先縠所部有个三长两短，你身为大帅，下属却把你的话当放屁，无论如何也逃不掉管理责任。在各方的压力之下，荀林父不得不违心做出了一个让大多数人接受的决定——率军南渡黄河，与楚军决战。

不过让荀林父捶胸顿足的是，他已经得到可靠情报，晋国高层接连下软蛋，实际上楚国高层下的软蛋比之晋国只多不少。头一个下软蛋的就是楚国最高军事统帅——楚王熊侣，接下来跟着下软蛋的是楚国头号智囊孙叔敖。

楚国在逼郑投降之后，并没有过河与晋军决战的战略考量，出于政治上的考虑，熊侣派出主力部队驻扎在郔（今河南郑州北），准备到黄河南岸转一圈后就返回楚国。最为搞笑的是，当听说晋军主力已经渡过黄河时，一向以铁血大王面目示人的熊侣居然吓得胆战心惊，卷起铺盖准备逃窜回国，贤相孙叔敖也持相同的观点。

倒是一个不起眼的小弄臣伍参，看到楚王这副熊样，不禁怒从心头起，指着熊侣的鼻子一通臭骂，说大王临阵脱逃，将成为江湖上的笑柄，以后楚国颜面何存？

随后伍参给熊侣分析晋军的弱点，"其佐先縠刚愎不仁，未肯用命，其三帅者，专行不获，听而无上，众谁适从？"此时正是楚国难得的歼灭晋国主力的绝佳机会。熊侣被伍参骂得下不来台，只好一咬牙，下令三军调头北向，准备与晋军决战。伍参是什么人？简单介绍一下，他的孙子名叫伍奢，而他的曾孙就是伍子胥。

不知道伍参是如何得到晋军内部的绝密情报的，但他看准了荀林父在晋军中无法行使最高权力，晋军内部权力分配乱如鸡毛掸子，此时不击晋，更待何时。

伍参没有说错，晋军前线高层四分五裂，各说各话心思完全拧不到一处。就在晋军抵达敖、鄗两山之际，已经投降楚的郑国突然莫名其妙地派人来劝荀林父火速出击楚军，郑军在旁边胁从，必能破楚。

关于是否听郑人的建议，晋军高层分成两大派，一派是以先縠为首的主战派，赵括和赵同在后面摇旗呐喊；一派是以栾书为首的慎战派，荀首随后。

慎战派的思路还是立足于楚国政治清明、三军用命，对于郑使所谓楚师疲老无备的观点，栾书层层驳斥，形势对慎战派比较有利，甚至连主战派的赵朔都称赞栾书是智人君子。

实际上晋军主流观点是不想与楚军死战，楚军同样不想和晋军玩命，熊侣派出少宰赴晋营求和。熊侣明显放低了姿态，为楚伐郑做无罪辩护，"岂敢求罪于晋？"慎战派的士会对楚人的求和喜出望外，立刻答应愿意与楚讲和，大家各自回家玩泥巴。

但士会的"软弱"再次激怒了主战派大头领先縠，先縠瞧不起这些损害国家尊严的软骨头，根本不把士会与楚人的和谈精神当回事，强硬地指使赵括出见楚少宰，说我家士大帅吃错药了，他刚才和您说的话全是放屁，晋国为了保护郑小弟的利益，已经决定和楚决一死战，请楚大王准备后事吧。

也许正如先縠所说，士会确实吃错药了，还有那位荀大帅，手上有这么好的牌面，却不敢和楚人玩"斗地主"，难怪主战派不听他们的。此时的楚王熊侣已经做好了应战的所有准备，熊侣一边派人与晋军慎战派谈判，甚至连结盟时间都商定好了，一边派出小股部队骚扰晋军主力，在晋军高层内部制造更大的分裂。

在某种程度上，晋军已经被一种莫名其妙的好战情绪所绑架，慎战派在军中已经明显失势，这其中也有用人不当的问题。比如晋军派往楚营议和的使臣魏锜和赵旃，魏锜曾经争取过公族大夫的位置，赵旃想做上卿，均以失败告终。

虽然人事大权掌握在赵盾手上，和士会等人没有关系，但这魏赵二人却把火气撒到了前线晋军的头上，一心要晋军吃败仗。二人去楚营目的并不是议和，而是想方设法激怒楚人，什么难听的话都敢说出来。

更让人无法理解的是，晋军高层明明知道魏赵肯定会挟私报复，居然还派他们出使楚营，然后商议魏赵二人激怒楚人的后果，简直匪夷所思。郤克认为魏赵必定会做出对晋军不利的事情，他要求晋军做好后撤的准备。士会随即附和，说有备无患，实际上还是逃跑主义路线，早知道魏赵不可用，还用他们做什么？

虽然好战分子先縠依然反对缩头乌龟的战术，但慎战派的"有备无患"还是占了上风。为了防止晋军战败后，楚军对晋军的追杀，巩朔和韩穿在敖山上埋伏了七路伏兵，赵婴齐率本部撤回黄河南岸，准备船只，随时接纳败退的晋军。

这真是世界战争史上的奇葩！在明明知道会打败仗的情况下，一边准备死战，一边准备逃生。更为夸张的是，魏锜和赵旃的表演严重出格，这二位大仙去楚营挑衅不是用嘴，而是用刀！

魏锜先带着一拨人去楚营宣战，被潘党率众追杀，为了逃命，魏锜居然还有心思射了一头鹿送给潘党，这才逃回来。赵旃比魏锜的胆子还要大，他自己席坐在楚营前，指挥小弟们去砸楚人的场子，被愤怒的熊侣率众轰了出来，赵旃还差点被楚人扒光了衣服。

晋军已经得到魏赵二人被打出来的消息，立刻派出一股部队接应。而由于天色渐晚，楚军和晋军都没摸清对方到底有多少人，互相犯怵，特别是对楚营来说。楚王熊侣只带着三十辆战车追击赵旃，按每车有步卒七十二人计算，也不过两千多人，一旦熊侣中了晋人的埋伏，后果不堪设想。

曾经和熊侣联袂下软蛋的孙叔敖突然迸发出一股难得的血性，他下令军中："宁我薄人，勿人薄我！"与其楚军被动地等晋军前来挑战，不如主动迎击，毕竟他首先要考虑的是楚王的人身安全。事已至此，楚人完全失去了退路，毕竟楚王的等级是荀林父等人无法相比的。

可以说这是一场意外的战役，楚与晋都没有约定作战时间，甚至在此之外还在努力促成和谈。不过从双方的备战情况来看，楚军显然准备得更为充分，楚军在孙叔敖下令后，即整阵出击。当然，晋军也"准备"好了，只等楚军杀过来，晋军就掉头北逃。

楚军担心熊侣在前线的安危，所以进军速度非常快，"遂疾进师，车驰，卒奔"，完全是一副不要命的架势，还没等晋军反应过来，楚军已经怒吼着杀到了晋军面前。

面对楚军的主动进攻，晋军大帅荀林父临危不乱，他手捻着山羊胡子，突然想到一招妙计。荀林父击鼓示众，指挥大家放下武器，立刻向黄河南岸撤退，那里有赵婴齐的渡河部队。为了鼓励将士们临阵脱逃，荀大帅还下令，谁先抵达河南岸，就有重赏。

重赏之下，必有勇夫，听说逃跑还有赏钱，已经无心恋战的晋军一窝蜂似的挤到了黄河南岸。但因为船只有限，只有一小部分人幸运地上船逃回北岸，剩下的晋中、下两军将士不是被砍掉手指，就是被挤到黄河里喂鱼了。

晋军的三支主力部队，中、下两军已经报销，只有上军还坚守不动，这是士会等人最后的一根救命稻草。而且更加危险的是，楚人已经发现了这支晋军，并且熊侣已经邀请到唐国军队助阵，再加上潘党的四十辆战车，气势汹汹地杀过来。

从军事力量对比上来看，原本晋军与楚军的实力相比，晋上中下三军如果合力杀敌，胜负难定。但现在中、下两军烟消云散，仅有的上军是无论如何也撑不住楚军的超强攻击的。

中军大帅荀林父此时已经窜回黄河北岸晒太阳去了，上军的主将是士会，这也是一位著名的逃跑将军。荀林父跑了，士会当然也不甘示弱，当驹伯（郤克的儿子）问士大帅我们该怎么办时，士会毫不犹豫地再次祭起楚军无敌论。

"楚人现在士气正盛，彼之优势兵力对我之一部兵力，若与之战，我军必定完蛋。留得青山在，不怕没柴烧。"逃跑本是件丢人的事情，却被嘴上跑马的士会发展成了一门艺术。让人喷饭的是士会逃跑找出的理由。为什么上军也要逃跑？因为我们要替荀林父的中军分担骂名！中军跑了，国人必定臭骂他们，我们都是兄弟，怎忍见兄弟受辱，所以我们也逃跑，替上军挨一部分骂。

……

众将无不竖起大拇指，称赞大帅妙计安天下，不赔夫人不折兵！

士会不愧是名将，在他的合理调度之下，晋国上军有条不紊地向北后撤，没有损失一兵一卒。荀林父的逃跑艺术和士会相比，天上人间的区别。

想当初，晋军三线主力耀武扬威地走出绛都，高举着大旗，开赴河南战场，准备给狂妄的熊侣致命一击，哪承想会变成这样的场面。楚国甚至没怎么用力，就把晋国大军吓得尿了裤子，哭爹喊娘地满世界逃窜，成为中国军事史上的一大笑柄。

这场邲之战，楚国赢得不但轻松，而且充满了喜剧色彩。在楚军追击晋军的过程中，有几辆晋国战车突然一头栽进大坑里拔不出来了。按道理讲，楚军应该毫不客气地吃掉这些倒霉的晋军战车，但楚军弟兄们却非常热心地下车，帮助晋人修车，把晋车前的横木抽出来，大家一起使劲，这才把晋军战车从坑里拉出来。更为恶搞的是，晋军不但不感谢楚军，反而对楚军的帮助大加揶揄，说我们不像贵军有逃跑的经验，所以栽在了坑里，讽刺楚军以前经常被晋军打得抱头鼠窜。

楚军为什么要帮助晋军？一个比较合理的解释，就是楚军已经不把此时的晋军当成对手了，这实际上是楚军对晋军最大的蔑视，由此可见楚人自信的大国心态。

晋国是和楚国并列的两大超级强国之一，但自晋襄公姬骧早逝之后，晋国的争霸势头明显放慢，主要原因还是出在内部。以赵盾为代表的卿权和以晋灵公姬夷皋为代表的君权展开了残酷的权力厮杀，虽然赵盾最终获胜，但君权和卿权的分裂已成事实。

等到晋景公姬獳即位以后，赵氏的势力虽然还有余威，但中军执政大权已经落入荀林父之手。各派山头争权夺利，比如赵氏和栾氏、郤氏向来不合拍。

这次邲之战，身为军执政的荀林父避免与楚决战，赵氏则极力要求开战，原因就在于荀林父担心败给楚国会影响自己的政治地位，而赵括、赵同则希望通过战胜强大的楚国来恢复赵氏的政治地位。

巨大的权力内耗肯定会严重影响晋国的团结和对军队的指挥，这次晋军在邲的惨败也说明了一个道理：一个内部四分五裂的统治集团，是不可能打败强大外敌的。

古人说，天无二日。对于国家内部的稳定来说，权力越分散越安全，但对一个有争雄天下野心的国家来说，权力越集中越安全。反观楚国，自从灭掉严重威胁王权的斗氏家族后，楚王室对权力的控制明显加强，在对外的大政方针上，可以发出一个声音，这应该是楚国战胜晋国的主要政治原因。

二六 / 子产和晏婴：春秋两名相

春秋三百年，君主成百上千，王公贵族更是数以万计，这些人钟鸣鼎食，享受着人间顶级的富贵，挥霍着属于他们的人生。不过正如曹刿所说"肉食者鄙"，这帮公子哥儿生在王公之家，从小就享受富贵。

当然并非所有的贵族子弟执政都会交白卷，李世民出身累世贵族却交给历史一份精彩的答卷。春秋时代的执政精英以饭桶居多，但在这一堆肥头大耳的饭桶执政中，人们还是不经意间发现了两位足以震撼千古的名相，即郑相子产和齐相晏婴。先来说说子产。

春秋时代以公室身份入阁拜相的不计其数，但要论治政业绩和知名度，相信没有人能超越子产。我们都知道子产是郑国著名宰相，其实子产只是他的字，他的本名是姬侨，郑缪公姬兰的孙子、公子发的儿子。

作为郑国公族近亲，子产在政治上有天然的优势，这比在底层艰难打拼的管仲强多了。据《史记》记载，子产登上郑国政治舞台的时间是郑简公姬嘉三年（前563），不过此时郑简公只有七岁，尚未成年，权力掌握在国相子驷手上，郑国政局非常混乱，诸公子之间互相撕咬，鸡毛乱飞，子产只能略显尴尬地在旁边观战。

因为郑简公年幼，所以子驷想取而代之，结果梦还没醒，就被同宗子孔一刀送上西天。本来子孔是想学习子驷，废幼主自立的，不过在子产的劝说下，子孔不再发神经，老老实实做了宰相。

其实从另一个角度讲，子产是一名优秀的政治投资家（不是投机家），郑简公虽然年幼，但他已经能分辨黑白善恶，子产救了他一命，他自然会在合适的时机投桃报李。在公元前554年，十七岁的郑简公突然向专权十年的子孔发动袭击，"诛之"，两千多年后，十四岁的清康熙密谋擒鳌拜，应该就是受到了郑简公诛子孔的启发。

亲政后的郑简公，需要一位没有篡位野心的直臣来辅政，而无论是讲亲疏、讲贤愚，子产都是最合适的人选，所以郑简公很自然地任命子产为大卿。虽然子产上位，是由他的堂侄子皮（姬罕虎）推荐的，但也是因为子产贤明，所以子皮才会推荐子产，子皮怎么不推荐其他人？

事实证明，子皮的推荐和郑简公的决定是无比英明正确的，春秋时代伟大的名相之一诞生在郑国这个破落的前"中产阶级"，是郑国的莫大幸运。

有人把子产与管仲并列为春秋两大名相，原因很简单，子产做了很少有人去做的事情。

对历史来说，子产在郑国的执政是非常有开拓性的，子产执政时间可以和管仲相比，都在相位四十年，管仲的伟大不必多说，是公认的中国市场经济的鼻祖。市场经济的理论基础是自由，包括言论自由，而子产则可以称为中国言论自由的鼻祖。

子产论言论自由，见于《左传·襄公三十一年》。原文大意是郑国存在一种相当于现代政治俱乐部的组织，类似于明末的东林党，对朝政评头论足。郑国高层非常讨厌这些多嘴乌鸦，大夫然明劝子产封杀这些揭批政府的自由言论，言论自由也要有个底线，但被子产拒绝了。

子产反对封杀持异见者论坛的理由很简单，脑袋上长嘴除了吃饭，就是用来说话的，面对政府施政的不足之处，在野者有权利发表他们的看法。如果政府不让百姓说话，那么百姓就有可能不再说话，但会举起锄头，用暴力发表自己的意见。

子产不但不反对封杀在野言论，而且非常看重持异见者，"其善者，吾则行之；其恶者，吾则改之，是吾师也"。按现在的政治语言讲，就是人民是政府的监督者，真正为民服务的政府是敢于让人民说话的。

关于古代言论不自由的故事，最著名的莫过于"周厉王止谤"，周厉王姬胡搞独裁专制，不让人民说话，结果人民"道路以目"，姬胡自以为得计，但很快他就遭到了报应——国人暴动，将姬胡赶下台。

召公劝姬胡："防民之口，甚于防川"，子产也认同召公的观点，"犹防川也，大决所犯，伤人必多，不如小决使道"。

子产的观点很明确，封不如疏，单纯封杀人民的言论，是极端愚蠢的政治自杀，不如给异见者留一个说话的渠道，让异见者有发泄怒火的渠道。这就如同在洪水积蓄的主河道旁开凿一条沟渠，引流洪水，确保主河道的安全，就是这个道理。

为什么子产不惧怕在野议论？很简单，子产身正不怕影子斜，他执政为民，老百姓也不会指责他。子产治国，《尸子》称子产"国无盗贼，道无饿人"，老百姓安居乐业，饱腹讴歌，谁会在吃饱饭的情况下放下筷子骂娘？

《吕氏春秋·乐成》也有相同的记载，子产治郑期间，因为多施善政，在郑国的威望达到了顶点，老百姓甚至公然宣称我们的好日子是子产给的，谁陷害子产，谁就是我们的敌人。如此得民心，说明子产是执政为公的，他没有自己的私心，当然不惧怕言论风暴。

问题是在古代，当官的没有几个是为民的，所以他们心虚，害怕民间非议，所以疯狂压制言论自由。他们以为江山万年不倒，哪知道愤怒的农民扛起锄头愤怒一呼，所谓的铁桶江山土崩瓦解，对子产来说，周厉王就是最著名的例子。

子产对言论自由的远见卓识，不仅感动了然明，他狂热地称赞子产，说郑国有子产，天下之幸，更感动了几十年后的孔子，孔子感叹道："人谓子产不仁，吾不信也。"

按现在的政治语言讲，邓析子就是一个持异见者，不知道是出于公心还是私心，邓析子坚持凡是子产坚持的，他坚决反对。

邓析子除了大学教授的身份外，还有一个身份，就是郑国最著名的大律师，经常承办司法诉讼业务。如果说有些品行不好的律师被骂为讼棍，那邓析子就是不折不扣的郑国第一讼棍，专和子产唱对台戏。

邓析子不管是非曲直，谁出高额律师费，他就替谁说话，颠倒黑白，信口雌黄，"以非为是，以是为非"。结果导致"郑国大乱，民口喧哗"，被首席执政官子产定性为郑国头号捣乱分子，严重影响了郑国的社会稳定，所以子产不顾别人会指责他压制言论自由，强硬地杀掉了邓析子，"民心乃服，是非乃定，法律乃行"。

实行刚猛之政，是子产治郑的最大特点，这倒不是因为子产生性刚硬，而是他看到了执政宽仁是导致社会混乱的重要因素。诸葛亮治蜀，看到蜀政宽仁，豪强跋扈，所以诸葛亮痛下狠手，刚猛治蜀，结果蜀国大治。魏晋史的许多史学家都认为诸葛亮刚猛治蜀是子产治郑的三国版，比如袁准和陈寿。

子产治郑与诸葛亮治蜀还有一个巧合，就是他们身前身后各有一个反面例子，诸葛亮身前的例子是滥施宽仁导致蜀乱的刘璋，而子产身后的例子就是继产执政的大叔。

子产知道自己执政过于强硬，会引发一些人的不满，但子产在临死前告诫下一任执政大叔："我死，子必为政，唯有德者能以宽服民，其次莫如猛。夫火烈，民望而畏之，故鲜死焉。水懦弱，民狎而玩之，则多死焉。故宽难。"

子产说得很清楚，政府监管是控制民心的有效手段，一味压制民心，民心就会大规模反弹，而一味放纵民心，民心就会散乱。等子产死后，大叔认为子产的刚猛之政对百姓过于严厉，于心不忍，便放宽了对社会的监管，结果有人钻空子，做起了打家劫舍的强盗，郑国社会治安严重混乱。

社会上鸡毛乱飞，大叔这才理解了子产为什么要实行刚猛之治，对待百姓，宽严相济才是上策。大叔恢复了子产的严政，起兵围剿了那伙萑苻之盗，"盗少止"，社会恢复了子产时代的安定。

在很大程度上，孔子的治政思想与子产并无二致，所以孔子非常能理解子产，经常称赞子产。当孔子知道子产的死讯后，痛哭流涕地说子产是"古之遗爱也"。

诸葛亮曾经引用过一段孔子评价子产的名言："政宽则民慢，慢则纠之以猛。猛则民残，残则施之以宽。宽以济猛；猛以济宽，政是以和。"前秦名相王猛同样是奉子产为师，厉行刚猛之政。

虽然这三位名相都是典型的法家（虽然子产所处的时代还没有法家的概念），行事严猛刚硬，但不能否认的是，他们三人都向历史交出了一份完美的答卷，郑、蜀、秦在他们治下，几乎实现了"和谐社会"，这就是他们敢于面对历史是非定评的底气。

在这三位名相中，除了王猛是标准的法家做派，子产和诸葛亮在相当程度上与儒家思想（以周公为模版）走得更近，特别是子产。子产除了刚猛之治，还经常"德"不离口，每次见到高官，子产都像唐僧一样，喋喋不休地劝人家"修德"。

郑定公四年（前526），子产出使晋国，见到晋国执政之一的韩宣子，子产曰："为政必以德，毋忘所以立。"子产警告韩宣子，如果不修德爱民，早晚必遭报应。两年后，子产又揪起郑定公姬宁的耳朵大喊"不如修德"，差点没把郑定公的耳朵震聋。

有人说儒法不两立，其实并不是这样，在很多情况下，儒法在政治上是互补的，犹如一枚硬币的两面，谁也离不开谁。治国之道，在于宽严相济；治人之道，在于赏罚公允。儒则宽、赏，法则严、罚，就相当于胡萝卜和大棒子的关系。

孔子深明此理，所以他称赞子产。对于一个有为的政治家，无论治政宽与严，其根本目的都是爱民，也就是我们常说的"为人民服务"。孔子到处宣传子产的惠政，遭到了学生子游的质问，子游问孔子，老师为什么称赞子产，孔子很严肃地回答：惠在爱民而已矣。

爱民，是子产政治生涯最显著的标签，古往今来，宰相多如过江之鲫，有些人自私自利、祸国殃民，而有些人爱民惠民，比如子产。所以子产死后，郑人无论老少，痛哭流涕三月，"子产去我死乎！民将安归？"更何况能让孔子这等级别的人物痛哭流涕的，会是一般人吗？

在漫长的历史长河中，子产的历史意义慢慢由一个具体的人而衍化成公正的化身，后世歌颂的包青天、海青天，其实都是子产爱民精神的忠实践行者。北宋名臣王质出知荆南府时，用自己的俸禄帮助贫苦百姓办理离婚手续，就被当地百姓称为子产再世，可见子产的影响力。

说完了子产，再来说说差不多与子产同时的另一位齐国名相晏婴。

不知道出于什么原因，以子产的江湖地位，司马迁在编撰《史记》时，居然没有给子产立传，只是将子产附在门前冷落车马稀的《循吏列传》中，只用了区区一百多字。相比之下，晏婴比子产幸运多了，至少他可以列入正传，更让人羡慕的是，晏婴和另外一位千古名相放在同一传记里，这个人名叫管仲。

晏婴的出身没有子产的龙子凤孙那么显赫，但也是含着金钥匙出生的贵家公子。晏婴的父亲晏弱曾任齐国的上大夫，相当于现在的省部级大员，而管仲是标准的穷人，和晏婴是没法比的。

晏婴的老爹很争气，给儿子拼出了一个很不错的未来，晏婴的出身确实让人羡慕不已，但晏婴能在江湖上扬名立万，靠的也是真才实学。有没有真本事，不是靠有没有金爹银妈来证明的。

晏婴约生于齐灵公四年（前578），约卒于齐景公四十八年（前500），如果从公元前556年，晏桓子（即晏弱）去世，晏婴继承爵位算起，晏婴在齐国官场上纵横五十七年，历经腥风血雨而屹立不倒，没有两把刷子是办不到的。

不过有说法认为晏婴执政长达五十多年，实际上晏婴为相，至少要在齐景公

· 二六 / 子产和晏婴：春秋两名相 · 217

三年（前545）之后。即使如此，晏婴也在相位四十六年，几乎就是终身宰相。

《史记·晏子列传》说晏婴"三世显名于诸侯"，是指晏婴效力过的三位齐侯，即齐灵公姜环、齐庄公姜光、齐景公姜杵臼父子三朝。在齐灵公时代，晏婴还处在官场的外围，当时执政的是著名权臣崔杼。等到了齐庄公即位后，齐国发生了一场著名的后宫八卦事件，就是齐庄公私通崔杼的老婆，崔杼大怒，发动兵变，在自己家里杀掉了齐庄公。

当时的晏婴只有三十岁，崔杼弑君胆大妄为，彻底激怒了晏婴。身材比较"精华"的晏婴站在崔府门外将崔杼骂得狗血淋头，并要求崔杼开门放他进去，他要与国君一同赴难。晏婴说得大义凛然："君为社稷死则死之，为社稷亡则亡之。"

崔杼铁青着脸把晏婴放进来，晏婴扑倒在齐庄公的尸体上号啕痛哭，连续三次行了君臣大礼，才泪流满面地离开。在庄公被杀之前，晏婴在齐国江湖的威望已经日渐高涨，而晏婴哭君，又为他挣得了许多来自朝野的印象分。所以有人劝崔杼杀掉晏婴，崔杼说我已经臭到家了，再杀晏婴，就臭不可闻了。

官场就是戏园子，在官场中混，没点演技是不行的。不排除晏婴抓住了崔杼性格中的某些"弱点"，冒着杀头的危险来哭庄公，为自己博取好名声，但这毕竟是拿生命赌博，不是随便什么人都敢玩的，至少说明晏婴敢于担当。

其实晏婴做事非常谨慎，并不会轻易出风头，齐庄公在位时，因为好勇斗狠，晏婴经常给齐庄公上眼药，"今上无仁义之理，下无替罪诛暴之行，而徒以勇力立于世，则诸侯行之以国危，匹夫行之以家残"。

晏婴的政治思想，和郑国子产非常相似，都注重修德，更多地受到了周公儒家思想的影响。晏婴曾经给齐景公提出了"亡国四不足"的警告，即"德不足以怀人，政不足以惠民，赏不足以劝善，刑不足以防非，亡国之行也"。

齐庄公不听晏婴的良言，敢去勾搭权臣崔杼的女人，被杀也在情理之中。齐景公为人相对比较谨慎，在他即位初期，权力被崔杼和庆封控制，齐景公干脆袖手旁观，坐看崔杼和庆封互相撕咬，等到二人咬得两败俱伤，齐景公轻轻松松收拾了局面，基本维护了齐国公室的权威。

齐景公做事有时非常荒唐，但总体上不算是昏君，还是能听得进良言的，这就给了晏婴更大的政治舞台。事实证明，齐景公拥有晏婴，是他和齐国的莫大幸运，自然也是历史的莫大幸运。

晏婴身材不高，据说只有一米四，比五短身材的曹操高不了多少，但有句名言道：浓缩的都是精华，身材不是衡量人物优秀的标准。能让历史记住的，是实实在在的政绩，而不是身材或出身。

当时齐国的政坛格局是君弱臣强，田、鲍、高、栾四家势力过大，齐国公室相对弱一些。所以晏婴虽然身为齐相，却是典型的"弱相"，类似于三国东吴丞相顾雍，但晏婴相比于静默不言的顾雍，更多地承担了谏臣的责任。

一部洋洋洒洒的《晏子春秋》，其实就是晏婴对齐景公的谏言，从这个层面上讲，晏婴更接近于唐朝魏徵的角色，因为魏徵也留下一部《魏郑公谏录》的多嘴集子。

魏徵以敢谏著称，而且字字句句皆能打动李世民，君臣同心，天下大治。齐景公远不如李世民，但晏婴还是晏婴，甚至魏徵可以被称为小晏婴，因为晏婴看问题看得太透彻了。

《晏子春秋》更像是一部晏婴与齐景公的逸事大全，也有不少晏婴作为外交名嘴在国外出使期间的嘴战记录，但在第三篇《内篇问上》详细记载了晏婴规劝齐景公的治国之道，甚至可以说这是《晏子春秋》中最有价值的一部分。

齐景公曾经问晏婴："为政何患？"统治者最大的错误是什么？晏婴从用人的角度回答："患善恶不分。"有些帝王以为自己战战兢兢，节俭爱民，就足以守住天下，其实并非如此。

君主的个人品德非常重要，但如果没有一个好的用人制度，身边全是马屁精，在信息传达的方式极为落后的古代，君主和社会底层之间完全有可能被一些别有用心的小人隔离开，奸臣们完全控制社会上下层的意见沟通，下情不能上达，上言不能下传，是导致社会动荡的主要因素。所以自古以来的政治，治人就是治吏，用人制度的好与坏，将在很大程度上决定一个政权的稳定与否。

晏婴非常重视建设完善的用人制度，如何才能做到这一点，这也是齐景公所关心的，晏婴的回答只有短短的一句话："用好国君身边的人。"社会的金字塔结构，注定了用人制度只能由上而下层层控制，国君用对了甲，甲就会用对了乙，乙也会用对丙，层层类推下去，直到统治结构的最低一级。

孔子说过："政者，正也，子帅以正，孰敢不正！"老百姓恨贪官，现实中最大的贪官往往就是帝王本人，为什么李世民时代没有贪官污吏，因为李世民反贪官，所以层层都没有贪官。帝王把好经念歪了，底下的人就会层层念歪。所以晏婴警告齐景公"审择左右，左右善，则善恶分"。

孔子听说了这件事情，对晏婴大加赞赏，"此言也信矣！善进，则不善无由入矣；不善进，则善无由入矣。"孔子讲得很明白，善与恶、正与邪是严重对立的，有善则无恶，有邪则无正，善恶共处一室是不可能的。

好人进入统治机构，则坏人被拒之门外，反之亦然。北宋之所以以不可思议的速度完蛋，最根本的原因就是官僚系统彻底腐烂变质，北宋不亡，天理也不容。

齐景公有一次和晏婴讨论一百多年前齐桓公与管仲共同开创的齐国不世霸业，齐景公先拍了一通晏婴马屁，说晏卿是管仲再世，希望晏婴能辅佐自己实现齐国的二次称霸。

晏婴并没有接齐景公的话把子，而是把话题引向君主治国理政上面，晏婴认为齐桓公之所以能够称霸天下，在于内政清明，历史上从来没有内政混乱而称霸天下。晏婴提出了"六不"和"三无"，即在齐桓公时代，"贵不凌贱，富不傲贫，功不遗罢，佞不吐愚，举事不私，听狱不阿，内妾无羡食，外臣无羡禄，鳏寡无饥色"。

"六不"和"三无"，归根结底，还是回到了上面讲到的君主要以身作则上，中国特殊的历史环境造成了一种上行下效的心理暗示，君主的行为准则在很大程度上影响着臣民的思维定式，君主不贪不恶，则臣下不贪不恶，反过来也是一样。历代兴亡，百姓覆水翻舟，根子就出在帝王身上。

战国思想家墨子曾经提出"国有七患则必亡"的观点，而早在墨子之前一百多年，晏婴就率先提出过类似的观点，可以称之为"亡国五患"，即"一、厚取于民，而薄其施；二、多求于诸侯，而轻其礼；三、府藏朽蠹，而礼悖于诸侯；四、菽粟藏深，而怨积于百姓；五、君臣交恶，而政刑无常"。

第二、三条讲的是国家外交大政方针，第五条讲的是人事制度，第一、四条讲的是政府与百姓互依互存的关系。如果政府只顾增加自己的财政收入，而忽视了百姓的承受能力，只能导致"怨积于百姓"，最终迫使老百姓举起锄头造反。

晏婴非常担心政府的贪得无厌，他警告齐景公，如果不爱民恤民，真把老百姓惹毛了，国君大臣们必将失去他们所得的一切，孰轻孰重，国君自思之。

如果论权力和政绩，晏婴可能不如子产，但仅从二人所遗留的思想来看，子产更像是个实干家，晏婴更像一个思想启蒙者。从某种角度来看，晏婴和孔子非常接近，孔子布道天下，但问津者寥寥，晏婴足够幸运，因为齐景公愿意给晏婴一个推销自己的舞台。

齐景公自然不如齐桓公，但放在整个齐国国君行列中也可以算是中等偏上，至少他能听得进逆耳忠言。晏婴进谏向来是不给国君面子的，但晏婴所说皆有利于国，所以齐景公还是能耐得住贪玩的性子，装模作样听进去的。

晏婴的思想比较复杂，但归根结底，可以用《晏子春秋·内篇问上》中的一句话来总结，"（国君）谋于上，不违天；谋于下，不违民"。所谓违天，就是逆历史潮流而动，所谓违民，就是与民争利。

晏婴曾经出使过晋国，晋大夫叔向问了晏婴一个问题，什么样的思想最伟大，什么样的行为最敦厚？晏婴回答得直截了当，"思想伟大莫过于热爱百姓，行为敦厚莫过于让百姓快乐"。

从宏观层面讲，历代国君谋臣，只要解决了这两个战略问题，就能走出哲人所说的兴亡周期率，万年执政而不衰，至少从理论上是讲得通的。后人都知道孔子是伟大的思想家，其实晏婴相比于孔子，丝毫不逊色。

二七 / 晋国执政赵盾

晋国的赵氏家族，来头可不一般，据《史记·赵世家》记载，赵氏与后来统一六国的秦国嬴氏出自同一祖先。赵氏的远祖之一就是周穆王时著名的养马专家造父，穆天子西幸用的八骏，据说就是造父献给穆王的。因为造父辅佐穆王有功，所以造父被封在赵城，以后便以赵为姓，这也是赵姓的由来。

晋国赵氏之所以能成为晋国的顶级公卿，和造父已经没太大关系，而是应该感谢春秋五霸之一晋文公的从龙旧臣赵衰。可以这么讲，没有赵衰，也就没有赵氏的强盛中兴，更没有日后威震天下的战国七雄之一的赵国。

在中国历史上，赵盾是一个特殊人物，他既不是开国君主，也不是守成帝王；他开启了赵氏家族在晋国历史上最辉煌的时代，也因为大权独揽导致其他势力对赵氏家族的全面围剿，险些断子绝孙；他能力超群，却专横跋扈不可一世，连"皇太后"都要哭求于他；他对晋国公室忠心耿耿，却杀掉了由他亲自扶立上位的晋灵公姬夷皋。

毋庸讳言，没有赵衰就没有日后赵氏的兴盛，没有赵盾在执政时打下的坚实基础，赵氏在下宫之难（即赵氏孤儿事件）的白色恐怖中就不可能保存血脉并最终逆转翻盘。赵衰类似于司马懿，而赵盾则是春秋版的司马师、司马昭，只是司马炎足够幸运，曹魏宗室的势力已经被铲除干净，而赵盾再手眼通天，也奈何不得晋国的其他军功豪门。

站在其他豪门的角度来看，赵盾是个权臣，但站在历史的角度看，赵盾是春秋时代少有的能臣，没有赵盾执政，晋国继文公、襄公之后继续保持超级强国的地位几乎不可能。

当然，赵盾能混到晋国执政，首先还是因为他有个好爹。在公元前622年赵衰去世后，赵盾很顺利地接下老爹留下的家业，做了赵氏的少东家。

在赵盾袭父位之前六年，一代霸主晋文公撒手西去，其子姬驩继位，就是晋襄公。晋国的权力分配体系和春秋前期的其他大国，特别是齐国有很大的不同。

齐国虽然也有世家大卿执政，但从总体上来说君强臣弱。晋国由于晋文公是在外流浪十九年后回国即位的，身边有一群同甘苦共患难的兄弟，所以晋文公把这些兄弟都分封高位，大家一起吃肉。

诸卿共同执政，恰好给了晋文公平衡各方势力的机会，各方功劳都差不多大，谁也不服谁，晋文公很顺利地"分而治之"，从而保持了晋国长时期的权力平衡。正如晁福林先生所说："由于诸卿相互牵制，所以君权保持了较长时期的强盛。"

从晋文公去世至赵衰去世的这六年时间里，晋襄公姬驩巧妙地处理了君权与老臣之间的权力关系，加上姬驩本人英武类似晋文公，所以老臣们也都服服帖帖。

姬驩和东晋明帝司马绍有许多相似之处：

一、二人都英武明达。

二、二人都短命，司马绍在位三年，姬驩也不过在位七年。

三、两个晋国都是世家大卿联合执政，晋国有赵、栾、霍、狐诸大佬，东晋有王、庾、何等士族。

司马绍死后，幼子司马衍即位，各方势力为了最高权力展开残酷争夺，因为各方都没有鹤立鸡群的实力，最终还是在一定程度上达成了妥协。皇太后庾氏临朝称制，兄长庾亮全权军国大事，但以王导、卞壸、郗鉴为首的北方世族，以司马宗为首的东晋宗室，以陆胤为首的南方世族都分到了一碗粥，所以东晋的权力分配相对平衡。

晋国的情况略有不同，姬驩在位的前几年，身边的辅臣还都是当年跟着父亲文公流浪天下的老臣子。比如赵衰、狐偃这两位都是晋文公时代的两大公卿代表，已经远远甩开其他勋臣，史称"狐赵之勋"。

狐偃和赵衰私交不错，还能尽心尽力地辅佐襄公，但他们远不如王导等人幸运，在姬驩去世的前一年（前622），二位超级元老双双离世。同年离世的还有重臣栾枝、霍伯。

赵衰、狐偃的离世，表面上看没有什么稀奇，生老命死自然规律。问题在于，赵家和狐家的第二代完全没有父辈在险恶江湖上同舟共济的交情，作为在蜜罐子中泡大的官二代，他们对最高权力的渴望远大于父辈。假设一下，如果赵衰和狐偃晚死几年，晋襄公死后，二人可以凭借旧交，在辅佐幼主晋灵公的权力分配中继续维持脆弱的平衡。

历史不能假设,两位重臣仓促离世的后果,就是逼得潜藏在暗流之中的两家的权力之争浮出水面。作为两家政治势力的代表,赵家公子赵盾和狐家公子狐射姑,为了争夺晋国的正卿位置展开了非常惨烈的斗争,两家老一辈打出来的交情基本上也断掉了。

事情的起因和晋襄公有一定关系,晋国的军事制度本来是六军制度,赵衰和狐偃死后,晋襄公为了巩固君权,又恢复了原来的三军建制。狐射姑和晋国同宗,都是唐叔虞之后,又是姑表亲,所以姬骥把中军主将的位置交给了狐射姑,赵盾出任副职。

姬骥的这一决定,彻底引爆了赵氏与狐氏的矛盾,在赵盾看来,狐射姑吃上了肉,自己就只能喝西北风去了。虽然史料上没有记载,但赵衰以前的心腹阳处父突然上书朝廷,极力拍赵盾的马屁,说狐射姑是个奸佞小人,而赵盾"贤",如果不让赵盾出任正卿,晋国将乱。

阳处父此时窜出来,甩给狐家一记响亮的耳光,从某种角度上来讲是公报私仇。阳处父早年曾经想投奔晋文公帐下,但不知道出于什么原因,狐偃始终瞧不上阳处父,不给阳处父接近晋文公的机会,阳处父用了整整三年也没爬上台。直到阳处父改变战略,改投赵衰,没想到赵衰只用了三天时间,就把阳处父塞进了权力中枢。

换句话说,赵衰是阳处父的政治恩人,狐偃是阳处父的政治仇人,阳处父一想到狐偃就咬牙切齿。站在阳处父的立场上看,如果狐射姑独掌大权,以后还会有阳处父的好日子过吗?阳处父为了保住自己的权力,只能力保赵盾,别无选择。

阳处父是晋国一线高官,在朝中很有影响,他既然发了话,姬骥也要考虑赵氏的势力对于公室的影响。狐家虽然血缘与公室亲近,但论起家族势力,赵氏反而略胜一筹。姬骥不想得罪赵氏,只好忍痛抽了自己一记耳光,将赵盾和狐射姑的位置调整了一下。因此,赵盾"于是乎始为国政",成为晋国一号政治人物。

权力斗争向来都是零和游戏,你多吃多占,我就得喝西北风,换了谁也不会答应。一年后,姬骥病死,狐射姑就在继承人的问题上和赵盾交了火,他主张立晋文公的庶子姬乐为君,只是他万万没想到赵盾如此腹黑,派出一队杀手在姬乐从陈国返回晋国的路上将姬乐送上西天。晋国天下表面上属于新立幼君姬夷皋

（晋灵公），但实际上最高权力依然掌握在赵盾手上。

更为可笑的是，因为彻底闹翻了，赵盾和狐射姑索性撕破脸皮，互相拆台。狐射姑把这笔烂账记在阳处父的头上，派出同宗狐鞫居刺杀了赵家马仔阳处父，赵盾也不是省油的灯，立刻拿了狐鞫居，砍下人头示众。狐射姑不堪其辱，一怒之下逃回了老家翟国避难，不陪赵盾玩了。

狐射姑跑了，但赵盾在晋国官场上的宿敌还有很多，比如箕郑父、先都、士縠、梁益耳和蒯得这五位军界大员。之前晋襄公要立狐射姑为中军佐，实际上姬骦心目中最佳的中佐与副佐人选是箕郑父和先都，结果名将先轸之孙先克横插一腿，姬骦这才改任狐射姑和赵盾。而阳处父随后再跟着多嘴饶舌，赵盾这才得以上位。

箕郑父等人要拿下赵盾，首先必须干掉赵盾的马仔先克，扫清外围障碍，再一击置赵盾于死地。这些人恨赵盾鸠占鹊巢，更恨先克多嘴，而且蒯得和先克又有私仇，先克曾经仗势强夺了蒯得的田地。

先克现在是赵盾面前的大红人，如果走正常程序，很难把先克敲打下来。明的不行，干脆就来暗的，在公元前618年的正月初二，一伙贼人突然闯入先克的豪宅，将先克送上西天。

从表面上看，这只是一场意外事件，但是哪些人会派人刺杀先克，他们的目的又是什么，赵盾心知肚明。先克被刺杀，对赵盾来说是莫大的损失，但同时也是赵盾铲除政敌的绝佳机会，至少赵盾有足够的理由运用法律武器干掉箕郑父这伙野心家。

根据《左传·文公九年》记载，"晋人杀先都、梁益耳"，过了三个月，"晋人杀箕郑父、士縠、蒯得"。所谓的"晋人"，实际上就是以赵盾为首的当权派。

在没有外力监督的权力体制下，权力的终极方向一定是独裁专制，晋国的政军一体，掌军权者必掌政权，这就给了军界一把手赵盾一手遮天的机会。对赵盾来说，能除掉的刺头都除掉了，权力不可避免地集中到赵盾之手，属于赵盾的专政时代正式开启。从此普天之下，再无人敢撄赵盾之须。

对于赵盾的性格，他曾经最大的对手狐射姑再清楚不过了，敌人往往是最互相了解的。狐射姑在翟国避难期间，翟国丞相酆舒向狐射姑打听过赵衰、赵盾父子的性格特点，问二人谁更贤明。狐射姑做了一个很形象的比喻，他把赵大爷比作冬天里的太阳，给人以温暖；而赵小爷则是夏天里的太阳，谁不听他的，这位赵小爷就把谁拉到太阳下暴晒……

赵盾这种狠硬的行为作风，似乎又可以把他看成春秋版的雍正，做事雷厉风行，善于啃硬骨头，再大的阻力也不会影响他们改革的雄心。雍正因为强行经济改革，触犯了既得利益阶层，被骂成千古暴君，赵盾也"享受"到了这种待遇。在骂赵盾的那些人中，有一位重量级人物，就是指责赵盾尽坏周法的孔子。

孔子指责赵盾"为刑鼎，民在鼎矣，何以尊贵？"是严重践踏贵族统治平民的法制精神，"贵贱无序，何以为国？晋国之乱制也！"说的是公元前621年，赵盾刚执政时推行的改革九项措施，即著名的"夷蒐之法"。

"夷蒐之法"的具体措施如下：

一、制事典，制定国家的根本大法，相当于现在的宪法。

二、正法罪，制定完整的刑法，"准所犯轻重，豫为之法，使在后依用之"。

三、辟狱刑，建立完善的司法审判体系，审理积压的旧案要案。

四、董逋逃，进行轰轰烈烈的严打专项斗争，加大力度搜捕在逃案犯（也包括逃亡奴隶），相当于现在的公安专项行动。

五、由质要，建立完善的民间经济契约制度。

六、治旧污，因为旧的政治体制已经不能适应当前的形势发展，所以必须进行政治体制改革。

七、本秩礼，"时有僭逾，贵贱相滥"，尊卑不分，所以有必要恢复旧有的尊卑等级制度，孔子并不反对这一点。

八、续常职，恢复旧有的公务员职位制度。

九、出滞淹，建立完善的人才选拔制度，庸者下，能者上，特别要在民间发现人才。

孔子实际上骂错了人，先不说从赵盾的改革九条来看，哪一条也没有超出孔子的政治框架，而且赵盾改革还是在晋襄公在位时期，没有姬驩的支持，赵盾也搞不起来。孔子对赵盾的不满，主要还是第二条"正法罪"上，孔子主张以礼治人，刑罚只是辅助手段，"不教而杀谓之虐"，而赵盾则主张以法治人，虽然他也重视礼教之于社会的正面影响。

在赵盾推行改革九条之前的十二年，也就是公元前632年，晋文公姬重耳曾经颁布了著名的"被庐之法"，提出了"弃责薄敛、施舍分寡；轻关易道、通商宽农"等缓解当时尖锐社会矛盾的利民政策。

不过最让孔子有认同感的，还是姬重耳提出的保护贵族利益的相关条款，即"尊贵宠"和"公食贡，大夫食邑，士食田，庶人食力，工商食官，皂隶食职，官宰食加（家主的食田）"，这和孔子宣扬的"君臣父子"在阶级立场上是一致的。

孔子是士大夫阶层，主张"大夫食邑、士食田，庶人食力"，针对的应该就是赵盾改革的第五条"由质要"。赵盾要求规范民间经济行为，在一定程度上就损害了权贵阶层剥削底层庶民的利益，孔子反对赵盾改革也是情理之中的。

严格来说，赵盾推行的这九条不能算是改革，只能算作在旧制度基础上的改良，并没有推翻旧有的政治经济制度，赵盾本人也没有背叛他所处的剥削阶级。如果一定要说赵盾改革有什么鲜明时代特色的话，削弱君权也是这次改革的主要目标。

这一点比较好理解，赵盾作为异姓大卿，和晋国公室有很深的矛盾。赵盾假改革之名，趁机扩大自己的权力范围，"使行诸晋国，以为常法"，是再正常不过的，这不是否定赵盾改革的理由。

赵盾推行改革不惜得罪权势公卿，于公于私都是有利的，于公巩固了晋国统治，于私加强了自己的权力和人望。以至于江湖皆知晋国有赵盾，不知有晋侯（晋灵公姬夷皋），就如同时人皆知有诸葛亮，不知有刘禅一样。

除了没有皇帝名分，诸葛亮拥有皇帝的一切权力，赵盾也是如此。因为晋灵公年幼，所以赵盾理所当然地全权代理最高权力，甚至在只有国家元首才可以出席的国际会议上，赵盾也堂而皇之地坐在台上。以赵盾的首席执政身份，最多也就是个政府首脑，但世人也知道，晋灵公连个傀儡都不是。

最典型的一次政府首脑以国家元首身份出席国际会议，发生在公元前620年，齐、宋、卫、陈、郑、许、曹诸国在扈举行元首峰会，赵盾代表晋国与诸国进行会盟。除了扈之盟，还有公元前613年的新城之盟、公元前612年的第二次扈之盟、公元前610年的第三次扈之盟，赵盾均列席其中。

第一次扈之盟，晋灵公还是个娃娃，赵盾代为出席勉强有些道理。十年后的第三次扈之盟，晋灵公已经年长成人，赵盾依然越俎代庖，说明两点：一、在君臣尊卑有别的春秋时代，诸侯已经默许赵盾为晋国的实际统治者；二、赵盾也间接表明了自己不会把权力交给晋国公室的态度。

关于赵盾在天下诸侯中的威望达到了什么程度，《左传·文公十四年》记载，公元前613年，东周王室内部发生了一场纠纷，周公姬阅和王孙姬苏争权夺利，大打出手，周匡王姬班站在周公姬阅一边，派出卿士尹氏和大夫聃启去晋国找赵盾评理。赵盾很体面地解决了问题，各方都有台阶可下，"赵宣子平王室而复之"。

众所周知，周天子是天下名义上的共主，何况这次争端还发生在王室内部，可当周天子无力解决争端的时候，就请赵盾出面解决。这说明一点，晋国首席执政赵盾的天下霸主地位是得到周天子承认的，这对赵盾提高在国内国际的威望是极为有利的。

这有些类似于汉献帝之于曹操，刘协只是一个有名无实的傀儡皇帝，生杀大权均在曹操手里，曹操才是真皇帝，赵盾也是如此。晋国的姬姓公族在赵盾执政期间的损失太大，自然对赵盾有诸多不满，更不用说已经成年的晋灵公。

刘协斗不过曹操，因为他手上没有任何武装，这一点还不如拥有几百老苍头的魏高贵乡公曹髦。姬夷皋有两点比刘协情况稍好，一是晋灵公是赵盾所立，从这层意义上讲，赵盾是受晋襄公临死托孤的顾命大臣，而刘协只是曹操从半路抢来的，没有什么君臣大义；二是晋灵公身后还站着有些影响力的姬姓公室势力，以及对赵盾虎视眈眈的异姓卿士的势力，这不得不让赵盾有所顾忌，这是姬夷皋在相当程度上敢于向赵盾叫板的本钱。而刘协被曹操玩弄于股掌之上，身边没有任何可以倚仗的刘姓宗室势力。

姬夷皋长大了，收回最高权力是天经地义的，但赵盾当然不会平白无故地交权，一旦交了权，赵盾就会成为砧板上任人宰割的鱼肉，赵盾知道官场上恨他的人实在太多了。其实姬夷皋同样有这样的担心，他手上没权，就是赵盾的刀下肉，不知道哪天就被赵盾给宰了。

姬夷皋幼年继位，在位十四年，他和赵盾发生冲突时的年龄不会太大，应该比被鳌拜欺压的康熙略大一些。这个年龄的男孩往往比较叛逆，做事激进不计后果，赵盾已经明显感受到了来自国君的压力。

对赵盾来说，晋灵公本来就不是他中意的人选，晋襄公去世后，姬夷皋的母亲穆嬴以"皇太后"之尊跪在赵盾面前恶狠狠地叩头，威胁赵盾如果不立她的儿子，将来就和赵盾没完。赵盾当时初掌执政，根基不深，还不想得罪穆嬴身后的势力，只好违心立了姬夷皋。

现在赵盾要拿掉姬夷皋，理由当然不能是从权力之争的角度来解释，否则赵盾的正面形象将破坏殆尽。稳妥的办法倒是有一个，就是拿着放大镜寻找姬夷皋的劣迹，值得赵盾庆幸的是，姬夷皋确实是劣迹斑斑，罪名找到了一大堆，如下：

一、在民间搜刮百姓钱财，修建宫室。

二、在台上拿弹弓射无辜的老百姓。

三、御厨没把熊掌蒸熟，姬夷皋当场杀掉御厨，并把尸体藏在畚箕里，让宫女背着畚箕在朝堂中大摇大摆地经过。

第二条可以忽略不计，第一条对赵盾来说也没有什么大危害，但第三条胡乱杀人引起了赵盾的警惕。这小子今天敢杀厨子，明天就敢杀执政大臣，何况姬夷皋有意让众人看到尸体，这是明显地对执政集团发出警告。

赵盾担心的还有另外一点，随着姬夷皋的年龄越来越大，朝中的反赵势力可以打着国君亲政的旗号要求赵盾交权。这就是为什么同治死了，慈禧立更年幼的光绪当皇帝，她不愿意松手最高权力。

赵盾虽然有了足以拿掉姬夷皋的合法理由，但朝中强大的反赵势力还是让赵盾不敢轻举妄动，赵盾想等姬夷皋先动手，自己占据道义高地再进行反击。可以看出赵盾在废立上还是犹豫不决，赵盾下一步的动作是劝谏姬夷皋收敛，反正姬夷皋是听不进去劝告的，到时候，赵盾就能倒逼自己下最后的决心。

不过，让赵盾大感意外的是，在这场君臣文斗的大戏中，姬夷皋首先破坏了游戏规则，使用了暴力。这场精彩的君臣斗发生在公元前607年的九月，姬夷皋突然邀请首辅赵盾来宫中饮酒，暗中布置好了武士，只等赵盾一来，就当场干掉他。

让人疑惑的是，以赵盾的智商，居然对这场阴谋没有任何反应，反而是他手下的马车夫提弥明看穿了姬夷皋的鬼把戏。赵盾喝完第三杯酒之后，就被提弥明拎下了殿，准备强行出宫。

赵盾赤手空拳进宫喝酒，是姬夷皋斩杀赵盾最合适的机会，他自然不会错过这个千载难逢的机会。可搞笑的是，接下来出场的姬夷皋的奇兵不是人，而是一只凶猛的大狼狗。在姬夷皋清脆地学了几声狗叫后，这只大狼狗汪汪蹿了出来，准备扑咬赵盾。

这只大狼狗在历史老人面前卖力地表演着，其他群众演员也没闲着，姬夷皋的甲兵将赵盾包围起来，看起来赵盾已经毫无逃生的可能，而且提弥明已经战死，大殿上回荡着晋侯声嘶力竭的吼叫声：别让赵某跑了！

幸运的是，赵盾当初打猎时无意中救过饿倒山野的壮汉灵辄，而灵辄恰巧就是围堵赵盾的甲兵之一，为了报赵盾的一饭之恩，灵辄背叛姬夷皋，拼命将赵盾救出，如果没有灵辄的帮助，赵盾早已死无葬身之地。

赵盾为人如夏日之阳，这次差点被姬夷皋算计，他当然不会善罢甘休，反正他和姬夷皋已经撕破脸皮，再装下去已经毫无意义。在出宫之后，赵盾就发起了反击，不过老奸巨猾的赵盾不想背上弑君的恶名，他假装成政治受害者，逃到边境上，然后暗中指使堂弟赵穿在桃园杀掉了已经无力反击的姬夷皋。确认姬夷皋被干掉后，赵盾才扭扭捏捏地回到晋都，继续执政。

史籍上并没有记载是赵盾指使赵穿弑君，但晋国著名史官董狐却坚定地认为姬夷皋之死，赵盾就是背后黑手。董狐的强硬让历史为之感动，他在青简上刻上了"赵盾弑其君"，然后不避危险，将简书扔在朝堂上，当众抽了赵盾一记响亮的耳光。

赵盾此时还厚颜无耻地拒绝承认暗中指使赵穿弑君，并指责董狐血口喷人，"弑者赵穿，我无罪"。董狐不但骨头硬，嘴也尖刻，当即顶了赵盾一句："你说你和赵穿弑君没有任何关系，那你身为晋国执政，为何不治赵穿弑君之罪？"一句话驳得赵盾哑口无言，只能拉下面子自贬，弄得赵盾极为难堪。

孔子曾经为赵盾弑君辩诬，说赵盾"古之良大夫也，为法受恶，惜也"。实际上是多此一举，即使赵盾承认暗中指使赵穿弑君，也并不影响赵盾在历史上的改革家地位。再者，春秋弑君之臣多如牛毛，只要大权在握，别人骂几句也少不了一根汗毛，魏晋时代有谁敢指责司马昭弑君，虽然曹髦是司马昭的手下马仔成济干掉的。

不过倒霉的成济被司马昭当成替罪羊扔了出去，被夷三族，赵穿不但没有因为弑君受到半点指责，反而受到赵盾的重用。新任晋侯姬黑臀（晋成公，襄公弟）就是赵穿奉赵盾之命，从东周雒邑给请回晋国即位的。

姬黑臀得到了国君的位子，但依然是赵盾手中的牵线木偶，眼睁睁看着赵盾扩大赵氏宗族的权力，连大气也不敢多喘一口，赵盾的刀可不是吃素的。赵盾应该是吸取了晋灵公的教训，对晋国公族相对放宽了管制，至少姬黑臀可以以晋侯的名义出现在外交舞台上。比如公元前600年九月，姬黑臀在扈地与宋、卫、郑、曹等国元首进行会晤，准备讨伐楚国的马仔陈国。

姬黑臀死在扈之盟会上，从现有史料上看，姬黑臀是病故，和赵盾没有什么关系。但以赵氏家族的势力，姬黑臀再多活几年，也无法摆脱赵盾的阴影。

如果从公元前 622 年算起，至姬黑臀去世，赵盾在晋国执政前后长达二十三年，先后见证了晋襄公姬骧、晋灵公姬夷皋、晋成公姬黑臀之死，可谓三朝不倒翁。

赵盾的年龄在姬黑臀去世时应该五十多岁，经过二十多年的经营，赵氏的七姑八婆都被赵盾安插在晋国的重要部门，赵盾的离世不会影响赵氏家族的权力。

作为晋国的第一权势家族，赵氏家大业大，内部枝叶太多，并非所有人都服赵盾。赵盾的母亲叔隗本不是赵衰的嫡妻，而赵衰的嫡妻应该是晋文公的女儿（即赵姬）。赵姬贤惠明达，把嫡妻的位子让给了狄女叔隗，自己生的三个儿子赵同、赵括、赵婴齐只好委屈做了庶子，让赵盾做了嫡子。

因为这层原因，赵盾的三个异母兄弟对此颇为不满，赵盾为了稳定赵家的内部秩序，做出了一个让很多人意外的决定，把赵家嫡宗的位置还给赵姬所生的儿子赵括。

嫡宗位置其实只是名义的尊贵，赵盾并没有把自己的正卿实权交给赵姬一脉，将来继承正卿的，只能是赵盾的儿子赵朔。但赵盾至少在一定程度上成功收买了赵姬一脉，让赵姬一脉的兄弟子侄以后能围在赵朔周围，共同维护赵氏家族的利益，在必要时，还可以让这些人做赵朔的外围替死鬼。

二八 / 赵氏孤儿真相

说到英国著名大文豪莎士比亚，人们会下意识地想到那部千秋悲剧名著《哈姆雷特》，也就是《王子复仇记》。《哈姆雷特》在世界文学史上的地位不用过多介绍，可以说《哈姆雷特》是世界悲剧文学史上的巅峰之作。

其实，在中国的悲剧文学史上，也有一部足以与《哈姆雷特》相媲美的悲剧名作，就是中国人几乎家喻户晓的元杂剧《赵氏孤儿》，中国的四大悲剧之一，另外三部是《感天动地窦娥冤》《长生殿》《桃花扇》。

人们之所以如此垂青《赵氏孤儿》，是因为《赵氏孤儿》的离奇故事、感人思想，忠与奸、善与恶、美与丑、人性的真实与痛苦的挣扎，在这部传奇悲剧中体现得淋漓尽致。

最早歌颂赵氏孤儿的，是太史公司马迁，太史公在《史记·赵世家》中绘声绘色地讲述了这场发生在春秋中期晋国惊心动魄的家族仇杀。故事的确很精彩，自从赵盾专权后，在朝中得罪了很多大员，等到赵盾之子赵朔袭位后，赵家的反对者们开始了残酷的反攻倒算。

春秋史上第一奸臣屠岸贾打响了反赵的头炮，因为屠岸贾是晋灵公的宠臣，赵盾弑君后，屠岸贾就怀恨在心，打着为晋灵公讨还血债的旗号诛杀赵朔满门。晋景公三年（前597），屠岸贾在没有得到任何指令的情况下，擅自率军围攻赵家的政治堡垒下宫，"杀赵朔、赵同、赵括、赵婴齐，皆灭其族"。制造了震惊天下、骇人听闻的下宫之难。

在这场血流成河的屠杀中，赵氏成年男子无一幸免，只有赵朔夫人赵庄姬趁乱躲在晋宫之中避难，侥幸捡回一条性命。确切地说，是两条性命，因为赵庄姬的肚子里还有一个胎儿，这就是后来《赵氏孤儿》的男一号赵武。

虽然赵庄姬是晋景公的姐姐，但性情冷酷的屠岸贾一旦得知赵庄姬怀有身孕，必定要斩草除根，晋景公都很难保住这个还未出世的外甥。在情况最危急的时候，赵家的一位门客挺身而出，决定救赵家少主于危难之中，以报赵朔当初厚待之恩。

这位大侠就是公孙杵臼，他看到赵朔的密友程婴在赵氏受难时没有丝毫表现，愤怒地指责程婴：你怎么还有脸活在这个世上！程婴满脸委屈地说，我现在还不能死，要等到赵庄姬生完孩子再做决定。如果生女孩，我会选择以死报友，如果生男孩，我就把他养大成人，为父报仇。

不久后，赵庄姬果然生下了一个男孩，程婴激动得泪流满面，但这个消息很快就被线人捅给了屠岸贾。屠岸贾诛杀赵氏满门数百口，每天都在做噩梦，如果让这个赵家小子长大，屠岸贾还有活路吗？屠岸贾立刻率兵入宫搜查赵家男婴。

已经恐惧到极点的赵庄姬把婴儿放在襁褓里，向天祈祷："赵宗灭乎，若号；即不灭，若无声。"可能是天意不亡赵氏，这个男婴在乱兵搜查时居然没有哭，侥幸逃过一劫。

但以屠岸贾的阴险多疑，不搜出男婴他是不会甘心的。公孙杵臼和程婴为报赵朔之德，这次也豁出去了，决定用李代桃僵之计，找个婴儿替赵武受死，以保赵家香火不灭。

公孙杵臼和程婴对赵家忠贞不贰，但对一户失去男婴的人家来说，他们就是恶魔再世。他们为赵家尽忠，却拿别人的孩子当炮灰，于心何忍？《东周列国志》说这个婴儿是程婴的亲生儿子，这不过是冯梦龙为了美化程婴编造出来的善意谎言而已。

二人的分工非常明确，由公孙杵臼负责带着假赵家孤儿藏在山中，程婴则假装告密，引来官兵捕拿假孤儿。在这场戏的最高潮部分，公孙杵臼指着程婴的鼻子破口大骂："小人哉程婴！昔下宫之难不能死，与我谋匿赵氏孤儿，今又卖我。纵不能立，而忍卖之乎！"

公孙杵臼明知道官军不可能放过这个婴儿，他还假模假样地哀求官军放过这个婴儿，这当然是不可能的。公孙杵臼和程婴配合得天衣无缝，官军果然相信了这个可怜的婴儿就是赵武，连同公孙杵臼一同做掉。

见赵氏孤儿被杀，屠岸贾再无心腹之患，诸将也领到了千金的赏钱，程婴也如愿带着真正的赵家血脉逃往山中避难，开始了一段可歌可泣的复仇之路。

十三年后，身患重疾的晋景公突然问大夫韩厥："赵尚有后子孙乎？"唯一知道赵武内情的韩厥突然大声呼冤，说当年赵武如何在公孙杵臼和程婴的帮助下逃出血海，请晋侯为赵家洗冤昭雪。

晋景公被这个悲壮的故事感动得一塌糊涂，鸡皮疙瘩掉了一地，立刻召已经长大成人的赵武进宫。景公授予赵武兵权，允许赵家对屠家反攻倒算，心怀血海深仇的赵武率兵围住屠岸贾的府第，好一通屠杀！"灭其族"，并完全收回了赵家原有的土地。

自赵武收复失地之后，晋国赵氏挺过了家族历史上最危险的一次劫难，从此走向了黄金铺就的康庄大道。特别是在赵武嫡孙赵鞅（大名鼎鼎的赵简子）和曾孙赵毋恤（赵襄子）的打理下，赵氏家族不断壮大，并最终联合韩、魏两家灭掉智伯，瓜分了晋国大权。"三家分晋"，为辉煌灿烂的春秋史画上了一个由鲜血灌注的句号。

因为赵氏孤儿的故事实在离奇感人，再加上司马迁的如花妙笔，所以历代文人歌颂不绝，甚至外国著名文豪也对其赞颂有加，所以赵氏孤儿的名声越来越响。

可惜的是，这个故事是假的。

司马迁的文笔没有人怀疑，他对写史事业的坚持和坦荡也让后人感动。但有时人们分不清司马迁是在严肃地记录历史，还是天马行空地虚构小说。

最早质疑司马迁编故事的，是为《春秋》作正义的唐朝大儒孔颖达，自此之后，历代学者十有八九认同孔颖达观点，清人赵翼曾经批评司马迁的胡编乱造，"迁之采摭荒诞不足凭也"。

众所周知，司马迁写史很注重故事性，比如《项羽本纪》就精彩得让人流鼻血。很少有人怀疑项羽的历史，但对于所谓的赵氏孤儿，后世学者铺天盖地的质疑，让司马迁在地下收到的砖头可以盖三间瓦房……

甚至可以这么讲，在如花似锦的《史记》中，《赵氏孤儿》这一章节是最大的败笔，因为逻辑漏洞实在太明显了，不知道太史公是不是在喝醉的情况下写《赵氏孤儿》的。

质疑《赵氏孤儿》造假，主要有以下几点：

一、下宫之难发生的时间。

《史记·赵世家》说此事发生在公元前597年，而《史记·晋世家》则说是公元前583年，出品时间更早的《左传》也记载是公元前583年。《穀梁传》和《公羊传》同样记载为公元前583年。如果发生在公元前597年，那么赵氏子弟是绝无可能在此年后还活跃在晋国的政治舞台上的，所以可以肯定的是，下宫之难发生于公元前 583 年。

二、赵庄姬的身份问题。

《史记》说赵庄姬是晋文公姬重耳的女儿，但姬重耳死于公元前 628 年，距离公元前 583 年已经过去了四十五年。如果此年赵庄姬至少四十五岁，似乎不太可能。

如果赵庄姬是姬重耳的女儿，问题来了，赵朔祖父赵衰娶的也是姬重耳的女儿。赵朔娶自己的姨外祖母为妻，祖孙二人成为连襟，这在礼法森严的春秋时代是不可想象的。按晋人杜预的说法，赵庄姬应该是晋成公的女儿。

三、赵朔的卒年。

《史记·赵世家》说公元前 597 年赵朔被屠岸贾杀害，实际上就在此年，晋楚之间爆发了著名的邲之战，赵朔作为下军主将参加了这场战役。《史记》没有说下宫之难发生在该年的几月，但邲之战发生在六月，晋军主力回国是在秋季。赵朔在回国后仅三个月就被族灭，也似乎不太可能，屠岸贾需要大量时间准备。赵朔最后一次出现在史料上是晋齐鞌之战（前 589），杜预也认为赵朔不可能活到公元前 589 年之后。

四、赵氏族灭。

这一条更为荒谬，司马迁说赵同、赵括、赵婴齐都死于下宫之难，可翻查《左传》，直到晋景公十五年（前 585），赵同和赵括还闪亮登场。

五、晋景公的态度。

屠岸贾并非晋国大族，哪来的兵权？没有晋景公的支持，屠岸贾是不可能指挥晋军发动政变的。如果晋景公支持屠岸贾族灭赵家，问题来了，难道晋景公就不怕赵氏有后人，将来找自己复仇吗？

身怀六甲的赵庄姬逃进宫中，晋景公肯定是知情的，赵庄姬分娩诞子，时间至少要两三个月，晋景公有足够的时间通知屠岸贾。退一万步讲，晋景公也打算看赵庄姬所生婴儿的性别再决定是否杀婴，屠岸贾进宫搜查时，晋景公完全有条件帮助屠岸贾搜出赵武，但他并没有这么做。

更让人疑惑的是，从《史记》的记载来看，晋景公对赵庄姬生子并不知情，所以在十几年后，他问韩厥赵家是否有后人。在得知赵武长大后，立刻迎赵武入宫，并付与其兵权诛杀屠岸贾。从晋景公的态度来看，他是反对屠岸贾诛灭赵家的。

六、杀死晋灵公的凶手赵穿。

虽然晋灵公是赵盾指使赵穿杀害的，但在屠岸贾拿灵公之死大做文章的情况下，赵穿是必须处死的，否则屠岸贾的这个借口就难以成立。而发生于下宫之难后二十多年，即公元前578年的晋秦麻隧之战中，赵穿的儿子赵旃是新军主将。既然屠岸贾能将赵氏满门抄斩，是绝不可能放过赵旃的。

七、屠岸贾此人究竟存不存在。

《史记》用很大的篇幅描写屠岸贾，但在更权威的春秋史料《左传》中，根本找不到屠岸贾这个人。在晋国的世家大族中，并没有屠家，正如孔颖达的质疑，"于时晋君明，诸臣强，无容有屠岸贾辄厕其间，得如此专恣"。

更离奇的是，无权无势的屠家居然可以在没有得到国君的屠杀令之前，"擅与诸将攻赵氏于下宫"，屠岸贾哪儿来这么大的号召力？即使与赵氏不和的栾、荀等大族想灭赵氏，也不可能是由屠岸贾来领头杀人。

八、赵武的生年。

《史记》说下宫之难发生时，赵武还没有出生，即公元前583年。而《左传·成公八年》则记载此年赵武已经跟着母亲赵庄姬藏在晋景公宫中了。

再者，根据《左传·襄公三十一年》的记载，公元前542年，鲁国大夫穆叔在和孟孝伯的谈话中提到了赵武的年龄，"赵孟将死矣，且年未盈五十"。从此年往上推算，杜预认为赵武应该生于晋景公十一年（前589），时年四十七八岁。《史记》说赵武是遗腹子，纯粹是在编戏文。

以上种种质疑，基本可以判定《史记·赵世家》所记载的所谓赵氏孤儿是个美丽的江湖传说，屠岸贾、公孙杵臼、程婴三位联合主演都是子虚乌有。有学者认为司马迁的记载应该来自战国以后的野史传闻，喜欢讲故事的太史公自然如获至宝，在此基础上大加演绎，这个判断是正确的。

下宫之难多半属于虚妄，但晋国赵氏家族在晋景公执政时期确实遭到了一场塌天横祸。除了赵武之外，几乎所有的赵氏家族成员被杀，晋国六大卿之一的赵氏险些退出历史舞台，这也是晋国历史上最为严重的政治事件。

在这场骇人听闻的权力斗争中，找不到首恶屠岸贾的影子。如果一定要找出一个首恶，这个人选有些出乎意外，就是《史记·赵世家》中那位可怜的孕妇赵庄姬。

赵庄姬之所以能引爆赵氏家族的血腥内斗，直接的原因非常八卦——赵庄姬和小叔赵婴齐乱伦通奸。

根据《左传》的记载，赵庄姬和赵婴齐做了野鸳鸯，是在公元前587年。以赵庄姬丈夫赵朔的地位，如果赵朔还活着，借给赵婴齐熊心豹子胆，他也不敢这样做，这足以证明赵朔的卒年最晚不会晚于公元前587年。

晋国有两个赵姬，一个是晋文公的女儿，嫁给了赵衰，一个是晋成公的女儿，嫁给了赵衰的孙子赵朔。

赵衰妻赵姬为人贤惠明达，自己贵为晋国公主，赵氏嫡妻，却主动把嫡妻的位子让给了赵衰的庶妻叔隗，也就是赵盾的生母，并以赵盾为嫡子。

而这位赵庄姬的脾气性格和姑母完全不同，姬公主水性杨花，对男人有天生的性冲动。在丈夫赵朔死后，赵庄姬不甘床头寂寞，四处找男人，最终，她盯上了死鬼丈夫的叔父赵婴齐。

赵婴齐相貌如何，史无明载，而且年纪也不大，在公元前587年，赵婴齐约四十岁。至于赵庄姬，年龄也不大，赵氏发生大难时，赵武时年七岁，按古人早婚的习惯，赵庄姬时年应该不到三十岁。郎有情，妾有意，干柴烈火一点就着，在一个月黑风高的夜晚，赵婴齐蹑手蹑脚地钻进了侄媳妇赵庄姬香气扑鼻的被窝……

赵家宅子本就不大，夫叔和侄媳通奸的消息很快就传到了赵庄姬另两位夫叔赵同和赵括的耳朵里，这引起了赵婴齐两位同母兄长的不满。赵同、赵括对赵婴齐早就是一肚子的牢骚，现在赵婴齐独自霸占侄媳妇，赵同、赵括吃不到葡萄，自然是妒火中烧。

赵家三兄弟之间的矛盾主要有两点：

一、当初邲之战时，赵婴齐率后军驻扎在黄河南岸准备船只，赵同、赵括则随晋军主力在前线作战，晋军战败后，赵婴齐不管前线败军，自己划着船逃回黄河北岸，却苦了两位兄长，他们差点做了楚人的俘虏。

二、三兄弟因为生母身份尊贵，所以算是赵氏的嫡子，后来赵盾让嫡时，却把赵氏宗主的位置给了老二赵括，这又让老三赵婴齐灌了一肚子的醋。

赵盾去世之后，虽然赵氏依然是晋国的顶级大卿，但势力已经有所削弱，特别是在官场上，赵氏的政敌多如牛毛，比如已经执政的中军栾书。赵盾当年几乎吃掉了所有的权力大饼，让栾书等人只能啃树皮，现在赵盾已死，正是栾书等人对赵氏进行清洗的绝佳时机。

面对内外交困的局面，赵家最应该做的就是"兄弟阋于墙，而外御其侮"，而不是为了一个女人互相拆台使绊子。但赵同和赵括都是鼠目寸光之徒，他们只考虑眼前的蝇头小利，根本不考虑整体的家族利益。

公元前586年，赵括以赵氏宗主的身份，联合长兄赵同，决定给三弟赵婴齐颁发一张驱逐令：晋国你是不能再待下去了，卷起铺盖去齐国定居吧。

二赵的这个决定让赵婴齐非常意外，在栾书随时准备血洗赵家的情况下，两位兄长怎么可以为了个人私利毁掉家族利益？赵婴齐不想离开晋国，理由是"我在，故栾氏不作；我亡，吾二昆其忧哉"。

赵婴齐的意思很明白，虽然自己与赵庄姬的通奸确实不合人伦礼法，但仅因为这点小事就要驱逐我，你们有没有考虑过后果？现在只有我才能镇得住栾书，使他不敢对赵家下黑手，你们把我踢掉，下一个被踢掉的肯定是你们。

赵同和赵括是铁了心要扳倒在家族内部对他们威胁最大的三弟，根本不听赵婴齐的苦苦哀求。留晋无望的赵婴齐耍尽了花花肠子，还是没能说服二兄，只好灰头土脸地告别情妇赵庄姬，前往齐国避风头。

成功挤走赵婴齐，二赵眉开眼笑，却忘记了一点，他们轰走了赵庄姬最心爱的男人，自己又不能取而代之，他们得到的只是赵庄姬刻骨的仇恨。你们砸了老娘的饭碗，老娘要就砸了你们的饭碗。

公元前583年的夏季某日，赵庄姬在晋景公面前揭发赵氏宗主赵括和其兄赵同有谋反之心，"原（赵同的食邑）、屏（赵括的食邑）将为乱，请国君速拿此二贼，为国除害"。

虽然赵庄姬和晋景公是一父所出，但赵庄姬不敢保证弟弟就一定会上她的贼船。为了最大限度地说服晋景公对赵氏动手，在见晋景公之前，赵庄姬就已经和朝中执政栾书，以及前执政郤克谈好了价钱，赵庄姬敲锣，栾书和郤克敲边鼓，这一次一定要置赵氏于死地而后快。

栾书和赵家兄弟素来不和，这在晋国官场是尽人皆知的。当年的邲之战，栾书主张慎战，赵同和赵括却主张早战、大战，当场和栾书吵翻天，弄得栾书很没面子。

不仅是栾书，郤氏、荀氏等姬姓大卿同样对赵氏不满，作为异姓大卿的赵盾在晋国执政二十年，把姬姓大卿都挤到了墙脚，这自然引发了姬姓大卿们的不满。而赵盾死后，赵氏已经没有了主心骨，赵婴齐又逃到齐国，此时不除赵氏，更待何时？

赵庄姬正是吃透了这一点，才和栾氏、郤氏组成了倒赵联盟。赵庄姬在晋景公面前胡扯一通后，栾书和郤克大摇大摆地上场，说老臣愿意给赵庄姬做证。

实际上，栾书和郤克出不出场，都不会影响晋景公做出不利于赵同、赵括的决定，因为他同样对赵氏专权非常不满。赵氏家族在晋国政坛上呼风唤雨，晋景公在旁边看得心惊肉跳，侄子晋灵公是怎么死的，晋景公一清二楚。

晋景公一直在想一个问题：赵盾能杀死晋灵公，赵同或赵括同样有可能对我开杀戒。就凭这一点，晋景公也要拿下赵家，否则提心吊胆地过日子，迟早会把人逼疯。

赵庄姬、晋景公、栾书、郤克来自不同的利益集团，却因为一个共同的目标，鬼鬼祟祟地走到了一起。一切准备就绪后，公元前583年六月，"晋讨赵同、赵括"，这里的"晋"，实际上指的是晋景公和栾书郤克的联合势力。

赵盾死后，赵家在军界的影响日渐式微，手上基本无兵，这也是栾书他们敢于以武力解决问题的关键。虽然《左传》并没有交代这场废赵行动的具体细节，但可以肯定的是，反赵派获得了空前的成功。

赵同、赵括两支赵氏主脉被屠杀殆尽，一个活口也没有留下，二赵在被杀之前，一定后悔当初把三弟赵婴齐驱逐出境的决定。赵婴齐虽然被轰出了晋国，但祸兮福所倚，赵婴齐侥幸逃过了这场骇人听闻的大屠杀，但赵氏所有的田产都被晋景公赏给了大卿们。

前执政者赵盾共有四个儿子，赵同、赵括满门被灭，赵婴齐逃往齐国，还有一支就是赵朔家族。赵朔作为晋国的顶级大卿，家中亲眷少说也有百余口，《左传》没有说赵朔家眷是否在这场灾难中被杀，但从赵庄姬带着年幼的赵武逃进宫中避难来看，赵朔家族也没有避免被屠杀的厄运。

赵庄姬跟赵同、赵括有仇，晋景公等人屠灭二赵，赵庄姬应该是同意的。只是这个女人心肠再恶毒，也不会同意屠灭赵朔一系，毕竟这是她的宝贝儿子赵武的根脉所在。

只有一种可能，栾书他们为了彻底消灭赵氏家族在晋国的势力，应该是表面答应了赵庄姬保全赵朔一脉的请求，但在实际行动中将赵朔一系连同赵同、赵括家族一起消灭。

当初威风无限的晋国赵氏家族，现在只剩下赵武这孤零零的一根苗了，万一赵武再出现意外，赵氏就彻底烟消云散了。对于如何处理赵武，史无明载，想必晋景公和栾书、郤克等人也有过激烈的思想斗争。

从人性角度看，栾书和郤克是希望杀掉小赵武的，天知道赵武长大后会不会向他们寻仇报复，斩草不除根，后患无穷。但对于晋景公来说，赵武是他的亲外甥，拐弯抹角带着血缘关系，赵庄姬岂能答应自己唯一的儿子被做掉？

另外还有一点，作为国君的晋景公，最不希望看到的就是朝中一臣独大的局面，他除赵氏是如此，他防备栾、郤也是如此。晋景公和赵氏素无太深的仇怨，而诛杀赵朔满门，很可能是栾书背着晋景公下的手。留下赵氏的根基，将来可以和栾、郤等大卿形成鼎足之势。什么样的权力才是最安全的？答案只有一个：平衡的权力才是最安全的。

出于这种考虑，在大夫韩厥的极力保全下，晋景公决定还赵氏一个公道，"立（赵）武，而返其田"。

赵武被"立"，有两种解释，一是赵武被立为赵朔一支的宗主，奉其父赵朔之后，二是赵武被立为赵氏的宗主，奉其曾祖赵衰之后。从字面的意思来看，应该是前者，晋景公只是为赵朔平反，不涉及赵同、赵括、赵婴齐。因为晋景公返还给赵武的田产只是原来挂在赵朔名下的产业，"其田"中的"其"字，只能是赵朔的田产，赵同三兄弟的田产不可能之前属于赵朔一系。

时年七岁的赵武虽然没有亲身经历这场血腥的家族屠杀，但他自小就在权力场上打滚，人与人之间的尔虞我诈，宫廷幕影之下的窃窃私语，灯火照耀下一张张扭曲变形的面孔，这一切都对赵武的性格形成产生了重大影响。

在赵氏蒙难三十六年后，即公元前548年，时年四十四岁的赵武正式出任晋国执政。赵武做晋国执政的时间并不长，前后只有八年，于公元前541年去世。

在这七年时间里，赵武并没有来得及做太多的事情，历史之所以牢牢记住赵武，是因为两件事情，一是司马迁连篇累牍渲染的所谓赵氏孤儿，二是发生于公元前546年的春秋历史上最为重要的国际大会——弭兵之会。

二九 / 春秋两兵圣之田穰苴和《司马法》

说到诸子百家，人们很容易想到儒家、道家、法家、墨家、阴阳家、名家、纵横家。这些思想渊深的思想家，为了自己的政治思想，各开门户，授徒讲学，对后世产生了极大的影响。

以上提到的这些学术门派，主要是靠笔写，靠嘴说，一代代传承下来宝贵的精神财富。而在诸子百家中，还有一种著名的学术门派，之所以能传承千古，并发扬光大，依靠的并不是纵横驳辩，而是冰冷的刀枪剑戟，通过千百家血与火的融合，才形成独立的思想体系，这就是兵家。

儒、道、法、墨等家争的是政治模式和人性的善恶，没有唯一答案，公说公有理，婆说婆有理。而兵家是诸家中唯一有客观答案的，不存在主观感性认知，只有一种冰冷的判断标准：要么胜利，要么失败。

兵家相对来说，是一门比较封闭的学科，儒、道、法诸家的思想体系主要根植在广阔的社会之中。兵家生存的土壤只有一块面积并不大的固定场所，这就是战场，一群男人为了杀死另一群男人的战场。

什么样的人才可以称为兵家，其实这个标准很简单，就像军事家和军事理论家可以各玩各的一样，有自己的军事思想体系，才可称为兵家。战场上的名将未必是兵家，但兵家的思想理论一定会用在战场上，春秋时代战争频繁，可以称为名将的不在少数，但真正能称为兵家的，只有两个齐国人。

说到千古第一兵家，相信许多人会脱口而出：孙子！作为中国军事理论家的第一人，孙子在军事理论研究上的地位，堪比儒家的孔子、道家的老子。不过，孙子并不是春秋时代第一个严格意义上的兵家，在他之前，还有一位军事史上的传奇人物，就是孙子的老前辈，齐国第一名将司马穰苴。

孙子是中国最知名的军事理论家，几乎人人皆知，但在汉朝人看来，司马穰苴比孙子的分量更重，至少司马迁是这么认为的。在《史记》列传中，孙子和吴起挤在了一篇传记里，孙子传记的正文只有五百多字，司马穰苴则单独立传，正文字数是孙子传记正文字数的整整两倍。而且司马迁对司马穰苴的评价要高于对孙子的评价，司马穰苴虽然在后世的知名度不如孙子，但在当时的江湖地位，是孙子不可望其项背的。

司马迁推崇司马穰苴，并不是因为穰苴姓司马，穰苴本姓田，而且和孙子是同族，他们共同的祖先就是在公元前672年逃到齐国的陈国公子田完，即著名的田敬仲。田敬仲是齐国名臣，在齐国官场的势力盘根错节，特别是传到田釐子这一代。

田氏野心勃勃，为了收买民心，在收百姓赋税的时候，故意小斗进大斗出，赢得民心无数。齐景公是个老糊涂，对田釐子收买人心威胁齐国姜姓统治的做法视而不见，从而导致田氏势力不断坐大。贤相晏婴对此忧心忡忡，在齐景公面前劝了好几次，老头子一次也听不进去，气得晏婴跑到晋国诉苦："齐国之政卒归于田氏矣。"

齐景公时代的齐国，虽然勉强保持一线大国的地位，但早已没有齐桓公时"九合诸侯，一匡天下"的霸气，内忧外患非常严重。齐景公倒是很注重与周边大国的外交关系，但国力下滑，根本无法阻止周边国家对齐国的军事骚扰，特别是晋国。

晋国称霸江湖百年，名将如云，但齐国已经没有能拿得出手的名将，经常被晋国一顿暴打，却无可奈何。晏婴给齐景公推荐了一个人——田敬仲的后人田穰苴。

晏婴向来对田氏子孙保持警惕，想尽办法阻止田氏子孙坐大，但晏婴此次推荐田穰苴，完全是被齐国的衰落国势逼出来的。正如晏婴所说："田穰苴虽然是田敬仲的庶孽子孙，国君不得不防，但田穰苴文能收揽英雄之心，武能威震强敌，是齐国的栋梁大才，国势如此，现在只能重用田穰苴。"

齐景公已经被晋国的军事骚扰弄得焦头烂额，看样子他并不了解田穰苴的能力，只能死马当活马医，把田穰苴请进宫里，当面测试田穰苴的军事能力。田穰苴没有辜负晏婴的期望，和齐景公一席长谈后，齐景公激动得差点抱住田穰苴大哭，这果然是个百年不遇的军事天才。"（齐景公）大说之，以（田穰苴）为将军。"

相似的场面，发生在二百多年后，困守汉中的汉王刘邦在听天才韩信对天下大势的分析后，同样激动得不能自已。不过刘韩会谈是在拜将之后，而且要不是萧何和刘邦几乎撕破脸，逼得刘邦拜韩信为大将军，刘邦才懒得搭理韩信这个胯下辱夫。从这一点上讲，刘邦还不如齐景公开明。

田穰苴此时的处境和韩信差不多，虽然都初掌军权，但都面临一个棘手的问题，就是他们都是新人，在军队中没有威望。一个在军中没有威望的将军，是永远不会打赢战争的，田穰苴和韩信都明白这一点。

如何在军中立威？韩信采取了从上而下的模式，即在战略上说服刘邦，具体办法就是著名的"明修栈道，暗度陈仓"，果然让刘邦惊为天人。而田穰苴则采取了从下至上的模式，即在军纪上做文章，以违反军纪的名义杀掉国君身边的宠臣，来达到立威的目的。

在不知不觉中，田穰苴给齐景公挖了一个坑，这个老家伙稀里糊涂就跳了进去。齐景公拜田穰苴为将，是因为西部的晋国和北部的燕国对齐国发起猛烈的进攻，现在是齐景公有求于田穰苴，所以田穰苴给齐景公提了一个要求。

田穰苴直截了当地告诉齐景公，说臣出身卑贱，在军中没有威望，以臣之名望，可能镇不住军队，请国君派出一位有地位的宠臣来做监军，通过这位监军发号施令。齐景公哪知道田穰苴打的什么算盘，便派出他最宠信的大臣庄贾去给田穰苴站台摇旗。

田穰苴在辞别国君时，和庄贾约定，明日正午时分，我与大人在军营辕门前相见，不能迟到。田穰苴应该没有说迟到就军法从事，否则庄贾要是提前来了，田穰苴的戏就演不下去了。

庄贾平时骄纵惯了，并没有把田穰苴夹枪带棒的警告当回事，他不相信就算自己迟到了，田穰苴这个毛头小子敢把自己怎么着。当天晚上，庄贾和亲戚朋友们喝了个烂醉，一觉睡到第二天的中午。

田穰苴当然希望庄贾来得越晚越好，只有这样，他才能杀庄贾以立威。等庄贾东倒西歪地闯进军营辕门的时候，田穰苴早已安排好了刀斧手，但田穰苴不能现在就动手，因为还要给庄贾定罪，动静一定要大，让所有人都看到，这才能起到宣传效果。

田穰苴先是厉声指责庄贾的迟到是严重违反军纪，然后给了庄贾自辩的机会，但这不过是田穰苴的欲擒故纵之计，庄贾说什么，田穰苴都要借他的人头立威。

这是田穰苴刻意安排的剧情，庄贾已经触犯了天条，神仙老子也救不了他。

田穰苴有意要把事情弄大,他要让整支军队都看到他的强硬,只有这样,他才能立威,只有立威,军队才能在他的指挥下不断取得胜利。

田穰苴故意把军队司法官叫来,问按军纪,迟到者将处以何种刑罚,答当斩,这正是田穰苴要的答案。庄贾虽然派人紧急回宫中向齐景公求援,但还没等齐景公反应过来,庄贾的人头已经悬在了军门之上。不仅是庄贾因违反军纪被杀,就是齐景公派来捞人的使者,也因为在军营中驰马受到严惩,驾车的仆人被斩,这是田穰苴故意做给军队看的。

将庄贾在齐军将士面前斩首示众,这对平时军纪散漫的齐军来说,是一种巨大的心灵震撼。这等于田穰苴借庄贾的人头告诉齐军:别说庄贾这样有背景的高官我敢杀,就是国君做错了事,我也照样不当个泡踩,何况你们!

田穰苴的强硬,为他赢得了齐军将士对他的忌惮,从此不敢再军纪涣散。立威的目的是达到了,但立威只是将军赢得军队拥戴的方式之一,还需要立德和打胜仗。田穰苴深知一点,军纪是死的,人心是活的,如果只强调军纪而忽视了人心的团结,是永远别想打胜仗的。

军队是冰冷的国家战争机器,但军人都是有血有肉的,田穰苴非常注重与普通军人拉近感情。历史已经证明,主将对下层军人体贴关心的军队,往往战无不胜的,比如岳家军、戚家军等。

战国名将吴起之所以百战百胜,原因就在于吴起与下层军人打成一片,不能说吴起的做法是抄袭田穰苴的,但至少田穰苴早在吴起之前就注重"军队中的政治工作"。

一般来说,主帅只要负责制订作战计划就可以了,军中后勤自有专人负责,但田穰苴却亲自管理后勤工作。比如军队在行进过程中需要修建营舍、寻找水井、架起炉灶,以及军队的饮食、医疗,都由田穰苴亲自安排,尽可能地让军人感受到军队大家庭的温暖,这是提高军队战斗力的有效保证。

除此之外,主将还不能在军中搞特殊化,否则就不能服众,主将要以身作则,身先士卒,才能获得普通军人的信任。田穰苴从来没把自己摆在普通士兵的对立面,而是和他们打成一片,同吃同住同劳动,弟兄们吃什么,他就吃什么。而且田穰苴特别注重对老弱士兵的照顾,这一点赢得了很多人的感动。

赢得人心其实非常简单:你要求别人做到的,自己首先要做到。"其身正,不令则从;其身不正,虽令不从。"田穰苴虽然不是从底层中走出来的,但最终回归了底层，而历史反复证明，往下看比往上看更容易得人心。得到人心，往往就意味着胜利。

田穰苴仅用了三天，就彻底征服了底层士兵，这只能说明齐军内部的等级制度森严是长久以来积累的严重问题，受压迫时间越长，受感动的时间就会越短，这是铁律。当田穰苴下达命令开赴前线时，齐国将士都含泪请战，包括老弱残兵，"争奋出为之赴战"。

齐军士气的空前提升，对企图浑水摸鱼的晋、燕两国来说，无疑是个坏消息。两国之所以敢对齐国动手动脚，就是吃准了齐军军纪混乱，战斗力不强，现在田穰苴突然来这么一手，让两国感觉到难以再占到齐国的便宜，只好仓皇撤军。之前被晋、燕两国抢占的齐国地盘，被田穰苴指挥的齐军悉数收复。

这是田穰苴人生中最辉煌的时刻，当田穰苴率得胜之师返回临淄时，齐景公率文武百官亲自出城迎接并慰问、犒赏为国立功的将士们。至于已经升为齐国第一名将的田穰苴，在职务上也进一步高升，由将军改任全国最高军事统帅的大司马。田穰苴被后世称为司马穰苴，他所著的兵法被称为《司马法》，典故就源于此。

田穰苴凭军功谋取富贵，天经地义，齐景公并没有滥赏，但让齐公景没想到的是，他的这次封赏，却对日后的姜氏被田氏废黜产生了致命的副作用。

在田穰苴出场之前，田氏在齐国的势力就已经尾大不掉，而田穰苴的横空出世，客观上不仅帮助田氏在齐国建立比之前更高的威望，更要命的是田氏在军界树立威信，为日后田氏代齐起到了不可低估的作用。

不过田氏代齐是在百年之后，和田穰苴本人并没有直接的关系，至少田穰苴本人是忠于齐国的。而且田穰苴公私分明，眼里从不揉沙子，对齐景公提出的非分要求，田穰苴照样冷面拒绝。

有一天夜里，齐景公不知道发什么神经，突然跑至田穰苴府邸门前，派人传话，说国君驾到，请大司马准备酒宴，陪国君喝酒。齐景公平时胡吃海喝，和佞臣梁丘据等人厮混在一起，他以为田穰苴是他一手提拔的，自然要拍他马屁，哪知道却撞到了南墙，碰得头破血流。

田穰苴平时和齐景公没有多少私交往来，基本上以国事为主，而且田穰苴对齐景公"老混子"的做派向来比较反感，他更不会自污其名，和齐景公在一起鬼混。听说齐景公要他接客，这事好办，田穰苴很快就准备好了。

齐景公还在门外伸头踮脚等待田穰苴出来迎接的时候，田穰苴已经全身披挂，扛着大戟，在火把的衬映下，站在大门前"欢迎"齐景公。还没等齐景公流着口水问大司马都为寡人准备了什么山珍海味，田穰苴就劈头盖脸责备了齐景公一顿。

田穰苴问齐景公为什么要来找臣，是因为有强敌侵犯边疆，还是有人企图发动军事叛乱？如果都不是，那么，国君找臣干吗来了？齐景公倒是痛快，直说想和将军饮酒取乐，"酒醴之味，金石之声，愿与将军乐之"。

已经口水直流的齐景公认为田穰苴怎么着也会卖给自己一个薄面，但让齐景公尴尬的是，连这点他认为不是要求的要求也被拒绝了。田穰苴当头砸了老馋猫一棒，而且语出讽刺，拐弯抹角地骂那些宠臣。"国君喜欢花天酒地，寻欢作乐，自然会有人满足国君的要求，但臣没这个兴趣，国君请回吧。"

齐景公以国君的身份被大臣弄得如此下不来台，脸上自然挂不住，心里也应该记下了田穰苴的这笔"账"。不过此时齐景公还不敢和田穰苴硬顶，真把田大帅惹毛了，田穰苴手上的大戟可不是吃素的。

齐景公骂骂咧咧地离开田府，去找宠臣梁丘据，在梁丘据的府上胡吃海喝，醉得一塌糊涂。估计在席前，梁丘据也没少说田穰苴的坏话，而且齐景公也意识到了一个问题，田穰苴如此不听话，会不会对自己的统治造成威胁？

要知道在春秋时代，大臣杀国君是家常便饭，何况田穰苴还是手握重兵的大帅。而且对齐景公来说，打倒田穰苴还有另外一层含义，解除田氏集团对姜氏公族的威胁。齐景公当初重用田穰苴，更多的是一种应急策略，对付燕晋侵犯。现在齐国基本度过了危险期，再留下田穰苴就得不偿失了。

客观讲，齐景公不算是昏君，但也不是什么明君。他不过是齐国既得利益集团的总代表，他最需要考虑的是既得利益集团的利益，而不是齐国的利益，更遑论百姓的利益。

齐景公曾经立志要做齐桓公第二，而且他手上的牌面也是相当不错的，文有晏婴清吏治，武有田穰苴定天下。齐桓公时也不过只有一个管仲可堪大事，没有一流的武将，这也是齐桓霸业主要靠政治因素维持的重要原因。

齐景公已经在考虑废黜田穰苴的问题了，和他站在一条船上的，还有鲍牧、国惠子、高昭子这些顶级权贵。老话常讲，木秀于林，风必摧之，田穰苴不与权贵佞臣同流合污，共享富贵，那就必定会站在这些人的对立面。

鲍牧等人和齐景公之间存在着一个权力互不兼容的问题，但他们又同属于一个利益集团，所以当田穰苴成为利益集团的敌人时，这些人会毫不犹豫地出手，打掉田穰苴。

　　撤掉田穰苴大司马职务的命令，是齐景公以官方文件形式下达的，但这同时也代表着利益集团的诉求，不过撤职命令并没有提到原因。而这一命令对单纯的田穰苴来说，无疑是意外的打击，他根本没有想到齐景公会突然来这么一手。

　　田穰苴是个有理想有抱负的人，他渴望得到更大的舞台，比如帮助齐国二次称霸，而不仅仅是守住齐国的半壁河山。田穰苴，生卒年不详，但他被解除职务的这一年，应该是齐景公三十年（前518），田穰苴此时的年龄应该在四十岁上下，他还有时间，但历史认为田穰苴的表演时间到了。历史，本来就是属于少数人的，任何一个企图闯进宴会分蛋糕的人，都会被愤怒的人群打倒，无论这个人是否代表更多人的利益。

　　田穰苴失去了所有权力，被废黜在家，没过多久，郁郁寡欢的司马穰苴含恨离世，一代将星还没有来得及发出更耀眼的光芒，就带着遗恨划过天空，坠落在遥远的天际。

　　齐景公和权贵们以为除掉了田穰苴就能保住权力，可他们却忘记了田穰苴的死，直接导致他们和田氏家族彻底撕破脸皮。田氏家族的旗帜性人物田穰苴被陷害至死，对田家来说，这就是公族和鲍、国、高等族对田家下手的政治信号，他们岂能坐以待毙？

　　就在田穰苴死后的第三十七年（前481），田氏家族的强人田常通过政变夺得了齐国的最高统治权，并以为田穰苴报仇为名，诛杀齐国公族中有可能威胁到田氏的人物，以及鲍、晏等大族，彻底控制了齐国局面，为日后田氏代齐打下最坚实的基础。

　　从某种意义上来说，田氏后人为田穰苴报了一箭之恨，田穰苴可以瞑目于九泉之下。还有一点值得庆幸的是，田穰苴生前所著的兵法，在一百年后，由战国霸主齐威王田因齐派人搜集整理成册，这就是军事史上有名的《司马法》。齐威王靠着一部《司马法》，以田忌为将，孙膑为军师，"围魏救赵"，大破魏军于马陵，成就了一番霸业，可见《司马法》的分量。

　　讲田穰苴而不讲《司马法》，就如同讲孙子不讲《孙子兵法》一样，田穰苴的一世英名，很大程度上是因为这部传世的《司马法》带来的，下面讲一讲《司马法》。

《司马法》，又称为《司马穰苴兵法》或《军礼司马法》，共五篇，是宋朝刊定的《武经七书》之一。这部兵法虽然是齐威王搜集编辑而成的，但田穰苴的遗稿成稿时间至少可以确定在鲁哀公二十七年（前468）之前，早于《孙子兵法》，可以说《司马法》是中国历史上第一部有系统理论支撑的军事理论著作。

遗憾的是，由于各种历史原因，《司马法》的篇幅不断缩水，现在通行的版本是五篇，实际上在汉朝时，《司马法》共有一百五十五篇，到了唐朝初年，只剩下"数十篇"，遗失近一半。

而到了北宋末期，"数十篇"都不知去向，仅剩下了残存的三卷五篇。不过后人能看到《司马法》原稿的三十一分之一，已经是不幸中的万幸了，有些古书连书名也没有留下来，湮没在历史的扑天黄尘之中。

论知名度，《司马法》无法和《孙子兵法》相提并论，但自古以来，许多名将和有志于军事研究的知识分子对《司马法》推崇备至，比如司马迁、唐朝名将李靖、明朝大儒邱濬，都是《司马法》的狂热崇拜者。

李靖曾说《司马法》是兵学之祖，邱睿则认为《司马法》的地位应该排在《孙子兵法》之前，而不是仅排在《武经七书》的第三位。到了清代，更有一位狂热的学者汪绂干脆重新排定《七书》次序，拿掉《孙子兵法》，将《司马法》排在第一。

《孙子兵法》是一部单纯的军事理论著作，为了打仗而打仗，更多的谈论战术细节，很少涉及政治和思想。《司马法》虽然仅有三千四百字，但涉及门类极广，甚至包含了儒家、道家、法家的思想精髓，其中有很大篇幅是谈论政治之于军事的重要性。

历史上的军事理论家，大多"慎战"，轻易不开启战争，田穰苴也是如此。我们都知道这么一句名言："国虽大，好战必亡；天下虽安，忘战必危。"其实这句话就是出自《司马法·仁本》篇。

残存的《司马法》共五篇，分别是《仁本》《天子之义》《定爵》《严位》《用众》。不清楚遗失的那些篇幅都是些什么内容，但从残本来看，《司马法》更像是一部政治军事研究，而不是单纯的作战法则。

从某种角度讲，《孙子兵法》讲的是军事战术，而《司马法》讲的则是军事战略。有些学者认为克劳塞维茨的《战争论》，其实就是田穰苴《司马法》的现代外国版，这种观点不是没有道理，这两部一古一今、一中一外的兵书，都是从宏观战略角度解释战争与政治的关系。

战争的最高目的是什么，相信绝大多数军事家会给出一个相同的答案：以战止战。"以战止战"同样是田穰苴首先提出来的军事政治思想，在《司马法》开篇，田穰苴就道出了战争的本质——用战争消灭战争。

春秋时代的兼并战争，是从来不讲什么道义的，所谓春秋无义战。《司马法》的整体军事思想相对有些"守旧"，体现的是西周时期的战争观，特别强调政治范畴的"仁"，即所谓非义兵不战。宋襄公子兹甫就是死守着"非义兵不战"的军事教条，结果兵败身死，为天下笑柄。

实际上，田穰苴是最早提出战争分为正义之战和不义之战的军事理论家，他所说的义与不义的标准，是根据本方的利益立场，而不像宋襄公那样首先尊重别人的利益立场，这是非常愚蠢的。田穰苴所谓的以仁治军，是有前提条件的，而不是宋襄公那样眉毛胡子一把抓。

田穰苴对正义之战的理解就是杀少数人以保护大多数人的利益，甚至包括对他国人民的保护，但对外作战，首先要符合本国的利益。再进一步延伸，田穰苴的军事政治理论，用一句大家耳熟能详的口号来代替，就是"人权高于主权"。所谓人权高于主权，也不过是为本国利益服务的幌子罢了。

《司马法》的原文是："杀人安人，杀之可也；攻其国，爱其民，攻之可也；以战止战，虽战可也。"而"人权高于主权"的理论基础，早在两千五百多前的中国就已经出现了。

作为一部兵法，《司马法》谈论具体的作战战术其实并不多，主要集中在《严位》和《用众》，而前三篇讲的都是政治军事，包括军队的思想建设、军纪完整，以及占领道义高地。

田穰苴特别强调"师出必有名"，在《定爵》篇中，田穰苴提出了作战"七政"，即"人、正、辞、巧、火、水、兵"。其中的"正"是指尊重"普世价值"，师出有名；"辞"是指军事宣传工作，要懂得给自己造势，把敌人抹黑成邪恶的反动派，把自己吹嘘成拯救人类的正义大兵。

有种观点认为《司马法》和《孙子兵法》相比，弱在战术布局，而强在政治工作，并非没有道理。《司马法》反复强调主将要重视对普通士兵的思想教育，要和士兵打成一片。

《司马法》的思想体系与儒家思想有相当程度上的重合,比如孔子常说:"子帅以正,孰敢不正",要求别人做到的,自己首先要做到,田穰苴同样提出了"使法在己曰专,与下畏法曰法"。

所谓与下畏法,就是包括主将在内的所有人员都要遵守军纪国法,没有任何人可以凌驾于军纪国法之上。主将要普通士兵遵守军纪,自己首先要做到遵守军纪,起到表率作用。否则自己都做不到,凭什么要求别人做到?

现在我们提到军队思想政治工作,往往会想到一句名诗:"军民团结如一人,试看天下谁能敌",其实这种观点也是《司马法》最早提出的。在《严位》篇,田穰苴认为"三军一人,胜"。从将军到士兵,大家团结一致,为了一个共同的目标而奋斗,没有不成功的。

如何才能做到"三军一人"?田穰苴给出了两条妙计:

一是"凡战胜,与众分善",如果军队取得了胜利,主将不要贪功,要把功劳记在普通士兵头上,让大家都有蛋糕吃。

二是"若使不胜,取过在己"。如果军队打了败仗,不管是谁的责任,主将都要把责任揽在自己头上。功劳是大家的,错误是自己的。

在《严位》篇的最后,田穰苴告诫军队主将:"让以和,人自洽;自予以不循,争贤以为人,说其心,效其力。"只要主将能做到这两点,人心齐一,将无往而不胜。

三〇 / 春秋两兵圣之孙武和《孙子兵法》

说完了春秋两大兵圣之一的田穰苴，接下来讲讲另一位春秋兵圣孙子，以及他的千秋名著《孙子兵法》。

上一篇讲到了诸子百家，儒家的代表人物是孔子，道家的代表人物是老子，墨家的代表人物是墨子，那么兵家的代表人物只能是孙子，虽然田穰苴丝毫不比孙子逊色。

从时间上来看，田穰苴应该比孙子早出世近百年，而且他们是同族，都是田完的后人。孙子之所以姓孙，是因为孙子的祖父田书因功被齐景公这个老混子封在了乐安（今山东广饶），并赐姓为孙。

孙子是后人对他的尊称，就像孔丘被尊称为孔子，墨翟被尊称为墨子一样，他真正的名字应该姓孙，名武，字长卿。

虽然《史记》有一篇《孙武列传》，但对孙子早期的活动没有记载，不如《司马穰苴传》记载得详尽。关于孙子的出生年月，史料上没有明确记载，据一些学者考证，孙子应该和孔子同时代，但比孔子略晚几年，出生时应该是在齐景公统治初期。

作为田氏子孙，和田穰苴一样，孙子也算是含着金钥匙出生的贵公子，这一点，孙子要比韩信幸运，韩信生下来穷得四面不落地。孙子在童年时代享受着作为贵公子所能享受到的一切，孙子的知识基础应该就是在早期教育时打下的。

可惜好景不长，在齐景公十六年（前532），齐国爆发了著名的"四姓之乱"，齐国的四大贵族，即田氏和鲍氏的利益集团与栾氏、高氏的利益集团大打出手，栾氏和高氏在这场利益之争中战败，只好逃离齐国，去鲁国做了寓公，两家的财产被田氏和鲍氏瓜分。

按道理讲，孙子作为田家子孙，田氏的得势，对孙子在齐国的生存是非常有利的，但年轻的孙子做出了一个让人意外的决定——离开齐国。其实孙子的做法很好理解，田氏在齐国虽然树大根深，但政治斗争向来非常残酷，难说田氏就一定能笑到最后。覆巢之下，安有完卵，一旦田氏栽了，孙子也肯定跟着吃刀头面，所以孙子离开齐国是一个非常明智的选择。

而孙子选择的人生下一站，则是南方新兴的超级大国——吴国，这也是孙子做出的明智选择。在齐国时的孙子，应该已经开始了对军事理论的研究，"学成文武艺，货卖帝王家"，孙子渴望用世于江湖，青史留下不朽将名，这就需要一个形势相对平静、政治相对清明的国家。

春秋中前期强盛的国家，除了齐国，晋、楚的政局都非常不稳定，各派势力来回厮杀，孙子可不想去当炮灰。至于鲁、宋、卫、燕等中等国家，要么自身实力不济，要么内政乱七八糟，都不是孙子理想的去处。

而选择吴国，大致的原因是吴王僚雄心勃勃，有横天下之志，旗下又有英明豁达的堂弟公子光（即后来的吴王阖闾，夫差的爸爸）、谋算无差的超级谋臣伍子胥，国势蒸蒸日上，但还缺少一名军事主将。对孙子来说，这里就是一个铺满黄金的国家，随时都能找到发财的机会。

孙子南下入吴，对自己的人生至少有两方面的规划：

一、吴国地广人稀，孙子随便找个地方猫起来，都不会轻易被人发现，这样有利于孙子撰写兵书。

二、撰成兵书后，寻找一个合适的机会，自荐吴王阖闾，成就一番伟业。

由于吴国在春秋早期属于"不毛之地"，开发程度远逊于中原诸国，甚至还不如同处长江流域的楚国，经济发展较慢，属于后开发国家。吴国除了国都姑苏，实在没有像样的城市，所以孙子很轻易地"偷渡"到吴国，在一处深山老林里安下身，盖了几间茅草屋，没日没夜地研究兵法。

孙子在吴国具体的隐居时间已不可考，但可以肯定的是，《孙子兵法》就是成书于这段时间。这一点和韩信非常相似，只不过韩信中隐隐于市，成天跟着漂母混饭吃，而孙子则小隐隐于野，利用难得的清静撰写兵法。

据说韩信也撰写过兵法，后来遗失了，不过以韩信光棍般的生存状况，他没有条件拥有笔墨，更不要说系统地进行军事理论研究。孙子是富家子弟，离开齐国时应该带有一笔不菲的银子，生活上完全没问题，这也应该是《孙子兵法》在他出山之前就能成型的主要原因。

孙子是个聪明人，他知道即使兵法写得天花乱坠，如果得不到君主赏识，也不过是一堆没用的竹子。在孙子蛰伏吴国的这段时间，他应该没有渠道与吴王阖间取得联系，阖闾也不知道自己治下有一个军事奇才。

即使孙子见到阖闾，阖闾对孙子也不了解，不会轻易拿吴国的前途命运冒险。韩信自信满满地去投奔项梁，结果只能当个普通卒子，后来又转投刘邦，刚开始也没受到重用。

要不是丞相萧何拼了老命推荐韩信，刘邦是不可能重用韩信的，萧何在韩信拜将的过程中起到了吹喇叭的宣传作用。虽然是人才，但在与君主没有交情的情况下自荐和通过君主身边最亲信的大臣力荐，效果是完全不同的。

孙子要想被阖闾重用，只能先认识阖闾身边的重臣，由这位重臣力荐入阁，这才是最有效的办法。阖闾身边有许多大臣，有两位是阁臣之首，一位是大夫伯嚭，一位就是伍子胥。伯嚭是佞臣，以溜须拍马为能事，孙子自然指望不上这种人，他只能通过伍子胥。

关于伍子胥是如何认识孙子的，没有史料记载。不清楚孙子是否像南朝刘勰那样，双手高举《文心雕龙》文稿，在夕阳如血的黄尘古道边，跪在宰相沈约的车马前，从而引起沈约对一代文才的惊叹。还是伍子胥在山中闲逛，发现一间草屋，一位书生正在用力削着竹简。但有一点可以肯定，孙子在吴国隐居的时间相当长，孙子一个人把兵法十三篇削刻成书，没有几年的工夫是肯定做不到的。

伍子胥很注重人才梯队建设，他手下应该有一个专门寻找人才的机构，这些人四处撒网捕鱼，终于有人把孙子的情报搞到手，然后交给伍子胥。伍子胥亲自考察，发现孙子果然是军事奇才，和孙子建立了良好的个人关系，只是暂时没有将孙子推荐上去，所以对于孙子，"世人莫知其能"。

伍子胥将孙子隐藏起来，估计和当时的吴国政治局势有关，吴王僚虽然不是昏君，但和公子光相比，还是逊色了些。伍子胥最中意的吴王人选还是公子光，而且伍子胥和公子光私交非常好，早就暗中穿了一条裤子，密谋政变。所以伍子胥在公子光发动政变夺位之前，一直让孙子生活在真空里，几乎没有任何闲杂人等知道有孙武这个人，甚至连公子光也蒙在鼓里。

直到阖闾收买的刺客专诸在鱼中藏剑干掉了吴王僚后，逐渐巩固统治地位，伍子胥才开始运作孙子出山入阁的事情。阖闾和伍子胥的搭配，非常类似于齐景公和晏婴的组合，国君大权独揽，而伍子胥和晏婴都是首席阁臣，但身边都缺少军事主将。晏婴主动向齐景公推荐了一代名将田穰苴，而伍子胥也在一个合适的场合，隆重向吴王推荐了孙子。

阖闾有意对外用兵，称霸天下，经常和伍子胥讨论兵家攻守。阖闾是军事外行，非专业人士，他非常迫切地想得到一名军事天才，就像齐景公得到田穰苴一样，伍子胥便趁机向阖闾推荐了孙子，以及孙子已经成型的《孙子兵法》十三篇。具体时间不得而知，可以肯定的是，此事发生在阖闾即位的第六年（前509）之前。

伍子胥荐孙子，和萧何荐韩信非常相似，萧何在刘邦耳朵边絮叨了半天，刘邦也没听进去，阖闾也是一样，毕竟他不了解孙子。伍子胥几乎说得口干舌燥，口吐白沫，"七荐孙子"，阖闾还在认为伍子胥这是打着荐贤的旗号来捞取政治资本。

不过伍子胥毕竟是吴国首席重臣，他的面子一定要给，刘邦最后也是被差点翻脸的萧何逼到了墙脚，才勉强同意见韩信。阖闾答应了伍子胥的请求，对孙子进行实地考察，从这一点上看，阖闾还不如刘邦痛快，先拜将后考察，伍子胥的面子还是没有萧何的大。

孙子抱着一堆竹简，在伍子胥的小心指引下，走进了吴王宫的大殿，吴王要亲自对他面试，只要通过这一关，孙子就有机会实现自己的人生抱负。关于孙子见阖闾，《史记·孙子列传》和《吴越春秋·阖闾内传》的记载有些不同，前者并没有记载阖闾对孙子和《孙子兵法》的态度，而后者则记载阖闾对孙子的称赞。

伍子胥此前应该读过孙子撰写的兵法，他对孙子的推荐也着重在兵法上，所以阖闾开门见山地"召孙子，问以兵法"。任何一支善于作战的伟大军队，都有独立的军事理论支撑，对于孙子本人，阖闾更看重他撰写的兵法。

孙子将撰写好的兵法呈给阖闾，阖闾则按顺序逐一阅读，阖闾看得非常认真。据吴王身边的工作人员透露，吴王每阅读一篇兵法，都会下意识地大声叫好，脸上写满了喜悦。阖闾已经认为，伍子胥推荐的齐人孙长卿，极有可能是他苦苦寻找的第二个田穰苴。

现在有句名言，"实践是检验真理的唯一标准"，对孙子的兵法，阖闾赞赏有加，但实战性如何还有待检验，毕竟再完善的理论也需要正确的社会实践来支撑。刘邦就是不相信给项羽看大门的韩信有经天纬地之才，才一再拒绝夏侯婴和萧何推荐韩信的，老话常讲，是骡子是马，得拉出来遛遛。

阖闾向孙子提出了一个问题，在寡人的面前，你能不能演练一下你的神奇兵法，让寡人开开眼界？孙子敢出来见吴王，就已经做好了所有应试的准备，今天要不露几把刷子，阖闾也不会认他这根大葱。不过孙子提出了一个非常新颖的测试方法，就是让吴王宫中的宫女友情出演，让她们以士兵的身份听从他的指挥，大王可以管中窥豹，实地考察臣的军事能力。

阖闾答应了孙子的请求，抽调宫中美女三百人，分为两队，每队由一名吴王宠姬充当队长。既然是军事操练，就得化装换马甲，吴王让人抬出几百副军械盔甲，宫女们嬉笑着穿上盔甲，执剑执盾而立。阖闾告诉他的女人们，今天你们都要听孙大帅的指挥，违者踢到黑屋子里关禁闭……

几百名宫女服侍一个男人，早就看够了阖闾的那张黑脸，宫中的生活缺乏乐趣，孙子突然来这么一出，宫女们都非常兴奋，难得有这样好玩的游戏。不过这些花枝招展的女人别说上阵观战了，就是盔甲剑盾，估计都没见过，在短时间内把她们培训成钢铁战士，这肯定是个笑话。阖闾同意让孙子操练宫女，其实就是想看孙子的笑话。

孙子训练宫女的根本目的，主要是想让阖闾认清军纪对于一个军队的重要性，同时也是给阖闾一个警告：军纪不严，你就等着收尸吧。孙子"趣味训练"的第一步，就是当着宫女和阖闾的面，申明军纪，"（孙子）告以军法"，其实就是说给阖闾听的。而阖闾同意让孙子操练宫女，已经掉进了孙子事先挖好的坑里，他以为会看到一场喜剧，结果等待他的是一场悲剧。

孙子给宫女们下达了第一道命令："我敲第一通鼓，你们要振作精神；敲第二通鼓，你们高声前进；敲第三通鼓，你们按我的要求列成军阵。"孙子口干舌燥地说完，迎接他的，是一阵娇滴滴的哄笑声。甚至孙子亲自擂鼓号令，宫女们依然笑成一团，因为这个游戏实在太好玩了。

孙子突然怒了，"两目忽张，声如骇虎，发上冲冠，项旁绝缨"，几乎是咆哮着喝令宫女们必须听从他的指挥，而孙子得到的，依然是嘲笑。宫女们的反应其实很正常，现在第一次参加军训的学生，也经常会在训练时笑场。孙子请求训练宫女其实本身就是一个"阴谋"，是孙子给自己立威的"牺牲品"，所以宫女们频频笑场，是孙子希望看到的场面。

果然，孙子大怒，问站在身边的军法官，三令五申而士兵不听话的，该受到何种处罚？孙子得到了他想听到的答案——斩！孙子的胆量确实让人佩服，他以一个新人的身份，居然敢对吴王最宠爱的两位宠姬队长开刀，因为这两位美女队长治军不严，所以当斩以镇服士卒。

等台上的阖闾发现中了孙子的诡计时，已经来不及了，阖闾看到地上两个血淋淋的人头，也顾不上爱贤的名声了，气得对孙子跳脚大骂，仿佛市井泼皮一般。不过孙子的反驳很有道理：我现在是将军，就有军纪执法权，对违反军纪的人执行军法天经地义。"臣受命为将，将法在军，君虽有令，臣不受之。"

阖闾的愤怒还写在脸上，但操练场上的宫女们已经被血淋淋的人头吓住了，没有人敢再嬉皮笑脸，孙将军令旗所指，无不景然而从。"左右、进退、回旋、规矩、不敢瞬目。二队寂然。无敢顾者。"孙子杀鸡给猴看的战术果然奏效，他连吴王的爱姬都敢当场宰掉，何况你们这群虾米！

一支没有文化的军队是愚蠢的军队，同样，一支没有纪律的军队是永远不可能取得胜利的，孙子的兵法十三篇博大精深，但军纪是一支军队的灵魂。所以孙子操练宫女并不是演练自己的战术，而是向吴王说明军纪的重要性，这和田穰苴杀庄贾立威的效果是一样的。

阖闾还在为失去两位美女而愤怒，也懒得再看宫女操练了，勉强应承了孙子几句好话，说寡人已经知道将军善用兵，可以称霸天下，但寡人现在对你没兴趣了。气得孙子差点指着阖闾的鼻子大骂："王徒好其言，而不用其实。"

孙子操练宫女，以及和阖闾的争执，伍子胥应该是在场的。史料上没有记载伍子胥对孙子杀宫女的态度，但以伍子胥的为人做派，他是非常支持孙子的，何况孙子能站在阖闾面前，本来就是伍子胥强力推荐的。想必伍子胥对阖闾说了不少孙子的好话，至于损失了两个宫女，也没什么大不了的，天涯何处无芳草，大王还缺少美女吗？

这是一个辩证的逻辑问题，没有孙子为将，吴国对外扩张的势头必将受到强敌武力遏制，甚至有可能被强敌灭掉。两美女与天下霸业，孰重？

伍子胥已经警告过阖闾："大王虔心思士，欲兴兵戈以诛暴楚，以霸天下而威诸侯，非孙武之将，而谁能涉淮、逾泗、越千里而战者乎！"以阖闾的胸怀与智商，当然能拎得清利害轻重，所以阖闾"知孙子能用兵，卒以为将"。

吴国最高统治系统的三驾马车格局最终确立：阖闾为王，伍子胥为相，孙武为将，天下莫能与之争胜！

不过不知道出于什么原因，《史记·孙子列传》对孙子拜将后的事迹几乎是一笔带过，仅仅一句"西破强楚，入郢，北威齐晋，显名诸侯，孙子与有力焉"，就把孙子给打发掉了。而《春秋左传》对阖闾兵变、争霸的事迹有大量记载，却很难找到孙子的名字。只有成书时间最晚的《吴越春秋》零星记载了孙子为将后的一些事迹。

《史记·孙子列传》所说的孙子"西破强楚，入郢"，实际上是指发生在公元前506年十一月十八日的柏举之战，而这场春秋末期的著名战役，吴军之所以获得最终的胜利，孙子"与有力焉"。

这场战争的背景，是新兴的吴国与传统强国楚国对地缘战略空间的争夺，也就是抢地盘。楚国强大时，周边的小国如蔡、唐都对楚国奉行一边倒的政策，但吴国兴起后，不停地给楚国找麻烦，双方就此结下梁子，经常大打出手。

这场柏举之战，是春秋二百多年为数不多的名战之一，也是春秋争霸战中的倒数第二场，最后一场就是越王勾践灭吴。柏举之战的影响非常大，曾经威赫天下的楚国轰然倒塌，逼得忠臣申包胥哭倒于秦墙之下，贤愚之君、忠佞之臣、勇怯之将，悉数登场，双方用智用力，过程极为精彩，下文将单独列一篇详细解读。

至于随后申包胥哭墙七日，引来秦军助楚，吴军连败于秦军，但这不会影响孙子作为一代兵圣的光辉形象。吴军是在远离本土几千里的异国作战，有一个后勤保障的问题，而且吴军连战大捷，锐气已用尽，败几场并不丢人。正如伍子胥所说：吴虽败，于吴未有大损，没损失多少兵力，何谈耻辱？

孙子其实是个非常有趣的人，伍子胥替孙子遮羞，孙子也知道如何下台阶。这两个伟大的男人互相吹喇叭拍马屁，孙子一方面给自己圆场，一方面吹捧伍子胥："我们此次伐楚，战略目标就是杀进郢都，赶跑楚王，并由伍大夫开发楚平王墓，鞭尸三百，以报父兄之仇。做到这几点，我们不算失败。"

伍子胥更有趣，顺着孙子递的杆子往上爬，大言不惭地说，自从盘古开天辟地以来，还没有大臣屠戮国君的尸体，我做到了，然后一阵仰天狂笑。嗯，很不错。

在这场轰动天下的柏举之战后，孙子渐渐从史籍中消失了，他死在哪里，卒于何年，史籍中没有记载。有一种说法认为孙子卒于公元前470年，即吴王夫差在位的第二十七年。此时的伍子胥依然是吴国阁臣之首，而夫差又是出了名的好战，以孙子的军事天才，夫差不可能置孙子于高阁而不用。

孙子最有可能的下落，应该是归隐山林，无疾而终，在人间留下了一段不可复制的传奇，以及传诵千古的《孙子兵法》十三篇。古人有立德、立功、立言三说，人生一世，能得其一就已经非常完美了，而孙子做到了立功、立言，此生无憾。

甚至可以这样说，如果一定要在春秋时代挑出两个对后世影响最大的人，孔子和孙子是最有资格入围的。孔子儒家思想的影响力不必多言，《论语》几乎是人人皆知，而《孙子兵法》对历代战争的影响力又可谓空前绝后。

《孙子兵法》在北宋人编列的《武经七书》中名列榜首，成为军事研究人员的必读之书。其实我们现在看到的《孙子兵法》十三篇，是三国枭雄曹操重新整编过的，之前的《孙子兵法》也称为《吴孙子兵法》，以区别另一位孙子，即孙膑的兵法，《孙子兵法》共有八十二篇。

不知道是应该感谢曹操对《孙子兵法》的精彩点评，还是应该谴责曹操对《孙子兵法》的拙劣破坏，"数十万言"的孙武兵法被曹操连删带砍，只剩下了区区七千三百字。当然，以曹操的军事智慧，对《孙子兵法》删砍的标准自然是去其繁芜，取其精华，字字都是珠玑。

不过由于在孙子之后百年又出现一位大军事家孙膑，而孙膑偏偏也自称孙子，而且也留有一部兵法，以至于后人经常为《孙子兵法》是孙武所作，还是孙膑所作争论不休。

一种最流行的反对声音是司马迁在《史记·孙子列传》中已经明确提到孙子的兵法只有十三篇，而《汉书·艺文志》却说有八十二篇，另外还有图九卷。

其实学术界还有另外一种声音，即孙子最先创作的兵法确实是十三篇，而所谓八十二篇是西汉后期至东汉中前期的军事爱好者在十三篇的基础上发展出来的，所以二者之间并不矛盾。

说到《孙子兵法》，就不得不讲《孙子兵法》和《司马法》的区别。在上一篇中讲过，《司马法》是多家学说的集萃，而且侧重于讲军事政治，《司马法》的核心是"慎战"，具体思想是"国虽大，好战必亡；天下虽安，忘战必危"。

《孙子兵法》虽然在开篇也讲到了慎战的问题，《始计》篇第一句就是："兵者，国之大事也。死生之地，存亡之道，不可不察也。"还有，孙子也说过"道、天、地、将、法"五事，即"经之以五"，这属于军事战略范畴，在《孙子兵法》中并不常见，当然这不是说孙子不重视政治。战争是政治的延续，孙子当然知道这一点。

如果用一句最简明扼要的话来高度概括《孙子兵法》的思想精髓，只有四个字：兵不厌诈！即《孙子兵法·始计》篇提到的"兵者，诡道也"。

《孙子兵法》对中国军事思想史的最大贡献是提出了"兵不厌诈"思想。甚至肉麻地讲，"兵不厌诈"思想的出现，对中国历史具有伟大的划时代意义，一举打破上古至春秋中前期所谓仁义之战的思想缚束，虽然孙子本人并没有说出"兵不厌诈"这四个字。

孙子对"兵不厌诈"战术思想的具体理解是："兵者，诡道也。故能而示之不能，用而示之不用，近而示之远，远而示之近。利而诱之，乱而取之，实而备之，强而避之，怒而挠之，卑而骄之，佚而劳之，亲而离之。攻其无备，出其不意，此兵家之胜，不可先传也。"

说到春秋仁义之战，自然会想到宋襄公子慈甫在泓水之战时出的洋相。其实在春秋中前期已经出现了兵者诡道的军事思想，但宋襄公死守教条，自以为有仁义之战，天下可胜，结果成为千古笑柄。

受西周"儒家"思想的影响，春秋中前期还在恪守仁义教条。但春秋晚期以来，随着社会生产力的不断发展，社会政治形态已经明显与中前期有所不同，一个明显的标志就是战争规模不断扩大。

随着"礼崩乐坏"的进一步加剧，各国之间的战争也开始无所不用其极，只要结果，不要过程，孙子"兵不厌诈"的军事思想开始逐渐占据军事理论界的主流。这种新思想的出现不是偶然，即使没有孙子，也会有其他军事家提出兵不厌诈的军事思想。

春秋时代的两大军事家，田穰苴受仁义思想影响较深，所以风格稍显老派，更注重精神上的自我满足。而孙子作为新锐军事家，思想比较新潮，更注重实际利益。孙子在《作战》篇提出了一个震古烁今的观点："兵闻拙胜，未睹巧之久也！"

孙子明确告诉世人，战争要的是冰冷的结果，不是去享受精彩的过程，只有脱离现实的理想主义者才会追求过程的精彩，比如宋襄公。老话常讲夜长梦多，拖得越久越不利，在最短的时间内结束战争，才是兵家上策。

对于任何一场战争的参与方来说，都存在着一个不可回避的成本问题，孙子也注意到了这一点。孙子的速胜论思想"兵贵胜，不贵久"，就是针对这一问题讲的。

特别是打争霸战，战争成本非常高，比如"宾客之用，胶漆之材，车甲之奉"等开销，就要"日费千金"。即使把战场放在国外，"因粮于敌"，巨大的战争消耗也不是超级大国所能承担得起的。

基于这一点，孙子明确指出："胜久则钝兵挫锐，攻城则力屈，久暴师则国用不足。"军队必须在最短的时间内取得胜利，通过掠夺他国资源来弥补本国的战争消耗，否则一旦陷入战争泥潭，"则诸侯乘其弊而起，虽有智者，不能善其后矣"。

鱼与熊掌不可兼得，有人既要鱼也要熊掌，结果什么也得不到，而孙子的战争思想是：我不可能在猎杀熊的同时去河里钓鱼，与其得鱼（过程），不如得熊掌（结果）。

战争可以说是一场比赛，一支球队踢得比较浪漫激情，另一支球队踢得比较沉闷保守，但他们要的是同一个结果，就是胜利。田穰苴是浪漫主义者，孙子则是现实主义者，战争拼尽了国力民力，难道只是要一个绚烂多姿的过程？

上面讲过，《孙子兵法》和《司马法》相比，更侧重战术运作，但孙子的战术思想还有另外一个范畴，就是谋略的运用。虽然是冷兵器时代，但一味拼力也是不可取的，高明的军事家会用智，包括用政治、经济、外交等各种手段去达到自己想要的目标。

综合来讲，就是《孙子兵法·谋攻》篇的千古名言："上兵伐谋，其次伐交，其次伐兵，其下攻城。"所谓上兵伐谋，可以用孙子的另外一句震古烁今的金句来解释——不战而屈人之兵，善之善者也。

战争，不仅意味着冷兵器时代的刀枪剑戟，热兵器时代的火炮导弹，更包括政治战、经济战、外交战、心理战等不见硝烟的战争，以使敌人屈服于自己的战略意志为最终目的。在目前已知的中外军事理论中，孙子是第一个提出战略威慑理念的军事家，即使是现代军事的战争理念，实际上也没有超出孙子军事思想的范畴。

因为篇幅的原因，博大精深的战争宝典《孙子兵法》就不多讲了。如同孔子凭借一部《论语》赢得万世师表的地位一样，孙武凭借一部《孙子兵法》，也赢得了中国军事学鼻祖的地位。

孙武的下落是一个历史之谜，但根据《史记》和《三国志》的记载，孙子有两位非常知名的后人。一是战国时最负盛名的军事理论家孙膑，一是三国时期被陈寿称为有"勾践之奇"的吴主孙权。

三一 / 吴楚柏举之战

在前文中，曾经提到过孙子在吴国任将以来最为辉煌的一场战争，这场战争不仅奠定了吴国的东南霸业，也奠定了孙子千古名将的地位，这就是春秋史上有名的吴楚柏举之战。

说到吴国，虽然吴王在周王室内部的爵位排列只是子爵，但要论起血统，却是齐、楚、秦等异姓诸侯所不能望其项背的，因为吴国始祖太伯是西周开国君主周文王姬昌的嫡亲伯父，吴太伯是周太王古公亶父的长子，姬昌的父亲季历是太王幼子。

如果按嫡长继承制，吴太伯是应该继承太王权位的，但因为三子季历贤明，而且最要命的是，太王特别喜欢聪明可爱的孙子姬昌，早已打算把位子传给季历一系。

吴太伯知道自己没有继承父位的希望，一赌气，和二弟仲雍离开岐山，前往东南方向的长江中下游流域，与当地的千余家荆蛮打成一片，荆蛮人"义之"，便拥戴吴太伯做了老大，号称句吴。

吴太伯是光棍一般去句吴的，所以他必须对荆蛮人表示自己的诚意，从荆蛮之俗，"文身断发"。随着时间的推移，吴国的姬氏子姓与中原的姬周王室已经没有什么来往，中原人也以荆蛮视之。

吴太伯虽然建立了句吴国，但实际上吴国的王室子孙都是吴太伯的二弟，即仲雍的后人，因为太伯无子，所以仲雍继位称王。吴国地处偏远，经济非常落后，直至传到仲雍的第十九代孙姬寿梦，情况才有所改观。楚国大夫申公巫臣因为和重臣子反不和，绕道晋国来到吴国，帮助吴国训练军队，特别是战车部队的组建，使吴军的战斗力急速提升。

随后吴国开始和中原大国建立外交关系，晋国出于制衡楚国东翼的战略需要，也开始大规模援助吴国。吴国有了雄厚的资本后，野心不断膨胀，开始对楚国动手动脚。在寿梦时代，吴国只是处在大国崛起的初期，还没有能力对楚国进行战略威胁。不过寿梦虽然在历史上没什么知名度，但他有一个名气非常大的儿子——挂剑践义的季札。

季札的侄子姬僚（即吴王僚）即位后，吴国已经初步具备了与楚国抗衡的实力。吴王僚的堂弟公子光兼具雄才大略，经常率兵伐楚，搞得楚国鸡飞狗跳。特别是与楚国有杀父之仇的楚臣伍子胥奔吴之后，被公子光当成活地图，吴国的伐楚之势日渐紧促。

楚国由于昏君楚平王在位，内政乱七八糟，对外基本没有作为，特别在公元前516年，楚平王去世后，楚国更是一片混乱，吴王僚已经嗅到了肉饼的香味。不过他已经没机会张开大嘴吃肉饼了，他的堂弟公子光发动了著名的政变，刺杀吴王僚，自立为吴王。

阖闾虽然得位不正，但他还是继承了吴王僚开展战略生存空间的对外政策，对楚国大打出手。公元前512年，吴国大举伐楚，这也是孙子出山后的第一战，战果辉煌，在第二年，吴国再次从楚国身上咬下两块肥肉，"取六（今安徽六安）与灊（今安徽霍山）"。

楚昭王熊轸可以说是春秋时代楚国最悲剧的一位君主，成王、庄王时代的楚国与晋、齐争雄天下，何其霸气！而熊轸却每天都要面对吴人无休止的军事骚扰，弄得焦头烂额，史称"无岁不有吴师"。

吴国的三驾马车体系已经打磨完成，三人之间的配合非常默契，国势蒸蒸日上，已经成为楚国新的噩梦的开始。从地理位置上看，如果吴国要争霸中原，可以走淮河北上至宋鲁等国，没有必要对楚国动手动脚。

但老话常讲：卧榻之侧，岂容他人酣睡！现在楚国日渐衰落，如果不及时打掉，等到楚国中兴，就可能对吴国的西线战略安全构成重大威胁。所以对吴国来讲，就是趁吴渐强、楚渐弱的有利时机打掉楚国复兴的希望。

公元前508年，在伍子胥"多方以误之（即孙子所说的第十二条）"的建议下，吴国三巨头合力挖了一个大坑，指使舒鸠人（今安徽舒城附近部落）引诱楚国伐吴，将由大将囊瓦率领的楚国水师骗到豫章，趁楚师不备，将楚军打得落花流水，并巧用声东击西之计，又从楚国身上割下一块大肥肉——占领了军事要塞——居巢（今安徽）。

居巢盘桓在楚、吴、蔡、唐等国之间，这就给吴国交通蔡、唐等国提供了便利。在春秋中前期，蔡国是公认的楚国附庸，毫无外交自主权。现在楚国要完蛋了，蔡国当然要另找一个墙头蹲着，吴国自然是不二之选。

阖闾已经意识到了蔡国的战略调整，他自然不会放过这个绝佳的机会，开始和蔡、唐等国进行战略合作。阖闾久有横平天下之志，要实现这个梦想，就必须首先征服楚国，而欲先平楚，必先平蔡、唐等楚国的战略外围。伍子胥和孙子都明确告诉阖闾："现在楚国军事统帅囊瓦为人贪暴，蔡、唐皆不附，不如趁机伐楚，得蔡、唐而得楚。"

从寿梦时代，吴国就已经制定了从楚国夺取生存空间的大战略，历经数十年的苦战，吴国初步取得了对楚作战的战略先机，现在的形势明显对吴国有利。楚国权臣当道，朝政混乱，阖闾知道，错过这个村就没有这个店了，是时候对楚国发动战略总攻了。

公元前506年，也就是阖闾即位后的第九年，他召开了三巨头会议，与伍子胥、孙子商讨伐楚事宜。阖闾明确说明了他的战略意图："吾欲复出击楚，奈何而有功？"红线已经划好了，只有怎么打的问题，没有打与不打的问题。

伍子胥和孙子联名提出了一个制楚战略，就是"远交近攻"，即联合蔡、唐两国共同讨伐楚国。吴国的情报系统已经查明情况，蔡、唐两国已经对楚国恨得咬牙切齿，就等着吴国出兵，两国将极力配合吴军的行动。

唐、蔡的宗主国其实是晋国，只是晋国远在中原，远水解不了近渴，而吴国就在楚国东侧，也只有吴国有能力为他们报仇，所以两国很痛快地答应了吴国的条件，三国正式结盟。

在公元前506年的冬天，三国联军宣布对楚作战，不过蔡、唐都是打酱油的，主力还是吴军。这次对楚作战是战略性决战，阖闾也几乎掏出了自己全部家当，"悉兴师"，大致五万人，但和楚国的二十万军队相比，还是处在劣势。阖闾是在赌博，一旦输了，就将倾家荡产，对阖闾来说，这是一场危险的零和游戏。

正因为双方实力有差距，所以吴国尽可能地缩小差距，吴军并没有单独在楚国东线与楚国决战，而让唐、蔡两军从楚国北线作战，以两国的那点虾米兵，如果单独与楚作战，还不够楚人塞牙缝的。

唐、蔡地处楚国偏北方向，处淮河之滨，吴军在邗沟（今江苏扬州）乘舟沿刊沟（今京杭大运河的苏中段）北上，然后在今江苏淮安进入淮河，再溯淮西进，与唐、蔡二军会合。

如果走近路，吴军也可以要求唐、蔡二军沿着吴军北上的水路顺行南下，在邗沟与吴军会合，再溯长江西上，抵达后来吴楚决战的柏举。吴军舍近求远，应该是吴国最高决策层考虑到了晋国的因素。

在此年的三月，晋国曾经召开了一场江湖武林大会，号召天下诸侯共起而诛楚，但晋国雷声大雨点小，一直没有实际动作。吴国不排除在吴国对楚作战后，晋国改变战略，派兵与吴国联合作战的可能，但吴国不会把胜利的希望寄托在晋国身上，指望别人，不如指望自己。

三国军队会战的地点在豫章，也就是现在豫徽两省交界处的淮南山区，紧依大别山区，但这里并不是吴军预定的主战场，主战场在汉水东岸，距离豫章有二百多公里。

不过吴军似乎并没有渡汉水而击郢都的打算，而只是夹汉水与楚军对峙，因为吴军并没有过河用的大型船只，却带来许多战车。吴军的战略目的非常明显，就是引诱楚军过河，寻找机会歼灭楚军主力。

需要说明的是，吴军从豫章直插至汉水东岸，采取的是跳跃行军方式，绕过三关（即大隧、直辕、冥阨，位于鄂豫两省交界东端），解放战争中的神来之笔——千里跃进大别山与此有异曲同工之妙。

吴军穿插行军，在战略上非常大胆，但在战术上，是要冒着被楚军穿插至吴国身后"关门打狗"的风险的。吴国三巨头欺楚军主帅囊瓦贪暴无能，事实上楚国并非没有军事天才，比如提出对吴军"关门打狗"战术的左司马沈尹戌。

沈尹戌所处的时代，正值吴兴楚衰，以楚国的国力，根本无力阻止吴国的强势崛起，所以他是坚决反对对吴用兵的。公元前518年，楚昭王熊壬不顾国内的上昏下暴，民不聊生，轻率地"舟师以略吴疆"，沈尹戌就长叹："楚必亡邑，不抚民而劳之。"事实也证明了沈尹戌的判断，吴军将楚军打得找不着北，并吃掉了楚国的重镇巢、钟离。沈尹戌再一次做出预言："亡郢之始，于此在矣。"

十二年后，吴国果然发动了大规模的灭楚之战，而已经出任大司马的沈尹戌再一次面对攻势凌厉的吴国。不过沈尹戌这次看清了吴军跳跃式大进军的弱点，就是单兵突进，"顾头不顾腚"，这是很容易被敌人"关门打狗"的。

沈尹戌对囊瓦提出了他的战术对策，即囊瓦率楚军主力在汉水西岸拖住吴军主力，他则率一支精锐部队北上方城（即楚长城，位于豫鄂两省交界处），将吴军停泊在淮河源头的大量船只悉数烧毁，断绝吴军归路，并直插大隧、直辕、冥阨三关。吴军被截断后路，军心必然大乱，囊瓦乘时济河伐之，沈尹戌从三关西进，两支楚军逐渐缩小包围圈，将吴军挤成夹心饼干，则吴必亡。

沈尹戌的这条计策非常恶毒，不亚于刘备伐蜀时，蜀从事郑度给刘璋献的"坚壁清野"之计。如果刘璋采纳郑度的毒计，一代枭雄刘备将死无葬身之地，同理，如果囊瓦听了沈尹戌的计策，阖闾、伍子胥、孙子将被一网打尽，所谓吴国三巨头将成为历史笑柄。

可惜沈尹戌一战成名天下知的机会，被两个人给无情破坏掉了。这两位大爷，一位名叫武城黑，一位名叫史皇，二人时任楚大夫。二人都反对沈尹戌的持久战，要求囊瓦速战速决，不过武城黑只是从战术角度反对，说吴军战车多是木制，而楚军战车多为皮革制成，耐久性差，我们没有与吴军打持久战的本钱。

和武城黑相比，史皇则是以小人之心度君子之腹，他警告囊瓦：你在楚国的威望本就不如沈尹戌，如果你按他的计策办，功劳全是他的，你被他卖了还替他数钱。大人如果不想替他人做嫁衣裳，现在就和吴军作战，不然到时可没地方哭鼻子去。

囊瓦本就不是好鸟，他当然不会坐视沈尹戌吃独食，更不会给沈尹戌看门放哨。这一点，囊瓦远不如刘璋，刘璋只是不忍心百姓受苦，拒绝了郑度的毒计，囊瓦纯粹是出于私心。

现在的形势其实对楚国相对有利，吴军孤军深入，后勤补给非常有限，是最怕持久战的。从吴国的角度讲，楚军越早出战对吴国越有利，毕竟吴军现在士气正盛，一旦拖久了，士气丧尽，很容易被楚国一锅端掉。

所以囊瓦率楚军强渡汉水，准备与吴军近距离交火，是正中阖闾下怀的。事实也证明了速胜论是错误的，楚军"自小别山至于大别山，三不利"，阖闾三记响亮的耳光抽在囊瓦的老脸上，火辣辣的疼。

其实吴军放楚军过汉水，并不断向东北方向后撤，边撤边打，是有意让楚国的战斗部队和后勤补给脱节。囊瓦没有发现吴军的意图，反而被吴军牵着鼻子跑，却忽略了后勤补给线越来越长。当囊瓦连续三次被吴军揍得鼻青脸肿之后，囊瓦发现，他的军队已经来到了大别山脉东麓的柏举（今湖北麻城东北）。

这里就是吴楚两军的决战场，时间是公元前506年的十一月十八日。说是决战，其实战斗意志更为强烈的是吴国军队，之前的三战三捷极大地提升了吴军的士气，而楚军则萎靡不振，虽然人数相对多于吴军，但早已经成了一盘散沙。甚至连囊瓦本人都打算弃军逃跑，被史皇及时劝住了。

这场意料之中的吴楚决战就这样在不经意间到来了，按道理讲，身处前线的吴国三巨头是最有条件创造历史的，但让所有人意外的是，在这场决战中最出风头的，却是之前非常低调的阖闾的弟弟夫概王。

面对军心涣散的楚军，阖闾的应战策略是稳中求胜，不急于和楚军决战，相信这也是伍子胥和孙子的意思。不清楚楚军此时还有多少兵力，但从阖闾的稳妥来看，楚军总人数至少要比吴军多出一倍以上，因为这符合孙子兵法的"不若则能避之"。

吴国三巨头都有丰富的人生阅历，所以为人处世相对沉稳保守，但对于年轻气盛的夫概王来说，楚军已经丧失了基本的战斗力。此时不灭楚，更待何时？夫概王对阖闾说得很清楚："楚王不仁，其臣莫有死志，先伐之，其卒必奔。而后大师继之，必克。"

夫概王敏锐地发现了楚军最大的问题：囊瓦在楚军中的威望已经丧失殆尽，吴军应该擒贼先擒王，只要拿下囊瓦，楚军余部将不战自溃。夫概王的担心应该还包括一点：如果楚国及时换掉没有人望的囊瓦，改由人气高涨的沈尹戌为主将，吴军面对的可就不再是一块肥肉，而是一块硬骨头了。

当阖闾谨慎地拒绝了夫概王的请求后，夫概王对此十分不理解，哥哥的脑袋被驴踢了？放着肥肉不吃，等着啃硬骨头？夫概王对阖闾的决定非常不服，他可能还考虑到另外一个问题。

此时不战，等阖闾等人吃掉楚军后，夫概王将得不到任何功劳，这对想要在吴国内部树立威望的夫概王是致命的打击。甚至不排除夫概王有将来取阖闾而代之的野心，而阖闾拒绝夫概王的请战，也不排除阖闾有这方面的考虑。

夫概王不想放弃这个一战成名的机会，他退出大帐后，和心腹人谈到了这个问题。不过夫概王当然不会把自己内心深处的真实想法说出来，以免授人以柄，他打着君臣大义的幌子，说什么今天就算我战死了，只要我军能灭楚，也是划算的买卖。实际上以楚军现在半死不活的情况，夫概王战死的概率几乎等于零。

夫概王在没有征得阖闾同意的情况下，私自率领本部五千精锐出营，风驰电掣般地闪击正乱成一团的楚军囊瓦本部。楚军现在完全没有了当年楚庄王横平天下时的霸气和强悍，在夫概王眼中，貌似强大的楚军只是一个泥足巨人，轻轻一戳就倒了。

根据《左传·定公四年》的记载，吴军是役大胜，赚得盆满钵溢，"子常

（即囊瓦）之卒奔，楚师乱，吴师大败之"。之前多嘴多舌的狗头军师史皇死在乱军之中，而曾经威风八面的楚军大帅囊瓦被夫概王打成了光棍，鬼哭狼嚎地逃往郑国避难去了。

国不可一日无君，军不可一日无将，囊瓦倒是拔脚溜了，而本就军心涣散的楚军成了无头苍蝇。出于本能，数万楚军士兵乱哄哄地朝着东南方向的楚都郢溃逃，而对吴军来说，放在眼前的肥肉，当然要吃。

阖闾嗅到了一股浓烈的腥味，也顾不得责备夫概王擅自出兵，指挥彪悍的吴军跟在楚军后面连扑带咬，一路鸡毛乱飞。楚军在前面乱窜，吴军在后面紧追不舍，一直追到了清发水（今汉水支流涢水）的东岸。

不过让人疑惑的是，在这场春秋军事史上罕见的大追杀中，居然没有伍子胥和孙子的出场记录，而大出风头的，还是柏举之战的头号功臣夫概王。

阖闾的军事指挥艺术不如夫概王，阖闾只想着吃肉喝汤，却忽略了一个问题，就是《孙子兵法·军争》篇提到的"穷寇勿迫"，即穷寇勿追。楚军的指挥系统彻底崩溃，但不可忽视的是楚人的彪悍性格，一旦吴军把楚人逼急了，楚人完全有可能反过来狠咬吴军一口，千万不要低估楚人的血性。

夫概王想到了这个问题，他劝止了阖闾对楚军发起总攻，他的理由是："困兽犹斗，况人乎！若（楚人）知不免而致，必败我。"楚军现在准备渡过清发水继续西逃，如果吴军追得太紧，就有可能迫使楚人背水一战，楚人会在瞬间迸发出强大的求生欲望，这对吴军是非常不利的。

至于如何解决这个问题，夫概王出了一条妙计，我们暂时不对楚军发起总攻，让楚人抢渡清发水，等到楚人"半渡"，前后两军拥在一起时，我们再收网捉鱼，必能获大利。

一百多年前著名的泓水之战，宋襄公面对正在渡河的楚军，死守所谓不伤二毛的迂腐教条，等楚军完全渡过泓河列好阵形，宋军再发起进攻，结果被楚军吃掉。夫概王应该知道这个典故，他的"半渡而击"之计，明显吸取了宋襄公的教训。只不过泓水之战时楚军在渡河迎战，此时楚要渡河逃跑。

事实再一次证明，夫概王不仅是出色的战术大师，而且是出色的心理学家，他已经完全吃透楚国残兵的心思——无心恋战，趁早回家。所以结果也再一次让夫概王大出风头，等楚军乱哄哄抢渡清发水的时候，吴军突然在后面捅了楚军一刀，楚人死伤惨重。

最可笑的是，当楚军再次跑了一段距离，发现吴军没有追上时，气喘吁吁地埋锅造饭。可当饭香四溢时，突然发现吴军已经杀到眼前，可怜的楚军将士饿着肚子撒开脚丫四处逃窜，吴军弟兄们扔下刀戟，端起香喷喷的米饭，甩开腮帮子胡吃海喝……

胜负已经毫无悬念，楚军完全丧失了死战的勇气，接连被吴军追上暴打，"五战，及郢"，在不知不觉间，吴军已经杀到了楚郢都的城门之下。

楚军主力都被囊瓦糟蹋光了，郢都中不会有太多的守城力量，楚昭王熊珍已经无力阻止吴军进城。他现在有两个选择，要么投降，要么出逃。不过当熊珍听说伍子胥就在吴军阵中时，他毫不犹豫选择了后者。因为熊珍知道父债子还的道理，父亲平王欠伍家的血债，当然要由他来偿还，如果落在变态的伍子胥手上，他会死得非常难看。

熊珍卷起金银细软，拉上妹妹季芈畀我，窜上船，朝着睢水方向疯狂逃窜，这一天是公元前506年十一月二十七日。第二天，吴军耀武扬威地进入已经不设防的皇皇郢都。

虽然史料上没有记载，但可以想见，已经兴奋到极点的阖闾大王会在郢都的楚王宫中大设庆功宴，君臣喝得烂醉如泥。拿下郢都之后，吴国最重要的目标就是全境搜拿楚王熊珍，伍子胥捉熊珍的意愿尤其强烈，虽然伍子胥在进城之后，就刨开了楚平王的坟头，将尸体拖出来，狠狠地抽了三百鞭子。

楚昭王熊珍为了躲避伍子胥的追杀，满世界乱窜，在云梦泽的泥沼地里还受到了一伙来历不明的强盗的攻击，差点丧命，最后勉强逃到随国避难。

虽然阖闾派人来随国要求随国把熊珍交出来，但随国拒绝了吴国，理由是楚随两国曾经签订盟约，随有难，楚庇之；楚有难，则随庇之。今日之事，随宁可与吴死战，也绝不能背约，为天下不齿。阖闾也意识到，以吴国现有的国力，是很难鲸吞楚国的，甚至他已经预感到楚人的复国力量，与其和楚国死缠到底，不如卖个人情给随国，也就不再索要熊珍了。

关于楚国复国，有一个最精彩、最感人的典故，就是楚臣申包胥哭到秦墙之下，请来秦国救兵，打退士气正盛的吴师，成功挽救了当年横行天下的南霸天楚国。而此次吴破郢都，也是楚国历史上除了被秦始皇一举拿下，唯一一次亡国经历，教训可谓惨痛。

吴军被多管闲事的秦军敲打了一顿，称霸步伐有所放缓。但一个既成事实是，吴国已经成功取代了楚国，成为新一代南霸天，这也奠定了吴国在未来几十年内的超级霸主地位。

不过有一点，吴国的开疆拓土，称霸天下，与吴国相对狭隘的胸怀有些不相匹配。有件事情阖闾做得比较过分，为了报复楚国曾经对吴国的打压，在占领郢都之后，吴国君臣对没有来得及逃出去的楚国君臣的夫人进行集体奸淫。

三二 / 伍子胥复仇记

接着上一篇的话题讲吴国。

在柏举之战中，最出风头的是阖闾之弟夫概王，但这并没有改变吴国高层三驾马车的权力分配格局，即阖闾为君，孙子为将，伍子胥为相。

说到伍子胥，肉麻地讲，他是春秋历史上不世出的奇男子。伍子胥的传奇人生经历：举家遇害、仓皇逃难、历尽艰险、偶遇明主、策划政变、为父报仇、辅佐少主、含冤而死。如此跌宕起伏的人生，春秋三百年，风流人物不可计数，也找不出第二个伍子胥。

伍子胥在春秋史上的地位，有些类似王猛在十六国史上的地位，位居一人之下，一肚子的"阴谋诡计"，为他们的君主成就一方霸业，立下不可替代的奇功。

如果单论家世，诸葛亮和伍子胥还有一拼，都是名士大夫之后，而王猛祖上八辈贫农。伍子胥祖上有史可考的，就是春秋霸主楚庄王身边的直臣伍举。

伍举不仅是楚庄王时代的名臣，在楚灵王时代，伍举依然敢于直谏，深得楚王赏识，史称"伍氏三世为楚忠臣"。由于伍举打下了坚实的底子，伍氏家族在楚国官场上混得风生水起。

伍子胥作为官家子弟，在权力私有化的时代，是很容易在官场上捞到一个肥差的。伍子胥上面还有一个哥哥伍尚，其为人"慈温仁信"，刻薄地讲，是个烂忠厚没用的人。而伍子胥在父亲伍奢眼里就是一块稀世珍宝，伍奢曾经当着楚平王的面称赞伍子胥："胥为人，少好于文，长习于武，文治邦国，武定天下！"

更为重要的是，伍子胥的父亲伍奢是太子熊建（以下皆称太子建）的师傅，二人私交非常好。可以想见，等太子建继位后，伍子胥肯定会坐直升机飞进官场，做出一番惊天动地的事业。

只是让所有人没有想到的是，在太子建距离大位越来越近的时候，突然遇到一场可怕的政治变故。不仅太子建的政治前途尽毁，还把伍家拉下了水，本来有机会成为楚国第一政治家族的伍家家破人亡。

问题出在太子建的少傅（排名次于伍奢的太子师傅）费无忌身上，费无忌是春秋时代著名的奸臣，和后来吴国的大奸臣伯嚭号称两大亡国之臣。

跟着太子建，费无忌自然有肉吃，但费无忌前面有一个伍奢挡道，太子建也是重伍轻费。也就是说，费无忌在将来的楚国政治格局中只能屈居伍奢之下，这是费无忌无法容忍的。

为了在政坛上获得更高的位置，费无忌挖了一个政治陷阱，不费吹灰之力就将太子建、伍奢父子一起推进坑里给活埋了，而且骂名还由楚平王背。

故事的情节并不复杂，费无忌利用在秦国给太子建物色老婆的机会，把本属于太子建的秦国美女送给了楚平王。太子建平白丢了老婆，自然对费无忌非常恼火，费无忌就趁机在楚平王面前煽阴风点鬼火，说太子建因为秦女被夺，对大王有怨恨之心，劝楚平王废掉太子建。

此时的太子建并不在郢都，而因为受到费无忌的谗言，再加上母亲蔡氏无宠，被贬到了城父（今河南宝丰东）居守。这又给费无忌构陷太子提供了机会，说太子建阴谋勾连诸侯，企图杀父自立。

其实费无忌的目标，不只是除掉太子建，伍奢和他最贤明的次子伍子胥，都上了费无忌的黑名单。在伍奢被陷害下狱后，楚平王威逼伍奢写信把伍尚、伍子胥召到郢都来，即可免死，被伍奢拒绝。楚平王够阴毒的，他派使者去找伍氏兄弟，说我已经赦免了你父亲，并给你们兄弟加官晋爵，快来郢都履新上任吧。

伍尚为人老实，没看透楚平王的花花肠子，以为天上掉馅饼，准备张嘴接饼。楚平王是个什么货色，伍子胥再清楚不过，他反对前去郢都送死。伍子胥说得很明白：父亲在楚王手上做了三年人质，之所以不动手，就是因为我们还没落网。一旦我们去郢都，楚王就没有后顾之忧，我们必死。

对于绑匪，人质的作用就在于换取赎金，一旦赎金到手就有可能撕票灭口，也有个别善良的绑匪，但楚平王显然不在此列。伍尚决定在明知去无回的情况下去郢都陪父亲受死，而伍子胥则选择逃亡。

在伍尚看来，唯一有能力在日后为伍家报仇的，只有伍子胥，而伍子胥本人也是这么认为的，更要命的是，伍奢同样是这么认为的。在得知伍子胥已经逃亡后，伍奢在刑场上幽幽地说了一句："楚之君臣，且苦兵矣。"这话是说给楚平王、费无忌等人听的，放跑了伍子胥，你们以后就等着吃刀头面吧。

伍子胥性情刚烈如火，是典型的江湖豪侠性格，奉行孔子"以直报怨，以德报德"那一套，和三国头号蛊惑男法正是同一类人物。在父兄被杀后，伍子胥的人生目标就是复仇。伍子胥在长江边痛哭流涕："楚王无道，杀吾父兄，愿吾因于诸侯以报仇矣。"因为太子建已经出逃，伍子胥决定去寻找太子建，在路上他遇到了好友申包胥。伍子胥咬牙切齿地告诉申包胥："父母之仇；不与戴天履地，兄弟之仇，不与同域攘壤；朋友之仇，不与邻共乡里，今吾将复楚辜，以雪父兄之耻！"

历史总是惊人的巧合，楚平王废太子事件，几乎就是当年晋国骊姬之乱的翻版。只不过太子建并没有像姬申生那样自杀，而是学着姬重耳四处流浪，但太子建犯下了一个致命的错误，他不应该相信晋顷公让他帮助灭郑然后把郑国分给他的鬼话。郑定公和宰相子产可不是省油的灯，在人家的地盘上以客易主，谈何容易。

太子建不出意外地被干掉了，却把伍子胥给害苦了，想必太子建与晋顷公的密谋没有告诉伍子胥，但在郑定公和子产看来，伍子胥脱不了干系。为了活下去，为了心中那个伟大的复仇理想，伍子胥背着太子建的幼子熊胜，狼狈逃离郑国。

至于伍子胥为何将下一站避难所选在吴国，结合伍子胥说过要"因于诸侯以报仇矣"来看，应该是伍子胥认为吴国与楚是世仇，而且国势渐盛，至少吴王僚有意愿帮助自己灭楚复仇。

在去吴国的路上，发生了历史上著名的典故，就是"伍子胥过昭关——一夜愁白头"。其实所谓愁白头是后人美丽的传说，真实的情况是昭关（今安徽含山，当时属楚国）守城官员怀疑伍子胥的身份，派人对他紧追不舍。如果不是突然在江边出现了一位神秘的渔翁，撑船送伍子胥过江，伍子胥和熊胜早已经成了刀下之鬼。

伍子胥最让人尊敬的一点，就是恩怨分明。渔翁救了伍子胥一命，伍子胥感激涕零，把价值百金的佩剑送给渔翁，不过被渔翁婉言谢绝了。人们常说，社会的道德底线往往在民间，此言不虚，比如漂母用一饭救了韩信，并给了韩信奋发图强的勇气和自信。

有意思的是，伍子胥在逃亡的过程中，居然也遇到了一位"漂母"。事情发生在溧阳（今江苏溧阳北），此时的伍子胥已经身无分文，而且又病了一场，为了活下去，伍子胥只能沿街乞讨。

在溧水河边，饥肠辘辘的伍子胥遇到一位正在洗衣服的漂母，她身旁放着一个盛满饭食的篮子。伍子胥低声下气地哀求漂母施舍一点饭给他填肚子，溧水漂母犹豫了很久，才勉强把篮子中的饭食分给伍子胥一部分。

我们常说春秋第一忍人是越王勾践，其实伍子胥的忍术和勾践相比丝毫不逊色。勾践为了复仇，甘当吴王夫差的奴隶，忍了二十年，才终报一仇。伍子胥的情况也差不多，如果不是强烈的复仇意识强撑着，以伍子胥的刚烈性格，早就飞蛾扑火般地找楚平王复仇去了，而不是一忍就是十年。

换句话说，伍子胥和勾践都是厚黑道高手中的高手，勾践的那点花花肠子早就被伍子胥看穿了，勾践最终能战胜夫差，最主要的原因不是勾践能忍，而是夫差太单纯，不相信伍子胥的忠告。

勾践在吴都姑苏当过三年的奴隶，而伍子胥在姑苏当过一段时间的"疯子"，勾践当奴隶是演戏，伍子胥也是这样。伍子胥每天披头散发，赤着脚走在姑苏的石板街道上，嘴里嘟嘟囔囔说着谁也听不懂的话，双手摇来摇去。

伍子胥的目的很简单，他在吴国人生地不熟，没有正常渠道接近吴国最高统治者。伍子胥唯一的机会就是出现在公开场合，进行夸张的肢体表演，来吸引别人的注意。伍子胥相信看他夸张表演的观众中，肯定有吴国高层散布在民间的耳目，而伍子胥要的就是被他们发现。

不是所有街头免费表演都能得到观众喝彩，伍子胥有别人不能比的优势，他的外形实在太帅了！据《吴越春秋》记载，伍子胥"身长一丈，腰十围，眉间一尺"，在唯心主义盛行的古代，这样的身体条件往往会被视为奇异之人。

果然，有一位善于相面的吴国市场管理官员发现了与众不同的伍子胥，并把他推荐给了吴王僚。伍子胥需要的就是这样的机会，他在和吴王僚的会谈中，抵掌如神，侃侃而谈，伍子胥已经看出来吴王僚对他的喜爱，他知道他将有机会完成自己的复仇计划。

其实伍子胥不仅吸引了吴王僚的注意，吴王僚的堂弟公子光早就盯上了"勇而且智"的伍子胥，想把伍子胥收拢袖中，留为己用。伍子胥眼光毒辣，一眼就看穿了公子光藏在内心深处不敢示人的秘密——杀僚自为吴王。

现在伍子胥面临两个选择：一、保僚杀光；二、保光杀僚。从伍子胥奔吴的目标来看，谁能替他报楚杀父之仇，他就会站在谁的船上。问题是吴王僚和公子光都有对外征服的雄心，所以伍子胥只能两利相权从其重，公子光比吴王僚的野心更大,能力更强,所以伍子胥还没有和吴王僚过完"蜜月",就钻进了公子光的"洞房"。

只认目标不认人,更不谈所谓的感情,这是勾践和伍子胥的另一个共同点。文种为勾践灭吴立下不世奇功,结果勾践一句"鸟尽弓藏,兔死狗烹",逼文种自杀。伍子胥做事也够狠辣,吴王僚对他有知遇之恩,结果伍子胥却暗中帮助公子光密谋政变。

"专诸刺王僚",是春秋时代最著名的宫廷政变,钩心斗角、暗藏杀机、步步惊心,最终一箭穿心,成就了公子光称雄东南的不世霸业。号称春秋四大刺客之一的专诸,就是伍子胥从民间搜刮来的。伍子胥把专诸介绍给公子光,"欲以自媚"。

一个"媚"字用得恰到好处,说明伍子胥为了替父兄报仇是不顾一切的。在伍子胥看来,能实现自己的目的就是正义,所以伍子胥并不会对吴王僚有什么负罪心理。也正因为这种褊狭但厚黑的性格,所以在吴越争霸后期,伍子胥才是勾践最大的死敌。

仇恨,已经占领了伍子胥的精神世界,他似乎就是为了报仇而活在这个世界上的。多年之后,公元前516年,当楚平王去世的消息传到姑苏时,伍子胥号啕痛哭,他恶狠狠地告诉和他共患难的太子建之子熊胜:"你祖父死得太早了,可惜我的复仇大业!不能亲手杀死你的祖父,恨!"已经长大成人的熊胜默然无语。

伍子胥非常狠辣,为了他的复仇计划,他可以背叛吴王僚,也可以出卖吴王僚的儿子——大名鼎鼎的公子庆忌。人们往往只注意到伍子胥的吴国重臣身份,却忽略了伍子胥还有另外一个较为隐秘的身份,就是吴国特务暗杀小组组长。

这不是在诬蔑伍子胥,春秋时代有两大著名刺客,一是刺杀吴王僚的专诸,一是刺杀吴王僚之子庆忌的要离。这两位暗杀高手有一个共同特点——他们都是伍子胥推荐给阖闾的。

老话常讲,物以类聚,人以群分,伍子胥这样的忍人推荐的,个个都不是善类。专诸情况还好些,知道在刺杀吴王僚之前把老母幼子托付给阖闾,而要离为了骗取庆忌的信任,要离居然让阖闾把自己的妻儿烧死在闹市。

伍子胥的豪侠仗义,倒是和《水浒传》中的江湖第一好汉武松非常相似,武松是个顶天立地的爷们儿,但江湖气太重,不明事理,杀人如麻,伍子胥同样如此。为了实现自己的复仇大业,伍子胥不停地在正义和邪恶之间变脸,甚至阖闾在伍子胥眼里，也不过是个复仇工具。

阖闾是个聪明人，他当然知道伍子胥只是把他当成实现复仇目标的水泥平台。不过阖闾也是个忍人，他为了自己的灭楚大计，同样可以做到忍人所不能忍。

伍子胥能出卖吴王僚，将来未必就不会出卖阖闾，但阖闾知道伍子胥的重要性，他曾经下令："无贵贱长少，有不听子胥之教者，犹不听寡人也，罪至死，不赦。"不客气地说，伍子胥和阖闾只是为了实现各自目标才走到一起的，二人之间没少互相利用和互相算计。

伍子胥在阖闾的政治权力分配中，不仅扮演着宰相和军统局长的角色，同时他也是吴国的参谋总长，头号大幕僚。伍子胥的谋略能强悍到什么程度？我们知道楚军的最高军事统帅是囊瓦（子常），但实际上楚昭王心目中的最佳统帅是子期。

子期用兵如神，一旦子期统帅楚军，伍子胥的复仇大业就将成为泡影。所以伍子胥派出能接近楚国高层的超级间谍潜入郢都，散布子期无能论和囊瓦神武论，扬言用子期为帅，吴必能轻易杀之，用囊瓦为帅，吴将罢兵不敢战。

愚蠢的楚昭王不辨贤愚，上了伍子胥的当，任用囊瓦为帅，结果楚军一败涂地，楚昭王悲剧性地成为楚国历史上第一位被敌国攻进国都的楚王。

吴军士兵刨开楚平王陵、将楚平王还没有腐烂的尸体摆在伍子胥面前，伍子胥积累十多年的屈辱、痛苦和悲愤，在他用力举起铁鞭的那一刻，烟消云散。

伍子胥对楚平王恨得咬牙切齿，虽然他面对的是一具尸体，但在伍子胥看来，他屈辱地活下来，不就是为了这一天吗？即使是尸体，也是楚平王的！

仇报完了，伍子胥突然失去了人生的奋斗目标，他不知道自己接下来应该做什么。

伍子胥的性格具有典型的双重性，一方面可以为了自己的个人目标而背叛道义，另一方面，他又可以在富贵之后寻找曾经施舍给他饭吃的漂母，在得知漂母投河自尽后，伍子胥将一百金扔到了河里。

这种性格的人，往往是天使与魔鬼的结合体，正义与邪恶，每天在他的灵魂深处进行残酷的肉搏战，伍子胥也不知道哪一方会成为胜利者。但在公开场合，双重性格的人往往表现得非常自信，实际上他们总是在极力掩饰自己灵魂深处的惶恐与不安。

严格来说，伍子胥的一生中只做了两件事情：一件就是投奔吴国，并最终依靠吴国的力量完成了自己的复仇大业；一件就是在吴国太子死后，推荐了阖闾的次子夫差做太子。

知子莫若父，夫差的为人，阖闾再清楚不过，按阖闾自己的话说，夫差性格太软，"愚而不仁，恐不能奉统于吴国"。从夫差日后的所作所为来看，阖闾的预见完全正确。

夫差想做太子想疯了，在得不到父亲肯定的情况下，他买通了伍子胥。夫差希望伍子胥能在父亲面前替他说句好话，伍子胥痛快地答应了。

伍子胥的自信膨胀到了顶点，吴王阖闾在伍子胥眼中，以前是个反楚复仇的政治工具，现在只是个证明伍子胥在吴国呼风唤雨的政治工具。伍子胥告诉夫差："太子未有定，我入则决矣！"在伍子胥的强硬坚持下，阖闾有些无奈，只好违心地立夫差为太子。

这是伍子胥的自作聪明处，他以为他扶持夫差上位有功，夫差即位后会奉他为大国师，把吴国玩弄于股掌之上。一千年后，隋朝太子杨勇被废，晋王杨广买通了第一权臣杨素，暗中运作，果然成功登上大位。杨素也以为他能完全控制杨广，结果发现杨广对他处处紧逼。杨广希望杨素早点见阎王，主要原因是杨素对杨广当上皇帝有大功，每次见到杨素，杨广都会产生一种屈辱感，这对君主来说是极痛苦的。

夫差对伍子胥的感觉同样如此，为什么历史上许多新君都对托孤大臣产生反感，甚至刀兵相向，问题就出在这里。权力向来是排他的，但君主的最高权力是由大臣施舍的，这种屈辱感不是正常人能忍受得了的。

此外，托孤大臣往往德高望重，权力过大，已经严重威胁到君主对天下的有效控制。在这种情况下，君主往往会削弱托孤大臣的权力，扶持江湖威望较低的大臣入阁主事。新阁臣正因为威望较低，权力又是君主赐予的，所以在相当长时间内不会威胁到君主的地位。

伍子胥一直没有看透这一层关系，还沉浸在拥立夫差的美梦中不能自省。等到夫差不动声色地把同为楚人奔吴的伯嚭安插在伍子胥的身边时，伍子胥才大呼上当，而此时，夫差已经继位十二年了，即公元前484年。

伯嚭和伍子胥是旧交，他几乎复制了伍子胥的人生路线图，伯嚭的祖父是楚国左尹白州犁，也是因为费无忌暗中捣鬼，白州犁被杀，伯嚭听说伍子胥在吴国当官，就跑到吴国混饭吃。

伍子胥看得清别人，比如勾践在姑苏上演的苦肉计，一眼就被伍子胥看穿，却看不清自己，伯嚭之所以能在吴国官场飞速蹿红，实际上是伍子胥自掘坟墓，挖了坑自己跳了进去。

吴国大夫被离看出伯嚭不是善类，"嚭之为人，鹰视虎步，专功擅杀之性，不可亲也"。劝伍子胥和伯嚭拉开距离。伍子胥只相信自己的感觉，不听被离的劝告，说伯嚭与我同是楚人，又家遭横祸，我们是同病相怜的兄弟，伯嚭岂能害我？

事实却狠狠地抽了伍子胥一记响亮的耳光：伯嚭深受阖闾的信任，身居显要，夫差继位后，伯嚭迅速取代了伍子胥在夫差心中的地位，虽然此时伍子胥在名义上还是第一阁臣。伯嚭曾经在私下场合拆伍子胥的台，他劝夫差要小心伍子胥，说伍子胥为人强暴，大王最好离他远点。夫差不住地点头："寡人知之。"

当伍子胥有所醒悟时，悲凉地发现，自己身边全是敌人，包括夫差、伯嚭、在姑苏卖力表演的越王勾践和范蠡，以及春秋第一美女间谍西施。

伍子胥已经完全失去了对夫差的控制，当他看破勾践的苦肉计，劝夫差杀掉勾践以绝后患时，夫差不听。当夫差准备放勾践回越时，伍子胥再劝，说："今不灭越，后必悔之。勾践贤君，种、蠡良臣，若反国，将为乱。"又被夫差拒绝。

伍子胥和夫差的政治决裂，给了伯嚭一个千载难逢的机会，伯嚭在夫差面前又捅了伍子胥一刀。《史记·越王勾践世家》记载："伍员貌忠而实忍人，其父兄不顾，安能顾王？王前欲伐齐，员强谏，已而有功，用是反怨王。王不备伍员，员必为乱。"而这一次，夫差相信了。伯嚭的这句话就等于说伍子胥意图谋反，不要说夫差，就是阖闾也容不下这样的伍子胥。

伍子胥当然不会谋反，但夫差对他的态度已经定性，夫差不会再听伍子胥的任何忠告。伍子胥当年自作聪明地把夫差推向前台，现在搬起石头砸了自己的脚，夫差为了获得太子之位而对伍子胥低三下四，现在看来不过是伪装而已。

绝望的伍子胥已经没有任何能力改变夫差，他唯一能做的就是准备后事。他做了一件非常重要的事情。在出使齐国期间，伍子胥趁机把儿子交给了关系不错的齐国大夫鲍氏，算是给伍家留一条血脉，一如楚太子建把幼子熊胜交给伍子胥抚养。

而托子于齐，使夫差与伍子胥的矛盾达到最高潮，夫差恶狠狠地说道："伍员果欺寡人！"吴王的发怒，宣告了伍子胥传奇人生的终结，夫差断然不能容忍这样的伍子胥。

伍子胥刚回到姑苏，就领了夫差赐他的一柄金镂剑，"请大夫自裁吧"。伍子胥知道这一天迟早会来，但骄傲的伍子胥还是难以接受这样的残酷现实，他在做平生最后一次反抗。而这次伍子胥反抗的是他自认为不公的命运。

《吴越春秋·夫差内传》对伍子胥自杀有详细的记载，如下：

吴王闻子胥之怨恨也，乃使人赐属镂之剑。子胥受剑，徒跣褰裳，下堂中庭，仰天呼怨曰："吾始为汝父忠臣立吴，设谋破楚，南服劲越，威加诸侯，有霸王之功。今汝不用吾言，反赐我剑。吾今日死，吴宫为墟，庭生蔓草，越人掘汝社稷。安忘我乎？昔前王不欲立汝，我以死争之，卒得汝之愿，公子多怨于我。我徒有功于吴。今乃忘我定国之恩。反赐我死，岂不谬哉！"吴王闻之，大怒，曰："汝不忠信，为寡人使齐，托汝子于齐鲍氏，有我外之心。"急令自裁："孤不使汝得有所见。"子胥把剑仰天叹曰："自我死后，后世必以我为忠，上配夏殷之世，亦得与龙逢、比干为友。"遂伏剑而死。

临死之前，伍子胥性格中的报复基因再次发作，他提出了一个要求，死后，把他的眼睛挖出来，悬在姑苏东门之上，他要在另一个世界看着夫差死于勾践之手。

这个要求激怒了夫差，伍子胥的要求并没有得到满足，他死后，尸体被愤怒的夫差扔进了滚滚长江。伍子胥看不到勾践复仇成功的那一刻，但在他脖颈上的鲜血喷薄而出的时候，他依然坚信勾践一定会把夫差碾成泥土。

历史也证明了伍子胥准确的判断，可这一切已经和伍子胥没有什么关系了。

三三 / 春秋刺客列传

下面我们讲一讲春秋的著名刺客。

说到刺客，人们首先会想到《史记·刺客列传》中记载的那几位著名刺客，即在柯之盟上劫持齐桓公姜小白的鲁将曹沫、刺杀吴王僚的专诸、舍身就义的豫让、白虹贯日的聂政，以及出名到爆的刺秦荆轲。

民间也盛传着中国暗杀史上的四大天王，即专诸、豫让、聂政、荆轲，号称东邪西毒南帝北丐。按民间的说法，还要增加一位著名刺客，就是刺杀吴公子庆忌的要离。

不过由于现在讲的是春秋史，所以战国时代的聂政和荆轲在此就不多讲了，下面讲一讲曹沫、专诸、要离的惊险暗杀人生。实际上，如果按曹沫的刺杀标准，大名鼎鼎的至圣先师孔子也应该厕列其中，在著名的夹谷之会上，孔子差点就拎刀砍下齐景公姜杵臼的人头……

说到曹沫，史学界一般认为他就是《左传·庄公十年》记载的那位在长勺之战大败齐桓公的鲁国名将曹刿，只有少数观点认为曹刿和曹沫是两个人。

曹刿的知名度不用多说，著名的《曹刿论战》早就写进了中学生的语文课本，想不出名都难。至于曹沫，人们对他远不如对专诸、荆轲熟悉，但司马迁把曹沫位居《史记·刺客列传》头把交椅，自有他的道理。

如果说曹刿就是曹沫的话，曹刿在长勺之战将初出江湖的姜小白打得鼻青脸肿，由此一战，曹刿一跃成为鲁国的一线名将。而曹沫也做过鲁国将军，对阵齐军三战三败，差点没把鲁庄公姬同吓出屁来，还被迫献城向齐国求和，丢人丢到爪哇国了。

曹刿只需要一场战争就扬名立万，曹沫用了三次机会，结果证明自己并不是一个当将军的材料。姬同用将的标准也有问题，一般用将者，会选择大脑发达的，而不是四肢发达的，比如齐景公用田穰苴，阖闾用孙武。而曹沫恰恰是四肢发达，"以勇力事鲁庄公"，天生就是当马仔打群架的好料子。

曹沫的官场身份类似禁军统领，是鲁公身边的头号大保镖。著名的三战三败后不久，姬同再次用曹沫为将，其原因不详，最有可能的原因是鲁国没有可用之将。姬同不用曹沫，难道请他老娘文姜披挂上阵吗？

从身份职务上讲，在春秋战国的刺客中，曹沫的地位是最高的。不过严格来说，曹沫不算是标准的刺客，别的刺客都在搞暗杀，曹沫却直接在光天化日之下打劫。

事情发生在鲁庄公十三年（前681），姬同和姜小白在柯（今山东东阿东南）举行双方元首会议。鲁国刚刚在与齐国的战争中被打爆，姬允被迫割让遂邑（今山东肥城南），姜小白此次来柯的目的是敦促姬同履行割地条约。

齐国是鲁国最大的邻国，而且姜小白初即位，管仲初执政，锋芒毕露，专骑在姬同头上吃大户。再这样下去，姬同早晚会被舅舅姜小白（姬同母亲文姜是姜小白的异母姐姐）吃成穷光蛋。

姬同在考虑如何才能避免割地赔款，并给姜小白一个下马威。如果用武力，鲁国根本不是齐国的对手，思来想去，被逼无奈的姬同只能使一些盘外招了。姬同把自己的秘密计划暗中交代给曹沫，如此如此，这般这般，曹沫阴险地笑了。

在柯之盟会上，姜小白让姬同快点签割让条约，否则齐国的刺刀是不认你这个大外甥的。姬同的身边正站着曹沫，姜小白可能认为曹沫只是姬同的随行人员，哪知道这居然是个刺客。

还没等姜小白反应过来，身怀刺杀绝技的曹沫将军已经猫一样蹿到了姜小白眼前，将一把亮晃晃的匕首以迅雷不及掩耳之势架在了姜小白的脖子上。

站在一边的管仲应该没想到曹沫会来这一手，战战兢兢地问曹沫，你想干吗？曹沫倒是痛快，干吗？你们齐国连番侵占鲁国国土，你说我能干吗？今天你们必须把侵占的土地还给鲁国，如若不然，我一刀下去……

年轻气盛的姜小白已经成为曹沫手上的人质，但他依然展现出一个诸侯长才有的霸气，有本事给我一刀，让我还地，想都不要想！但对管仲来说，如果按曹沫的意思做，把地盘还给鲁国，齐国能在江湖上树立悲情的政治形象，同时也能搞臭鲁国。一味强硬，万一曹沫下手重了，要存折还是要命？你自己选择吧。

堂堂大齐国君，光天化日之下成了肉票，是非常没面子的事情，但姜小白眼前最重要的事情是先让曹沫把匕首拿下来，万事好商量。姜小白答应曹沫归还鲁地，曹沫笑了，收回匕首，准备回到鲁国的臣位上，欣赏由自己主导的这场伟大的外交胜利。

姜小白岂是省油的灯，曹沫刚坐下，姜小白就要下令武士上台，格杀曹沫！大不了鱼死网破。幸亏管仲眼疾手快，及时制止了鲁莽的姜小白，先忍下这口恶气，以后再找姬同算总账，好汉不吃眼前亏。

出于齐国称霸大业的考虑，姜小白强忍着屈辱，和一脸坏笑的姬同签订了新条约。新条约规定，齐国归还全部之前三次暴打曹沫后侵占的鲁国地盘，曹沫在下边也得意地笑了。

表面上看，姬同和曹沫赢得了战术上的胜利，几乎兵不血刃就达到了自己的目的，但从战略上看，鲁国此次完败于齐国。齐占鲁地是再正常不过的国家间的战争行为，只能怪鲁国实力弱。而曹沫用这种不入流的手段胁迫齐人还地，对鲁国在国际上的形象造成了很大的负面影响。

柯之盟后，"桓公之信著乎天下"，《史记·齐世家》也记载："诸侯闻之，皆信齐而欲附焉"，从此拉开了齐国称霸天下的大幕。鲁国用几乎是政治自杀的行为衬托出了齐国的高大形象，实在是愚不可及。从政治角度讲，曹沫的刺杀是完全失败的。

讲完了临时客串的刺客，下面讲一个真正的刺客，就是大名鼎鼎的专诸。

单从知名度上讲，在中国历史上的所有暗杀事件中，排在第一位的肯定是荆轲刺秦王，排在第二位的一定是专诸刺吴王僚，要离、豫让都要逊专诸一筹，更不要说强盗曹沫了。

如果从故事的精彩程度上讲，专诸刺吴王僚和荆轲刺秦王的惊心动魄相比，毫不逊色，从阴谋杀吴王僚到堀室藏兵，再到扮厨学鱼，鱼中藏剑，兄弟二人钩心斗角，最后由专诸从鱼中抽剑，一击杀吴王僚的过程，让后人叹为观止。

而且这场著名宫廷政变涉及春秋史上的一线人物，有阴谋策划者伍子胥、阴谋得利者公子光、阴谋受害者吴王僚，甚至还有天下第一大贤人季札。傍上了这么多名人，专诸想不出名都难。专诸，在《左传》中记载为鱄设诸，但这个名字太拗口难记，所以下文沿用专诸。

如果没有被伍子胥发现，专诸会一直生活在棠邑（今江苏六合），做一个职业斗殴者，以专门和地方上的猛男格斗为生，这样的生活虽然辛苦，但也快乐。

伍子胥在逃亡入吴的路上，偶然发现了专诸正在和一群猛男打架，大块头的专诸很快就把那群猛男打得抱头鼠窜。而当专诸的老婆叫专诸回家吃饭时，专诸乖乖地跟在老婆后面。

伍子胥觉得非常奇怪，问专诸为什么怕一个女人？专诸瞪起牛眼说，你到底识不识货，我这不是怕老婆，而是屈一人之下，必居万人之上。伍子胥很惊讶地看着专诸，发现此人"碓颡深目，虎膺熊背"，是当今难得的勇士，伍子胥想到在吴国发展，以后很有可能用得上专诸，就和专诸交了朋友。

伍子胥投靠公子光后，发现公子光要密谋除掉吴王僚，但苦无合适的人选。伍子胥突然想到了专诸，便暗中派人把专诸请到公子光府上。

专诸四肢发达，且头脑并不简单，他当然知道公子光请他来是做什么的，于是见到公子光后，专诸装傻充愣。专诸说吴王僚继位是符合法定程序的，公子为何还要做掉他？公子光也不傻，立刻摆出一副苦大仇深的模样，说我才是先君寿梦的嫡长孙，最有资格继位，而吴王僚的父亲夷昧只是庶出，他凭什么鸠占鹊巢？

公子光也懒得和专诸兜圈子，他请专诸是来动手的，不是来磨嘴皮子的。公子光给专诸做出承诺，一旦事成，他就封专诸的儿子为上卿。

上卿可不得了，再大的诸侯国也没有几个上卿，而专诸只是区区底层百姓。如果儿子做了上卿，那就是一夜暴富，进入上流社会，这也是专诸答应接这单买卖的主要原因。

吴王僚可不是轻易能接触到的，为了能让专诸近距离接触到吴王僚，公子光决定在府上设一场"鸿门宴"，趁厨子上菜的时候，伺机动手。因为吴王僚最喜欢吃烤鱼，而专诸又不太会做鱼，一旦在宴会上穿帮，后果不堪设想。在公子光的建议下，专诸特地去了一趟太湖，在湖边的渔家潜心学习了三个月，果然学得一手烤鱼技能。

不过有一点值得怀疑，史料记载专诸学烤鱼的这一年是吴王僚九年（前518），而公子光准备刺杀吴王僚的时间是吴王僚十二年（前515），中间相隔整整四年！

在长达四年的时间内，公子光迟迟不动手，当然可能是因为没有找到合适的机会。但问题是，难道这四年间，专诸什么事也不做，天天在湖边练烤鱼吗？专诸也不怕倒了胃口。

动手的日子选在了吴王僚在位第十二年的四月丙子，公子光事先在举行宴会的大厅下面挖了一个大洞，将几百名武士塞了进去，随时准备跳出来接应专诸。

公子光的计划很周密，但吴王僚对公子光突然举行莫名其妙的宴会感觉有些不太对劲，但又说不出来问题在哪里。吴王僚的母亲是个老江湖，一眼就看穿了公子光的花花肠子，老娘劝儿子去赴宴的时候一定要加强安保，千万别中了公子光的计。

吴王僚为了防止公子光行刺，特意穿上一副由棠溪上等好铁制作的精制铠甲，几乎是武装到了牙齿，这才敢放心地赴宴。随同吴王僚前往的有大批精锐甲兵以及贴身亲信，甲兵全部接管公子光府的安保工作，每人手执一杆大戟，戟尖交叉，将吴王僚严密保护起来。

在正常情况下，公子光的人马是绝无可能强突刺杀吴王僚的，好在他还有不要命的大侠专诸。专诸已经做出了色香味俱佳的烤鱼，就等着吴王僚传召，奉上这道天下绝无仅有的美味。

公子光借口说脚疼，需要到内室换履，溜回厨房，趁周边没人，附在一级大厨专诸耳边嘀咕了几句。公子光的妙计，大家都知道，就是让专诸把一柄寒雪见光的利剑放进烤鱼的肚子里，这就是著名的鱼肠剑。吴越的炼剑技术非常先进，公子光提供的这柄剑，极有可能是为了对付吴王僚专门打造的。

作为身份低下的厨子，专诸必须跪在地上，捧着鱼盘膝行。正因为如此，专诸跪在地上的角度正好有利于他抽剑刺吴王僚，如果专诸站着端盘子，等抽出鱼肠剑再往下刺，角度和时间都有利于吴王僚躲闪。

专诸膝行至吴王僚面前，两边武士执戟交差护卫，刚好闪出一个不大的缝隙可以容纳专诸。专诸假装调整鱼盘的方向，在电光石火之间，突然把手伸进鱼里，抽出那把命运之剑，一跃而起，直插进吴王僚穿着三层铠甲的胸膛。

吴王僚惨叫一声，痛苦地倒在地上，眼角还死盯着地上那盘已经被专诸用手掏烂的烤鱼。等侍卫反应过来，用大戟刺死专诸时，一切都晚了。

专诸敢做这笔惊天的大买卖，就是求死不求活的，只要吴王僚死了，他就圆满完成任务了。何况公子光在大厅下面还有一支伏兵，趁厅上血光四溅时，公子光一声口哨，数百甲士破土而出，将吴王僚的人马"尽灭之"，也算为专诸报了仇。

吴王僚确实死不瞑目，他千算万算，就是没算到公子光会在一个不知名的厨子身上动歪脑筋。专诸用生命改变了历史发展的大方向，同时又给自己的儿子挣来上卿的位置。他完成了这场以命易命的危险游戏。新任吴王阖闾（即公子光）

也没有食言，"乃封专诸之子以为上卿"。

当初专诸豪情万丈地对伍子胥说："屈一人之下，必伸万人之上。"现在看来，这个生活在社会底层的小人物很幸运地把自己的名字铭刻在历史深深的记忆之中，这不是所有人都能做到的。

专诸刺吴王僚，主要还是图名利，以一死换铭碑不朽，子为上卿。而且从专诸怕老婆的细节看，说明专诸是个非常有生活情趣的男人，至少他爱自己的老婆和孩子，专诸性格的弱点并不影响他的光辉形象。

而和专诸相比，另一位同时代的著名刺客要离就显得相当可怕了，要离为了所谓的君臣重义，为了替阖闾杀掉吴王僚的儿子庆忌，居然用死间计让阖闾杀死自己的妻儿，以骗取庆忌的信任。

要离的妻儿何罪？罹此大难！要离于心何忍，何况阖闾向来没有重恩于他。刺杀庆忌成功后，要离自杀殉妻儿，只求一名永垂不朽，这种不图利只图名的人是非常可怕的。可能就是因为这个原因，司马迁对要离的行为极不认同，在《刺客列传》中根本没有提要离这个名字，甚至连庆忌都没有提到。

在进入正题之前，先把庆忌的一些事情交代清楚，要离刺庆忌这个经典刺杀桥段在历史上是有争议的，对于此事，有人说确实发生过，有人说纯属江湖臆造。

《史记》只字不提庆忌和要离，《左传》也只在鲁昭公二十年提到过一次吴公子庆忌。这个庆忌为夫差效力，因为劝谏夫差不听，庆忌就逃到楚国避难，随后庆忌听说越王勾践伐吴，又回到吴国，不久被吴人所杀。

"要离刺庆忌"中的这个庆忌，出现在《吴越春秋·阖闾内传》中，而且点明此庆忌就是吴王僚的儿子，最终被要离刺死。后人所熟知的这个刺杀故事，就出自《吴越春秋》。综合来看，吴王僚之子庆忌是真实的历史人物，和夫差同时出现的那个庆忌应该不是同一个人。

要离刺庆忌，其实是专诸刺吴王僚的姊妹篇，吴王僚被刺身亡，阖闾夺位，开始对吴王僚的势力进行清洗，作为吴王僚最优秀的儿子，庆忌自然成了阖闾的眼中钉。庆忌的厉害，阖闾是亲眼见过的，用阖闾自己的话说，"庆忌之勇，世所闻也。筋骨果劲，万人莫当。走追奔兽，手接飞鸟，骨腾肉飞，拊膝数百里"。而最要命的是，庆忌躲过了阖闾的追杀，逃到了卫国，客观上对阖闾在吴国的统治构成了致命威胁。

如何才能除掉庆忌，这是一个让阖闾寝食难安的问题。如果出兵进攻卫国，要跨过诸侯地界不说，远离本土与卫军交战，胜算不大。阖闾把问题抛给专诸刺吴王僚事件的总编剧伍子胥，让他给出个主意。

　　伍子胥天生就是搞暗杀的，还能有什么好办法，再找一个像专诸那样的刺客，去卫国把庆忌灭了。阖闾是很认同这个办法的，聘请一个刺客花不了几个大头银子，总比劳师远征经济实惠。

　　问题是专诸已经死了，去哪儿找不要命的刺客？伍子胥适时推出了专诸二代——要离。和专诸一样，要离也是一个打架不要命的主儿，当时江湖上盛传着要离当众羞辱第一勇士椒丘䜣的传奇故事。至于伍子胥是如何认识要离的，估计也是入吴的路上结识的，然后结为好友，以备日后不时之需。

　　阖闾在王宫接见了要离，但阖闾很快就泄了气，要离瘦得跟火柴似的，出门都不用坐车，一阵风就送到目的地了。要离事先应该是在伍子胥那里得到了他所要执行的任务，拍着胸脯告诉阖闾，把信任交给我，我把庆忌的人头交给你。

　　从阴谋刺杀吴王僚开始，到再次准备刺杀庆忌，阖闾（公子光）的行为都是非正义的。而要离却非要把刺杀庆忌的行为上升到一个道德高度，把自己打扮成一个忠臣，说什么"不尽事君之义，非忠也；不除君之患者，非义也"。

　　要离所理解的忠义，实际上还是没有脱离绿林江湖的小忠义范畴，而不是真正意义上的大忠义。且不说吴王僚在位期间并没有做过伤天害理的事情，庆忌更是人中之龙，为人和善，刺杀这样的父子，去达到一个野心家的政治目的，我看不出忠义何在。

　　更让人发指的是，要离为了践行他所谓的忠义，居然丧心病狂地提出一个要求，让阖闾把自己的妻儿杀死在闹市之中，挫骨扬灰。只有这样做，才能让庆忌相信要离，从而接近庆忌，伺机下手。

　　阖闾无恩于要离，要离的妻儿无仇于要离，要离害死和自己血肉相连的妻儿，却帮助一个和自己没有任何关系的外人。除了变态，真不知道还能用什么词来形容要离。

　　阖闾不管这些，只要要离答应刺杀庆忌就可以了，反正烧死的又不是自己的妻儿，他不会心疼。要近距离接触庆忌，阖闾只能按这个路子去走。还有一点让阖闾放心的是，要离巧舌如簧，可以赢得庆忌的信任。

　　要离不但能打架，而且嘴功极为了得，当初椒丘䜣不服要离，来辱骂要离，结果被要离三句话轻松驳倒。要离有身手，有嘴功，是刺杀庆忌的不二人选，要离提出什么要求，阖闾都会答应。

但让阖闾抓破头皮也想不通的是，要离没有提出任何要求，他只要求阖闾现在就烧死他的妻儿，并悬赏千金购买他的人头。天下还有免费的午餐，阖闾的嘴都笑歪了，你自己冒傻气，可别说我一毛不拔。

就在要离北上投奔庆忌的同时，他无辜的妻儿被阖闾烧死在闹市，挫骨扬灰。不过从要离和阖闾对话的字面意义上来解释，要离只是让阖闾先杀妻儿后扬灰，并没有要求直接烧死妻儿。

阖闾为了把戏演得更逼真一些，让庆忌彻底相信要离，这个阴冷的国王在要离离开后，私自更改写剧本，将要离的妻儿烧死，可见阖闾为人之阴狠毒辣。这种心理极度阴暗的人物当权，实在是历史的莫大悲哀，一如以假仁假义欺骗历史三百年的赵匡胤。

要离同样无耻，他在路上散播谣言，说因为他得罪了阖闾，阖闾就烧死了他的妻儿，以换取别人廉价的同情，庆忌自然也上当了。庆忌待人真诚，性格阳光，不像他的堂叔阖闾那样阴暗龌龊，要离在庆忌面前哭诉阖闾的暴行："阖闾无道，王子所知。今戮吾妻子，焚之于市，无罪见诛。吴国之事，吾知其情，愿因王子之勇，阖闾可得也。何不与我东之于吴？"

庆忌和阖闾有杀父之仇，要离和阖闾也有杀妻儿之仇，所以要离的"悲惨遭遇"很容易拨动庆忌内心深处那根同情之弦，引要离为心腹，"庆忌信其谋"。

这个暗杀计划要想获得成功，最重要的一个环节就是要离必须得到庆忌的充分信任。要离用他的精湛表演骗了庆忌，接下来要做的，只是寻找一个合适的机会送出那致命的一刀。

根据《吴越春秋·阖闾内传》的记载，三个月后，庆忌组织了一支精锐的复仇军，杀回吴国找阖闾讨回血债。就在这支军队准备渡江的时候，要离与庆忌同坐在一条大船上，要离趁庆忌不备，抽剑刺向庆忌。

阖闾派要离来刺庆忌是非常冒险的，因为要离的身高不符合标准。庆忌高大威猛，要离费了很大的力气，几乎是原地弹跳，才将冰冷的长矛送进庆忌的胸膛。即便如此，庆忌还是把矛从体内拔了出来，他强忍剧痛，把要离放倒在甲板上，把要离的小脑袋按进水里，差点没把要离淹死。

但让要离惭愧的是，庆忌并没有杀他，而是坐在甲板上，把要离拎到自己的腿上，并告诉身边甲士："此人是勇士，不可杀。"直到临死的那一刻，庆忌还称要离是勇士，这实在是高看要离了。专诸勉强还算半个勇士，要离不是，他只是一个没有感情的暗杀机器。

先不说侠之大者，为国为民，作为一名侠客，要有最起码的正义感和分辨善恶的能力，而这一点恰恰是要离所不具备的。要离不是不知道阖闾的厚黑无耻，还甘做阖闾的走狗，这和忘恩负义的石守信之流又有什么区别？

如果故事就这么结束，要离永远也不配称为勇士。但庆忌在人生最后时刻对要离的欣赏，却像一支点燃的火柴，温暖着要离依附于别人利益而存在的自我，要离灵魂深处的潜善意识开始复苏。

要离痛哭流涕地怀念被阖闾烧死的妻儿，甚至开始怀念庆忌当初对自己的推心置腹。按《吕氏春秋·忠廉篇》的说法，要离回到姑苏后，阖闾果然大悦，要封要离为一字并肩王，被要离拒绝。

要离的回答表现出很强烈的忏悔之情，"夫杀妻子，焚之而扬其灰，以便事也，臣以为不仁。为故主杀新主，臣以为不义。夫捽而浮乎江，三入三出，特王子庆忌为之赐而不杀耳，臣已为辱矣。夫不仁不义，又且已辱，不可以生"。遂伏剑而死。

吕不韦的门客说要离自杀是因为"临大利而易其义"，只说对了一半，在庆忌大度地饶恕要离之前，要离是不知义为何物的。真正的义，不是给强权者当走狗，而是捍卫具有普遍意义的道德。

阖闾做的那些丑事本身就不仁不义，他的鹰犬又怎么可能会大仁大义？但当要离猛然醒悟之后，伏剑自杀，上报庆忌之义，下报妻儿之仁，拒绝与阖闾同流合污，至少在一定程度上洗清了自己人生中的污点。

三四 / 勾践：千古第一隐忍者

元朝末年，一代大盐枭方国珍的儿子方行曾经写过一首咏怀伍子胥的诗《登子胥庙因观钱塘江潮》，如下：

> 吴越中分两岸开，怒涛千古响奔雷。
> 子胥不作忠臣死，勾践终非霸主材。
> 岁月消磨人自老，江山壮丽我重来。
> 鸱夷铁箭俱安在，目断洪波万里回。

这首诗写得很有诗骨，在咏古诗中算是上乘之作，特别是颔联两句，"子胥不作忠臣死，勾践终非霸主材"。从诗中可以看出，方行对逼死伍子胥的勾践非常轻视，直斥勾践不是做天下霸主的料子。在春秋五霸的评选中，勾践有时被请进来，有时被踢出去，但比勾践成为五伯长更让人们感兴趣的，是他的不可复制的传奇人生。

说不可复制，是因为自勾践之后，历史上再没有人能像勾践那样，把人性中的隐忍做得那般极致。即使如江东枭雄孙权含垢忍辱成就一方霸业，被陈寿称为"有勾践之奇"，也不过是模仿勾践相对成功的一位。

勾践的身上有很多特质，但如果只能用一个字来形容勾践的绝世人生，这个字一定是个"忍"字。说到忍，三国有一位大忍人司马懿，演技一流，最终骗到傻瓜曹爽，使司马家至尊天下。司马懿的成功，在于厚黑心理学的忍功，其实司马懿的忍功相比于勾践，只是小巫见大巫。

试问，有谁可以面色从容地跪在曾经的死敌面前，一脸谄媚地品尝对方拉出来的新鲜粪便？有谁可以跪在死敌的面前当马凳，请死敌踩着自己的虎背上马？有谁可以心情愉悦地跪在地上，请死敌临幸自己的妻子？

同是忍界大腕，面对男人都无法承受的奇耻大辱，司马懿做不到，刘备做不到，孙权也没有做到。赵佶倒是做到了，但入金后的赵佶是为了活命被迫接受金人的凌辱，而勾践则是主动要求死敌无情践踏自己的尊严。勾践这么做，只有一个目的，那就是复仇！赵佶永远没有机会复仇，因为他不是勾践。

讲勾践感天地泣鬼神的励志故事，自然要讲到那个大名顶破天的成语——卧薪尝胆，实际上这个成语和勾践只有一半的关系。勾践尝苦胆是有的，但卧薪是北宋大牛人苏轼半开玩笑似的虚构出来的。

勾践实际上什么也没卧，他用的是一种辛辣的菜根，就是蓼菜，因为这种菜根非常辛辣，所以每当勾践谋划复仇困倦时，就用眼睛盯着蓼菜看，顿时睡意全无。另外还有一种说法，南宋宰相李纲曾经说"勾践身入吴国，以为臣仆，仅得归国，枕戈尝胆，卒以报吴"。

无论勾践是卧薪以尝胆，还是枕戈以尝胆，勾践在吴国饱受三年耻辱归来，都可视之为美学意义上的悲剧。西楚霸王项羽在乌江的夕阳下自刎被普遍认为具有浓烈的美学意味，实际上相比于项羽的死，勾践的生在人性还具有知耻意识的情况下显得更为艰难。

读者更欣赏项羽的死，悲壮而富有魅力。但勾践放弃人性知耻意识到极致，也是一种伟大的美，只不过这种美过于沉重，让所有人都感觉到一种令人窒息的压抑。

奴隶在主人面前展现种种丑陋的媚态，在当时的社会背景下是无可厚非的，毕竟奴隶生杀由主。但勾践的身份是一国之主，拥有属于自己的天下和臣民，甚至还战胜过夫差的父亲，那个曾经争霸中原的吴王阖闾。

几乎在一夜之间，勾践失去了他曾经拥有的一切，为了实现人生的大逆转，勾践在众目睽睽之下尽情展示奴性，这份压抑和隐忍，又岂是一般人所能体会的？

其实在隐忍背后，还有勾践对自己战略决策失误的反省和对自己的惩罚。除了勾践还有谁会对自己的错误施加如此严厉的严惩？

勾践之所以兵败会稽山，入吴为奴，尝尽耻辱，纯粹是自作孽不可活。事情发生在公元前494年，勾践从父亲允常手上接过王位的第三年，此时勾践的对手是他曾经的手下败将、吴王阖闾的儿子夫差。

勾践作为胜利者，夫差作为失败者，已经永载史册。但让人们所意外的是，就在这一年（前494），勾践更像是灭亡之前的夫差，而夫差更像是兵败之后枕戈尝胆的勾践，历史的戏剧性反转让人不胜感叹。

阖闾因为大意，以为勾践是孺子可欺，大发雄兵进攻越国，结果被勾践奇兵打败于槜李，阖闾被勾践射了一箭，回国后不久就死去了。据说阖闾在死前拼尽最后一口气告诉夫差："不为我找勾践寻仇，你就不是我的儿子！"

夫差励精图治，"日夜勤兵，且以报越"。吴国在阖闾的治理下如日中天，夫差只需要理顺治国逻辑就可以了，而勾践之前战胜阖闾纯属意外，论国势，吴远在越之上。不知道是过于自信还是其他什么原因，勾践一直认为夫差不过是个庸才，不如趁夫差羽翼未丰时将其剪除。

勾践没有听大夫范蠡的良言苦劝，结果不出意料地在椒山被吴军暴打，以残兵五千人退保会稽山。此时的勾践可谓上天无路，入地无门，除了被吴军一口吃掉，勾践不知道还能做什么反抗。

勾践的人生似乎即将走到尽头，但大夫范蠡提出的一个建议让勾践看到了一丝光明，只不过这种亦实亦幻的光明，必须要用他的人格代价来换取。按范蠡的话做，不一定成功，但不按范蠡的话做，一定得死。

范蠡的建议很简单：说世界上最好听的话，送世界上最珍稀的宝贝，"卑辞厚礼"收买夫差，借此让夫差罢兵，勾践就有一线生机。如果夫差瞧不上这些东西，那还有一个办法，不过比较冒险，就是勾践亲自去姑苏向夫差请罪，必要时牺牲个人的小尊严来换取越国的大尊严。

范蠡是千古不世出之奇人，他对人性的理解和对时局的把握，远在同时代的对手伍子胥之上。勾践的性格是什么样的，范蠡再清楚不过，勾践把人格尊严看得比天还要大，范蠡敢于向勾践提出这样丧尽人格的建议，就是基于范蠡准确地把握住了夫差的性格弱点。只要勾践按范蠡说的去做，范蠡敢保证勾践至少有七成的把握活下来。

范蠡的话伤到勾践强烈的自尊心没有？肯定伤到了，这就是勾践灭吴之后对范蠡起了杀心的主要原因。可惜范蠡太精明，提前溜掉了，只有傻乎乎的文种还在等死。

勾践要杀范蠡和文种，并非因为二人深谋远虑，有姜子牙之智，而是因为二人曾经是勾践人生中奇耻大辱的见证者。勾践成功之后，二人每在勾践身边多待一天，勾践在吴国的耻辱经历就会痛彻骨髓，勾践在二人面前就永远抬不起头来。

有时人性就是这么悖谬，越是在乎尊严的，越能做出伤害尊严的事情。有些人为了升官发财做尽了丧失人格的丑事，一旦得志，他会百倍千倍地洗刷自己曾经的耻辱。如果有人曾经见证过他的耻辱，那么他会用尽一切办法将其除掉。

勾践就是此类人，在勾践看来，如果他此时为了保住仅有的一点尊严自杀的话，那么椒山之败就永远成为他人生中洗不掉的污点。要想洗刷椒山之败的耻辱，那必须以牺牲人格为代价来争取活下来的机会，慢慢再找夫差算总账。英雄自有气短之时，用一时的耻辱换来一世的荣耀，项羽做不到，但勾践一定能做到。

忍！心字头上一把刀，说得容易，做到不容易。虽然勾践接受了范蠡的建议，准备入吴为奴，但他内心深处的激烈思想斗争是可想而知的。对于性格要强的勾践来说，尊严的意义远大于生命的意义。即使勾践以后能复仇雪耻，但这就像一只瓷碗摔碎了，用胶粘上，依然能看到清晰的裂痕一样。

范蠡的自卑之计能骗得过单纯幼稚如项羽的夫差，但骗不过老奸巨猾如范增的伍子胥。即使越国使者文种用极为恭顺的语气请求吴王放小臣勾践一马，勾践为了表示对吴王宽恕的感谢，愿意"请为臣，妻为妾"。伍子胥一眼就看穿了勾践此举背后强烈的复仇意图，因为伍子胥本人就是一个极端的复仇者，所以伍子胥能摸清勾践的心理。

夫差有些犹豫，消息传回越国时，勾践顿时感觉到绝望，如果连这仅有的复仇机会都得不到，那么他只有自杀以谢先祖了。"勾践欲杀妻子，燔宝器，触战以死。"勾践杀妻灭子，散尽家产与夫差决一死战，其实这才是真实的勾践！

入吴为奴，是勾践为了实现人生大逆转不得不接受的残酷安排，但勾践的骨子里是一个至刚至硬之人。正如厚黑教祖李宗吾所言："厚黑学博大精深，有志此道者，必须专心致志，学过一年，才能应用，学过三年，才能大成。"

梁山大头领宋江是真正意义上的厚黑人物，他在做吏期间掌握了厚黑为人的手段，对谁都面带和气，这才是厚黑的上乘境界，刘邦也是如此。勾践进入厚黑界只是半路出家，在兵败椒山之前，找不到有关勾践含垢忍辱的记载，这和勾践的富贵出身有关，他不需要耍厚黑手段就能得到王位。

隐忍是一种功力，而厚黑则是另外一重境界，不能把隐忍和厚黑简单地混为一谈。隐忍更多的因素是不甘与坚持，正因为不甘失败，所以才坚持下去，这是对悲剧命运的顽强抵抗。

周文王为了打消商纣王对自己的疑虑,强忍悲痛吃下了儿子伯邑考的肉,勾践在吴期间,品尝夫差的粪便,给夫差当马奴,只是一种生存手段,与厚黑无关。

勾践花重金买通了吴国宠臣伯嚭,通过伯嚭说服夫差,携文种、范蠡入吴服侍吴王。越国群臣送别勾践于浙江之上,群臣设宴为勾践饯行,勾践先是仰头望天,不知道在想什么,然后举起酒杯与群臣道别,热泪滚滚而下,一言不发。

勾践的泪水,实际上是对自己入吴自辱以复仇的否定。如果不是为了越国大业着想,勾践更愿意和夫差血战一场,即使战死,江湖上也会传颂英雄勾践的美名。

横剑一死并不难,只需忍受几分钟的痛苦,而跪伏在死敌面前忍辱负重以求咸鱼翻生,却要承担几年的痛苦。而这种心灵上的挫伤将会成为伴随一生的隐痛,随时可以发作,折磨早已疲惫不堪的灵魂。从这层角度上讲,勾践比项羽更有担当,项羽乌江一刎,看上去是英雄壮举,实际上是逃避困难。

而且对勾践来说,前往吴都受辱,并非一定能换回复仇的机会,他最担心的是伍子胥从中挑拨,随便找个罪名把他做掉。如果是这样,那么勾践将带着永远无法洗刷的屈辱死去,难道勾践入吴是甘心受夫差奴役的吗?

在临别时与大臣的谈话中,勾践就流露出这种隐忧,"复反系获敌人之手,身为佣隶,妻为仆妾,往而不返,客死敌国"。不要说勾践是冷血的阴谋家,更不要说勾践是大脑里充满奴性的软骨头,这都不是真实的勾践。

有自尊心的人都特别重视名节,都会对曾经的"失节"耿耿于怀。韩信从淮阴恶少的胯下爬过去,被天下人视为笑柄,韩信也背负了沉重的心理负担,韩信也想过万一失败,他的胯下之辱将会被他带进坟墓里。同理,勾践也不知道自己究竟还有没有未来,一旦夫差变卦,他会不会后悔当初选择这条危险且屈辱的翻身之路?

不过对勾践来说相对有利的是,他身边还有范蠡这位超级谋士,可以临机决策,帮助勾践化险为夷。而且夫差为人又极为好名,有妇人之仁,只要勾践卑辞动之,就能打动夫差心中最柔软的那根感情之弦,不至于让夫差对自己起杀心。

勾践在见到夫差的那一刻,用的就是悲情法,勾践痛哭流涕地跪在夫差面前请罪,请宽厚仁慈的大王饶恕臣这条贱命。站在一旁的伍子胥知道勾践在演戏,劝夫差不要中了勾践的苦肉计,但夫差是个很容易受感动的人,在勾践的泪水面前，夫差选择了宽容，"诛降杀服，祸及三世"。

夫差和项羽都有妇人之仁，他们从不怕在战场上与敌人逆杀三百回合，但他们总是敌不过敌人的泪水和哀求，结果放敌人一条生路，却给自己留下一条死路。后人经常把勾践和刘邦作为反面典型，在批判他们"忘恩负义"的同时，歌颂夫差和项羽的宽仁。

项羽先破坏了楚怀王事先约定的由诸侯共同遵守的入关中者王之的条约，而且项羽宁死不肯过江东，不能算是刘邦的过错。勾践臣服于夫差本就是在演戏，而非真心诚意地请求夫差宽恕，这只能说夫差太傻，谁让夫差不听伍子胥的？勾践的行为符合《孙子兵法》所说"兵者，诡道也"的求胜逻辑。

退一万步讲，就算是夫差待勾践不薄，可是，看看勾践在吴都的两年时间里都做了什么？勾践和妻子住在石洞里，每天穿着粗布衣裳，给吴王铡草喂马，扫马粪。

最经典的一幕就是有次夫差生病，勾践为了让夫差打消对自己的最后一丝疑虑，请求太宰伯嚭端着盛着夫差恶臭粪便的屎盆子，然后勾践跪在地上用舌头舔尝粪便，然后说大王龙体可愈，夫差龙心大悦。

勾践的无限自贬，给夫差心理上带来了极大的愉悦，或者说是复仇的快感。从这个角度讲，夫差对勾践的所谓不杀之恩，勾践已经用包括尝大便、献上妻子在内的自我贬损偿还了，还能要求勾践怎么做？

伍子胥曾经警告夫差不要被勾践表面上的奴性所迷惑，一旦放虎归山，虎必噬人。夫差不同意伍子胥的观点，他说勾践有三种美德，一是义，二是慈，三是信。义者，勾践率越人归吴；慈者，勾践亲尝粪便，使妻为婢女服侍夫差；信者，勾践几乎掏空了越国国库，把大把的金银奉送给吴国。也就是说，夫差也认为勾践已经偿还完了他曾经欠自己的各种债务，恩怨两清了。

强势的一方很容易忽略弱势一方在受辱时的心理感受。虽然夫差并没有逼迫勾践去做这些下三烂的事情，但在勾践看来，夫差永远欠他一场羞辱。这很好理解，韩信在以楚王的身份回到淮阴后，重赏了曾经羞辱自己的屠家恶少，并称恶少是壮士，其实这也是韩信对恶少的报复，不过手段比较隐晦而已。

勾践在受辱时的心态和韩信是一致的，只不过因为他受到的耻辱更为严重，所以勾践的报复心更为强烈。勾践在从吴返越后，召见群臣时说："昔者越国遁弃宗庙，身为穷虏，耻闻天下，辱流诸侯，今寡人念吴，犹躄者不忘走，盲者不忘视。"忘记历史，是对民族的背叛；忘记耻辱，是对尊严的背叛。

当年意气风发的越王勾践，新的身份是吴王的马奴，在姑苏众目睽睽之下，尽心尽责地服侍吴王，成为吴人茶余饭后的笑柄。这里没有勾践的亲人、兄弟，更没有在越国时专属于他的那份王者之尊，有的只是屈辱和对未来不确定的担忧。

夫差确实宽仁，没有难为勾践，而且勾践的种种媚举也不是夫差逼他的。但正因为如此，夫差越宽仁，勾践越觉得屈辱，在自尊心强烈的弱势一方看来，强势一方对他越好，他灵魂深处的那种知耻感越强烈。

勾践在姑苏忍了整整两年，虽然妻子和范蠡日夜陪伴在勾践身边，最大限度地减轻了勾践的孤独感，但在灵魂深处，勾践依然是一个孤独者。更何况范蠡每天都会亲睹勾践的马奴生活，从这个角度讲，范蠡、文种和夫差一样，都是勾践不想再见到的人。

在众人的努力下，夫差已经完全被骗了，他认为放勾践回越不会影响到吴国称霸，于公元前489年的三月将勾践放回越国。在越国君臣一行来到三津（今吴淞江下游）的时候，身边已没有一个吴人，勾践突然泪流满面，悲不自胜。

当初他入吴为奴，就是从三津取道北上，当时勾践的心情灰暗到了极点，因为他看不到未来。而如今两年的受辱期已满，勾践恢复了自由，那些不堪回首的耻辱已经成为历史。

勾践并非如后人传说中那样冷血，他的感情世界非常丰富，他也会哭，也会慨叹命运。勾践在三津口的江水之上，品尝的不再是臭不可闻的粪便，而是自己劫后余生的喜悦泪水。勾践心潮起伏地告诉身边人："我落难时，从三津经过，当时不知道能否活着回来。"

等到船只即将抵达越国的水岸时，勾践看到无数百姓挤在岸边，欢迎他们的君主在饱经磨难后安然回来，椒山惨败、入吴为奴的几年里勾践心中压抑的情感，这时得到了彻底释放。

勾践近乎是怒吼着哭出声来，"吾已绝望，永辞万民，岂料再还，重复乡国"。按《吴越春秋·勾践入臣外传》的记载，勾践说完这句话后，"言竟掩面，涕泣阑干"。

这是一个有血有肉的男人。有的人受辱后，一旦和死敌强弱易位，就会把死敌整得很惨，用一种变态的心理去看待落难的死敌。有的人受辱后的容易心理扭曲，伍子胥就是一个再典型不过的例子。勾践并不是这样，这两年在吴都的受辱生活是勾践用常人难以想象的隐忍挺过来的，稍有意志薄弱，就可能选择自杀。

勾践有一万个理由仇恨夫差，在三千越甲吞吴后，夫差落到勾践的手上。如果勾践换成伍子胥，夫差会死得非常难看，但勾践并没有丝毫复仇的变态快感，他更同情走投无路的夫差，夫差现在所面对的，就是当初自己所经历的。

强者很容易同情与自己有相似经历的弱者，因为强者能从这样的弱者身上看到属于自己的那段灰暗历史。从本质上来说，夫差和勾践其实是同一类人，他们的血都是热的。他们不像那些欺负旧主孤儿寡母的篡位帝王，冰冷残酷却披着仁厚的外衣，在历史上招摇撞骗，人品何其下作。

夫差哀求勾践念及当初的不杀之恩，放吴国一条生路，夫差派大夫王孙骆来求情，言辞哀婉可怜，并承诺"若微天之中得赦其大辟，则吴愿长为臣妾"。勾践对此的反应是"不忍其言，将许之成"，同意放虎归山。

勾践当然知道放虎归山的后果，夫差极有可能成为再版的勾践，而勾践则有可能沦为再版的夫差。但在王孙骆苦苦哀求的那一刻，勾践还是心软了，就像当年的夫差一样。他差一点改变了历史的方向，幸亏被智算无遗的范蠡给拦住了。

范蠡的冷静分析让勾践放弃了迂腐的妇人之仁，必须在吴国的冷灶上浇下最后一盆凉水，但勾践还是坚持赦免夫差本人，并为夫差在甬东（今浙江宁波海中小岛）安置了居所，划拨三百家仆供夫差役使，但被夫差拒绝了。

当然，从这一点上讲，夫差更有骨气，宁死不吃嗟来之食。可如果从励志的角度讲，夫差又不如勾践，在相同的人生困局下，勾践可以吃嗟来之食以图后举，夫差为何就不能？

这样的勾践，难道不可爱吗？

三五 / 聪明的范蠡和不聪明的文种

开创大汉天下的一代战神韩信被吕雉阴谋处死时,哀叹道:"狡兔死,良狗烹;高鸟尽,良弓藏。"这就是历史上两个著名的成语——兔死狗烹、鸟尽弓藏的出处。和韩信有关的成语数不胜数,但这两个成语的版权所有者却不是韩信,而是春秋末期的一代智圣,即传说中和美女西施泛舟五湖四海的陶朱公范蠡。

范蠡的一生非常传奇,即使是伍子胥这样的重量级人物,在范蠡面前也略显逊色。论功业和政治地位,伍子胥并不低于范蠡,但伍子胥之所以死在已起杀心的主公夫差之手,而范蠡则从主公勾践的刀尖上溜掉,只有一个原因,伍子胥做人不够聪明。

范蠡有许多不同的身份,但与其说范蠡是智圣,是名臣,是大商人,不如说范蠡是个聪明人,参透了人性善恶的聪明人。什么是聪明?有人说是智商高,有人说是会做人,这些都是小聪明。真正的大聪明,正如老子所说:"知人者智,自知者明。"做到这两点,就是世上绝顶的聪明人。

有小聪明者没有大智慧,但有大智慧者一定有大聪明,古今参透世事人心的哪个不是万里挑一的人精子?伍子胥吃透天下,却吃不透夫差的本性,被夫差灌了一碗迷魂汤,自以为是地说立太子的事包在我身上。结果如何?伍子胥以为扶夫差上台,就能保住自己的后半生富贵,哪知道伯嚭摘走了伍子胥树上的所有果子,最终由夫差亲手砍倒了伍子胥这棵参天大树。

螳螂捕蝉,黄雀在后,伍子胥吃透了夫差的父亲阖闾,成功为伍家复了仇。但伍子胥一直没有注意到,在他身后的阴影里,始终有一双眼睛在盯着他,此人就是范蠡。

说到伍子胥和范蠡之间的纠葛,这还要引出本篇的另一位主人公——越国大夫文种。说范蠡必说文种,这两个人不但是勾践灭吴的功臣,更表现出了两种性格和两种对立的人生观。范蠡聪明的对面,就是文种的不聪明,如果没有文种悲剧性的反衬,范蠡也许就没有后来那么炫目的传奇色彩。

古人常说"楚材晋用",实际上吴国和越国同样是接纳楚国人才的大户,吴国两大名臣伍子胥和伯嚭都是楚人,而越国两大复国功臣范蠡和文种也是楚人。都说范蠡和文种是越国两大样板名臣,实际上范蠡是文种"三顾茅庐"请出山的,这才成就了范蠡的不世传奇。

根据《越绝书》的记载,范蠡是楚国宛城(今河南南阳)人,家世不详,应该是士阶层出身,至少不是奴隶。范蠡很早的时候就已经扬名宛城了,不过不是因为他有什么经天纬地之才,而是街坊邻居都知道此地有个叫范蠡的"疯子"。

从史书上看,范蠡在幼时可能得过轻微的癫痫,"一痴一醒,时人尽以为狂"。有人常说:天才多半是"疯子",范蠡也不例外,《越绝书》称他"独有圣贤之明",这不是一般人能得到的评价。

范蠡成年后,却有意隐藏自己的"圣贤之明",继续装疯卖傻,"佯狂"。范蠡这么做,应该是在藏锋卖拙,毕竟他所处的楚国正在第一昏君楚平王的统治之下,费无忌嫉贤妒能,如果让他知道有范蠡这号天才,费无忌很有可能做掉这个将来会威胁到自己地位的天才。

这就是范蠡的聪明,可以说是小聪明,也可以说是大智慧。范蠡胸怀锦绣之才,自然要寻找机会实现乘龙之志,但现在必须隐忍,就像韩信想做大将军,必须从屠家恶少的胯下钻过去一样。

范蠡做人的聪明是一以贯之的,无论是出山、辅越灭吴,还是泛舟归隐,无不闪耀着智慧的光芒。相反,作为越国仅次于勾践、范蠡的男三号,文种则始终缺少一种做人的智慧,为人太直,优柔寡断,最终以悲剧收场。

范蠡见文种这个桥段,在历史上没有诸葛亮三要刘备知名,但故事的戏剧性要远强于三顾茅庐。时任楚国宛城令的文种爱贤心切,刚到宛城上任,就听人说宛城有一位大贤人,但既不知其名,也不知长什么样。为了得到这位贤人,文种漫天撒网式地在城中四处寻找。

听说这位贤人有些疯疯癫癫,文种专在疯癫之人中撒网捕鱼,发现疯癫之人就拜,就这样一路拜下去,终于拜到了范蠡面前。范蠡对文种的态度非常明确——不见。文种的贤达,范蠡应该是了解的,但如果文种请范蠡出山为楚国效力,则是范蠡不敢接盘的。楚平王和费无忌是一对千古难寻的昏君佞臣,给他们效力?爷还没活够呢。

这可以说是范蠡的精明之处,也可以说是范蠡的谨慎之处,千万不要因为盛情难却而跳进泥沼，朋友不是这么交的。文种刚到的时候，范蠡继续装神经病，蹲在院墙的狗洞旁边学狗叫，企图蒙混过关。

文种一直参不透官场和人性的对比关系，他自始至终都是清官忠臣做派，他虽然看穿了范蠡是在装傻演戏，但却没有看穿时局。文种有大智慧没有大聪明，他只知道为国举贤，却不知道在君昏臣佞的时代，举贤何用？

范蠡倒是出来见了文种，他知道文种是个善人，所以敢于在文县令面前展示自己的雄才大志，"蠡修衣冠，有顷而出。进退揖让，君子之容。终日而语，疾陈霸王之道"。

什么是大聪明人？在做大事时，有两点要求：一、见机而动，二、适可而止。范蠡在功成名就后泛舟而去，做到了适可而止，而现在一文不名的他需要做的是随文种出山，做一个男人应该做的事情。

不过范蠡从来没有考虑过为楚国效力，他真正的目标是开始出现争霸苗头的吴国和越国。无论是在位的吴王阖闾，还是越王勾践，都是不世出的英主，阖闾和勾践都有重用范蠡和文种的可能，为了争霸，他们需要高端人才。

从地理位置上来看，吴国比越国距离楚国更近，所以范蠡和文种肯定要先去吴国投求职简历。以范蠡的经天纬地之才，他想要得到的职位是公司总经理，但到了姑苏才发现，吴国已经有了一位总经理，就是伍子胥。

问题就出在这里，如果范蠡想做一个部门经理，阖闾还是可以接受的，但让阖闾拿下伍子胥，换上范蠡，这是根本不可能的。阖闾是铁打的吴国董事长，伍子胥是铁打的吴国总经理，阖闾曾经给国中下令："无贵贱长少，有不听子胥之教者，犹不听寡人也，罪至死，不赦。"

现阶段没有任何人可以撼动伍子胥的地位，但如果范蠡接受部门经理之职，屈居伍子胥之下，那就不是范蠡了。刚到吴国的时候，有人就劝范蠡和文种，不妨去投靠伍子胥，先在伍子胥门下找点事做，范蠡当场拒绝。

与范蠡、文种同在勾践麾下做事的逢同也是楚人，而且他应该也是和范蠡一起弃楚归吴的。逢同的观点和范蠡一样，与其看着伍子胥吃肉喝汤，咱们不如另择高枝，有伍子胥在，咱们连汤都喝不上。

所谓另择高枝，除了越国，他们也无枝可依。去越国，对范蠡等人来说有几大好处：一、吴国在伍子胥的治理下，已经初具霸主规模，用得着范蠡的地方自然不多；二、越王勾践有争霸之志，但国势弱小，相对于吴国来说是一张白纸，范蠡施展才能的空间更大。

越王勾践是很羡慕阖闾的，因为阖闾有一个几乎无所不能的伍子胥。但和范蠡谈论了一整天之后，勾践已经忘记伍子胥是谁了，因为他有了同样无所不能的范蠡。

吴王阖闾和范蠡的人生几乎没有交集，但对于吴国二号人物伍子胥来说，范蠡的横空出世，几乎对伍子胥产生了致命的威胁。如果没有张良，范增可以称为楚汉第一谋士，甚至可以说范增间接死在了张良之手，伍子胥同样如此。

范蠡投奔勾践，是一场双赢的买卖，范蠡有了施展抱负的平台，勾践得到了范蠡殊绝无双的智力支持。此时的勾践刚刚启动他的争霸大业，正是用人之际，他不会也不敢对范蠡有什么阴毒的想法。

事实已经证明，正是因为范蠡的出现，才导致本来吴强越弱的天平开始朝着有利于越国的角度发生倾斜。越国取得的每一项成就，几乎都源于范蠡和文种的建议，而越国的每次失利，几乎都是不听范蠡良言造成的恶果。

最典型的一次，就是发生于公元前494年的著名的椒山之战，勾践认为夫差志在报其父阖闾为越所伤致死之仇，不听范蠡的劝告，主动向吴国发起进攻，结果惨败。

在交战之前，范蠡反复劝勾践，吴国现在君臣和睦，内部团结一致，现在并不是我们对吴用兵的好时机，逆天必败。勾践那时刚继位，血气方刚，而且他刚打败了霸主阖闾，自然不把同样新即位的夫差放在眼里。

等到勾践兵败会稽山的时候，他才真正领悟到范蠡之于自己的价值，这是勾践第一次，也是最后一次拒绝范蠡的建议，自此之后，勾践对范蠡言听计从。

接下来如何面对夫差，范蠡以他对夫差性格的了解，提出了"卑辞厚礼，委身于吴"的求和战略。夫差为人太过妇人之仁，很喜欢四处显摆自己的仁慈宽厚，范蠡很聪明地利用了夫差这一性格弱点，让勾践在夫差面前装可怜，博取夫差的同情，然后伺机反攻倒算。

替勾践去吴国装可怜骗人的是大夫文种，如果单论做事而不论做人，文种其实也是一个聪明人，他知道如何打破僵局。在头次见夫差被撞得满头大包后，勾践急得要自杀，文种及时拦住了他，说我们在夫差身上占不了便宜，但有一个人可以帮助我们。

吴国大夫伯嚭深受夫差的宠信，而且此人极贪财好色，"可诱以利"，正道走不通，咱就走歪门邪道。向来喜欢走下三路的勾践大喜，立刻准备大量宝器，以及两位超级美女，有可能就是西施和郑旦，交给文种去见伯嚭。

在越国的权力布局中，范蠡是总经理，主要负责制定内外政策，但出面办事的多是外联办主任文种。文种巧舌如簧，在收买了伯嚭之后，三言两语就把夫差哄得眉开眼笑，同意了勾践来姑苏侍奉的请求，避免了越国的灭亡。

在陪同勾践入吴为奴的两年时间内，文种的主要任务是了解吴国内政，为将来越国的反攻做准备。这需要细致老辣的观察力和判断力，非智者不足以为之。回到吴国后，文种就给勾践分析吴国的优势和弱点：

吴之强：吴国经济实力非常雄厚，而且刑法严密，军民遵纪守法，而且吴国全民皆兵，作战能力在越国之上。

吴之弱：权力斗争非常激烈，伍子胥和伯嚭已经水火不容。夫差喜听阿谀之言而恶忠直之言，亲小人远贤臣，败象已露。

文种所说的，勾践当然能看得出来，勾践想知道的是如何才能削弱吴国的国力。表面看上去一副谦谦君子相的文种给勾践出了一个主意，"请籴于吴"，就是向吴国借粮食。

越国其实并不缺粮，文种的计策是通过粮食战来打乱吴国的战略部署。更阴毒的还在后面，一年后，越国按事先的约定偿还了借的吴粮种子，但当吴人把这些种子种下之后，苦等了一季，结果颗粒无收，严重影响了吴国的粮食生产。这些粮种在送吴之前是专门用热锅炒过的，根本不能耕种，这就是文种的杰作！

当初借粮时，文种就吃定了夫差的妇人之仁，甚至都算定了伍子胥必然反对，而夫差必然驳斥伍子胥的反对意见。夫差急于在国际上树立霸名，就会利用一切机会展现自己的仁慈。正如夫差自己所说："勾践既服为臣，为我驾舍，却行马前，诸侯莫不闻知，今以越之饥，吾与之食，我知勾践必不敢反我。"

江湖中人的最大悲哀，莫过于被人处处料定，最终一脚踏进别人事先挖好的坑里。文种做人不够聪明，但做事足够精明，勾践以三千越甲吞吴，文种起到的作用并不比范蠡小。

不过在勾践的心目中，范蠡的地位可能要略高于文种，虽然这种差距不是很大。打个比方，越国的三驾马车，有些类似于三国蜀汉的三巨头，勾践是刘备，范蠡是诸葛亮，文种是庞统。

同样作为谋士，文种和庞统走的是偏锋路线，都比较邪行，比如文种借吴粮，庞统密劝刘备袭杀刘璋。范蠡和诸葛亮走的基本上是阳谋路线，而且在勾践和刘备看来，范蠡和诸葛亮要比文种和庞统更重要，死了庞统不打紧，死了诸葛亮，刘备想死的心都有了。

范蠡之于勾践的重要性，有一件事情能很好地说明。范蠡在陪同勾践入吴三个月后，夫差在宫中召见了他们，勾践跪着，范蠡站着。夫差是非常欣赏范蠡的，他甚至打算把范蠡收在麾下，以牵制讨人嫌的伍子胥。

当着勾践的面，夫差给范蠡做起了思想工作，"今越王无道，国已将亡，社稷坏崩，身死世绝，为天下笑。而子及主俱为奴仆，来归于吴，岂不鄙乎？吾欲赦子之罪，子能改心自新，弃越归吴乎？"

当听完夫差这些刺心的话后，范蠡还没有回话，勾践就已经痛哭流涕不省人事了。勾践知道，他现在身处困境，唯一能帮助他脱险复仇的只有范蠡。如果范蠡变心，勾践连回越国的机会都没有了，可见范蠡在与不在，对于勾践的命运是决定性的。

实际上勾践的忧虑是多余的，眼下这个时局，只有傻瓜才会投靠夫差。站在范蠡的角度看问题，伍子胥固然有失圣眷，但余威犹在，此时范蠡要踏进这个火坑，未必就是伍子胥的对手，何况旁边还有一个贪财好色的奸臣伯嚭。退一万步讲，范蠡能将伍子胥和伯嚭一锅端掉，但之后呢？范蠡对夫差的性格也是吃透了的，躲都来不及，谁还敢进去掺和？

范蠡的选择和现代大学生求职的道理是一样的，直接进入超大型企业做管理，自然要比进入小微企业舒坦，之后呢？由于大企业的用人机制已经趋于完善，再往上爬又能爬到哪里？而如果进入小微企业，表面上看创业之路艰辛困苦，可一旦创业成功，那就是开国元勋，地位自然要强于超大企业的高级打工仔。诸葛亮不投东吴，就是不想做一个高级打工仔，范蠡同样也是做如是想。

一般来说，在一家大型利益（或经济或政治）集团中，一号人物是不能太厚黑的，真正厚黑的往往是二、三把手。一号人物玩厚黑，很容易让手下人产生难以自保的疑虑，二、三号人物玩厚黑，上不见疑，下不见猜，可以保全上下。

玩厚黑的都是聪明绝顶的人物，主公扮红脸，专玩正的，他们扮黑脸，专玩邪的。曹操有厚黑高手程昱，刘备有厚黑高手庞统，值得勾践庆幸的是，范蠡和文种都是不世出的厚黑高手。没有这两大厚黑高手，勾践进得去姑苏，回不到会稽。

范蠡的厚黑，是人们很少提及的，但就凭一件事情，范蠡的厚黑指数当在文种之上。以前讲过勾践为了骗取夫差的信任，跪在地上品尝夫差的粪便，这个厚黑至极的阴险手段，正是范蠡教勾践做的。

和文种一样，范蠡同样看穿了夫差的虚伪和妇人之仁，他非常肯定地告诉勾践：只要勾践"求其粪而尝之，观其颜色，当拜贺焉，言其不死，则大王何忧"？

勾践在吴都为奴的两年时间里，虽然夫差一直顶着伍子胥的压力，善待勾践，但对勾践还是有所怀疑的。当勾践像狗一样趴在地上，舔着夫差的粪便，大声称赞粪便的美味时，男人征服男人的极度快感瞬间击垮了夫差。自此之后，夫差不再怀疑勾践，伍子胥说了一箩筐的危乎险哉，全成了无用功。

正因为范蠡对勾践有救命之恩，刚回到越国，勾践就痛哭流涕地给了范蠡一个天大的承诺，"不谷（即寡人）之国家，蠡之国家也，蠡其图之"。这是什么待遇？按戏文的说词，这就是一字并肩王！

如果是别人，对于勾践真心的报答，接了也就接了，但范蠡还是"巧颜令色"地拒绝了。范蠡拒绝的理由其实很简单：勾践对他已经起了杀心，他哪敢往火坑里跳。

都说君主喜欢烹良犬，藏精弓，但烹犬藏弓的前提往往是权臣功高盖主，让君主产生了失去权力的深深恐惧，韩信死在这上面，年羹尧同样如此。创业成功后，往往就是君主从创业功臣手上收回权力的时候，有些聪明人已经事先看破杀局，悄然隐退，比如张良，再比如小说里的邬思道。

都说刘邦敬张良如师，将其吹捧上了天，但这是在张良主动归隐之后，如果张良恋栈不去，刘邦早就把子房先生踢到一边了。汉初三杰，刘邦最忌惮的就是张良与韩信，但即使是对刘邦威胁最小的萧何也不得不贪污以自保，可见功臣保全之难。

范蠡的考虑正是如此，等到灭吴之后，范蠡之于勾践就是功比天高的恩主。但如果他继续赖在位子上，会给勾践造成极大的心理压力，会让勾践骨子里的自卑发作，更何况让人最羞于启齿的尝粪的主意就是范蠡出的。

或许范蠡刚入越效力时，对勾践的为人还不太了解，但当勾践坦然地接受尝粪建议时，想必范蠡暗中倒吸了一口凉气。满脸堆笑地吃另外一个男人的粪便，不是铁石心肠的人是做不出来的。勾践为了复仇，连男人最基本的尊严都不要了，还有什么放不下的？正是因为看到了勾践骨子里的狠戾，在成功灭吴后，范蠡才铁了心离开勾践。

人性有一个特点，往往在恩主离开之后才对其感恩戴德，如果恩主成天在自己面前晃来晃去就会很难容忍他，因为恩主会令自己产生自卑感。为了勾践的面子，范蠡也必须离开，否则勾践会非常不自在，留下来对范蠡来说没有任何好处。

在灭吴之后归国的路上，范蠡突然开了小差，他没有跟随勾践回到会稽，而是写了一封辞职信。勾践有些不爽，问范蠡为什么要辞职，难道你认为寡人会杀了你？范蠡话说得虽然比较隐讳，但意思非常清楚：当初你受辱于夫差，我是见证人，就凭这一点，我必须离开。

在灭吴之前，勾践卧薪尝胆，十年生聚教训，可以与人共患难。但当大功告成之后，勾践猜忌刻薄的本性也就没有隐藏的必要了，他在回信中威胁范蠡："子听吾言，可以分国；不听吾言，妻子为戮！"

如果勾践不说这些鬼话，或许范蠡还会心存侥幸地回来。但勾践这些发自肺腑的真话暴露了自己潜藏在内心深处的强横与残忍，让范蠡坚定了离开的决心。

为了躲避勾践的追杀，范蠡"乃乘扁舟，浮于江湖"，在几经辗转之后，范蠡变易姓名来到了齐国，做起了买卖。不过范蠡并没有忘记他的知心好友文种，范蠡在抵齐之后，给文种写了一封信，劝文种认清勾践的霸道嘴脸，早点离开，早点脱险。

这封信非常有名，原文为："蜚鸟尽，良弓藏；狡兔死，走狗烹。越王为人长颈鸟喙，可与共患难，不可与共乐。子何不去？"鸟尽弓藏、兔死狗烹、可共患难不可共富贵这三个著名成语，就出自此信。

范蠡的意思非常明确：自古功高盖主而恋栈不去者，鲜有好下场，只有适可而止者，才能保全天命。当初范蠡选择辅佐勾践，只是借勾践这个平台来实现自己的男儿抱负，并非贪恋富贵。见机而进，辅越灭吴；适可而止，浩歌归去，这才是大智慧大聪明，如果范蠡有一丝犹豫，等待他的将是冰冷的铁剑。

让范蠡感到可惜的是，他的严重警告丝毫没有打动文种，"文种不信其言"，原因大致有两点：

一、文种没有看透勾践的真实性格，坚信勾践不会做出过河拆桥的卑劣勾当。

二、贪恋名利导致的心理不平衡。

关于第二点，文种拒绝范蠡的劝告，主要还是对十几年前范蠡一直压过自己一头的不满情绪的表达。众所周知，范蠡是被文种请出山的，但范蠡在越国混到了一人之下，万人之上，做了宰相，文种不过是跑腿打杂的。

在灭吴之前，越国的权力结构没有丝毫变化，这对自恃才力绝人的文种来说，甚至是一种羞辱，虽然文种依然以国事为重，从来不在这上面找范蠡的麻烦。

但现在男一号范蠡主动离开了，空出的相国位置对男二号文种来说，是一种很难抗拒的诱惑。在越灭吴的过程中，文种的贡献不比范蠡小，但光芒都被范蠡遮掩住了，文种一直咽不下这口气，他急于扳回一局。

文种有治国安邦的大智慧，没有知进知退的大聪明，作为勾践受辱的见证人，文种一日恋栈，勾践就一日不自在。相比之下，范蠡聪明地适可而止，不仅保全了自己，也保全了留在越国的妻儿。更重要的是，保全了勾践作为天下霸主的面子。

在范蠡离开之后，勾践长长松了一口气，此时的勾践不再记得他在吴宫尝粪便时，范蠡是否站在一旁，而只记得范蠡的种种好处。勾践做了两件事情：

一、勾践拨出重金，命工匠打铸一尊范蠡的金像，放在殿上王位旁边。勾践对金像每日必朝拜，发誓世世不忘范蠡大恩大德，同时命令文武大臣每十天朝拜一次。

二、勾践把会稽附近的三百里肥沃土地封给范蠡的妻儿，并下死命令，包括越王子孙在内，谁敢侵犯范府封地一寸，寡人就取他的狗头。

勾践最后对天发誓："皇天后土，四乡地主正之。"其实范蠡当初敢于抛下妻儿远走他乡，就是看准了勾践这一性格特点。知己知彼，百战不殆，所以范蠡能够保全所有人的面子，皆大欢喜。文种知己不知人，看不透人性最深处的恶，最终功亏一篑。

受勾践猜忌的不仅是恋栈不去的文种，还有功臣计然（范蠡的老师）、大夫曳庸、扶同、皋如，他们都成了勾践的眼中钉，这些人精子都在装疯卖傻，"不亲于朝"，才勉强保住性命。

文种也察觉到了勾践对自己转变了态度，称病不朝，企图躲过勾践的猜忌，但已经来不及了。计然等人以前都是打杂的，对勾践的威胁程度远不如文种，纵使文种退避三舍，勾践也没打算放过他。

没过多久，就有人弹劾文种，说文种有谋逆之心，请大王察拿之。明眼人都看得出来，这个所谓的"有人"是勾践安排跳出来打文种的马仔，无论如何，文种是必须死的，否则勾践寝不安枕！

当文种接过勾践赐死的独鹿宝剑时，仰天长叹："嗟乎！吾闻大恩不报，大功不还，其谓斯乎？吾悔不随范蠡之谋，乃为越王所戮。吾不食善言，故哺以人恶。"

直到此时，文种才悟出那个道理：君主的秘密与尊严，不是人臣可以消受的。雍正即位之后，他的首席大秘邬思道立刻辞官归隐，就是因为他知道太多雍正的不可告人的秘密。邬思道野服归去，肯定是受到了范蠡离而生、文种留而死的启发。

痛哭流涕之后，文种心有不甘地"伏剑而死"。

文种死后，痛哭流涕的还有勾践。勾践伏在文种的尸体上失声痛哭，一是哭失去了文种这位治国贤臣，二是哭文种的不聪明。如果文种能学范蠡，就可以君臣两全，也不至于让勾践背负杀忠臣的恶名。

勾践为了纪念贤臣文种，以极隆重的礼仪把文种葬在了会稽山上，仅送葬时就出去了楼船之卒三千人，修陵建墓置鼎，让后世子孙永远不忘文种的大恩大德。

不知道勾践在文种陵墓缓缓闭上石门的那一刻，是否想起了野服浩歌归去的陶朱公范蠡。

清朝大才人袁枚的孙女袁绶有一首《咏史》诗，歌颂范蠡的知机而退：亡虏归来思报复，卧薪尝胆是英雄。五湖一棹烟波阔，如此功臣竟善终。

诗仙李白在《古风五十九首之十八》中写道：功成身不退，自古多愆尤。说的应该是文种。

三六 / 季札和豫让

如果用一个字来形容被一代鬼才金圣叹称为第五才子书的《水浒传》的核心价值观，这个字只能是"义"，虽然大多数梁山好汉的所作所为和"义"字没有任何关系。

人在江湖上行走，必须遵守大多数人所认同的具有普遍意义的道义规矩——义，即人与人之间的行为准则，谁都不能越界，梁山如此，春秋也是如此。孟子常说春秋无义战，这恰从反面角度证明了春秋以仁义为基础的道德价值体系并没有完全崩塌，否则也就不存在不义之战了。

江湖中人都自诩义士，不过真正能"践义"的并不多，梁山好汉中也只有鲁智深、林冲数人而已。春秋风云人物多如过江之鲫，但要么诡诈多奸，要么迂腐可笑，算来算去，真正可称义士又大名鼎鼎的，只有两位：吴国季札、晋国豫让。

之所以把季札和豫让单列出来讲"义"，还有一个重要因素，就是季札和豫让截然不同的出身。季札出身于吴国王室之家，深得父王宠爱，天生就是混社会上层的，而豫让出身社会最底层，以做智伯之家客为生。

季札和豫让，一个高富帅，一个矮穷丑，却从两个社会极端层面完美地解释了人性中的"义"。具体来说，季札的义，更接近于"信"，豫让的义，更接近于"忠"，下面先讲季札。

说到季札，我们首先想到的是那个践行诺言的著名典故——季子挂剑。"义"的基础是"信"，无信则无义，季札因徐君一言，相赠宝剑，被传为千古美谈。唐人李白有首著名的诗——《陈情赠友人》，前八句写得非常动情，如下：

延陵有宝剑，价重千黄金。观风历上国，暗许故人深。归来挂坟松，万古知其心。懦夫感达节，壮士激青衿。

这个感动千古的故事，发生在公元前544年，这一年春，季札奉吴王之命北上出使鲁、齐、郑、卫、晋，开始了这场著名的文化外交之旅。季札的第一站是鲁国，而从吴赴鲁，就必须经过徐国（今江苏泗洪附近）。

出于外交礼仪，徐国国君亲自设宴款待季札，在席间饮酒时，徐君看中了季札随身佩带的宝剑。徐君很有眼力，季札的这柄剑是吴国最上等的好剑，史称"吴之宝"。徐君和季札不熟，不好意思开口索剑，倒是季札看出来了，只是由于他有公事在身，外交场合须臾离不开佩剑，也就没说什么。

按季札的想法，等他处理完外交事务后，再路过徐国，把剑送给徐君。没想到等季札再次回到徐国时，徐君已经去世了。季札做出了一个很惊人的举动，把吴国的镇国之剑挂在徐君墓旁边的树上。

从人劝季札不要拿宝剑随便赠人，何况人都死了，还送给谁？难道送给树上的乌鸦吗？季札的回答让人很感动，"吾心许之矣。今死而不进，是欺心也。爱剑伤心，廉者不为也"。做人不能欺心，欺心者必被天欺，这就是季札朴素的人生观。

因为信守承诺，挂剑而去，季札深深感动了历史，其实这只是季札"义"生中的一个经典镜头。季札的"义"，还体现在他恪守传统道德价值观，绝不越政治雷池一步，保国保家，两得其美，被后人称赞为伯夷再世。

"义"在季札身上体现为两层性，即个人大义和国家大义。挂剑赠徐君属于前者，以非嫡长子之由拒绝继位，属于后者。《后汉书·丁鸿传》对国家之义的理解是："《春秋》之义，不以家事废王事。"在这一点上，季札几乎是道德完人，鲁国圣人孔子对季札都佩服得五体投地。

季札能在春秋绚烂的舞台上呼风唤雨，首选不得不承认他有一个好祖宗。这一点不能说不重要，谁不想有个金爹银妈？后天的拼命奋斗那都是被残酷的命运逼出来的。

季札是吴王寿梦的第四个儿子，如果从辈分上讲，季札是吴王僚和阖闾的亲叔父，夫差的嫡亲叔祖。这一点决定了后来季札在吴国王室"族长"般的地位，有些类似北宋野史演义中那位著名的八贤王赵德芳。

季札之所以在王族享有如此高的威望，和他以自己非嫡子为由拒绝继承王位有直接的关系。季札是个恪守传统道德价值观的人，他知道自己的身份只是庶四子，上头还有三个兄长，从来没有窥视过那个位子。

季札不是赵匡胤、赵光义兄弟，为了原本不属于自己的位子杀得头破血流。季札的老爹寿梦最喜欢季札，一再扬言要越次立季札为嗣。只要季札点一下头，那个位子就是他的，长兄诸樊、次兄余祭、三兄夷昧都得靠边站，他们半点机会也没有。

其实在季札之前，庶子继承君位的例子并非没有，他完全可以不背这个心理负担。只是季札始终无法说服自己背叛心中的大义，正如他在父亲临终前要求他即位时所说："礼有旧制，奈何废前王之礼，而行父子之私乎？"

季札知道父亲疼他、宠他，而且这个位子不是他要阴谋手段抢来的，坐上去也心安理得。但如果他坐上去了，置三个兄长于何地？特别是长兄诸樊。在季札的坚持下，寿梦不再为难他，改立长子诸樊为嗣。

讲到季札的义，就要讲一下他侄子阖闾的不义。据史料所载，在吴国王室中，抛开阖闾的能力不谈，阖闾的人品是最有问题的，为了最高权力，阖闾要尽了阴谋诡计，弑君杀兄，置春秋大义于不顾，和季札是没法比的。

阖闾的人品还不如他的父亲诸樊，当初季札坚辞让位，把诸樊感动得一塌糊涂。诸樊知道这个位子本来是属于四弟的，他坐上去，会觉得心有不安。在先王寿梦的葬礼结束后，诸樊就惴惴不安地要把王位还给季札，被季札拒绝了。

以诸樊此时的身份，季札已经固让，他完全可以顺水推舟爬上高台。但让人感动的是，"吴人固立季札"，这个吴人，指的只能是诸樊。不能说诸樊是在演戏，因为他没有必要这么做，季札不接单，有资格接单的只有诸樊。

季札的大义，体现在他对诸樊一根筋似的行为的反应。"季札弃其室而耕"，向诸樊以及国人表明了自己的态度，不要再浪费时间了，我是不会即位的。在万般无奈之下，诸樊只好心怀愧疚地做了吴王。

都说季札有大义，其实诸樊同样有大义，诸樊始终为自己的即位心感不安，他只有把位子传给季札，才能解开这个心结。诸樊在临终时（前548）把王位传给二弟余祭时称赞季札有义，为了能让季札有机会即位，王位将兄终弟及。至于自己的儿子姬光，诸樊根本没有考虑。想必诸樊传位时，姬光就站在父亲身边，看到父亲舍子立弟，姬光心中肯定打翻了醋坛子。

十七年后，余祭病死，把位子传给三弟夷昧，为的就是将来夷昧死后把位子名正言顺地交给季札，了却父亲和长兄的遗愿。四年后，也就是公元前527年，夷昧病死前请求季札接位，但季札铁了心要恪守传统，宁死不即位，"逃去"。

是季札对功名利禄没有兴趣吗？不是，他并没有退出官场，而是继续做他锦衣玉食的延陵公子，同时还是吴国的"外交部部长"，可谓位高权重，名满天下。

季札认为他在兄弟中排行老末，没有资格做吴王。让他做吴王，只有一种可能，就是三位兄长没有一个子嗣，在这种情况下，季札才有可能接位。仅仅因为他的排行不合旧制，坚持不以坏礼为代价，来博取个人名利。

后人对季札的义歌颂不绝，实际上包括诸樊在内的三兄弟让贤所体现出来的大义同样值得歌颂。兄弟和睦，不败其家，吴国在寿梦之后突然强势崛起不是偶然的，其内在推动力就是兄弟四人友爱礼让，团结就是力量，这是历史的真理。

季札的贤与义，不仅感动了历史，也给他那位野心比西瓜还大的侄子姬光造成了很大的心理压力。姬光在请专诸做刺客时，针对专诸的疑问，姬光就抬出了季札做挡箭牌，说天下本就不是吴王僚的，就算杀之，等季札出使诸国回吴后，也不会废掉我。

从姬光的这句话可以反映出季札在吴人心目中的地位，姬光要想在舆论上处在有利的位置，就必须在政治上继续尊崇季札，丝毫不敢少礼。等姬光弑君后，因为季札已经回到姑苏了，所以姬光不敢造次即位，还假惺惺地，说要把王位还给季札。

季札不接受三位兄长的传位，自然更不会接姬光的盘子，季札说得很清楚，"尔杀吾君，吾受尔国，是吾与尔为乱也"。你姬光杀人，却让我即位，往我头上扣屎盆子，我才不接招。这个侄子是什么货色，季札再清楚不过了。

虽然姬光礼待季札，但季札从心底是不认同姬光的。在季札拒绝姬光虚情假意的让位之后，季札就来到吴王僚的坟头痛哭一场，这分明是在否定姬光的弑君恶行。在此之后，季札并没有再次"逃去"，而是留在朝中，这让姬光很不自在，从另一个侧面再次对姬光的王位继承进行否定。

从现在的眼光看，季札的选择似乎有些不合时宜。姬光通过非法手段上位，却实现了吴国历史上最伟大的胜利——灭楚，这是吴王僚没有做到的。季札应该以吴国大业为重，出山辅佐姬光。但传统的主流价值观总要有人出来维护，季札不捍卫传统，社会就少了一把道德标尺，这才是季札心中最大的义，这也是后世老夫子们对季札赞不绝口的主要原因。

在季札死后，据说孔子派学生子游去季札墓前，写下两个字，"君子"。孔子非常看重义，和季札一样，努力维护主流价值观念，从这层意义上讲，孔子和季札是同志，所以孔子称赞季札是再正常不过的。

司马迁在《史记·吴世家》卷尾史评中用了七十五个字，其中吴王僚、阖闾、夫差等大头王一字也未提及，却用了三十字称赞季札："延陵季子之仁心，慕义无穷，见微而知清浊。呜呼，又何其闳览博物君子也！"

众所周知，司马迁非常认同儒家的思想理论，实际上季札也是儒家思想家的传承者，他传承的是自周公以来的旧儒，而孔子的新儒也是从周公旧儒的基础上发展而来的。

从年龄上来看，季札长孔子二十多岁，当季札于公元前544年来鲁国观乐时，孔子只有七岁。当孔子成名时，季札早已名满天下。季札是周公之后，孔子之前的旧儒家的代表人物。季札一生重义，以身作则，推行旧儒家的思想理念，这对孔子新儒家思想的形成有着不可低估的重大影响。

讲完了季札，再来讲豫让。

豫让本来是应该放在《春秋刺客篇》中的，专诸、要离都是豫让的前辈同志。之所以把豫让和季札同篇，主要是因为豫让虽为刺客，但其性质与专诸、要离完全不同。

专诸贪图姬光许给他的封其子为上卿的大富贵，他和姬光之间是典型的买卖合同关系。至于要离，纯粹是个神经病，什么都不图，用全家人的性命拼给了和自己本没有任何关系的庆忌，二人和义是扯不上关系的。

豫让行刺赵襄子赵毋恤，既非图名，也非图利，只是想为曾经对自己恩重如山的旧主智伯报仇，这才是大仁大义。《史记·刺客列传》中的那些刺客，也只有豫让才有资格称为义士，其他人全是糊涂蛋子，都不知道自己到底为什么而活。

司马迁在名篇《报任安书》中曾经提到一个著名成语，即"士为知己者死，女为悦己者容"，实际上这个成语的版权所有者是豫让，司马迁只是免费借用了一下。人生一世，如草木一秋，几十载春秋轮回而已，总要留下一点什么，才不会觉得遗憾。有人给儿孙留下了万贯家财，有人给后世留下了千古骂名，豫让留下的则是义。

豫让的义和季札的义不甚相同，季札维护的是主流精英为本位的社会价值观，而豫让则是在维护一种江湖中人特有的道德价值观。江湖最推崇的是义，而不是仁，所以江湖中人拜把子，称为结义或义结金兰，没听说过结仁或仁结金兰的。

庙堂之上的义，讲究的是君君臣臣，天下社稷，万民安泰。江湖草野的义，更多地体现了一种个人化的正确价值观，做人要恩怨分明，受人一鹅毛，必以千金赠。这方面的例子有很多，伍子胥和韩信在穷困落魄的时候受漂母一饭，他们发达后，相赠千金，以报一饭之德。

豫让刺赵毋恤，本质和伍子胥、韩信一样，都是在报恩。不过略有不同的是，伍韩报恩是出于做人"以德报德"的道德本能，而豫让为旧主寻仇则是出于他心中的江湖大义。因为受智伯恩惠的并不止豫让一人，而只有豫让选择了和赵毋恤血拼到底。

前面讲过，豫让出身于草根，但他的家世并不简单。我们都知道吴国有一位著名的奸臣伯嚭，间接导致了夫差的灭亡和勾践的称霸，伯嚭的祖父是楚国大夫伯州犁，而伯州犁本来是晋国大夫伯宗之子。伯宗在晋国得罪的人太多了，为了保护好儿子，伯宗在民间找到了一位义士毕阳，毕阳保护伯州犁入楚，不久后，伯宗就在晋国内乱中被杀。而这个义士毕阳，就是豫让的祖父。

关于毕阳的生平，除了《国语·晋语五》卷尾提到他送伯州犁入楚，再无其他史料记载。但从豫让一直生活在晋国来看，毕阳送伯州犁入楚后，很可能又回到了晋国，豫让也有可能在小时候就生活在祖父身边。毕阳的义举，以及家庭的草根地位，会在很大程度上影响豫让。

豫让生活在春秋末期，此时距离春秋最后一位霸主勾践去世（前465）已经过去了十多年，齐桓、晋文争霸的时代早如过眼烟云。

齐国自简公姜壬被杀后，姜氏的权力就落入权臣田常手上，改朝换代只是时间问题。相比于齐国，晋国的形势更加混乱不堪，齐国是田常一人执政，晋国则是六卿执政，即著名的范氏、中行氏、智氏、韩氏、魏氏、赵氏六家，晋国姬姓公室早已被架空。

六大家族的祖上都是晋国勋贵大臣，背景个个硬得很，平时为了争夺权力没少暗中拆墙使绊子。从实力上来看，六大家族中智氏最强，赵、魏、韩次之，范、中行最弱。在公元前458年，智氏的家主智瑶（即大名鼎鼎的智伯）联合赵、魏、韩三家吃掉了相对弱小的范氏和中行氏，四家共同瓜分，利益均沾。

《史记·刺客列传》说豫让曾经在范氏和中行氏门下当差，时间都不太长，豫让接连炒掉范老板和中行老板，跳槽到了智氏公司当员工。豫让在智伯手下都做了什么事情不详，可以肯定的是，智伯非常欣赏豫让，至少豫让在智伯那里得到了重用。而范氏和中行氏应该是对豫让不够尊重，豫让是在他们手下看不到前途，才不得不改换门庭的。

蜀汉第一谋士法正曾经在益州牧刘璋门下做事，但不受重用，后来法正攀上了刘备这根高枝，并在刘备取代刘璋自为益州牧的过程中立下奇功。后世一些人就以法正曾经给刘璋效力为借口，攻击法正是忘恩负义的小人。

实际上法正和豫让是同一类人，恩怨分明，你投我以桃，我报你以李，都具有明显的江湖豪侠之风。刘璋不待法正以国士，法正又凭什么给刘璋卖命到死？豫让同样如此，范氏和中行氏待豫让如下人，豫让没有道理为这样的人物当一辈子小弟。

智瑶是晋国的正卿执政，没有两把刷子，他也爬不到这个位置。公元前472年六月，智瑶率晋师伐齐，在犁丘（今山东临邑）将齐军打得鼻青脸肿，生擒齐国大夫颜涿聚，可见智瑶的军事能力不是吹的。

豫让投到智瑶麾下，并非贪图智瑶的权势，否则在智氏被灭后，豫让有一万个理由拜在新执政的赵襄子门下，而不是去刺杀他。智瑶应该是知人善任的人，豫让重情重义，能力想必也不会太差。《战国策·赵策一》记载，"（豫让）去而就知（智）伯，知（智）伯宠之"。能让文武兼备的晋国正卿宠爱有加，豫让岂是凡品？

这就是士为知己者死，刘备在亲征汉中时，在阵前冒箭雨拼杀，法正也不避危险地陪在刘备身边。以法正恩怨分明的个性，若刘备待他如路人，他是断然不会以死相报的。

不能说法正是在刻意模仿豫让，但豫让的大忠大义确实感动了历史，故事的高潮很快就要到来。公元前455年，野心已经极度膨胀、"欲尽并晋"的智瑶，以武力强迫魏桓子魏驹、韩康子韩虎，组成多国部队，向盘踞在晋阳，素来不服智瑶的赵襄子赵毋恤发起强攻，这就是春秋史上著名的晋阳之战。

形势本来对智瑶非常有利，这场战争打了两年多，赵毋恤已经坚持不下去了，但在最关键的时刻，赵毋恤利用"唇亡齿寒"的心理，说服韩、魏两家，对智家反攻倒算，实现了人生大逆袭，一代大卿智瑶就这样稀里糊涂地成了战国三雄赵、魏、韩崛起的垫脚石，智家的地盘被三家瓜分。

撇开魏、韩两家打酱油的不谈，赵毋恤和智瑶有不共戴天的死仇。当年智瑶率军攻郑，赵毋恤为副将，智瑶有次在帐中饮酒大醉，对赵毋恤强行灌酒，当场让赵毋恤难堪。

最过分的是知瑶企图参与赵家的废立大事，要求赵毋恤的父亲赵简子赵鞅废掉毋恤。赵鞅当然不会听智瑶的满口胡言，但赵毋恤由此恨智瑶入骨。灭掉智瑶，赵毋恤的复仇快感可想而知，他在极度的兴奋中把智瑶的人头砍下来，做成酒器，在人群中四处炫耀。

赵毋恤是复了仇，可他对智瑶尸体的污辱却深深伤害了豫让，智瑶得罪赵毋恤，那是他们之间的恩怨，和豫让无关。豫让只知道智瑶待他如国士，如今恩主死后被辱，作为智家最受宠的臣子，豫让岂有坐视之理？豫让唯一能做的，就是复仇，用赵毋恤的一条命来报答智瑶对自己的知遇之恩。

故事的过程很简单，豫让用易容术把自己打扮成一个待罪的奴仆，怀揣利刃，趁人不备，混进了赵毋恤家中正在装修的豪华厕所里。豫让假装粉刷墙壁，等着赵毋恤自投罗网，没想到赵毋恤太过敏感，一眼就看出这个奴仆有问题，让身边人将其拿下，果然搜出了利刃。

豫让要以死殉义，尽人臣之忠，其实心存大义的，还有他的敌人赵毋恤。被豫让刺杀，赵毋恤有一万个理由杀死豫让，赵家门人也劝家主除掉豫让，但赵毋恤很大度地赦豫让不死。理由是"彼义士也，智伯已死无后，而其臣至为报仇，此天下之贤人士"。当然，不能排除赵毋恤以赦豫让树立自己仁慈形象的嫌疑，但反过来说，豫让刺杀赵毋恤，不也是图一个江湖忠义之名吗？

事情至此并没有结束，赵毋恤释放豫让后，豫让并不感恩，反而用自残的方式折磨自己，改变自己的外形、声音，准备再次刺杀赵毋恤。豫让把全身涂满了黑漆，导致皮肤溃烂，甚至把烧红了的炭放在嘴里，造成声带嘶哑。

豫让的朋友看到后，问他何苦自残，智瑶已死，你为他报仇又有什么实际意义？以你的才干，如果投靠在赵毋恤门下，必能得到重用，做人不能不识时务。豫让说得斩钉截铁：我明知事必不成，但我受智伯厚恩，必以死报之，让后世那些食主之禄却背主求荣的小人羞愧至死！

事情发展到这一步，豫让已经不是在为智瑶报仇了，而是纯粹地追求一种人生的存在价值，即他心中的大义。或者从人性私的角度来看，豫让这么做，是在求死。

豫让再次刺杀赵毋恤于桥下，结果又被赵家门人活捉，这激怒了曾经放他一马的赵毋恤。赵毋恤有些愠怒地责问豫让："你当年也在范氏和中行氏门下做事，范氏和中行氏被智瑶所灭后，怎么不见你为他们报仇，为何偏偏要为智瑶报仇？"

"臣事范、中行氏，范、中行氏以众人遇臣，臣故以众人报之。智伯以国士遇臣，臣故以国士报之。"这是豫让对赵毋恤的回答，字字滴血，感人肺腑。范、中行氏待豫让如路人，豫让当然不必为他们复仇，智瑶待豫让如兄弟，恩宠有加。豫让连番刺杀赵毋恤，就是要以死报答智瑶当年对他的知遇之恩。

豫让向赵毋恤提出了他人生中最后一个要求，他两次行刺赵襄子，论法当死，但如果不报于智伯，他死不瞑目。"今日之事，臣故伏诛，然愿请君之衣而击之，虽死不恨！"赵毋恤的回复同样感人，"义之"，赵毋恤是一代雄杰，如果这点度量都没有，干脆别在江湖上玩了。

豫让的忠诚感动了曾经对智瑶恨得咬牙切齿的赵毋恤，他脱下袍服，让侍从高高举起，权当是赵毋恤本人，请豫让举剑刺其衣，也算为九泉之下的智瑶报了仇。豫让泪流满面地挥舞着利剑，朝着袍服连刺三下，《战国策·赵策一》对豫让刺衣的桥段写得简洁而震撼人心，如下：

豫让拔剑三跃，呼天击之曰："而可以报知（智）伯矣！"遂伏剑而死。死之日，赵国之士闻之，皆为涕泣。

同样是死，专诸和要离的死可以说轻如鸿毛，不甚值钱，但豫让的死却重于泰山。不过有种观点认为豫让为智伯报仇是愚忠，甚至是奴性的表现，此言大谬。豫让报的并不是主，范氏和中行氏被智伯所灭，豫让无动于衷。豫让报的是德，智伯待他如兄弟，他自然要还报兄弟之德，这是人世间最感人的大义之一。

三七 / 孔子闪亮登场

在中国，可以不知道秦皇汉武，也可以不知道萧何、曹参，但一定要知道孔子。

研究中国近两千年的历史，是绝不可能绕过孔子的，不谈孔子而谈中国历史，就如同讲三国而不讲诸葛亮一样，注定是荒谬的。孔子是中国历史上极为特殊的一个政治符号，其影响之大、之深，可谓空前绝后。甚至从某种角度讲，一部皇皇中国史，就是孔子不断被神话的过程。

从孔子的社会身份来讲，他只是一个思想家、教育家，勉强算是一个社会学家，但自从汉武帝刘彻采纳董仲舒的建议，"罢黜百家，独尊儒术"以来，已经逝去四百年的孔子不断地被后人戴上神圣的光环。

从西汉末年的"褒成宣尼公"，到北魏孝文帝时追封的"文圣尼父"，再到唐玄宗李隆基追尊的"文宣王"，直到公元 1146 年，西夏仁宗李仁孝无偿地给孔子扣上一顶"文宣帝"的大帽子，孔老夫子生前穷困潦倒，死后却享尽"荣华富贵"，成为历代帝王的至圣先师，这是孔子生前没有想到的。

孔子在宋朝有一个忠实信徒，就是大名鼎鼎的朱子——朱熹，他在《朱子语类》第九十三卷中这样评价孔子："自尧舜以下，若不生个孔子，后人去何处讨分晓？"在同卷，朱熹又给予孔子极高的评价：天不生仲尼，万古长如夜！

真实的孔子到底是什么样的，下面全面介绍一下孔子传奇的一生，以及被后世奉为圭臬的儒家学说。

先简单地说一下孔子的家世：

微仲衍生宋公稽（宋国君），宋公稽生丁公申（宋国君），丁公申生共公潜，共公潜生弗父何（宋公子），弗父何生宋父周，宋父周生世子胜，世子胜生正考父，正考父生孔父嘉，孔父嘉生木金父，木金父生祈父，祈父生防叔（奔鲁为大夫），防叔生伯夏，伯夏生叔梁纥，叔梁纥就是孔丘的父亲。

孔子的六世祖孔父嘉，曾任宋国的大司马，处在宋国统治集团的最高层，与太宰华父督同朝为官,是宋穆公子和最为倚重的高官之一。孔父嘉为人忠直,《公羊传》称赞孔父嘉"义形于色",所以在宋穆公死后,孔父嘉作为托孤大臣,与华父督一起辅佐宋穆公的侄子宋殇公子与夷。

同为先朝元老,孔父嘉和华父督之间没有什么深仇大恨,但问题意外地出在了孔父嘉的妻子身上。公元前766年,华父督在郊外偶遇外出的孔妻,由于孔妻容貌绝艳,姿态万方,被好色的华父督盯上了。

华父督盯上的,除了美艳的孔妻,还有宋国宰相的位子。至于华父督在谋反时先杀掉孔父嘉,霸占其妻,主要原因还在于削弱宋殇公的势力。宋殇公对华父督擅杀重臣极为愤怒,"公怒,督惧,遂弑殇公"。其实宋殇公怒不怒,华父督都要对他动手的。果然如人们所料,华父督连杀君臣,控制了宋国政权,立宋穆公之子冯於郑,就是宋庄公。

孔父嘉的权力被华父督篡夺,他的子孙自然逃不掉政治清算,孔父嘉一系的爵位被降为士。孔父嘉的儿子木金父为了躲避华父督的追杀,带家眷逃离宋国,来到宋的邻国鲁国安身。

不过在南宋末年失传的《世本》却说离宋入鲁的是孔子的曾祖孔防叔,从人性角度讲,孔父嘉被杀,他的子孙不太可能在隔了三世之后才逃往鲁国,所以《左传杜预注》说木金父逃鲁避难的理由是可以成立的。

虽然木金父是宋国贵族之后,又是宋大司马孔父嘉的儿子,家世显赫,但落架的凤凰不如鸡,所以木金父这一系在鲁国一直没有混出来。一直传到了木金父的玄孙,也就是叔梁纥这一代,情况依然没有太大的改观,但叔梁纥曾经与臧畴、臧贾等人率甲士三百与齐军交过手,说明叔梁纥在鲁国军界有一定的地位。

关于叔梁纥的婚姻,《孔子家语》记载得比较详细,叔梁纥先娶了鲁国的施氏女子为妻,结果一连生了九个女儿,就是不见儿子。叔梁纥特别想要儿子,又和自己身边的小妾生了孟皮,但孟皮天生残疾,有足疾。

叔梁纥是社会知名人士,有一定的家业,如果没有一个儿子继承,家业早晚会被划进别人的户头。妻妾指望不上了,叔梁纥只好另觅佳偶,经人介绍,叔梁纥娶了颜氏的女儿颜徵在。

颜氏的社会地位并不高,所以当得知叔梁纥要与他们通婚时,颜家老爹兴奋得直搓手,他告诉三个女儿:"叔梁纥是卿大夫,父祖虽然只是鲁国之士,但他们可是先圣(商朝王室)的后人,血统纯正。我久知叔梁纥,他身高十尺,武力绝伦，是人中之龙。你们现在给我表个态，谁愿意嫁给他？"

在三姐妹中，有两个沉默不语，叔梁纥快七十岁了，嫁给他还有什么幸福可言？沉默就是反对，只有颜徵在表示愿意从父之命。颜家老爹大喜，称赞女儿："我早看出来你是最合适的。"吹吹打打过门之后，年轻的颜徵在便成了叔梁纥的妻子。颜徵在，就是孔子的生母。

叔梁纥求子心切，终于，在一个风雨交加的夜晚，随着一声婴儿清脆的啼哭，这对夫妻的爱情结晶降临人间。

孔子出生的地点在鲁国的陬邑，即今天的山东省曲阜、泗水、邹城三县市交界处，这里也是邾国第一个国都。陬邑位于沂水（今不存）上游北岸，往东不过二十里，就是沂水的发源地——尼丘山（今尼山）。孔子名丘字仲尼，就是源于这座风景秀丽的山丘。

按为《史记》作注的南宋文学家裴骃（裴松之之子）的说法，孔子并不是生在曲阜，而是生在邹城，长大后迁往曲阜。"夫子生在邹，长徙曲阜。"就像汉高祖刘邦也并非生在沛县，而是生在丰县，长在沛县一样。无论是"邹生曲养"，还是"丰生沛养"都改变不了他们对曲阜和沛县的热爱，不必为某个名人是否为自己本地所生而打笔墨官司。

接着讲孔子。

叔梁纥为有了儿子而兴奋，颜徵在也长长舒了一口气，终于生下了儿子。但让他们没有想到的是，他们这个儿子，会对东方历史产生空前绝后的影响，并成为中国历史上为数不多的能在世界范围内产生重大影响的超级伟人。

关于孔子的出生年月日，历来有几种不同的说法。《史记》记载孔子生于鲁襄公二十二年（前551），《公羊传》则说是鲁襄公二十一年十月庚子日，而《穀梁传》称孔子生于鲁襄公二十一年十一月庚子日。如果换算成公历，孔子的生日也有两种说法，一说是公元前552年10月9日，一说是公元前552年9月28日。

孔子姓什么？从字面上讲，自然姓孔，实际上孔子姓子。没错，孔子是商殷王朝的直系后人，宋国开国君主微子启的弟弟微仲衍，就是孔子的第十五世祖先，而微仲衍的长兄，就是历史上大名鼎鼎的暴君商纣王子受辛。

关于孔子的名字，《史记·孔子世家》交代得很清楚："生而首上圩顶，故因名曰丘云，字仲尼。"虽然孔子的正式名称是孔丘，或称孔仲尼，但为了行文方便，以下皆称孔子。

其实颜家两姐妹不愿嫁给叔梁纥是有道理的，叔梁纥实在是太老了。在物质生活水平不高的两千五百年前，能活到七十多岁已经是高寿了，但也快到终点站了。果然，在孔子刚满三岁的时候，七十多岁的叔梁纥就撇下年轻的妻子和正在牙牙学语的儿子，撒手西去。

叔梁纥是家中的主心骨，叔梁纥的死，对孔家的打击几乎是致命的。叔梁纥死后，一家人的经济来源成了很大的问题，生活水平急剧下降，所以《史记》说孔子"贫且贱"。

不过相对有利的是，孔子上面有九个姐姐和一个哥哥（孟皮），他们的年龄应该比孔子大很多，在孔子出生之时，姐姐们应该都嫁出去了，孟皮也成家立业了。颜徵在的负担并不是很重，她只需要把丈夫的骨血抚养长大就可以了。

颜徵在没有改嫁，而是独自一个人抚养儿子，孤儿寡母过早地体会到了生存的艰难。对于颜徵在这个女人，历史着墨并不多，但从她对孔子的教育来看，她应该具有相当高的文化水平，至少有能力对孔子进行早期教育。或许她知道知识的重要性，因此，她让孔子从小就接受正规的学前教育。

鲁国是周公姬旦的封地，学术氛围浓厚，被誉为"文献旧邦"，以至于"士大夫以及野老村童，皆习礼仪"，这样的环境，为孔子日后成为一代伟人奠定了最坚实的基础。

据说，孔子六岁时经常做一种游戏，就是把家里摆放的俎豆（木制祭器）放在地上，年幼的孔子有模有样地对着俎豆做拜祭状。有些学者所说孔子陈俎豆是"好礼出于天性"，但没有好的学习环境，孔子是做不出这些的。

后世有人指责孔子虚伪，特别是那句"孝悌也者，其为仁之本与"，孔子认为孝敬父母，友爱兄弟，这是仁之根本。在孔子的思想体系中，"孝"是与"仁"并列的，无孝则无仁，孔子并非人前说人话，鬼前说鬼话，他是这么说的，也是这么做的。

孔子从小就失去了父爱，在他十七岁（一说是二十四岁）的时候，母亲颜徵在也耗尽了她的最后一滴心血，撒手西归。因为在叔梁纥去世的时候，颜徵在作为寡妇，没有参加葬礼，所以她不知道叔梁纥具体埋在什么地方，只知道埋在防山（今曲阜东二十五里）附近，也就没有告诉孔子。

父先死而母后亡，除特殊的原因，是一定要将父母合葬的，否则便是不孝。孔子不敢把母亲的遗体随便找个地方埋了，只能将灵柩停在路边，四处打听父亲的坟在哪里。陬邑人輓父的母亲知道叔梁纥葬在什么地方，就把地址告诉了孔子，孔子才风光体面地把母亲葬在父亲身边。

办完颜徵在的丧事后，有细心的人发现，腰间还系着孝麻的孔丘已经出落成一位标准的美男子。叔梁纥身高十尺，孔子继承了父亲的优良基因，根据《史记·孔子世家》的说法，孔子身高九尺二寸。

如果按春秋时的尺寸标准换算的话，孔子身高在两米至两米一之间，这是一个让后人感到不可思议的身高。这个身高在现在足可以做篮球运动员了，所以孔子在江湖上有个绰号——长人。对于孔子的身高，《史记》说"人皆谓'长人'而异之"，说明当时像叔梁纥、孔丘父子这样的身高是异数，不能作为春秋人都身高两米的依据。

孔子从没想到靠自己的身高吃饭，此时的孔子已经是闻名于乡间的学者。而且还有一点，自父亲叔梁纥死后，孔子家境一落千丈，不过孔子毕竟是圣人商汤之后，标准的贵族出身，加上叔梁纥在鲁国官场积累的一定人脉，所以孔子在江湖上还有一定的知名度。

虽然贵族身份暂时没有帮助孔子摆脱贫困，但至少可以在社会中下层寻找到自己的崇拜者，就像公务员在普通女孩中还是非常有吸引力的。在孔子十九岁的时候，不清楚是通过什么渠道，孔子认识了来自宋国的女人亓官氏，二人很快就办理了结婚手续。

亓官氏的身份背景，史料无考，只有《孔子家语·本姓解》留下一句："孔子年十九，娶于宋之亓官氏。"这是亓官氏在史料上唯一一次出场，之后再也找不到有关这个神秘女人的任何踪迹。不过就在第二年，亓官氏为丈夫生下了一个大胖小子，就是孔子唯一的儿子孔鲤。

关于孔鲤的名字，有必要多说几句。《孔子家语·本姓解》记载了鲁昭公姬裯给孔子的儿子赐名，但此事在历史上争议比较大，因为这涉及孔子到底是什么时候进入鲁国官场的。孔鲤出生的这一年（前532），孔子二十岁，而高高在上的鲁昭公居然会给足孔子面子，送来一条大鲤鱼作为贺礼。出于对鲁昭公的尊敬，孔子给儿子起名叫孔鲤，字伯鱼。

问题就出在这里，鲁昭公为什么要给还没有进入官场的孔子送礼。能想象皇帝给秀才送礼吗？清人崔述就持这一观点。近人江竹虚在《孔子事迹考》中提出了比较另类的看法，江竹虚认为这条鲤鱼很有可能不是鲁昭公送的，而是孔子的亲友送的，是后人为了抬高孔子的身价，拉鲁昭公出场走秀的。

综合来看，鲁昭公给孔子送鱼，实际是可能的。有这么一个细节，孔子十七岁时，鲁国大夫孟釐子在病死前，经常和儿子孟懿子谈孔子，他对孔子的家世了如指掌，并让儿子拜孔子为师，"学礼"。

孟釐子是鲁国高官，他对孔子如此高看，是完全有可能在私下场合向鲁昭公推荐孔子的，所以鲁昭公知道孔子其人是很正常的。另外还有一点，孔子的父亲叔梁纥是鲁襄公时代的武将，而昭公又是襄公之子，鲁昭公有很多机会接触叔梁纥，或听父亲襄公称赞叔梁纥。鲁国官场并不大，哪个大臣家是什么情况，在官场上是掖不住的，鲁昭公器重孔子，赐鱼，是符合逻辑的。

鲁昭公给足了孔子面子，却没有给孔子任何有关仕途的承诺，至少孔子在官场上谋到的第一份差事不是鲁昭公给的，而是在鲁国大族季氏门下做了一名委吏。《孟子·万章下》对此事有记载，所谓委吏，其实就是季氏门下的粮草官，相当于仓库保管科长，替季家管钱粮的。

三八 / 孔子的绝世传奇（上）

接着讲孔子。

历史上有两个伟大人物曾经做过粮草官，一个是孔子，志于学；一个是韩信，志于天下。历史安排他们从保管仓库做起，确实有些荒谬，他们岂是津津于如此琐碎事情的人？韩信一心要做大将军，对粮草官毫无兴趣，而孔子则脚踏实地，在这个岗位上工作过一段时间。

孔子曾经总结自己仓库保管工作的心得："干这一行，一定要心细如发，不能在数字上出问题。"之后孔子又做过一段时间的司职吏，替季家管理牛羊。

孔子似乎对这样的基层工作很有兴趣，无论是做粮草官，还是做牛羊官，他都把自身的价值最大化。做委吏，"料量平"；做司职吏，"畜蕃息"。有后人指责孔子是个读死书的书呆子，不了解社会，不接地气，实际上这是误解。

正如孔子自己所说："吾少也贱，故多能鄙事。"正因为家境贫寒，不得不在社会底层找工作谋生，才使得孔子全面了解过社会。做人要脚踏实地，一步一个脚印，只要工作努力，总会有升迁机会的。

由于《史记·孔子世家》对孔子早期的活动顺序记载得相当混乱，而且语焉不详，今已无法查证孔子是何时升任比"委吏""司职吏"更高级别的司空的。司空是周朝六官之一，管理范围非常大，包括农业、林业、城建、交通，几乎掌管着政权赖以维系的经济命脉。

不过以孔子的官场地位，不太可能从司职吏一跃成为大司空，这样的肥差，官老爷们早就自己霸占了，怎么会让刚在官场崭露头角的孔子来做？从逻辑上讲不通。后人猜测孔子可能确实在司空部门工作过，但不是经济主官，而是副职，即通常所说的小司空。

以上三个职务都是经济官员，此外，孔子还做过文化官员，具体职务是在鲁国的太庙助祭。《论语·八佾》说孔子经常进入太庙活动，与别人进行业务探讨。太庙可不是等闲人物随便进入的，孔子有资格进太庙，说明孔子的工作和太庙有密切的关系。南宋朱熹在《论语集注》也提到这件事情,说:"此盖孔子始仕之时,入而助祭也。"

应该说,在文化教育部门工作是比较适合孔子的志向和性格的,孔子曾经说过:"吾十五志于学",说明孔子很早就有了投身文化教育事业的想法。而且孔子的性格性烈如火,品性刚直,他是看不惯迎来送往、点头哈腰的衙门作风的。

努力总会有回报,孔子用了十几年的时间,基本上在文化教育界打开了局面。"十五志于学","三十而立",在孔子三十岁(前522)前后,他已经是名满齐鲁大地的公共知识分子了,算是鲁国文化教育界擎大旗的人物。

孔子的知名度已经不限于鲁国,诸侯都知道鲁国有一个名叫孔丘的高级知识分子。公元前522年,一代名君齐景公姜杵臼和一代名相晏婴率庞大的代表团出访鲁国,以增强齐鲁两国的睦邻友好关系。按政治级别,孔子不会出现在鲁国接待齐国元首的名单中,但作为文化名人,孔子还是受到了姜杵臼的接见。

清人崔述怀疑司马迁在《孔子世家》中记载的齐景公见孔子的故事是造假,其实A国政要在出访B国时,会见B国的文化名流,是再正常不过的事情,何况崔述也没有提出合理的质疑。

春秋时代是中国历史上少有的边界开放时期,虽然诸侯国林立,但诸侯国之间的政治、经济、文化往来频繁,人员进进出出,而不是"鸡犬之声相闻,老死不相往来"。各国均采取新闻开放政策,所以一国发生什么事件,其他国家很快就能知道,这也促进了各诸侯国之间的交流,为日后中原思想统一奠定了基础。

孔子虽然身居鲁国,却对天下事了如指掌。许多鲁国之外的重要人物,比如管仲、姜小白、晏婴、赵盾、子产等人,都被孔子拿来评头论足。

其中孔子对管仲和子产的评价是极高的。对于管仲辅佐姜小白九合诸侯,一匡天下,孔子从民族大义的角度称赞管仲:"微管仲,吾将被发左衽矣。"对于子产,孔子也不吝笔墨,大加称赞,不过子产当之无愧。

孔子不仅能风闻各国顶尖人物,更重要的,他还有机会离开鲁国,去各国游历讲学,这也拜诸国实行开放政策所赐。孔子游历天下,见过许多人中龙凤,其中有一个人物,其身后的社会影响丝毫不逊于孔子,也是中国少数的世界级名人,这个人就是老子(李耳)。因篇幅所限,孔子见老子的事情,将放在后文进行详解,在此略过。

这次孔子去东周见老子,并非个人行为,而是受鲁昭公差遣的半官方行为,具体推荐人是鲁国大夫南宫敬叔。孔子应该是以鲁国文化交流大使的身份去东周的，所以鲁昭公资助了路费，包括一乘车、两匹马，外加一个仆从。孔子并非一个人单独前往，而是带着几个学生，比如颜回、子路等人，算是一个小型的访问团。

鲁昭公对孔子是非常敬重的，如果从派系上来讲，孔子是鲁昭公的嫡系，但此时的鲁昭公已经无法对鲁国的权力进行有效控制了。当时的鲁国官场有三大门派，史称"三桓"：季孙任司徒兼宗宰，叔孙任司马兼宗伯，孟孙任司空兼司寇，实行"三权分立"。特别是季孙家族，几乎控制着鲁国官场的半壁江山，鲁昭公已经被架空成了"精神领袖"，这也是孔子官位迟迟得不到升迁的重要原因之一。

虽然鲁昭公手上也有一支自己的部队，但整体实力远不如季孙氏，更何况季孙氏已经和另外两家结成了攻守同盟，鲁昭公根本看不到胜利的希望。手下大臣劝鲁昭公不要拿鸡蛋往石头上碰，过程很华丽，结果很难看。

鲁昭公和三国魏高贵乡公曹髦的性格很像，都不甘心最高权力被人夺去，准备对这些权臣动手。但鲁昭公忽略了两个问题：一是叔孙、孟孙是不会坐等季孙倒掉的，否则等着吃刀头面的就是他们两家。二是鲁昭公军队对国君的忠诚度。

事实证明了鲁昭公在这两点上的疏忽导致了他除奸计划的惨败，叔孙的军队在鲁昭公背后狠插一刀，孟孙的军队也跑来打了两桶油。更让鲁昭公无法接受的是，自己的军队居然毫无斗志，面对强敌，一哄而散，大臣郈昭伯被孟孙杀害。

鲁国已经没有办法再待下去了，鲁昭公唯一能逃亡避难的地方，只能是邻近的齐国。齐景公对鲁昭公还算客气，以国礼待之，鲁昭公虽然失去了鲁公的尊贵地位，但至少可以在齐国当个寓公，总比被那三个贼人做掉要好。这一年是鲁昭公在位的第二十五年九月，也就是公元前517年，距离孔子离周还鲁，只有一年。

对孔子有知遇之恩的鲁昭公逃往齐国，孔子紧接着就要面临一个现实的问题，他是留在鲁国当炮灰，还是跟着鲁昭公去齐国。留下来肯定是不行的，三家都是追名逐利之徒，孔子在这种人手下做事，别说做出一番事业，脑袋哪天被借走都不知道。

特别是季孙氏，僭用天子八佾舞，被孔子一顿臭骂："八佾舞于庭，是可忍也，孰不可忍也"，说的就是季孙氏。和季孙的梁子已经结下，留下来会有孔子的好果子吃吗？所以现在来看，追随鲁昭公入齐是比较划算的，如果鲁昭公有朝一日回到鲁国执政，孔子作为扈从大臣，自然可以分到一块大饼。

鲁国在齐国之南，孔子从鲁至齐，就必须经过泰山，而孔子一行在泰山南侧的荒郊野地遇到了一位哭祭丈夫的妇人，从而引出了孔子一段著名的论断"苛政猛于虎"。两千五百多年前，泰山周围老虎成群，所以老虎伤人事件层出不穷，这位妇人的舅舅、丈夫和儿子都是被老虎咬死的。

孔子派学生子贡问这个妇人："既然老虎伤人，你何不离开泰山以避虎患？"妇人的回答让人心酸："此地虽有虎，但无苛暴之政。"子贡回来告诉孔子，孔子叹道："苛政猛于虎。"

虽然后人怀疑孔子在泰山说"苛政猛于虎"于史无据，因为只有《孔子家语·正论解》记载了这件事情，但这句话可以确定是孔子所说，这是最重要的。孔子出身于社会中下层，在基层工作过，接过地气，了解民间疾苦。孔子不仅是举世闻名的教育家、思想家，还是一个著名的社会活动家，他周游列国的目的，一方面是传经授道，另一方面是进行社会调查，为自己的理论寻找现实依据。

历史上曾经存在过两个孔子，一个是真实的、真性情、悲天悯人、疾恶如仇，甚至有老顽童本色的可爱孔子。一个是面目庄严、呆板教条、供在庙里给人朝拜的孔子。前一个孔子是真的，后一个孔子其实是后人根据自己的统治需要而打造出来的人造偶像，和孔子本人没有关系。

孔子是一个伟大的理想主义者，他希望用公平与正义改变这个人吃人的世界，至少要有一定程度上的纠偏。但当孔子面对权贵集团时，就像王安石变法时才发现所有人都成了他的敌人一样，他们什么都改变不了。

王安石至少在朝中还有一份安稳的工作，而孔子是逃避于异国，在齐国没有人脉，在齐国生存下来，对孔子来说才是最重要的。不要指望鲁昭公，他自己也是寄人篱下，根本给不了孔子任何帮助。

为了活下来，孔子不惜自降身份，以堂堂著名社会学家的身份在齐国高昭子家中做了一段时间的家臣。家臣，就是高昭子身边的工作人员。

孔子为人豁达，能进能退，他并没有觉得给人做家臣是自己人生中的污点，但在后世，儒家的忠实信徒们却纷纷替孔子洗白，说《史记·孔子世家》记载的这件事情是无中生有，降低了孔子作为先圣的尊贵身份，这就有些滑稽了。

其实孔子作为社会文化名流，虽然经济有些窘迫，但还是有机会与齐国高层接触的，比如齐景公姜杵臼曾问政于孔子。《论语·颜渊》记载了姜杵臼与孔子之间的一段著名对话，原文如下：

齐景公问政于孔子，孔子对曰："君君、臣臣、父父、子子。"公曰："善哉！信如君不君，臣不臣，父不父，子不子，虽有粟，吾得而食诸？"

这是孔子留传下来的名句中，遭到最严厉批判的名句之一，后人往往把它理解为维护封建纲常，这样理解也未必有错。不过人们批判的主要是"君君臣臣"，而不是"父父子子"，君臣纲常是维持封建统治的社会基础，作为一个封建礼教的维护者，孔子自然是要维护这种社会等级体制的。

至于孟子提出"民为贵，社稷为轻，君次之"，也不是否定君主机制，而是要求君主以民的利益诉求为自己的利益诉求。孔子所说的"君君臣臣"，其实也是这个意思，孔子与孟子关于"仁"的内核是相通的，并不矛盾。

而且还有更重要的一点，就是孔子说这句话的时代背景。此时为齐景公执政晚期，内政混乱，君臣各怀鬼胎，儿子们密谋夺权。孔子实际上是通过与齐景公的对话，警告齐国各派势力不要玩火，否则将再次上演齐桓公的悲剧。

对于齐国的经济政策，孔子也进行了委婉的批评，孔子认为为政之道，除了君臣父子之外，更要注重"节财"。齐景公生活奢华，挥霍无度，给老百姓造成了很大的经济负担，影响了齐国的社会稳定。

孔子在鲁国一直得不到重用，反而在齐国出尽了风头，几乎成了齐景公的大国师，凡事必咨问，而那位著名的齐国宰相晏婴似乎并不欢迎孔子的到来。至于原因，很好理解，没人欢迎一个来自国外的流浪汉抢自己的饭碗。

孔子在齐国政坛大放异彩，得到了齐景公的赏识，齐景公准备重用孔子，把尼豀的肥田封给孔子。如果孔子受封，意味着他在齐国站稳脚跟，这对晏婴几乎是毁灭性的打击。晏婴是贤相，但人总会有一点自私的，自己的地位受到威胁，换了谁也不会无动于衷，就像王猛看到苻坚重用慕容垂同样会吃醋一样。

不出意外，晏婴开始了对孔子的大肆攻击，他向齐景公指控以孔子为代表的儒家犯有三条大罪：一、儒者倨傲自顺，不堪为人臣之下；二、儒者重死不重生，崇尚厚葬，破坏淳厚的社会风俗；三、儒者不务正业，满世界流窜，靠三寸不烂之舌到处混饭吃，破坏国家稳定。

晏子倒没有完全否定孔子，只是说孔子不适合从政，因为孔子太注重人与人之间的礼数，当个教育家没问题，当政治家差了点。其实晏婴说了这么多，最后一句才说出了真实想法——将孔子踢出齐国政坛。

晏婴是齐景公的左膀右臂，就相当管仲之于齐桓公，少了晏婴，齐景公什么事也做不成。晏婴直吐酸泡泡，齐景公当然不会因为孔子这个外国学者而得罪晏婴，齐景公对孔子的态度也渐渐冷淡了下来，但还是给予孔子一定的政治待遇，相当于鲁国的季孙之下、孟孙之上的待遇。

不过这可能是齐景公为了不背负"慢贤"的罪名而故意放出的烟幕弹，之后有位齐国的大夫想加害孔子，被孔子告到齐景公处，想让齐景公给自己主持公道。没想到齐景公说什么"我已经老了，不能再重用夫子"。言下之意，齐国已经没有孔子的立足之地，甚至人身安全也无法保证，孔子只能自求多福。

孔子应该有长期留在齐国从政的打算，但齐国突然来这么一手，孔子极为愤怒，对齐景公和晏婴破口大骂，而不是后人臆想中的逆来顺受，那并不是孔子真实的性格。《墨子·非儒篇》记载，孔子对齐景公、晏婴无礼行为的反应是"恚怒"，当场拂袖而去，回到鲁国。

关于孔子受辱于齐，《墨子》的记载最为详尽，但后世儒家普遍不相信《墨子》的记载，认为这是墨家对孔子的栽赃抹黑，不足采信。但司马迁并不是墨家，他是儒家，而他在《史记·孔子世家》中也记载了孔子受辱于齐的事情，只不过没有《墨子》那么详细，说明这件事情大致上还是可信的。

孔子失去了一次在齐国施展政治抱负的机会，但失之东隅，收之桑榆，孔子在政治上暂时受挫，却有利于孔子在另一个层面上成为圣人，就是孔子最喜欢，也最擅长的教育事业。

自鲁昭公被驱逐入齐之后，鲁国政坛混乱不堪，鸡毛乱飞，这根本不是一个合适执政的土壤。公元前510年，鲁昭公客死于齐地乾侯，鲁人立昭公的弟弟姬宋为国君，就是鲁定公。

鲁国的政治形势是君弱臣强，甚至可以说是主弱仆强。因为此时号称鲁国政坛第一人的，不仅不是鲁定公，居然也不是季孙氏，而是原季孙氏的家臣阳货（《史记》记为"阳虎"，也有一说是名虎，字货）。阳货趁季平子去世、幼主弱小的时候，篡夺了季氏权力，从而控制鲁国朝政。

以孔子的智慧，他绝对不会选择这个时候重回鲁国政坛，高层正在为了权力进行血腥杀戮，孔子犯不着出头给人当替死鬼。阳货为了给自己的专权蒙上一层文化的面纱，就像袁世凯试图拉章太炎入伙一样，三番五次拉孔子入伙，但都被孔子谢绝了，不过孔子却收下了阳货送给他的一头蒸猪。

《论语·阳货篇》对孔子与阳货的这段纠缠有详细记载，孔子收下蒸猪后，既不想给外人留下他已经和阳货结盟的印象，又不想见到阳货，便趁阳货外出时去他家致谢。没想到在半路遇到了阳货，二人展开了一场针锋相对的对话。

阳货还是不死心，再次劝孔子入伙，但阳货比较了解孔子的性格，这个浑身炸刺的老头子顺毛捋不行，只能用激将法。阳货问了孔子两个问题，一是身怀大才而坐视国家迷乱，可谓仁乎？孔子说不仁；二是夫子久有横平天下之志，却屡次放弃出仕的机会，可谓智乎？孔子说不智。

看到孔子频频点头，阳货真以为孔子动了心，就劝孔子迷途知返："日月逝矣，岁不我与，夫子跟着我走吧。"结果被孔子当头一棒砸了回去，孔子挥一挥衣袖，曰："走你！你说的都正确，但我已经下决心致仕了，你另找高人吧。"

孔子拒绝阳货，理由很充分，但为什么之前要收下阳货送来的蒸猪？孔子不是不知道，一旦阳货被打倒，官场上的敌人就会拿这件事情做文章，到那时孔子跳进黄河也洗不清了。

孔子收下阳货送来的蒸猪，历来有许多解释，有一种比较靠谱的解释是，孔子还不想断绝与阳货的关系，至少不想彻底得罪手握生杀大权的阳货。孔子在鲁国讲学，就必须和权臣打好交道，否则阳货天天派马仔来学堂捣乱，孔子什么事都别想干了。

其实孔子并非趋炎附势之徒，他的品行非常高尚，只是人活在世上，不能为了清高而清高，总是要面对现实的。即使是桃李满天下的大学者，有时为了生存也要向强权低下头。

孔子是教育家、思想家，但往往被后人忽略的是，孔子也是一位非常有远见的政治家，至少孔子会做出对自己有利的政治选择。在拒绝出山为阳货效力这件事上，孔子并没有做错，孔子的考虑主要有两点：

一、阳货本是季氏家臣，却废主自立，与孔子的政治理念严重冲突。如果孔子贪一时之小利上了阳货的贼船，这将是孔子一生中难以洗清的污点。

二、阳货得位不正，在官场上得罪人太多，难说阳货的专权能撑到什么时候。如果和阳货绑在一起，阳货要是倒了，孔子还能在鲁国混下去吗？

阳货独吞整个蛋糕，官场中人没有不恨他的。更让大多数人愤怒的是，阳货不仅独吞蛋糕，还对威胁自己地位的人斩尽杀绝，这就触犯了大多数人的底线。

事情的起因是阳货想杀掉季孙、叔孙、孟孙三家的正牌后裔，改立听命于阳货的庶子。这三家贵族虽然实力大减，但还是有一定自卫能力的，在公元前502年十月，以季孙氏为首，三家联合进攻阳货，将阳货逐出曲阜，阳货狼狈逃到曲阜东北的阳关避难。

阳货在鲁国专政，利益受损的不仅仅是三家贵族，还包括已经忍了八年的鲁定公姬宋。鲁定公一直在等待机会恢复公族的统治地位，现在阳货被三家打跑，正是鲁定公咸鱼翻生的绝佳机会。在第二年（前501）夏六月，鲁定公集结自己的军队，对躲在阳关的阳货发起总攻，阳货完全没有了往日的威风，被官军打得鼻青脸肿，逃到齐国避难去了。

阳货被打倒，三桓势力也日落西山，虽然鲁国依然面临着君弱臣强的问题，但鲁定公在一定程度上收复了最高权力，这对蛰伏已久的孔子是非常有利的。鲁定公本人很欣赏孔子，特别是孔子拒绝为阳货效力，让鲁定公看到了孔子对鲁国公室的忠诚度，这应该是鲁定公决定邀请孔子出山的重要原因。

当然，以孔子在文化界的特殊地位，把孔子拉在自己的旗下，有利于鲁定公树立自己的政治形象，这也是当初阳货想做而没有做到的。而孔子选择鲁定公，主要还是因正统观念，阳货再强也只是陪臣，名不正言不顺，诸葛亮没有选择曹操而选择刘备，也是出于这层考虑。

三九 / 孔子的绝世传奇（中）

孔子做的第一个官是中都宰，时间是公元前500年，这一年孔子五十二岁。中都宰这个职务相当于两汉时期的司隶校尉，也就是现在的首都市长，算是官场准一线人物。《孔子家语》第一篇《相鲁》，开篇讲的就是孔子出任中都宰后做出的政绩，成绩相当不错，这足以证明孔子的政治能力。

在知天命之年，孔子的儒家思想体系已经基本成熟，他所需要的，是一块能推行自己政治思想的试验田，中都宰官位不算高，但有实权，是地方一把手，而且还有鲁定公的支持。鲁定公让孔子出任中都宰，大概也有让孔子进行改革试验的意思。

孔子在中都宰的任上主要做了以下几件事情：

一、让老百姓活得有尊严，死得也有尊严，即制定"养生送死之节"。

二、制定老幼有别的饮食标准。

三、任人唯贤，能力强的人可以获得更多的发展空间，即"强弱异任"。

四、男女授受不亲，这对维护封建道德非常重要。

五、提倡节俭，禁止在器物上过度雕琢。

六、禁止修建豪华墓地，并在墓地周边种树。

孔子在上任之初烧了六把火，政治影响非常大，在"六条新政"实行一年后，各国诸侯都对孔子新政大加赞赏，并在国内推行孔子新政。孔子在出仕之前是以文化教育闻名于诸国，在政治上，孔子并没有得到认可。而各国推行孔子新政后，对孔子仕途所产生的正面影响是无可估量的。

孔子在官场上交出了漂亮的成绩单，他自己也信心满怀。鲁定公曾经问他："老夫子的新政，是否可以在鲁国全面推行？"孔子回答得很霸气："在天下各国推行都不成问题，何况在鲁国！"

鲁定公这么问孔子，用意非常明显，就是要提拔孔子担任更重要的职务。孔子担任的中都宰属于地方官编制，相当于王安石在任鄞县令期间推行的变法试验，鲁定公要做的，就是把孔子上调至朝廷，就像宋神宗把王安石调到京城搞变法一样。

第二年（前499），孔子从地方官变成了中央大员，出任司空，相当于主管农业的内阁副总理。孔子在司空任上只做了一件事情，就是将鲁国的土地进行分类，即"五土之性"。

所谓五土，是指除了耕地之外的山林、丘陵、沼泽、川泽、高地，孔子将五种不同的土地形态严格区分，然后在此基础上发展特色农业，即"物各所其所生之宜"。现在我们经常讲"因地制宜发展农业"，其实孔子早在两千五百年前就已经这样做了。

孔子在司空的位子上坐了一段时间，鲁定公很快又给孔子安排了新的工作——司寇，司寇主管司法，相当于主管政法口的内阁副总理。春秋时代的司寇分为大司寇和小司寇，而历代有两种观点，一种认为孔子出任的是大司寇，司马迁即持此说。一种认为孔子出任的是小司寇，即没有副总理头衔的"司法部部长"。

不过根据《孔子家语·始诛》篇的记载，孔子在出任司寇时，同时还出任鲁国看守内阁的首相，"孔子为鲁司寇，摄行相事"。司马迁认为孔子以大司寇入摄宰相事，是在几年之后的鲁定公十四年（前496）。从时间上来推断，孔子司空的任期应该不会太短，两三年的时间应该是有的，这就能解释孔子直接从司空任上接任大司寇并摄宰相事。

司马迁的记载应该有误，而《春秋穀梁传·定公十年》则有这么一段记载，"夹谷之会，孔子相焉"。这个相并非宰相职务，而是在特定场合担任的鲁国全权代表。说明孔子在此时已经具备了代理宰相的实权，所以《孔子家语·始诛》篇所说的孔子任司寇并摄相事大致是可信的。

孔子在司寇任上，做了许多事情，下面讲著名的齐鲁夹谷之会，孔子逼退齐人，力保鲁定公的人身安全。

夹谷之会发生于公元前500年，与会者有齐景公姜杵臼和鲁定公姬宋，地点位于今山东的莱芜与新泰之间。春秋时，各国君主为了各自的政治目的，频繁会面，互结盟友，这是很正常的。鲁庄公也急于搞好与齐国的关系，收到邀请帖之后，鲁定公立刻要轻车前往，却被孔子拦住了。

孔子很善意地提醒鲁定公，从文事者必有武备，从武事者必有文备，齐人诡诈，不可不防。我们应该带上甲兵，万一姜杵臼对我们起了歹心，我们也有个回旋的余地。害人之心不可有，防人之心不可无。孔子对齐景公还是有一定了解的，此君一心要学齐桓公称霸天下，什么事情都做得出来。

其实孔子所不知道的是，这场夹谷之会，齐景公真正的目的并不是鲁定公，而是孔子本人。根据《史记·太公世家》的记载，孔子出任鲁国司寇，对齐国君臣造成了很大的精神压力，齐景公知道孔子的本事，一旦孔子在鲁国全面执政，鲁必强而齐必弱，所以齐景公想打掉孔子。

齐大夫犁鉏给齐景公出了一个馊主意：假借开会之名，把鲁定公和孔子都请过来，然后派出生性粗悍的莱夷登场跳舞，伺机拿下鲁定公，制造鲁国混乱，从而让孔子无用武之地，齐景公喜而从之。

说到这场充斥着阴谋的夹谷之会，就不能不提战国时期那场著名的秦赵渑池之会，蔺相如几乎以一人之力，在虎狼秦兵的刀戟下捍卫赵国的国家尊严，将霸气的秦昭襄王逼得狼狈不堪，从而一举成名天下知。

孔子在夹谷之会前就已经名扬天下，但时人对孔子的了解主要是文化和政治方面，对孔子的性格却不甚了解。没人想得到，表面上温文尔雅的孔夫子，骨子里却有一股刚狠之气，用几十年前的时髦话说：孔仲尼的肚子里装着一个钢铁公司。

如果没有孔子的及时安排，齐人的计划将会非常完美，等鲁定公一登坛，齐兵立刻拿下鲁定公，一切就都结束了。齐景公可能也没想到鲁定公此来，会带这么多兵马，但齐景公还有第二招，就是暗令莱夷上场击鼓。这支所谓的齐国乐队打着旗子，头戴羽冠，身上围着皮裙，手中挥舞着矛戟剑刀，乱哄哄地抢上台，场面非常骇人。

这群"项庄"在台上舞剑，自然是冲着"刘邦"去的，而"刘邦"身边的樊哙，就是孔子。台上群魔乱舞，对鲁定公的人身安全构成了极大的威胁，孔子已经看出齐景公要做什么了，如果鲁定公被杀，鲁国必将大乱，到时自己的治国理想将无情地破灭。所以即使为了自己的利益，孔子也必须站出来说话。

孔子懂得一个道理，想让敌人听进去自己的话，就必须要有一定的实力做后盾，否则谁听你的？孔子从鲁国带来的三百甲兵起到了关键作用，在孔子的强力指挥下，鲁国亲卫部队拥上台子，强行拽走鲁定公，剩下孔子一人，站在台上和齐人斗嘴，争取道义上的胜利。

其实自鲁兵上台之后，齐景公的劫持计划就已经失败，再加上被孔子好一顿数落，齐景公的脸上很挂不住。不过孔子还是给齐景公留了一点面子，没有戳穿他的阴谋，只是说两国国君会谈，用夷人为乐，于礼不当，请罢乐，齐景公理屈词穷，只好垂头丧气地照办。

齐景公估计是老糊涂了，眼前的形势已经对他非常不利了，他还是不死心，至少也要羞臊一下孔子，一舒心中的闷气。齐景公又做了一件事情——让从齐国带来的优伶侏儒上台，在优哉游哉的齐国宫廷乐的伴奏下，这些戏子在孔子面前摇头晃屁股，美其名曰高雅艺术，实则丑态百出。

齐景公认为孔子骨子里只是个文人，面对这样的羞辱，最多也就是说几句不疼不痒的风凉话。但让齐景公，以及在场所有人意外的是，孔子只说了一句话："匹夫而营惑诸侯者当诛，请命有司。"

还没等齐人反应过来，虎狼似的鲁兵已经冲上来，对着这群还沉浸在"高雅艺术"中的"齐国艺术家"一通乱砍，血肉横飞，估计鲜血溅了齐景公一脸，现场惨叫声一片……

这就是孔子的手段！

不用霹雳手段，不显菩萨心肠。如果换成别人站在台上，可能会指责齐景公对鲁国不敬，齐景公早就不要脸了，还在乎挨几句骂？但孔子突然来这么强硬的一手，却把齐景公镇住了，至少孔子有意无意地向齐景公发出警告：这么玩下去，今天我们谁都别想走，大不了拼个鱼死网破！

现场的齐鲁兵力应该相差不多，真要进行火并，难说齐景公能全身而退。齐景公是好汉不吃眼前亏，孔子是光脚的不怕穿鞋的。在孔子的武力之下，齐景公只能服软，双方签订了一个对齐国来说非常不平等的条约。

当年阳货逃入齐国，给齐景公带了一份见面礼，即将原属鲁国的郓、谨、龟阴三地献给齐国。此次齐鲁夹谷之会，应该就与此事有关，但以齐国的国力，在正常情况下，齐景公是不会将这三块肥肉吐出来的。只是经孔子这么一闹，齐景公手上已经没牌可打了，只好不甘心地将三地还给鲁国。

所有人都以为在这场夹谷之会中，齐景公和鲁定公是两大主角，结果被配角孔子抢尽了风头，独占戏份，两位国君倒成了跑龙套的群众演员。鲁定公本来就要重用孔子，孔子出风头，对他继续重用孔子提供了现实依据。

最亏的还是齐景公，好端端的一场大戏演砸了，齐国和他本人的形象严重受损。其实还有一个人在与孔子的对抗中惨败，就是给齐景公出主意的齐大夫犁鉏。犁鉏认定孔子"知礼而无勇"，所以在制订计划的时候，完全没有考虑孔子的因素。结果孔子一个巴掌狠狠地扇在犁鉏的老脸上，犁鉏被抽得眼冒金星，想必齐景公回到临淄后，少不了臭骂犁大夫。

这次夹谷之会力屈齐景公，是孔子从政生涯中极为辉煌的一场大胜利，体现的是孔子的机智勇敢，说孔子是开钢铁公司的，并不是吹捧。但和蔺相如在渑池之会上力屈秦昭襄王的故事相比，孔子在夹谷之会上的英雄行为还是不太为人所熟知，其实完全可以认定，蔺相如的机智勇敢是受到了孔子的启发，当然蔺相如也是值得所有人敬佩的。

虽然有些学者质疑孔子在夹谷之会上的英雄表现的真实性，理由似乎也很充分，但《左传》《穀梁传》《孔子家语》《史记》都详细记载了此事，不应该是虚构出来的。

历史上真实的孔子其实是有脾气的，而不是被后人严重神化的那个不苟言笑的道学先生，真实的孔子是值得后人尊敬的。

四〇 / 孔子的绝世传奇（下）

关于孔子为什么先去卫国，《论语·子路篇》给出了答案，"子曰：'鲁、卫之政，兄弟也。'"这句话包含三层意思：

一、卫国和鲁国同出于姬周王室，卫国先祖卫康叔和鲁国先祖周公姬旦是兄弟，私交甚好。

二、在周朝分封的诸国中，鲁国和卫国是仅有的两个严格继承周朝礼法的诸侯国，这种政治上的血缘关系，至少不会让孔子产生政治上的疏离感。

三、卫国和鲁国一样，都处在一个内政混乱的敏感时期，国有君，朝无相，这对孔子来说是个机会。

不过让孔子以及所有人没有想到的是，孔子到了卫国，并没有像他想象中那样受到卫灵公姬元的重用，反而意外地卷入一场轰动历史的桃色丑闻之中，这场桃色丑闻的女主角，就是卫灵公的夫人南子，这是孔子人生中唯一的八卦事件，历史上称为"孔子见南子"。

实际上这次见面是南子主动提出的。其实这也很好理解，孔子是天下文坛当之无愧的第一人，学富五车，身材魁梧，虽然年过五旬，依然魅力十足，无论孔子走到哪里，都会引起贵族少女们的阵阵尖叫。

从年龄上看，南子应该比孔子小四十岁，此时南子还不到二十岁，正是女人如花的时节。

南子对孔子仰慕已久，作为粉丝，能见到自己崇拜的偶像是非常幸福的事情。问题是在男女大防的春秋时代，南子既想见到孔子，又不想授人以柄，便想出一个绝妙的主意。

南子派人来找孔子，说什么按照卫国的外交惯例，各国来的贤达名流想和卫国国君交朋友的话，就必须先来见夫人。孔子来卫国是讨饭吃的，不是来撞桃花运的，孔子哪敢往这个桃花里跳，连连推辞。

估计是来人说了一些威胁的话，逼得孔子只好硬着头皮去见南子，毕竟得罪了南子，孔子在卫国是肯定吃不开的。至于南子派来的说客是什么人，《史记》没说，但《盐铁论·论儒》说是卫灵公的男友弥子瑕，存疑。

孔子不是一个人去见南子的，而是带上了学生子路，这应该是孔子出于避嫌的考虑，否则孤男寡女同处一室，浑身是嘴也说不清。其实南子见孔子，也不是想和孔子发生什么八卦故事，只是想满足自己的好奇心，看看名闻天下的孔仲尼长什么模样，仅此而已。

南子见孔子之后，卫灵公也亲切接见了孔子，并按孔子在鲁国的待遇，也给了孔子六万小斗粟，算是给孔子划拨的学术经费。待遇不算不优厚，但卫灵公并非想用孔子治国，而是借孔子的国际盛名来给自己装点门面，孔子只在卫国待了十个月，就拂袖而去，留下表情尴尬的卫灵公，以及幻想再次见到孔子的南子。

公元前495年，五十七岁的孔子"累累若丧家之犬"，来到了位于今河南周口附近的陈国，继续寻找自己的梦想。陈国是个小国，地不广，兵不强，君不明，臣不贤，在孔子去陈之前，陈国就已经沦为南方强大的楚国的附庸。此时楚国实力衰落，但位于长江中下游地区的吴国又以极快的速度崛起，陈国经常被吴国踩来踩去。以陈国这样的破烂局面，是不可能给孔子提供施政空间的，但让人意外的是，孔子在陈国足足待了三年。

作为一个处在大国夹缝中的小国，陈国已经泥菩萨过河自身难保，对孔子来说早已失去留下来的意义，孔子最终还是选择了离开。至于下一站，孔子的选择依然让人有些意外，孔子选择回到卫国。

上面讲过，当时诸侯中，最适合让孔子推行施政理念的，除了鲁国，就是卫国。孔子曾经说过："鲁、卫之政，兄弟也。"在暂时无法回到鲁国的情况下，回到卫国等待机会是个不错的选择。

卫灵公年迈不堪，说不定什么时候就死了，如果上来的新君有志于强国，必然会重用孔子，这是孔子的如意算盘。孔子对自己的能力非常自信，他自负地告诉别人："苟有用我者，期月而已可也，三年有成。"只要给我机会，一个月的时间，我就有能力让国家旧貌换新颜，这是何等的自由豪迈！

孔子和他较为得意的学生子路曾经有过一次谈话，内容是假想中的在卫国施政的预备纲领，这段谈话应该是在从陈国回到卫国的路上说的。子路问孔子，如果卫灵公重用老师，老师会如何治理卫国？孔子的回答非常干脆："必先正名。"

这让子路产生了疑惑，治国为何先正名，孔子洋洋洒洒说了一通："名不正，则言不顺；言不顺，则事不成；事不成，则礼乐不兴；礼乐不兴，则刑罚不中；刑罚不中，则民无所措手足。故君子名之必可言也，言之必可行也。君子于其言，无所苟而已矣。"

孔子说的"名"，实际上就是我们通常所说的社会道德秩序。孔子重视"名"，是有现实政治原因的。卫国太子姬蒯聩和庶母南子不和，姬蒯聩不想在继位之后当傀儡，想除掉南子，结果被南子在卫灵公面前告发，姬蒯聩仓皇出逃宋国，南子基本上控制了局面，而且卫灵公也答应了立南子的儿子姬郢为太子。

春秋时代，各国内政普遍混乱，争嫡夺利的丑剧不断上演，南宋学者胡安国对孔子的这段话有非常精辟的评价："人伦正，天理得，名正言顺而事成矣。"礼崩乐坏，人心不古，是末世大乱的典型社会特征，所以重正礼教，恢复西周时的社会道德秩序，是孔子施政的重点，只是他一直没有施政的机会。

孔子回来的消息在卫国引起了很大的轰动，卫灵公亲自出城迎接孔子，这是很高的政治礼遇，但孔子需要的并不是这些虚与委蛇的客套，而是实实在在的机会。遗憾的是，卫灵公"善善不能用，恶恶不能去"，他只想通过尊崇孔子来追求爱贤的名声，并没有打算重用孔子。所以《史记》说："灵公老，怠于政，不用孔子。"

就在孔子回到卫国的当年（前493）夏天，卫灵公就死了，因为太子姬郢拒绝继位，南子只好立原太子姬蒯聩的儿子姬辄。其时在晋国执政的赵鞅想利用原太子姬蒯聩大做文章，派兵护送姬蒯聩入卫，但被卫人打退，卫国政局严重动荡，孔子也失去了留在卫国的意义。

屈指算来，孔子从鲁国出走，游历天下寻找实现政治理想的机会，一晃已经很多年过去了，孔子除了换来一身的疲惫和灰尘，并没有得到他想要的东西。孔子的游历和晋文公姬重耳的在外游历很相似，他们不仅是在找自己的政治买家，更是在做一种人生的积累。

曾经的孔子，特别是在鲁国执政期间，有些锋芒毕露。但在外游历这么多年，吃了很多苦，反而能让孔子的心沉静下来，孔子的为人和政治思想体系也日益成熟。

有个小故事就能很好地说明这一点，孔子有次路过郑国，与学生们走散了，孔子满面尘垢，破衣烂衫，神情疲惫地站在城东门。而此时他的学生们也在寻找老师，有个郑人告诉子贡，说他在城东门发现一个非常落魄的老头子，"累累若丧家之犬"。后来子贡找到孔子，把这句话告诉了孔子，原以为孔子会大怒，没想到孔子朗声大笑，说，我现在的情况，就是一只丧家之犬，郑人没有说错——这就是豁达的孔子。

两千多年来，孔子的形象已经被统治者严重神化，孔子性格中可爱的一面也被后世一些儒者有意抹去，变得庄严而失去趣味。后世流传一句著名的话，即"以德报怨"，实际上这句话根本不是孔子说的，而是别人向孔子提的问题中的。

《论语·宪问》中的原话是，有人问孔子："以德报怨，何如？"孔子的反问非常精彩："（如果以德报怨）何以报德？"接着，孔子给出他认为正确的答案："（面对仇恨）以直报怨，以德报德！"说得通俗些，就是孔子认为别人对你怎么样，你就对别人怎么样。对方有恩于你，你就必须报恩，对方伤害了你，你就理直气壮地还回去，一报还一报，天经地义！

孔子这些年在国外流浪，一直得不到重用，实际上和他的火暴性格有很大关系。孔子有经天纬地之才，又疾恶如仇，眼里揉不得沙子，每到一国，就成为当地庸猾官僚们的最大敌人。这很好理解，谁也不会欢迎一个来抢自己饭碗的"洋和尚"，所以他们想办法阻止孔子受重用，否则他们就可能喝西北风。

晋文公姬重耳游历诸国，但他的特殊身份注定了他不可能留在国外，总有一天他会回到晋国即位的。孔子不一样，他是鲁国人，但为了实现理想，孔子是可以定居他国的，这就注定了孔子不受欢迎。孔子说自己是"丧家之犬"，半是戏谑，半是对现实的无奈。

世人很难想象，孔子这样名闻天下的大政治家、大教育家、大思想家，居然会挨饿，现实就是这样残酷。根据《吕氏春秋·任数》的记载，孔子在陈蔡游历时，曾经断粮多日，饿得前心贴后背。

还是学生颜回到外面讨到了一点米，回来煮着吃，颜回已经饿得两眼发直，就偷偷地吃了一点，然后捧给老师吃。以孔子这样的胸怀，在他偷看到颜回吃米时，都认为颜回是在偷吃东西，可见孔子已经饿成什么样了。

后来孔子游历楚国，像叫花子似的，到处讨饭吃。有个渔父看孔子实在可怜，就送给孔子几条鱼，孔子碍于面子，坚辞不受。还是渔父说天气太热，距离市场太远，卖也没人要，扔了又太可惜，不如送给老夫子食用，也算一件功德，孔子这才勉强接受。

孔子的伟大之处恰恰就在这里，以孔子的特殊社会身份，只要他肯低头，与那班庸俗的官僚同流合污，什么样的富贵得不到？但孔子的道德底线不允许他这么做，孔子是个好名之人，他曾经说过："岁寒，然后知松柏之后凋也。"孔子要做的是寒冬迎风而立的松柏，而不是秋风一过便黯然扑地的枯草。

孔子入卫、入陈、入蔡、入叶、入楚，游历了大半个天下，虽然一直没有获得成功，但至少可以算个出色的旅行家。历经风霜，黄尘扑面，车马劳顿，甚至有陈蔡之厄，饥于乏食，但枕于江涛之畔，观红日初升，望斜阳断雁，这样的人生，已经相当成功了。

在政治上，孔子已经不对中原诸国抱什么幻想了，他甚至有"浮海而居九夷"的想法。所谓九夷，有一说是南方楚吴之南的夷族部落，但如果要去此地，是用不着坐船浮海的。《汉书》的解释比较合理，九夷就是现在的朝鲜半岛，需要坐船过去。

孔子欲去九夷，一方面是在自己的灵魂深处建一个不被世俗打扰的居所，另一方面是还没有放弃自己的政治理想，在他的潜意识里，他还是想做一个政治家。虽然孔子最终没有浮海去九夷，但他心中依然保留着一块乐土，那是属于他自己的。

孔子在卫国没有得到自己渴望得到的机会，那他的下一站，只能是自己的父母之邦——鲁国，至少回到鲁国，远比到处流浪更容易得到机会。实际上此时的孔子已经是花甲老人了，即将到七十而从心所欲的年纪，政治上的伟大抱负，终究敌不过"叶落归根"的游子情怀。

鲁哀公十一年（前484），孔子六十八岁。当一行人乘坐的马车踏进鲁国国境的那一瞬间，想必胡须早已花白的孔子心中感慨万千，他清楚，以他这个年龄，是不可能再周游列国了。如果能终老于鲁，叶落归根，葬于父母之侧，孔子此生不虚度矣。

孔子能回到鲁国，和他在鲁国做高级将领的学生冉求向执政的季康子推荐孔子有关，但季康子对孔子的态度非常明确——尊而不用，毕竟孔子的性格不是官场中人能吃得消的。

季康子给孔子安排了一个"从大夫后"的职位，相当于元老院顾问，享受离休老干部待遇。这样安排，既保全了孔子和鲁国执政的面子，又能使孔子有机会就鲁国施政理念发表自己的看法，一举两得。

季康子的施政理念比较激进，他是鲁国历史上少见的铁血执政者，对加快春秋晚期奴隶制经济制度的瓦解做出了很大的贡献，即改变"田赋"。经济制度是政治制度的基础，如果这一政策加以推行，孔子的政治理想将完全破灭，所以孔子是极力反对的。季康子非常尊敬孔子，但从来没有把孔子当成神，他自己认定的事情，就一定会做下去，孔子对此也无可奈何。

　　孔子在政治上的保守是出了名的，学生冉求因为支持季康子的改革工作，被孔子好一顿臭骂，甚至还和冉求断绝了师生关系。为了表达对冉求等激进派的愤怒，孔子说："求，非我徒，小子鸣鼓而攻之，可也。"可见冉求的激进对保守的孔子带来多么大的感情伤害。

　　不过孔子也知道冉求在政治上是依附于执政季康子的，恨屋及乌，孔子对季康子也没有多少好感。季康子曾经问政于孔子，孔子抓住机会，对季康子冷嘲热讽，语言非常刻薄，毫无政治家风范。

　　比如季康子问过孔子三个问题：一、如何治理国家；二、如何解决盗患；三、是否应该多杀坏人以正社会风气。孔子的回答只有一个："子帅以正，孰敢不正？"你自己身正就不怕影子斜，你自己克己复礼，就不愁别人和你南辕北辙。

　　孔子对季康子破坏"先王之法"非常不满，但孔子在社会道德层面对季康子的劝谏还是非常有道理的，比如季康子问孔子："如何才能让士民尊重我，听我的指挥？"孔子答："这个很简单，你尊重百姓，百姓就会尊重你；你当以孝为先，以慈爱为本，百姓自会对你忠心耿耿。选贤任能，给所有人上进的机会。"

　　孔子也同样和鲁哀公讨论过这个问题，哀公问："何为则民服？"孔子曰："举直错诸枉，则民服；举枉错诸直，则民不服。"治国其实就是治吏，用贤与能，庸猾之辈就没有上升的空间，则百姓受益，反之，则百姓遭殃，历代兴亡都是遵循这条规律，没有例外。

　　当然，孔子是站在统治阶级的立场来看待治民问题的，这并不奇怪。任何历史人物的一言一行都不可能超越他所处的历史时代。

　　仅凭孔子与鲁哀公的这段话，就足以受到后人的敬爱。事出于《说苑·政理篇》，哀公问孔子有什么办法可以增加老百姓的收入，孔子就说了三个字："薄赋敛。"只要做到减轻百姓的经济负担，老百姓自然就会富起来。

　　哀公有些不解，质问孔子："如果大多数人都富了，我岂不是就穷了？"孔子劝他不要这么紧张，要相信老百姓的善良，"未见其子富而父母贫者也"，只要老百姓富裕了，自然会有更多的余钱交税，而不是在老百姓还贫穷的时候就恶狠狠地抢老百姓的救命钱，相比之下，后世一些昏君还不如孔子。

《论语·颜渊》篇记载鲁哀公问孔子的学生有若如何才能使国库充盈，有若的办法是："百姓足，君孰与不足？"只要老百姓有钱了，国家自然也就有钱了，如果百姓穷得喝西北风，君主一毛钱也收不上来。有若的经济思想和孔子是相通的，或者说有若是受到了孔子的影响。

虽然孔子能够对鲁国执政施加一定的影响，但孔子只有发言权而没有决定权，只能无限感伤地怀念他的政治偶像周公姬旦。都说孔子是儒家的创始人，实际上真正开创儒家思想的，是周公旦。孔子曾经说过："郁郁乎文哉！吾从周。"孔子只是将在春秋时尚未成熟的儒学打造成一种强大的思想体系，地位有些类似于词史上的南唐后主李煜。

孔子老了，他曾经在梦中遇到周公，在现实中郁郁不得志者往往都会在梦中驰骋于江湖，求功名，不朽于万世。对于一个经历了太多风雨的老人来说，最大的幸福就是儿孙绕膝，安度晚年。

只是让孔子万万没有想到的是，他唯一的儿子孔鲤却先孔子而去，只留了一个年幼的孙子子思（有一些学者认为子思是孔鲤的遗腹子）。人生三大至痛之一就是老年丧子，孔鲤撒手西去，孔子的悲痛可想而知。

晚年的孔子自知来日无多，最让他揪心的人是嫡孙子思。最可行的办法是把子思交给自己的一位学生，让他来代养子思，孔子最终选择的是他的高足曾参。实际上曾参虽然博学多才，但在星光灿烂的孔子学生中并不是最耀眼的那颗星星。最耀眼的那颗星星在孔鲤去世不久也离开了人世，他就是颜回，死于公元前481年（一说死于公元前490年）。

相比于儿子孔鲤的去世，颜回的死，几乎导致孔子精神世界的彻底崩塌。虽然孔子拒绝了颜回的父亲颜路给颜回置办外棺的要求，因为孔子要平等地对待每个学生，但孔子对颜回的死还是痛不欲生，无法接受。

颜回是孔子最喜欢的学生，从某种意义上讲，孔子一直把颜回当儿子，孔子不止一次称赞颜回，颜回是孔鲤之外，孔子的另一根精神支柱。现在两根精神支柱相继倒塌，换了任何一位父亲都难以承受，孔子再伟大，此时他也只是一位普通的父亲。

孔子在感情上受到的沉重打击还没有结束，一年后，也就是公元前480年，孔子另一位得意门生，时任卫国蒲邑宰的子路，死于卫国孔悝之难。子路比孔子小十岁，和孔子是同代人，与孔子的关系亦师亦友，孔子非常器重子路。所以噩耗传来，孔子哭倒于地。

每个人都有坚强的一面，也有脆弱的一面，每个人在心灵深处都有一片温柔的芳草地，但当命运之神残酷地在孔子的芳草地上来回践踏的时候，铁打的人，也会吃不消。经受了一连串的打击后，孔子一病不起。

孔子是个天性豁达的人，他对人生看得很透彻。孔子曾经站在大江边，看着浩荡东流的江水感叹："逝者如斯夫，不舍昼夜。"孔子这一辈子，得到了很多，也失去了很多，从起点回到起点，没有大阅历、大智慧、大胸怀的人，是难以承受的。

鲁哀公十六年（前479）四月十八日（杜预认为有可能是五月十二日），心有不甘的孔仲尼溘然长逝，寿七十三岁。

如同诸葛亮的死震惊蜀汉一样，孔子的死，在鲁国引发了巨大的震撼。虽然孔子一直不受重用，但孔子作为鲁国的标志性人物的地位，是谁都撼动不了的。鲁哀公在孔子死后，以国家元首的身份，写了一篇祭孔子的祭文。这篇祭文有不同的版本，本书以《左传》为准，祭文为："旻天不吊，不憗遗一老。俾屏余一人以在位，茕茕余在疚。呜呼哀哉！尼父，无自律！"

孔子的葬礼非常隆重，但这一切已经和孔子没有关系了，葬礼无论搞成什么规模，都是做给活人看的。

也许孔子生前并没有料到，在他死后的四百年后，一个名叫董仲舒的学者向一位名叫刘彻的皇帝提出了著名的"罢黜百家，独尊儒术"的思想方针，并得到了实行，从而极深地影响了中国历史的进程。甚至从某种角度讲，自汉武帝刘彻以后的两千五百年中华文明史，就是一部《论语》被打开然后合上，然后再打开的历史。只是这一切，孔子已经看不到了。

仰俯无愧天地，褒贬自有春秋，孔子做完了他应该做的事情，至于功过得失，自有后人评说。

四一 / 孔子的七十二门徒

说完了孔子，我们再来说说孔子的学生。

孔子的学生有多少？最流行说法是孔子有三千弟子，其中出类拔萃者七十二人。这条史料出自《史记·孔子世家》："孔子以诗书礼乐教，弟子盖三千焉，身通六艺者七十有二人。如颜浊邹之徒，颇受业者甚众。"

关于学生中的精英到底有多少人，同样是《史记》，在《仲尼弟子列传》中，司马迁又给出了"受业身通者七十有七人"的答案，这还是孔子亲自认可的人数。实际上这七十七人，并非都是孔子最得意的门生，这其中又有四十二人是打酱油的，真正能称得上孔子嫡传弟子的只有三十五人。

如果说在孔子的这些学生中，最外围的两千九百多人是跑龙套的群众演员，内围外侧的四十二人是二线演员，这内侧的三十五人可以称为一线演员或准一线演员。其实这三十五人，打酱油的也不在少数，一般史学界认为孔子学生群体中最核心的精英，只有十几个人。

孔子曾经对他这些核心圈的学生进行过分类评价，在《论语·先进》篇中有记载，"德行：颜渊、闵子骞、冉伯牛、仲弓。言语：宰我、子贡。政事：冉有、季路。文学：子游、子夏。"总共十个人，因此，基本可以认定这十个人是得到孔子认可的精英分子，当然，还要加上没有进入这份名单的子路。讲孔子的学生不提子路，就等于讲刘备的五虎上将不讲赵云一样。

毫无疑问，这在十一个顶层精英中，孔子最器重的是颜回，从名单上颜回排在第一位就可以看得出来。何况在孔子的思想体系中，他最看重的就是德行（仁义），孔子将颜回放在德行之首，也意味着孔子认可颜回是自己的开门大弟子。而汉高祖刘邦在祭孔子的时候，唯一有资格配享孔庙的就是颜回，号称七十二贤之首，进一步稳固了颜回在孔子学生中的大师兄地位。

颜回字子渊，所以后世也称他为颜渊，他和孔子一样，都是鲁国人，比孔子整整小了三十岁（生于公元前521年）。颜回刚出生时，孔子已经成为鲁国文坛的大腕，颜回十三岁就被孔子收为弟子。

颜回并不是孔子最早收的学生，颜回拜师时子路等人早已经成名，但孔子似乎更喜欢性格温柔如水的颜回。子路、子贡诸君才学都不用多说，但性格过于刚硬，和孔子的关系更接近于同事或朋友，所以孔子很容易把"多余"的父爱放在颜回身上。

孔子一生都在修身养德，所谓"修身齐家治国平天下"，而颜回的"德行"又是公认的第一，孔子不止一次当着其他学生的面称赞颜回为人"仁"，也不知道子路他们吃过醋没有。

子夏曾经问孔子，颜回为人如何，孔子的回答非常干脆："回之仁，贤于丘也。"孔子终生追求"仁"，他能说颜回的"仁"远强于自己，这不像是在恭维。对桃李满天下的孔子来说，他没有必要如此放下身段，去恭维一个学生。

孔子对颜回的评价如此之高，实际上是因为颜回的追求和孔子一致，他们有着相同的价值观，这才是最重要的。孔子门下虽然有许多精英学生，但他们或偏于辩论，或偏于政治，或偏于军事，这些都不是孔子价值观的核心，孔子价值观的核心只有一个"仁"字。

颜回的性格比较沉静，这一点深得孔子的认同，不像子路那伙强人经常喊打喊杀，虽然孔子也非常欣赏他们。《韩诗外传》讲了这么一个故事，说子路、子贡和颜回三个人在一起讨论如果被人欺负了该怎么办。

子路是强硬派，他的回答是："人善我，我亦善人；人不善我，我必不善人。"不惹我，咱们没事，敢惹我，老爷直接拎大斧砍将过去，这就是子路的性格。子贡的性格相对比较内敛，他说，如果受到了不公平的待遇，他会"引之进退而已耳"。意思是说我惹不起躲得起，我不和你玩，你能奈我何？

颜回的回答估计能让性格强硬的子路吐血，"人善我，我亦善之；人不善我，我亦善之"。打不还手，骂不还口，真要把我逼急了，我就不理你了。这样的性格在子路看来，是典型的软骨头、窝囊废，人家骑在你头上拉屎撒尿，你还和他讲仁义道德，岂非滑稽？

用现代人的眼光来看，颜回的看法是典型的逆来顺受，在当代，颜回的观点是很难得到大范围认同的。但在两千五百年前，至少在孔子看来，颜回的"人不善我，我亦善人"的观点是正确的。

对于三个学生的观点，孔子逐一点评："子路就知道喊打喊杀，是蛮夷人的做派，不可取。子贡的不善我则让，是朋友之言，比子路强多了。至于颜回，他所说的才是亲人之间应该奉行的交往准则。"

实际上，颜回的人生观和孔老师的是有一定差异的，具体来说，孔子积极入世，而颜回则渴望出世。根据《庄子·让王》的说法，颜回家境不算富裕，生活水平一般，孔子问颜回："子渊经济拮据，住此陋室，何不出来做官，赚取更多的金钱？"

颜回很恬淡地回答："我不想做官，我虽然家贫，然城外有五十亩田地，足够我饮食之资，城内有四十亩桑地，足够我读书抚琴。"孔子对此感叹道："知足者，不以利自累，行修于内，即使不做官，也会得到快乐。"

如果《庄子》所载属实的话，家里有九十亩地，无论如何也算不上贫农，差不多是小资阶层的生活水准，颜回确实不需要靠做官来养活自己。但这里还有另外一层意思，就是颜回身上有庄子所向往的道家风骨，甚至孔子的赞叹都有一股浓烈的道家味道。其实儒家和道家的内核是相通的，儒家重"仁"，道家重"慈俭"，颜回甘于恬淡静默，是符合他一贯的精神追求的。

一般来说，具有道家风骨的人士，为人处世往往比较低调，颜回也是如此。孔子曾经把子路和颜回叫到面前，问他们的志向，子路是个现实主义者，他非常积极地入世博取功名，所以他的回答有些"俗气"，说我要当官发财，云云。颜回还是一如既往的低调，他回答："我的理想是追求更高尚的道德情操，但我不会在别人面前夸耀，我自己的痛苦也不想让别人分担。"

作为孔子旗下的两个样板徒弟，颜回和子路走的是两条截然不同的人生道路，子路更外向，激情如火，而颜回则相对内敛，温柔如水。而孔子的理想和人生追求，基本被颜回成功地粘贴复制过来，所以后世有人称颜回为小孔子，不是没有道理。

颜回的人生志趣，在《韩诗外传》中有记载，略云："颜渊问于孔子曰：'渊愿贫如富，贱如贵，无勇而威，与士交通，终身无患难，亦且可乎？'"孔子经常教导别人"安贫乐道"，不求闻达于诸侯，而颜回则很忠实地奉行了孔子对外宣称的人生哲学。

对此，孔子极为赞赏，当面称赞颜回："善哉回也！虽上古圣人，亦如此而已。"对于有强烈世俗进取心的子路，孔子有些不屑，虽然孔子本人成天幻想着宣麻拜相。

颜回不像他的老师那样，怀有强烈的政治野心，颜回天生就是做隐士的，悠游林下，与仙鹤同舞，和花草同眠。颜回的这种性格，完全不适合在官场上混，官场上都是些四面不着地的老滑头，颜回进了官场也会被挤出来。

从个人理想角度看，孔子非常渴望在政坛大展拳脚，但在内心深处，孔子未必就不想做颜回那样的隐士，只是孔子的入世思想太强烈了，他自己无法说服自己放弃。孔子不止一次地称赞颜回，比如有一次，孔子又闲不住了，在学生们面前称赞颜回："贤哉，回也！一箪食，一瓢饮，在陋巷，人不堪其忧，回也不改其乐。贤哉，回也！"

"一箪食，一瓢饮，在陋巷"，这就是颜回简单而真实的生活。颜回在追求"仁"的同时，实际上已经达到了道家常说的"致虚极，守静笃"的思想境界，或者说是"出世"，远离尘世喧嚣，追求无我境界。虽然这样的人生因为没有在政治上的轰轰烈烈而略显平淡，但能在铺天盖地的红尘欲念中达到无我之境，不能不说这是颜回人生的巨大成功。

据《史记》记载，颜回在二十九岁的时候，须发就已经全白，仙风道骨，仿佛神仙中人，难怪会得到孔子的喜爱。遗憾的是，这位孔子口中的贤人，后世儒家所尊奉的复圣，却死在了大圣至成先师孔子的前面，时间是公元前490年。

关于颜回去世的年龄，《孔子家语》说颜回死时是三十二岁，这显然是错误的。根据《论语·先进》篇的记载，颜回是死在孔子的儿子孔鲤之后，而此时的孔子已经七十岁了。颜回比孔子小三十岁，所以很容易得出颜回出生于鲁昭公二十年（前521），去世时年仅四十岁。

上一篇讲了，颜回的死，对年迈的孔子在情感上几乎造成了致命的打击，孔子唯一的儿子孔鲤去世时，也没见孔子这么悲痛，可见颜回在孔子心中的地位是不可取代的。

当听说颜回去世的消息时，孔子当场晕倒于地，痛哭流涕，"天丧我也！天丧我也！"有人劝孔子不要再哭了，孔子一边老泪纵横，一边叹息："颜渊之死，我失大才，我不为这样的人才哭，还能为谁哭？"相信当时子路等人都在孔子身边，听到孔子这么说，心里不是滋味，但孔子是性情中人，他心里怎么想，就会怎么做。

孔子和颜回的师生感情非常深，甚至可以说在孔子的学生中，能和孔子产生父子感情的，只有颜回。孔子离鲁游历天下，颜回鞍前马后地跟着，孔子在陈国挨饿，也是颜回打躬作揖，向别人讨了些米，捧回来煮粥给老师吃。

除了那些内心冰冷的政治人物，敢对共患难的朋友下刀子，比如勾践、赵匡胤、朱元璋，一般人是很难忘记曾经在风雨中同行的知己的，孔子自然也忘不掉。在颜回的葬礼上，孔子一定回想起在去陈国的路上所遭遇的匡人之难，当时因为形势较为混乱，孔子和颜回走散，随后颜回追了上来。当孔子看到颜回时，激动得老泪纵横，说：我以为你已经被害了。颜回则"嬉皮笑脸"地回答：有老师在，我怎么敢先走一步呢。

孔子对颜回的感情是深沉而真挚的，即使颜回已经不在人世，孔子依然没有改变对颜回的高度评价，在孔子心里，颜回已经不再是一个具体的人，而是一种精神上的存在。

季康子（一说是鲁哀公）曾经问孔子，在您的学生中，您认为谁的学术成就最高，孔子毫不犹豫地说出了颜回的名字。"有颜回者好学，不幸短命死矣！"孔子始终无法忘记颜回，就像曹操始终无法忘记郭嘉一样。

讲完了颜回，再来讲一下孔子的另一位著名高足——曾参。

如果从知名度上来讲，曾参并不弱于颜回，他是大名鼎鼎的宗圣，也是孔子唯一的孙子子思的授业师傅，被朱熹称赞为"曾子传圣人学，其德后来不可测，安知其不至圣人？"

曾参在儒学史上的地位不用过多介绍，但和光芒四射的超级明星颜回相比，曾参身上总让人感觉少了一点星味。不过星味和演技并非成正比的，偶像派和实力派的区别只在于站在镁光灯下的次数而已，真正的大腕向来是不显山露水的。

当然，这并不是说颜回是个花瓶角色，只是总感觉颜回更像是一个传道者，而曾参更像是一个布道者。从性格上来说，颜回和魏晋第一风流名士嵇康非常相似，恬淡而无为，有道家风骨，而曾参和山涛属于同一种性格，比较敦厚朴实，这也是曾参和山涛的星味不如颜回和嵇康的主要原因。

在孔子的众多子弟中，颜回像是一个新闻代言人，或者说，在某种程度上代表着孔子的形象，子路像是一个游侠，而在学术上最接近于孔子的，则是曾参。这也是孔子在临终前，特意让曾参做子思老师的重要原因。

从某种意义上讲，有了曾参，孔子的儒家思想才得以延续。孟子是儒家先圣，孟子师从于子思，从辈分上说，曾参是孟子的师爷，而子思的思想在很大程度上来源于曾参。换句话说，曾参完全有资格与孔、孟并列，称为三圣。

我们所熟悉的四书，在春秋时成书的有三部，即《论语》《中庸》和《大学》。《大学》中流传最广的思想是修身、齐家、治国、平天下，而《大学》实际上就出自曾参之手，虽然《大学》是由孔子讲述，曾参笔记的。

不仅是《大学》，在儒家的葵花宝典《论语》中，也记载了大量曾参的谈话，而且传播率极高。比如：

《学而》篇有"吾日三省吾身，为人谋而不忠乎？与朋友交而不信乎？传不习乎？"

《论语·泰伯》篇有"鸟之将死，其鸣也哀；人之将死，其言也善"，"可以托六尺之孤，可以寄百里之命"，"士不可以不弘毅，任重而道远"。

《颜渊》篇有"君子以文会友，以友辅仁"，等等。

孔子门下三大弟子，颜回可称为儒，子路可称为侠儒，曾参则可以称为道儒。所谓道儒，类似于北宋二程和南宋朱陆等人对理学的研究，可以这么讲，在孔子的三千学生中，曾参是真正继承了孔子的学术衣钵的人，在某种程度上也可以称曾参为小孔子。

曾参和孔子是老乡，都是鲁人，但不清楚曾参是何时拜孔子为师的，不过可以看得出来，孔子对曾参的"精学求道"是极为赏识的，曾经当着学生的面称赞曾参是"天下贤人"。

一般来说，真正意义上的贤人是不屑为官的，他们更在乎的是学术上的成就，更喜欢在山野涧畔结庐而居，读书著作。在这一点上，曾参和孔子不太相同，孔子有时难以抵抗名利的诱惑，想要做大宰相，治国平天下。

因为曾参的家境不是特别好，为了养活家人，曾参经常和父亲曾晳下地种瓜以求自给。曾参因为兜里没有多少钱，买不起华丽的衣服，只能穿着破衣烂衫，一边耕地，一边刻苦研读。

鲁哀公姬将向来奉孔子如师，对曾参的情况也是比较了解的，有一次鲁哀公派人来找曾参，请曾参出山做官。当官就是铁饭碗，可以吃公家饭，这是许多人梦寐以求的，但曾参不想做官，推了好几次，才推掉了这份差事。

有人不解，问曾参：你傻啊，放着铁饭碗不端！何况这是国君求你做官，接受了你也不会背上贪恋富贵的恶名。曾参一本正经地告诉这位朋友："我听说受人恩惠，必畏于人，我得了国君的好处，就有把柄落在他手上，于我何利？而且赠人玫瑰者，多以慈善家自居，即使现在国君没有向我提出任何要求，我也摆脱不了贪利者的恶名。"孔子听说这件事后，对曾参的表态非常欣赏，"参之言足以全其节也"。

还有一次，齐国扔给曾参一块无法拒绝的大肉饼，请曾参去齐国当官，位至于卿，但被曾参拒绝了。理由是："吾父母老，食人之禄，当忧人之事，故吾不忍远亲而为人役。"

曾参之所以拒绝踏入官场，可能和孔子在官场上受到的挫折有关。官场上的黑暗人所共知，而且曾参本就无志于仕途，如果把精力都放在官场的钩心斗角上，以曾参这样的敦厚君子，哪里是那些官场油子的对手。

再说以曾参的家世，即使他做官，又能爬到多高？与其如此，不如不去，安心致学，照样能成就一番后人敬仰的事业。贝多芬有句名言："亲王现在有的是，将来也有的是，而贝多芬永远只有一个。"官场上的庸碌求利者成千上万，而曾参也只有一个。

在先秦诸子中，每一个"子"都有自己的性格与学术特色，如果用一个字来形容的话，孔子求"仁"、老子求"道"、韩非子求"法"，而曾参则是求"孝"。曾参受儒家供奉两千多年，香火不衰，靠的就是一个"孝"字。

曾参为子孝，敬奉父母，传为佳话，而且十三经中的《孝经》就是孝子曾参的大手笔。曾参的"孝"，与孔子所追求的"仁"在本质上是相通的，曾参曾经问孔子："圣人之德，加于孝乎？"孔子说："人之行，莫大于孝。""孝"是西周以来的社会普遍道德规范，社会各界精英无不以"孝"为道德准则，曾参在这方面做得更为突出。

曾参年轻时和父亲曾晳在田地里耕作，曾参一不小心割断了瓜苗，脾气暴躁的曾晳抄起棍子对曾参一通暴打，差点没把曾参打死。苏醒后，曾参跪在父亲面前向父亲认错，说不应该惹父亲大人生气，这顿棍子挨得值！

首先曾晳做错了事，一根瓜苗难道有儿子的命值钱？但骂不还口，打不还手，这是儿子对父母最起码的孝顺标准，只不过曾参把"孝"引申到了极致。孔子对此批评曾参，说你不应该坐等父亲打你，这样父亲就背了不慈的恶名，你这样等于陷父亲于不义。

其实孔子从来没有否定过曾参的孝道，只是觉得曾参还可以做得更好。

更为极端的情况是，在曾晳死后，曾参再没有吃过羊枣。对于此事，孟子的解释是曾晳最喜欢吃羊枣，所以曾参为了避讳而不吃羊枣。其实更合理的解释是因为父亲喜欢吃羊枣,曾参不想因此思念父亲而伤心。

曾皙死后,曾参侍母同样极孝,《搜神记》说曾参曾经跟从孔子赴楚游历,半路突然向孔子提出回家的请求,因为他想念母亲了。孔子对此大发感叹:"曾参之孝,精感万里。"

到了战国时代,曾参的孝行基本成为一种行为准则,孟子在《离娄章句上》告诉天下为人子者:"事亲若曾子者,可也。"

没人否认曾参的"大牌",但不知道出于什么原因,司马迁在《史记·仲尼弟子列传》写曾参只用了区区三十四个字!甚至还不如籍籍无名的宓不齐,宓不齐好歹还有七十七个字。在《仲尼弟子列传》中,司马迁着墨最多的,是卫人子贡(即端木赐),字数铺张至两千字,而仲尼弟子之"首"颜回,也不过一百五十字。

和颜回、曾参这些孔子的正牌弟子相比,子贡的情况比较另类。子贡并不是一个专职的求道者,他还有另外一层身份,就是大商人,这在孔子学生中是非常罕见的。

孔子曾经在《论语·先进》篇中评论颜回和子贡,说颜回在道德上几乎是完人,但就是物质条件比较差,经常饿着肚子谈经论道。子贡不信天命不求道,一门心思钻进钱眼里,而且市场行情预测能力超强,所以子贡做买卖从来没有赔本的。

孔子的本意是提醒子贡不要这么财迷,要向安贫乐道的颜回学习,不然离"道"越来越远,但从反面也证明了子贡的商业天才。其实孔子大可不必对子贡求全责备,百花齐放才是春,如果他的三千弟子都像颜回那样"安贫乐道",孔子如何筹集学术经费?

子贡在孔子身边学习的时间不长,他更多的时间是在外面跑生意,买卖越做越大,嘴皮子自然也就越来越利索。在孔子的学生中,要说第一名嘴,首推子贡,史称"利口巧辞",唐人孔颖达也称子贡是"言语之士",专靠嘴皮子混饭吃。

除了能言善辩,子贡经商久了,头脑也活泛,从来不说得罪人的话。有次孔子问子贡,你和颜回谁更优秀?子贡立刻拍起了颜回的马屁,说,我怎么能和颜回比呢?颜回以一知十,我只能以一知二。当然可以说子贡确实是推崇颜回,但从子贡的性格来看,他应该是不服颜回的,至少颜回过于"迂腐"的性格是子贡所不能认同的。

孔子带着三大弟子游农山，孔子问他们的志向，子路说要上疆场杀敌，颜回说要用礼仪教化人民，子贡回答得非常大气。"我希望齐、楚两军在疆场上互相厮杀，我穿白衣，戴高帽，站在两军阵中，凭我的三寸不烂舌，向这些好斗公鸡阐述战争的危害，让他们罢兵和好。而且我相信只有我才能做到这一点，子路和颜回远不如我。"孔子当然相信子贡的自信，答："辩哉！"

子贡的辩才是公认天下第一的，这世界上几乎没有子贡的利嘴攻不克的堡垒，比如孔子突然大发善心，想劝楚平王的弟弟、楚令尹子西做人不要沽名钓誉，但孔子没想好派谁去合适，子贡自告奋勇，"赐也能"。不久后，子西果然被子贡的连珠炮炸得七荤八素，"（子贡）乃导之，（子西）不复疑也"。

枪能杀人，嘴同样能杀人，在特殊的时代环境下，嘴的功能甚至可以改朝换代，影响历史发展的进程。子贡的嘴厉害到什么程度？我们所熟悉的勾践卧薪尝胆二十年，最终一举灭吴，复仇称霸，但"三千越甲可吞吴"的始作俑者是谁？答案是子贡。

司马迁给子贡立传，洋洋洒洒两千字，基本说的就是子贡挑拨吴、越之间的仇恨，引诱吴越大战，从而使鲁国避免遭到亡国之灾的传奇经历。凭借存鲁、去齐、引吴越混战的精彩故事，子贡"春秋第一名嘴"的地位牢牢不可动摇。

四二 / 侠儒子路

说完了颜回，再来讲讲性格上与颜回站在另一极的子路。

只要有人类存在，就必然会有在意识形态或性格上对立的人，比如有人激进，有人温和，也就是通常所说的鹰派和鸽派，他们是一枚硬币的两面。在孔子的学生中，能有资格与颜回并立于性格硬币的另一面的，也只有子路。子路其实是他的字，他本名仲由，也有一说叫季路，孔子喜欢称呼他的名字，但史料多称其为子路，所以本篇就不另起炉灶，也称他为子路。

颜回比孔子小了三十岁，所以孔子可以把颜回当成儿子一样，但子路却只比孔子小十岁，生于公元前542年，和孔子名义上是师生，实际上就是大哥和小弟的关系。在孔子的众多学生中，子路绝对是个另类，如果说颜回温柔如水，那可以说子路刚烈如火，颜回像一块玉，子路就像一块生铁。

孔子的学生多喜欢摇头晃脑地读书，卧于林下，饮泉笑谈儒者。子路不喜欢这些。如果把子路关在屋子里面读书，不出一个时辰，子路准能把门踹开，他的性格和《水浒传》中的黑旋风李逵极为相似，天生就是个坐不住的人。

颜回好求仁，而子路最大的追求则是长剑，一柄长剑在手，腾云舞龙，好不自在。孔子曾经问子路最大的爱好是什么，子路很自豪地说，我最喜欢舞长剑。

子路的回答让孔子很不满意，这哪里是一个温文尔雅的儒生，分明就是一个大块吃肉、大碗喝酒的绿林强人。孔子劝子路要多学习文化知识，"木受绳则直，人受谏则圣，君子不可以不学"。虽然子路最终接受了孔子的劝学，但一个人的性格不是轻易可以改变的，子路依然不改自己的强人做派。子路和三国东吴名将吕蒙有些相似，吕蒙也是听了孙权的建议才开始读书的，但骨子里的武夫基因是抹不掉的，子路同样如此。

孔子也知道子路的性格，所以孔子并没有要求子路全盘照抄颜回的价值观，这是不可能的，孔子只是希望子路能多一点温和的色彩，为人处世不要过于强硬。曾经有人问孔子：子路是一个什么样的人。孔子的回答是："勇人也！我不如子路。"《论语·子罕》记载的"勇而无惧",应该指的就是子路。

孔子称赞子路为人"勇",不仅因为子路为人豪侠仗义,而且孔子曾经亲身领教过子路的粗暴。子路是典型的武夫粗人,所以司马迁说子路"性鄙",性格直来直去,说话不喜欢拐弯抹角,当面骂人是家常便饭。子路热衷于打架斗殴,谁要是把子路惹毛了,后果是不堪设想的。

孔子和子路认识的时间应该比较早,还没有确定师生关系时,两人最多算是熟人。孔子成天宣扬打不还手,骂不还口,所以遭到了子路的轻视。既然老夫子喜欢"人不善我,我亦善人",子路自然要占点孔子的便宜,因此他没少对孔子动手动脚,"陵暴孔子"。

孔子向来是不崇尚武力解决问题的,爱说教的他就像《大话西游》中在孙悟空面前念念叨叨的唐僧一样,直到子路捂住耳朵投降为止。孔子成天在子路面前大讲仁义道德,"设礼稍诱子路",子路这才"儒服委质",拜在孔子门下,这充分显示了子路性格中坦率可爱的一面。

其实,以子路的性格,穿上儒服,他照样是横着走路,背长剑,踏步如流星,性格豪爽开朗,天生就是一个适合在官场上捞饭吃的人物。子路很渴望功名,对入世非常积极,人都是需要有一点野心的,套用那句再"烂俗"不过的名言:不想当将军的士兵,不是好士兵。

有一次,孔子带着颜回、子路、子贡三大样板学生去游农山,在山上,孔子让他们说出各自的志向。颜回的回答依然是老套路,仁义道德讲了一大堆,无非君明臣贤,爱民如子,云云。

子路不像颜回,他的理想是骑着高大的战马在疆场上厮杀。子路还自信地告诉孔子,在孔子的学生中,能上马横剑,擎旗冲杀,斩敌上将于万马阵中者,只有他仲由。"钟鼓之音,上震于天,旍旗缤纷,下蟠于地,由当一队而敌之,必也攘地千里,搴旗执馘,唯由能之。"

但凡有点才华的人士,骨子里都或多或少有一点骄傲,或者说做人非常自信,相信自己的才能,子路也不例外。还有一次,子路和曾皙、冉求、公西华陪着孔子聊天,孔子问学生们:"假如你们受到君主的重用,你们会怎么做?"

子路第一个回答:"我希望去一个拥有千辆战车的小国,这个小国夹在两个大国中间,外部有强敌压境,内部饥荒连年,国将不国。只要这个小国肯重用我,不出三年,我就有能力改造这个国家的国民性格,有足够的力量称雄一世。"

在思想保守的古人看来，颜回远比子路更值得尊敬，而子路的性格更接近于崇尚个性自由的现代人。就如同《三国演义》的曹操在古代是反面人物，刘备是正面人物，但到了现代社会，曹操和刘备的形象却颠倒过来一样。现代人对子路的欣赏，不仅限于他的"勇"，更在于他的"侠"，是个可以在一起"鬼混"的哥们儿，而不是正襟危坐、无求无欲的颜回。

子路在道学先生们看来有些世俗，比如，子路从来不掩饰自己对名利的热爱，这不应该作为人的缺点而受到批判，这只能说明子路为人的真实。事实上，子路并不是一个为了追逐名利而放弃仁义道德的市井小人，从某种角度上讲，子路的人生追求比颜回更接近于"仁"。

子路具有很强烈的均富意识，这一点是非常难能可贵的。孔子曾经问子路最想做什么事情，子路很骄傲地回答：我想成为一个富人，拥有华丽的车马，美丽的服饰，和我的朋友一起享受荣华富贵。特别是"与朋友共"，这是很标准的梁山土匪做派，有福同享，有难同当，这样洒脱可爱的性格，是非常符合现代人的精神追求的。

子路是个率性的"莽撞人"，他的喜怒哀乐都写在脸上，从来不隐藏自己的观点。比如，孔子去卫国求食，被卫国夫人南子强行邀见，虽然孔子是迫不得已，但还是被子路臭骂了一顿。孔子是闻名天下的大学者，怎么可以见南子这个淫荡妇人？子路性格直爽，但本质是非常善良的。

实际上，后人对子路的印象多集中在他的"勇（有个性）"，却忽略了他的"孝"。孔子欣赏子路，不仅因为子路任侠豪爽，还因为他孝顺父母。

《孔子家语·致思》记载了子路和孔子的一段对话，其中子路告诉孔子自己当年的生活，这应该是子路认识孔子以前发生的事情。子路的家境应该比较差，家里只要有好吃的东西，子路都要孝敬父母，他自己经常以野果充饥。子路的父母年纪应该比较大了，为了不让父母劳累，子路经常从一百多里的地方背米回家，孝养双亲。

老话常讲，为子不孝，为臣不忠。一个不敬爱父母的人，很难想象他会热爱自己的国家。虽然子路为人有些莽撞，但他心地善良，行侠仗义，孔子实际上是非常欣赏子路的。以子路这种锋芒毕露的性格，是不太适合在官场上混的，官场一般容不下有个性的官员，孔子也曾经和季康子谈过这个问题。"由也果，于从政乎何有？"

子路不从政，又不能做颜回那样的名士，总要做点事情，孔子给子路点明了方向——做将军。孟武伯问孔子："子路仁乎？"孔子认为子路不可以达到"仁"的境界，从性格上来说就不合适。孟武伯问子路做什么合适，孔子给出了答案："由也，千乘之国，可使治其赋也。"

孔子认为子路适合在军队中工作，因为子路的性格比较刚狠强硬，能镇得住人，这一点是颜回、子贡、冉求等人所不具备的。在众多学生中，子路是唯一敢和老师顶嘴的，孔子困于陈蔡时，饿得两眼昏花，孔子还在摇头晃脑地给学生们讲课。子路最受不了孔子的"酸文假醋"，都快要饿死了，还读个鸟书！子路对孔子冷嘲热讽："君子也有饿肚子的时候吗？"

孔子问子路，我们为什么会落到这步田地？子路又是一顿夹枪带棒的挖苦："因为我们的仁德还不够，所以人家不给我们饭吃。因为我们智谋还不够，所以人家不放我们离开这鬼地方。"子路只顾过自己的嘴瘾，却气得孔子直翻白眼。

这种性格很不讨人喜欢，但子路直爽不做作，是个可以推心置腹的人。但在官场上，这种人过于外露，是很容易得罪人的。在子路离开孔子单飞，准备去卫国蒲邑做大夫时，孔子担心子路的直筒子脾气会招来麻烦，就耐心给子路上了一堂课。

蒲邑民风剽悍，好勇斗狠，满大街都是刺头，子路也是此道中人，负负得正，如果子路不收起他的火暴脾气，迟早会和蒲人干起来。孔子送给子路两条应对的办法：一、恭以敬；二、宽以正。待人谦恭低调，没事别撵鸡追狗，尽量不要得罪人；对人要胸怀宽广，持之公平，不要拉帮结伙，要一碗水端平。只要做到这两点，天下之事，无往不利。

子路来到卫国做官的时机并不算好，因为此时的卫国正陷入一场可怕的父子争位的内乱中不可自拔，刀枪无情，随时可以剥夺所有参与者的生命。关于卫国的政治危机，前面也曾经提到过，就是卫国夫人南子逼走了太子姬蒉聩，由于公子郢不想继位，所以南子只能选择姬蒉聩的儿子姬辄。

姬辄在位的时间不算短，能在政治混乱中屹立不倒十二年，说明姬辄还是有一定的政治能力的。但他在官场上面对的最大敌人，不是别人，正是他的亲生父亲姬蒉聩。姬蒉聩非常有野心，他并不甘心本来属于自己的位子让儿子霸占，时刻都在谋划回国即位。

卫国大夫孔悝是子路的上级，但子路所不知道的是，孔悝还有另外一个身份，就是前太子姬蒉聩的外甥。姬蒉聩的姐姐伯姬氏就是孔悝的生母——一个生性淫荡的贵妇人，孔悝的父亲死后，伯姬氏就和家臣浑良夫勾搭成奸了。

姬辄即位，无论是他的父亲姬蒉聩、他的姑母伯姬氏，还是他的表兄孔悝都不满意，就孔悝母子来说，侄子和表弟的关系显然没有弟弟和娘舅的关系更亲近，所以这娘俩暗中操作，准备对姬辄下手。

子路不知道这些内情，他只有一个信念：食君之禄，忠君之事，他拿姬辄发的工资，就有义务为姬辄尽忠。所以当听说孔悝一伙把卫公姬辄赶到鲁国，迎立前太子姬蒉聩之后，子路的愤怒可想而知。

其实子路完全有机会远离卫国的宫廷斗争，谁做国君和子路没有什么直接利害关系，为谁打工还不是一样？也有人劝子路，说国君已经出逃了，而且城门已经关闭，反正你也进不去城，何不就此离开卫国，何必蹚这浑水，自取其祸？

别看子路平时吊儿郎当，性如烈火，但他是一个有担当的男人，他受姬辄厚遇，就必须报答，即使面前是刀山火海，子路也要蹚下去。子路说得很悲壮，"食其食者，不避其难！"

子路知道姬辄并不在城中，而姬蒉聩和孔悝早已经勾搭在一起，为了权力，这伙人是什么都干得出来的。子路面临两个选择，要么回到鲁国，与孔子或姬辄团聚，要么进城送死。如果是孔子面临这样的选择，以孔子的通权达变，他应该会选择离开，而子路却义无反顾地选择进城送死。子路并不是一根筋撞南墙的人，他也知道自己的生命只有一次，只是他当初答应姬辄要尽忠至死，所以他要践诺。

子路在城中的高台上见到了春风得意的姬蒉聩，旁边站着趾高气扬的孔悝，子路做的第一件事情，就是直指孔悝，问姬蒉聩："孔悝不忠不义，君为什么要重用这种不忠不义的小人？请君将此贼授臣，臣杀之，以正大义。"

姬蒉聩和孔悝既是近亲，又是铁杆盟友，任凭子路说得有理有据，大义凛然，姬蒉聩也不会动孔悝一根汗毛。此时城中都是姬孔二人的人马，子路没有任何赢的机会，而且姬孔二人并没有对子路动手，子路完全可以在取得道义胜利的情况下全身而退。

子路并没有选择"聪明人"都会选择的做法，他没有丝毫后退，继续和命运抗争到底。子路做出了一个非常惊人的举动——堆起柴火，准备烧城，把该死的姬蒉聩和孔悝烧成烤鸭。子路一个人的力量是不可能完成堆柴放火的，说明子路手下有一定数量的士兵，但不会很多，所以他的胜算并不大。

其实从子路进城的那一刻，胜负早已经注定，用近代流行的话说，就是"批判的武器代替不了武器的批判"，子路完全占据了道义高地，但笔杆子在枪杆子面前，什么都不是。姬蒉聩的人马很快就冲下台去，将子路团团围住，结果不用多说，子路寡不敌众，悲壮地践行了他当初对卫君姬辄的承诺。

子路明白，力量的悬殊让他没有任何机会除掉两个奸人，在这种情况下他还敢进城，就是准备慷慨赴死的。敌人在乱战中砍断了子路的帽缨，子路怒喝敌人住手，留下了在人间的最后一句话："君子可死，但不可无冠。"子路从容地系好帽缨，含笑就死。这一年是公元前480年，子路时年六十三岁。

子路的性格决定了他悲壮的人生结局，而最早看出子路必将死于义的，就是他的老师兼朋友孔子。当孔子听说卫国内乱时，以孔子对子路的深刻了解，他就有一种不祥的预感，子路肯定要出事。果然不久后，噩耗传来，孔子哭倒于地。

孔子失去的，不仅是一位极有性格的学生，也不仅是一位知己朋友，而是一位敢说真话的诤友。做朋友易，说些好听话就成，但做诤友不易，诤友是很容易得罪朋友的。当着朋友的面说出对方的不足，是对朋友的爱护，这需要坦荡的胸怀，说话做事问心无愧。子路对孔子的批评向来是毫不留情的，挖苦讽刺也是家常便饭，但子路是真心赤诚的，孔子最珍视的，就是子路性格中的刚直。

子路可能在小节上不太注意，说话不考虑别人的感受，这样的人很容易被别人揪住小辫子。但子路之所以是英雄，就在于他胸中存有大义，舍小节而取大义，这才是英雄所为。

南宋抗元英雄文天祥生活奢华，每宴必有歌伎侍奉，大吃大喝，典型的贵公子做派，但当蒙古大兵压境时，文天祥毁家纾难，不死不休。英雄往往都是有缺点的，没有缺点的英雄让普通人难以亲近，而子路身上浓烈的草莽英雄之气，是其最大的闪光点。

除了颜回、子路，孔子还有许多优秀的学生，比如子贡、子夏、冉求等人，篇幅有限，就不多做介绍了。

四三 / 千古一圣说老子（上）

谁是老子？中国历史上一位极具传奇色彩的伟大哲学家——老聃，又称李耳、李聃。

由于汉武帝"罢黜百家，独尊儒术"，以至于儒家在中国唯我独尊，极大地影响了中国两千年的历史，甚至到现在，全世界遍地都是孔子学院。就像一枚硬币，人们只看到了向上的一面，却忽略了硬币背后，还有精彩的那一面，这就是老子的道家思想。

不否认儒家的伟大，但我们更应该承认道家的伟大。从某种意义讲，没有道家思想对中国历史潜意识的影响，任由儒家一家主宰中国人的脑袋，历史将变得极端而不可收拾。而道家思想的开创者，就是伟大的老子。

洋人曾经搞出了一个世界百位伟大人物排行榜，孔子因为知名度实在太大而排在第五，老子——中国最伟大的哲学家排在第七十五。老子排名落后于孔子，完全因为儒家思想之于官方的表面影响。

就如同世人皆知苏格拉底、柏拉图、亚里士多德是古希腊的伟大思想家，却很容易忽略古希腊思想史上的开山鼻祖泰勒士，而老子出生略晚于泰勒士。如果说孔子是中国的苏格拉底，那老子就是中国的泰勒士。

从来没有人怀疑过孔子的存在，却有不少中外学者质疑老子是否真有其人，比如，日本学者津田左右吉就认为老子是司马迁道听途说后捏造出来的虚构人物，但大多数学者相信老子的存在，此不多述。

关于老子的生年，已经于史无考，但有观点认为老子大约生于周灵王姬泄心即位前后，也就是公元前571年，比孔子大二十岁，算是孔子的父辈。而老子卒于周元王姬仁五年，即公元前471年，也就是说不平凡的老子在平凡的人世间逗留了一百年！

关于老子的出生地，现在争议非常大，这很好理解，经济发展需要旅游来拉动，而如果本地能有一位千古名人，则事半功倍。为了诸葛亮的隆中高卧，南阳和襄阳各执一词，其实老子也一样，仅出生地就有好几个。

《史记·老子列传》说老子生于苦县厉乡曲仁里，具体位置不详，大致有两种说法，一是指河南鹿邑县，一是指安徽涡阳县。老子学说最优秀的继承者庄子则说老子是沛人（今江苏沛县）。老子到底出生在什么地方，其实答案非常简单，老子出生在中国，是属于全中国的。

关于老子的家世，同样无考，但据学者考证，老子和孔子一样，都出身于没落的中下层官僚家庭，祖父几代都是诸侯国的史官，家庭相对富裕，这也为老子的早期教育打下了基础。这一点和司马迁非常相似，司马迁也是世家写史，所以司马迁有条件写出皇皇巨著《史记》。

有史可考的老子第一任老师是楚人商容，商容是什么时候，在哪里教的老子，史无记载，但在《高士传》中留下了商容在病中与老子的一段关于"道"的谈话。老子最终形成以"道"为内核的哲学体系，和少年时商容给他灌输的哲学思想有很大关系。

此时的商容年老力衰齿落尽，老子在榻前问疾，商容问老子一个问题："我的舌头还在吗？"老子心里可能在想，没舌头你怎么说话？老子回答舌还在。商容又问老子一个问题："我的牙齿还在吗？"老子摇摇头，都掉光了。

商容地问老子，你现在知道我想要说什么了吧。年轻的老子有些不太自信地回答："老师莫非是在说刚强者必亡，而柔弱者能存的道理？"商容大笑："孺子可教矣！"老子《道德经》中一个最著名的观点："上善若水，水善利万物而不争，处众人之所恶，故几于道。"即柔弱胜刚强，就是吸收了商容和他这段谈话的精髓整理而成的。

上面讲了老子是中国的泰勒士，其实泰勒士的哲学思想和老子如出一辙，比如他们都从水的存在而悟到比人道更为博大深邃的天道（即哲学），老子说"上善若水"，泰勒士说"水是最好的"。如果说孔子追求的是人道，立足于社会，老子追求的就是天道，将人置于茫茫宇宙之中去探索人的存在价值，也就是人与自然的关系。

"道"是老子哲学思想的核心，"水"又是"道"的内核，什么是"水"？在老子的哲学体系中，"水"就是一种无为的存在，是所有力量的源泉。表面上看，水是柔弱的，但水的力量却是世界上最无坚不摧的利器，一滴水会被太阳吸干，但无数滴水能摧毁整个世界。

著名学者南怀瑾先生在评价"上善若水"的时候，曾经提到过一副对联，即"水唯能下方成海，山不矜高自及天"，"水"的美德，就如南怀瑾所说，"如水一样的至柔之中的至刚、至净、能容、能大的胸襟和气度"。

老子常讲，争是不争，不争是争，强调无为处世，不要事事出风头，要以自己为本位，"自居（水的）下流，藏垢纳污而包容一切"。水以柔弱胜刚强，妙处在于水的静者自静、动者自动，做人也是如此，要因时而动，不要逆天行事。

道家主张无为，但这并不是保守软弱，而是一种积极的人生态度，换成现在的语言，就是做人要低调。南怀瑾曾经以水为例，研究了儒、佛、道三家对于"水"的不同的理解。儒家讲究"精进利生"，佛家讲究"圣净无生"，而道家讲的是"谦下养生"。

老子的"水"观，可以用南怀瑾提出的"七善"来总结，就是：

一、居善地，要善于自处，甘居人后。

二、心善渊，要有容纳百川大海的深沉静默。

三、与善仁，行为举止要学习水给予万物以生命的担当。

四、言善信，言语吐纳要像潮涨潮落一样定时，不要随便开口给人承诺。

五、正善治，立身处世要像水一样持平正衡，不要拉帮结派。

六、事善能，为人处世要圆柔如水。

七、动善时，把握机会，及时而动，像水一样随着动荡的形势而动，随着平静的形势而静。

特别是第七善，即"动善时"，其实就是老子经常挂在嘴边的"无为而无不为"。因为从表面上看，水有时也是静止不动的，但水从来没有停下自己探索未知的脚步，老子也是如此。而此时的老子，还不满十岁！这是一个思想上的神童。

有人说，人的思想境界是与生存环境大有关系的，这话很有道理。老子偏居草野一隅，再加上商容的知识储量也是有限的，为了不耽误这棵好苗子，可能是通过商容的人际关系，把老子送到了东周国都雒邑求学。这一年，老子十五岁左右，相当于现在的初中毕业生。

老子和孔子这两位中国思想史上伟大的开拓者有一个共同点，就是"十五而志于学"，只不过他们的兴趣和研究方向不同，孔子考上了鲁国大学的社会系，老子考上了东周大学的哲学系。

在这一点上，老子要比孔子幸运，因为他所在的"大学"是国家最高学府。东周虽然国势衰落，但作为天下王都，却有条件保存丰富的古籍资料，这是地方诸侯大学所不具备的，这也是后来孔子来雒邑求学于老子的主要原因。

由于史料稀少，只能略约推算出老子在雒邑的书院里整整待了十年，而按现在的学历算法，四年本科之后，再考研、硕博连读，差不多也是十年，也就是说，老子是戴着博士帽，心事重重地走出十年寒窗苦读的教室的。

不知道是托了什么门路，还是当时国立大学毕业生有安排工作的政策，二十五岁的老子谋到了一份周守藏室之史（简称守藏史）的差使。所谓守藏室之史，也就是东周国家图书档案馆馆长，这是个副部长级待遇的职务。应该说这份工作是非常适合老子的，老子向往静谧如水的人生，而守藏史正可以满足老子的心意，正所谓躲进小楼成一统，哪管春夏与秋冬。

老子平静而不平凡的人生，已经和雒邑紧密联系在了一起，司马迁说老子"居周久之"，实际上老子在雒邑工作生活的时间长达四十二年，即公元前557年至公元前516年。四十二个春夏秋冬，记载着老子从一个翩翩少年到拥有丰富人生阅历的老年人的点点滴滴，虽然此时老子还没有编撰《道德经》，但在雒邑担任守藏史的漫长岁月却是老子哲学思想形成的最关键时期。

守藏史是个清水衙门，老子也不屑追逐那些虚名浮利，除了每天必要的公务应酬，老子都潜于密室，整理文件资料，在或明或幽的烛光映照下，老子孤独地仰望着浩瀚无垠的星空，似乎在思考着什么。

道是什么？每个人心中都有自己的答案，包括积极入世的儒者。老子眼中所看到的"道"，首先是一种哲学辩证的存在，用现在的角度来看，老子的三观是唯心主义的。

比如老子的唯心宇宙观，表现在《道德经》第七章，即"天地所以能长且久者，以其不自生，故能长生"。宇宙是固定不变，自古就有的吗？根据宇宙大爆炸理论，宇宙是一百五十亿年前出现的，也就是宇宙并非是"不自生"的。

但我们不能去苛责一位两千五百年前的哲学家，历史是在不断发展进步的，现代人所取得的成就，哪样不是建立在前人探索的基础上的？牛顿被苹果砸了，发现了万有引力定律，而现在的中学生也能发现万有引力定律，但我们不能说牛顿还不如一个中学生。

老子所追求的道，并不是故弄玄虚，所谓"玄之又玄，众妙之门"，老子的"道",从来没有脱离社会去片面地研究所谓宇宙。或者可以这么说,老子研究"道"的核心是如何才能做到人与自然的无缝对接,即天人合一学说。比如在《道德经》第七十七章中,老子就把"天道"和"人道"放在一起讨论。

有些偏激的观点认为道不如儒。其实,宣扬道不如儒的,无法面对一个人对这种荒谬观点的否定,他就是儒家的至圣先师孔子。

在孔子辉煌灿烂的学术人生中,他的老师并不多,但任何否定道家思想的观点都绝无可能绕过孔子曾经问道于老子的那道历史铁门。

孔子问礼于老子的故事,流传千载,成为千古佳话。不过孔子见老子时间和讨论的内容,历代学者争议非常大,大致有两种观点,一是"孔子卑礼于老子",是道家门徒有意抬高老子地位的炒作。一是孔子年少于老子,所以孔子向长者问道是非常正常的。老子的生年具体无考,但应该比孔子大二十岁左右,老子成名要早于孔子。二人相见的地点,没有什么争议,因为老子时任东周王室的守藏史,相当于周朝的国家图书馆馆长,也是名满天下的大师。

孔子"适周"见老子是中国古代思想史上的重大事件,当一位伟大的思想家和一位伟大的哲学家对坐而视的时候,对历史产生的影响可想而知。虽然孔子见老子的史料非常多,但对于二人相见的时间则语焉不详,学界为此吵来吵去。

大致来说,孔子见老子的时间,有几种观点:一、孔子十七岁时;二、孔子三十岁时;三、孔子三十五岁时;四、孔子五十一岁时。而第三种观点是老子最著名的学生庄子说的。其中孔子三十五岁时见老子,最为学界所认可,具体时间是鲁昭公二十四年(前518)五月初一,当天发生了日全食。

从鲁国曲阜到东周雒邑,约有千里的距离,而且烽烟四起,路上并不太平。孔子之所以执意要远赴千里之外去求见老子,有两个目的,一是来东周观"访乐于苌弘,历郊社之所,考明堂之则,察庙朝之度",学习东周先进的政治礼法制度。二是孔子听子路说起东周有个守藏史老聃,博学通古,且舍下有书无数,孔子急于增长见识,便开始了他人生中最为瑰丽的求学之路。

孔子见老子都说了些什么,《孔子家语·观周》和《庄子·天道》对此均有详细记载。《孔子家语》记载孔子向老子问道,实际上是在向老子诉苦,说自己关于道德价值观的建议没有被当权者采纳,道行于今世颇难,孔子指的是春秋时代礼崩乐坏的道德滑坡。

对孔子这个观点,老子用他一贯的哲学思维逻辑回答,"说者流于辩,听者乱于辞"，意思是官场中人鬼话连篇，而且擅长花言巧语忽悠百姓，而听者又往往对事实的本相不了解，容易听信他们的空头承诺。

而在《庄子·天道》中，孔子和老子展开了一场关于"仁"的精彩辩论，事件的起因是孔子听说老子有许多藏书，便来到东周找老子借书。老子并没有借书，而是要求孔子用一两个字来高度概括他所读过的书，孔子答曰："仁义。"

"仁义"是儒家学说的精神内核，孔子一生致力于"仁义"，而"仁义"与老子所追求的"道"存在本质上的不同。"仁义"侧重于社会人的精神层面，"道"侧重于人与自然的共存辩证关系，所以老子对孔子所追求的"仁义"似乎并不太认可。老子问孔子何为仁义。

孔子回答得也很干脆："君子不仁则不成，不义则不生。仁义，真人之性也。……中心物恺，兼爱无私，此仁义之情。"孔子话音刚落，老子就对孔子的仁义论进行了毫不留情的批判，老子不认同仁义是人之本性的观点，他提出了自己的反对意见。孔子所谓兼爱无私，实则有私，孔子要爱天下所有人，实际上是希望天下所有人都爱他，这本身就是一种自私的表现。

老子反对孔子的仁义论，并不代表老子反对仁义本身，只是道、儒二家对仁义的理解不同所致。老子的用世哲学还是"无为而无不为"，仁义也是如此，老子反对的是刻意赠予别人仁义，因为这违反了天道人性。

老子在《道德经》第三十八章就明确提出道家的仁义观："上仁为之而无以为"，真正的仁爱是天性流露，而不是化装舞会，戴上仁义的面具就能欺骗观众。儒家最喜欢宣扬仁义德政，而在老子的用世哲学中，不以德者自居，不以仁者自居，才是德与仁的最高境界。正如老子所说："人法地，地法天，天法道，道法自然。"

孔子在东周雒邑逗留的时间不会很短，他应该和老子进行了多场学术上的切磋和辩论，老子以长者的身份多次告诫孔子，"良贾深藏若虚，君子盛德容貌若愚。去子之骄气与多欲，态色与淫志"。

从《史记·老子列传》记载的这段话来看，老子认为孔子的用世思想过于激进，恨不得一日变换城头大王旗，这是老子所反对的。在老子看来，孔子的世俗心太强，不是能和他谈天论道之人。

而根据近代大学者胡适的研究，老子和孔子都是儒家学者，只不过老子抱守旧儒，孔子提倡新儒。"孔子和老子本是一家，本无可疑。后来孔老的分家，也丝毫不足为怪。老子代表儒的正统,而孔子早已超过了那正统的儒。老子仍旧代表那承顺取容的亡国遗民的心理,孔子早已怀抱着'天下宗予'的东周建国的大雄心了。"

从某种角度来讲,胡适说得很有道理,比如老子的政治思想相对于孔子略为保守一些,甚至更进一步说,老子才是西周礼教宗法思想(即周公之儒)的正宗传人,孔儒不过是从周公之儒引申出来的新儒家学派。

不过胡适贬低性地认为老子的哲学思想是历史进步的绊脚石,企图将历史拉回到原始初民的社会状态,实在是有失公允,因为孔子要把社会拉回到西周礼不崩乐不坏时代的心情,比老子还要迫切。

老子是说过"常使民无知无欲,使夫知者不敢为也"(《道德经》第三章)。但这句话并不能成为老子开历史倒车的证据,否则儒家经常挂在嘴上的"民可使由之,不可使知之",又当何解?

老子说这句话的前提是统治者"不尚贤(钱财),使民不争;不贵难得之货,使民不为盗"。这里所说的"知",指的是智慧,而不是指单纯的知识。统治者首先要做到不贪利货,在全社会营造一个全民不贪财货的道德价值标准体系。统治者贪婪,整个社会都会跟风。底层民众由于剥削制度的限制,得不到一块蛋糕,只能逼着他们去造反。

老子在第三章的最后还提到了"为无为,则无不为矣",这里所说的"无为",是劝告统治者不要贪婪,尽最大可能让利于民。你不希望百姓做的事情,你自己首先就不要去做,否则上行下效,社会稳定是无从谈起的。

胡适把老子和孔子捆绑在一起销售,甚至让老子替孔子抵挡来自墨子批判儒家的枪儿,实际上老子与孔子的三观是有很大不同的,不能简单地将两位思想家混为一谈。孔子对老子发自内心的尊重,也是一些激进的儒学者无法理解和接受的。

孔子离开雒邑回鲁国时,老子在城门前送孔子。经过一段时间的观察,老子对孔子的优缺点已经了如指掌,孔子年轻有为,但过于追求虚名浮利,在黑暗混沌的官场上是很容易得罪人的。

老子送给孔子几句发人深省的警言:"凡当今之士,聪明深察而近于死者,好讥议人者也;博辩闳达而危其身,好发人之恶者也;无以有己为人子者,无以恶己为人臣者。"

表面上看，老子讲的是消极的为人处世之法，但其中包含着积极进取的因素，老子说过："取天下常以无事，及有其事，不足以取天下。"老子可从来没说过无为就是消极避世，只不过取天下各有道，道道不同而已。

孔子此次适周求道，收获颇丰，以至于他在离开雒邑时，深深地长拜老子，"敬奉教"，并把老子抬高到无以复加的程度，称老子为"龙"。

孔子的伟大就在这里，对于不同于自己的学说有着出自本能的敬重，孔子并非完全接受老子的说教，但不能否认的是，老子的淡淡数语，使孔子思维开拓，有醍醐灌顶之感。《孔子家语》把孔子后来收了学生三千，归功于老子，"（孔子）自周反鲁，道弥尊矣，远方弟子之进，盖三千焉"。

四四 / 千古一圣说老子（下）

对老子来说，孔子只是他如迷雾般的人生海洋中的一朵浪花，孔子继续寻找着自己的梦想，而老子还要在无数的史籍卷宗中追求对一般人来说并无多少实际意义的"道"。也许除了老子，没人说得清"道"到底是什么。

老子的"道"，并非某些人所贬低的不食人间烟火，脱离地气，更不是什么"神棍哲学"，而是一种实实在在的用世哲学，不能把出世的道家思想和追求有为结果的"道"本身简单地混为一谈。

虽然老子不是每天数星星的天文学家，但人与自然的辩证关系，是每个有为于世的哲学家和思想家都必须面对的。至圣如孔子，也对颜回说过："通乎物类之变，知幽明之故……既知天道，行躬以仁义……穷神知化，德之盛也。"

后世对老子的研究，过多地集中在老子的哲学思想上，总在茫茫宇宙中去寻找自己的答案，却往往忽略了老子的政治思想，其实老子也是站在地球的表面看待宇宙天象、人间万物的。

一部皇皇道家经典巨著《道德经》着重讲两个方面，一个是"天"，一个就是"人"。在老子看来，天道即人道，人道即天道，人道如果再细分的话，可以分为抽象的人道与具体的人道（民道），而脱离了以民为本的人道，天道也就不复存在了。

和许多接地气的思想家一样，老子对人民大众的感情是真挚而朴素的。老子非常同情、理解社会底层民众的苦难与对幸福的向往，并经常警告统治者不要把老百姓的忍耐当成逆来顺受。

比如在《道德经》第七十二章，老子告诫君主："民不畏威，则大威至。无狎其所居，无厌其所生。夫唯不厌，是以不厌。"老百姓从来都是不怕死的，不迷信权威的，一旦把老百姓逼得走投无路，造反将是他们唯一的选择。

老子并不反对君君臣臣的社会等级制度，但底线是统治者必须满足老百姓最基本的物质需要，不要逼得老百姓没有房子住，不要逼得老百姓连一碗热饭都吃不上。维护稳定的根本在哪里？不在于高精尖的武器，而在于让老百姓活得有尊严。做不到这一点，维护稳定只是个梦想。

民众和政府的关系是成正比的，政府爱民众，民众就会爱政府，反之也一样，这就是老子说的"夫唯（政府）不厌（百姓），是以（百姓）不厌（政府）"。为什么项羽拥有强大的军队却兵败如山倒？根本原因，就是项羽没有参透老子"夫唯不厌，是以不厌"的真理。

《道德经》第八十一章中有句话非常发人深省，值得当政者戒！"圣人不积，既以与人己愈有，既以与人己愈多。"翻译过来就是优秀的当政者从来不为自己谋取私利，而是把自己的一切都贡献给底层人民，为他们服务。这样的当政者，付出的越多，拥戴他的人民就会越多。

为什么海瑞卒于任上时，当地百姓痛哭流涕，罢市为海瑞送葬，就是因为海瑞不谋私利，真正做到了"圣人不积"，而不像有些人嘴上高喊利国利民，实际上鼓动七姑八婆大发横财，这样的贪官，老百姓当然会毫不留情地痛骂。

政府要做到不让百姓讨厌，其实非常简单，只要做到老子所说的"有德司契，无德司彻"就行了。这句话翻译过来就是有德的政权对人民只有奉献没有索取，而无德的政权才反其正道而行之。而历代百姓造反，说到根子上，就是一些政权"无德司彻"。

民众普遍贫困是社会动荡的根本原因，为什么会出现官富民贫的局面？老子一针见血地指出："民之饥，以其上食税之多，是以饥。"社会财富有一个相对总量，无论用什么华丽的语言进行包装，利益分配从来都是一个溅血的残酷过程。所谓官富，完全是建立在统治者剥削压迫百姓基础上的。与民争利的政权，在把老百姓往绝路上逼的同时还幻想社会稳定，是根本不可能的。

老子反对用"大威"来压制底层民众，因为这是毫无效果的，民众没饭吃，就会想办法给自己找饭吃。官府积粮如山，饥饿的老百姓只好扛着锄头到官府"借"粮了，顺便割下几个肥大的头颅来平息民愤。

枪杆子很重要，但如果是把枪口对准本国平民百姓的枪杆子，就不那么重要了。自古而今的大量历史证明，对本国百姓滥施淫威，以暴力阻止百姓追求幸福的统治者，最终都将被愤怒的民众推翻。

统治者以为百姓怕死，却往往忽略了一点：当百姓挣扎在死亡线上时，生命的意义对他们来说只有一条，那就是反抗到底。所以老子在《道德经》第七十四章阐述了一个非常著名的政治观点："民不畏死，奈何以死惧之！"

军事力量并不能决定一切，凡是对内实行暴力镇压的政权，对外无一例外是软弱卖国的，而外部势力不断地压榨，会更进一步激发国内的阶级矛盾。有些帝王迷信暴力统治法则，以为枪声一响，天下太平，实际上这只是幻想。

《道德经》第七十五章说得很明白："民之轻死，以其上求之厚，是以轻死。"老百姓为什么不怕死？就是因为统治者过于贪婪，不肯让利于民。历代亡国，归其原本，无非就是利益分配的不公导致底层民众的大规模反抗，殷鉴不远，在夏后之世。

统治者不爱民，却又想老百姓无条件服从于他们的统治，世界上没有这么充满奴性的老百姓。在《道德经》中，我们随处可见老子闪光的政治思想，孔子劳累大半生，奔波大半个中国，要的无非就是实现天下大同的政治思想，实际上老子也在做这方面的努力。

我们通常会把老子称为哲学家、思想家，其实老子也是一位优秀的军事理论家。《道德经》主要论天道，兼及人事，也论军事，虽然篇幅不是很大，却散发着高人一筹的军事智慧。

老子的军事思想在军事史上不是很有名，但寥寥数语却让后世兵家受益匪浅。大家都读过《孙子兵法·兵势》篇那句经典军事名句："以正合，以奇胜。"提出了"兵不厌诈"的军事指导思想。实际上《道德经》第五十七章同样提出了在当时振聋发聩的军事思想——以奇用兵！

兵以诈立，在残酷的战争中，军事家追求的不应该是壮丽的过程，而是冰冷的结果——胜利或者失败。老子应该知道宋襄公卖弄仁义而耻辱失败的典故，老子提出"以奇用兵"，是有强烈的现实针对性的。

从时间上看，《孙子兵法》的成书时间差不多和《道德经》同时，但老子形成《道德经》腹稿的时间可能略早一些。所以，我认为，不妨委屈一下孙子，老子应该是提出兵不厌诈思想的第一人。

战争不是儿戏，所以孙子说："兵者，国之大事，死生之地，存亡之道。"类似的观点，老子也有，比如在《道德经》第六十九章，老子告诫后世用兵者，"祸莫大于轻敌，轻敌几丧吾宝"。在战略或战术上轻视敌人是极其危险的，历史上许多著名战役中的失败者，都是在兵力占优的情况下惨败，究其原因，无非是轻敌二字，比如昆阳之战、夷陵之战、淝水之战。

《道德经》不过区区五千言，但字字都是珠玑，同样是在第六十九章，老子给后人留下了三个脍炙人口的著名成语：反客为主、得寸进尺、哀兵必胜。全章如下：

用兵有言："吾不敢为主而为客，不敢进寸而退尺。"是谓行无行，攘无臂，仍无敌，执无兵。祸莫大于轻敌，轻敌几丧吾宝。故抗兵相加，则哀者胜。

前两个成语不是老子发明的，却因为《道德经》而有幸流传下来，但我们对"哀兵必胜"这条著名的军事术语再熟悉不过了。这里所指的"哀"，不仅包含着"置之死地而后生"的破釜沉舟的气概，还有另外一层意思，就是政治思想建设对军队的影响，将决定士气的高低，而一支没有思想的军队，是不可能取得胜利的。

和许多军事家，比如田穰苴、孙子一样，老子同样反对战争，主张谨慎用兵，轻易不开战端。在《道德经》第三十一章，老子就阐述了他对战争的理解："兵者不祥之器，非君子之器，不得已而用之，恬淡（远离战争）为上。"

一流的政治家是不会用战争来实现自己对他国的政治目的的，自古不战而屈人之兵，才是兵之上道，所以老子说"以道作人主者，不以兵强天下"。老子认为战争并不能解决所有问题，老子比田穰苴、孙子等人慎战的思想更进一步，就是反战。

"（战胜）不美，若美之，是乐杀人。夫乐杀者，不可得意于天下。"甚至不妨这样解释老子的这句话：主张战争的全是杀人犯！

从《道德经》《司马法》《孙子兵法》的军事思想来看，三部书有许多共通之处，以田穰苴、孙子在军事史上的特殊地位，老子对军事的理解能和二位大军事家并列，至少从一个侧面说明了老子的军事能力非同一般。甚至可以假想一下，如果老子和田穰苴调换一下，老子同样可以做出相同的成绩。

老子来到东周雒邑做守藏史，不仅仅是为了谋一份工作，更希望能依托周王室这个政治平台，寻找机会施展自己的政治抱负。理想总是那样美好，现实总是那样残酷，甚至可以这么讲，老子来雒邑寻找政治平台，就像诸葛亮去投奔张绣一样荒谬。

周王室自东迁雒邑以来，诸侯争霸，周王室只能尴尬地站在一边当观众。诸侯有给面子的，扔给周王室仨俩窝头，有不给面子的，一毛不拔。从综合国力上讲，东周只相当于陈、蔡这样的酱油国，连宋、卫、郑这样的中等诸侯都敢理直气壮地欺负周王室。

老子在雒邑出任守藏史的三十多年中，所侍奉的君主是周景王姬贵（前544—前520年在位），且不说周景王有什么能耐，只说东周王室的经济窘迫，如果周公姬旦地下有知，一定会心酸落泪的。

堂堂周天子为了王室的生计，不得不厚着老脸向诸侯国讨要财物，还受了不少奚落。有一次晋国不给天子脸面，气得周景王破口大骂晋国"数典而忘其祖"。在这种尴尬的历史环境中，东周王室已经自身难保，哪里还能给志向远大的老子提供政治平台？

虽然司马迁说老子"老子修道德，其学以自隐无名为务"，但隐居于野，不代表在政治上没有理想。何况司马迁的下一句话是"居周久之，见周之衰，乃遂去"，如果老子自甘无名，又何必见东周衰落而亡去？历代高隐之士很多都是政治理想破灭而遁入荒山野林的，老子也不会例外。

既然东周无法给老子提供施政空间，老子为何不学孔子那样周游列国？以老子在学术界的大宗师地位，并非没有机会求得一飞冲天的机会。究其原因，于史无考，但我们可以猜测一下，诸侯无论大小，卿相位置早就被贵族公子哥占满了，哪还有老子的位置？利益集团一旦抱成团，就是水泼不进的铜墙铁壁，与其四处碰运气，不如留在雒邑等机会。

只是可惜老子整整守了四十年，坐看青丝变白发，丝毫看不到彼岸，希望慢慢变成了绝望，当人在绝望的时候，往往是人生大彻大悟的时候。老子此时已经五十多岁了，"五十而知天命"，再恋栈于此，最终什么都得不到。

在政治上，老子已经注定无所作为，但在学术上，老子还有很大的上升空间。或者说老子还有一个梦想没有实现，就是他需要一处安静的所在，把他关于"道"的腹稿整理出来，就是影响历史两千多年的伟大哲学经籍《道德经》。

据学者考证，老子离开雒邑的时间应该是公元前516年，而此时正是东周王室为了争权夺利厮杀最为惨烈的时期。周景王于公元前520年死后，三位王子，即姬朝、姬猛、姬匄互相撕咬，而晋国又深度介入周王室权力之争，雒邑血光冲天。

在此之前，雒邑虽处天下之中，但少见兵火，老子可以大隐隐于朝。而诸子争位后，雒邑变得极不安全，刀兵无情，难免玉石俱焚，老子可不想为这几个公子哥殉葬。以老子的智慧，他当然不会留在雒邑等死，所以就有了道教史上著名的传奇——老子骑牛入函谷关，紫气西去，所有的故事都变成了传说。

说到老子骑牛入函谷关，就不得不提一个人，就是前函谷关令尹喜。此人的姓名、生卒年已不可考，西汉学者刘向说"关尹子名喜，号关尹子，或曰关令子"。尹喜的从政经历不甚清楚，但尹喜有一点和老子相同，就是看破了世事红尘，有了隐于山野的打算。后人多知老子是伟大的哲学家，其实尹喜的哲学思想同样博大精深，而尹喜之所以能得"道"，是因为老子的点拨。

老子骑牛西行，应该是去寻找一处远离尘世喧嚣的深山野林，至于老子为什么去西方，分析起来大致有两个原因：

一、西方只有秦国，经济相对落后，名山大川人迹罕至，很适合老子隐居求道。

二、秦国内政相对平稳，明君辈出，属于新兴的发展中国家，不排除老子去秦国寻找发展机会的可能。

从雒邑去秦国，就必须经过著名的函谷关，所以事先得到消息的尹喜就在关下截住了骑牛的老子，拜老子为师，云游至终南山下归隐。关于老子见尹喜，大致有两种说法：

一、《史记·老子列传》记载，尹喜截住老子后，用尽各种手段，强迫老子写书，就是后来的《道德经》。

二、晋人葛洪《抱朴子》说，尹喜在散关与老子相遇，并强迫老子写《道德经》一卷。

除了以上两种说法，还有一种比较神奇的传说，认为尹喜是前一年（前517）就已经辞官隐居终南山，尹喜于某天夜观星象，看到一团紫气从东方缓缓而来，尹喜认为有圣人将路过函谷关，所以提前一步回到函谷关，迎到了老子。

老子崇尚"道"，但有史可考的学生几乎没有，要是论影响力，孔子算半个学生，但老子与孔子所追求的道并不一致，所以孔子化鹤而去。失一孔子，得一尹喜，其实更值得老子高兴。尹喜名望不如孔子，但尹喜追求的是"天道"，符合老子的三观，所以老子很自然地就和尹喜走到了一起，并相伴终生。

单从《史记》的记载来看，尹喜的历史贡献甚至远大于孔子吸收、传播道家学说的贡献，因为从某种角度讲，没有尹喜，就没有《道德经》。《道德经》对中国历史的影响，丝毫不逊于《论语》。

至于老子的下落，大致有三种观点：

一、学界普遍认为是归隐终南山，并倾终生之力，将五千言《道德经》付之青简。自此之后，江湖上只存在有关周守藏史老聃的神秘传说。

二、有人说老子骑青牛，携尹喜，背《道德经》，消失在流河之西的时空之中。现在有一种观点认为老子在过函谷关（或散关）与尹喜相会之后，继续向西游走，最终在河西某地飞升，应该就是根据"俱之流沙之西"而推测出来的。

三、《后汉书·襄楷传》记载，东汉末年就有传说，认为老子"或言老子入夷狄为浮屠"。去印度参拜释迦牟尼做了和尚。

第三条几乎不可信，虽然老子和释迦牟尼同时代，但以当时的信息传输能力，老子无论如何也不可能知道西天还有个佛祖。何况老子本身就是得道之人，他追求的天道与佛教格格不入，而佛、儒两家有关"人道"的研究倒有些接近。孔子不能放弃儒家而归入道家，老子又怎么可能放弃道家而归入佛家？

老子消失在历史的茫茫迷雾之中，对后人来说也许是一件好事，这给了后人对老子这位至圣先师以无尽的遐想。神话中许多以历史人物为原型的神仙，在真实的历史中都是"下落不明"的，越神秘，越使人好奇。

在中国的诸子百家中，唯一在后世的各种传说中被拜为神仙的，也只有老子一人，他被化身为大名鼎鼎的太上老君。诸子封神，是孔子都没享受到的"待遇"，当然历代儒学信徒对孔子的造神运动也足以让历史叹为观止。

虽然道家在中国政治史上的影响可能略逊于儒家，这可能和道家的出世情结有关，但老子从来没有宣扬过避世，相反，老子的用世之心是非常积极的。

从某个角度来说，道家思想的始祖是老子，但道教的一些理论杂糅了各个历史时期的社会思想，就如同东亚汉文化圈中的儒教和儒家思想不完全是一个概念。

中国的宗教起源相对较晚，老子也不会知道他死后，会被后世信教者尊奉为围着个炉子炼丹的太上老君，因为老子更在意的是他的思想能否教化传世。不过老子也应该明白一点，哲学不是人人都有兴趣学的，"天道"也不是人人都能看懂的，不像致力于解决社会问题的儒学比较通俗易懂。

《道德经》中用了相当多的篇幅讲如何解决社会问题，为什么自汉武帝以后，历代皆以儒为尊，即使是道教盛行的时代也是如此，比如北魏、唐、北宋末期。

前面讲过，道家着重讲"天道"，儒家着重讲"人道"，其实道家也讲"人道"，只不过道家的"人道"对执行人的自身修养要求过高。

只要能精通世务便能参透儒家的"人道"，而道家要求执行人"致虚极，守静笃"，达到一种空灵而清虚的状态，这并非人人都能做到的。换句话说，儒家需要社会学家来治理社会，而道家则需要哲学家来治理社会，地球上又有几个哲学家？

现在社会上有一种倾向，认为社会道德缺失，礼崩乐坏，应该拾起《论语》，重新黏合人心。《论语》自然可以治病救人，但人们是否可以打开身边已经落满灰尘的《道德经》，用《道德经》的力量整肃残局，收拾旧山河？答案当然是肯定的。

抛开那些玄而又玄的哲学理论，《道德经》中随处可见做人的大智慧，老子社会意义上的伟大，多半是指这一点，即教会后世身处红尘欲海的人们如何做人，下面挑几条著名的警言讲一下。

一、《道德经》第三十三章："知人者智，自知者明。胜人者有力，自胜者强。知足者富，强行者有志。"

做人要有自知之明，这句话就是老子讲的。为什么有些人表面上非常风光，最终仍难免失败的命运？一个最大的原因就是他们没有认清自己的弱点和敌人的优点，当进不进，当退不退。

真正取得成功的人，往往既了解自己，也了解敌人，也就是孙子所说的"知己知彼，百战不殆"。现在人们常说真正的强者能战胜自己，这即是老子所说的"自胜者强"。人生最大的敌人，永远是自己，战胜敌人未必能战胜自己，但战胜自己的一定能战胜敌人。

二、《道德经》第四十四章："名与身孰亲？身与货孰多？得与亡孰病？是故甚爱必大费，多藏必厚亡。故知足不辱，知止不殆，可以长久。"

不可否认的是，人性从本质上来说是属私的，所以功名利禄、荣华富贵成了许多人为之奋斗的目标，而由此引发的人间悲剧数不胜数。老子质问那些热衷名利而失节的人：名利与生命哪个更重要？生命与财产哪个更重要？许多人都会言不由衷地回答：生命更重要，实际上一旦陷入名利是非圈，不经历大苦大痛是不会大彻大悟的。

老子善意地警告那些人：过于贪婪必定会付出比你所得到更多的代价！在这

一章中，老子还提出了一个非常朴素的人性真理：你得到的越多，失去的也就会越多（多藏必厚亡），任何意义的得失总是成正比的，有人不信老子的箴言，结果都在现实的铜墙铁壁面前撞得头破血流，几乎没有例外。做人不要太贪心，不要既得陇，复望蜀，"知足不辱"，足以为后世贪婪者戒！

三、《道德经》第十三章："宠辱若惊，贵大患若身。何谓宠辱？宠为上，辱为下。得之若惊，失之若惊，是谓宠辱若惊。何谓贵大患若身？吾所以有大患，为吾有身，及吾无身，吾有何患！"

什么样的人在生活中最容易招致失败？答案是患得患失的人，既想得到，又怕失去，结果将什么也得不到，到头来两手空空。

老子所谓宠辱皆惊，主要还是指当事人对物质的态度过于自卑，对人生的严重不自信。

古代有个人拎着瓶子打酱油，结果不小心把瓶子打碎了，但他继续昂首前行。有人不解，问他酱油瓶子碎了，你怎么也不低头看一下？他的回答是：我看不看，瓶子都已经碎了，那我何必看？

得到的一定是属于我的，失去的一定就不属于我，即所谓得不足喜，失不足忧，这是一种淡定的境界。老子提倡宠辱不惊，前提是戒绝贪欲。患得患失，担心被打击报复，是因为想得到太多的物质利益。

老子劝告那些贪婪的人，"及吾无身（身即'欲望'），吾有何患"，什么都不奢求，平平淡淡做人，就不怕招来灾难（天灾除外）。只是老子的循循善诱，却唤不醒古往今来的物质追求者们，利字当头，谁愿意放弃？所以悲剧不断发生，但这恰好从反面证明了老子断言的伟大。

四、《道德经》第三十六章："将欲歙之，必固张之；将欲弱之，必固强之；将欲废之，必固举之；将欲夺之，必固与之。"

这一条既是军事术语，类似于《孙子兵法·兵势》篇所说的"予之，敌必取之。以利动之，以卒待之"的诱敌原则，也是饱含人生哲理的警句。

人们都知道相对论是爱因斯坦提出来的，实际上老子同样提出了具有中国历史特色的"相对论"。大自然有日有月、有阴有晴，人生也是如此，有得有失，有取有夺，任何一种事物的兴起衰亡都是一个相对作用力的过程，这和做人的道理是一样的。

对手无处不在，我们要时刻观察他们的表现，特别是那些笑里藏刀的对手。

这些人在做有损于他人利益的事情时，往往会制造出一些假象迷惑人们，所以人们要从反方向去理解对手的行为，不要轻易上当。还有一些人在经济生活中为了骗取不义之财，往往会大张旗鼓地搞假排场，骗取别人的信任，这就符合老子说的"将欲弱之，必固强之"。

人们经常会把哲学看得高深而神秘，其实哲学并非"玄之又玄"，在普通人的生活中也时刻闪耀着哲学的光辉，老子的哲学思想也是如此。如果说《论语》是一部社会百科全书，那么《道德经》就是一部人生百科全书，它教会人们斗争的哲学。从这个层面上讲，《道德经》之于普通人的意义，就相当于《孙子兵法》之于军事家的意义。

因为篇幅有限，老子的事情就讲到这里。

四五 / 春秋名嘴逸事

老话常讲，在家靠父母，出门靠朋友。人在江湖上行走，少不了朋友的帮衬，国家也是如此。因为地球上从来就没有出现过一个政权统治的时期，所以在同时并存的政权之间的外交往来是必不可少的。不过国家层面的交往，归根结底还是维护各自政权的利益，正如西方名谚：没有永远的朋友，只有永远的利益，胳膊肘朝外的那叫内鬼、叛徒。

中国在春秋时代有诸侯国数百，大国三五，中国七八，小国数百，挤在北至长城、西至渭水、南至长江、东至大海的一百多万平方公里的土地上，互相的官方往来多如牛毛，从《左传》记载的密密麻麻的大小盟会上就能看出这一点。

为国家外交服务的人员被称为什么？当然是外交官了，用现在的时尚语言说，就是名嘴。一部中国外交史洋洋洒洒三千年，诞生了许多一线名嘴，最有名的就是战国两大嘴苏秦和张仪。和战国的外交名嘴相比，春秋名嘴从知名度上要稍逊于苏张二嘴，但他们的故事在精彩程度上却丝毫不让苏秦。

因为这一篇讲的是外交战线上的名嘴，所以教育战线上的名嘴孔子和哲学界的名嘴老子就不在此列，管子、孙子统统靠边站。接下来要出场的第一位春秋名嘴，他的名字叫烛之武，郑国大夫，在危难时刻拯救郑国于刀兵水火的第一功臣。

事情发生在公元前630年的九月，晋文公姬重耳和秦穆公嬴任好突然宣布组成晋秦联合兵团，高调讨伐实力相对弱小的郑国。姬重耳在争霸之初之所以拿郑国开刀祭旗，有两个原因：

一、当年姬重耳流浪江湖，逃到郑国避难，结果郑文公姬踕不把落魄的姬重耳当盘菜，"弗礼"，理由是郑国经济实力有限，不堪接待各国流亡公子的重负。

二、晋国的战略定位是称霸天下，而晋国战略上最大的敌人就是新兴的楚国，而郑国此时正跟着楚庄王混江湖，甚至在城濮之战时，郑国把军队都交给了楚国指挥，这激怒了姬重耳。再由于郑国夹在晋、楚之间，战略地位异常重要，所以晋国此次伐郑，就是要打掉楚国北上的桥头堡，并将郑国改造成晋国南下的军事基地。

至于秦穆公跟着凑热闹，秦国并不希望楚国北上，挤压秦国在东线的战略空间，晋秦战略目标一致，所以两国穿上了一条大裤衩子。晋军携城濮大胜之威，以迅雷不及掩耳之势杀到郑国国都新郑以北的涵陵，秦军从南线抄到汜水之南，截断了楚国救援郑国的通道。

被困在城中的姬踕叫天天不应，叫地地不灵，以郑国的实力是根本没有可能挺过晋秦超强度攻击的，难道就这样当亡国之君？如何才能退掉晋秦联军，姬踕想得头都大了。大夫佚之狐向姬踕推荐了一个人，说国君只要派此人出城，必能劝退秦军。秦国和郑国没有私仇，是有可能在平衡利弊的情况下撤军的，而晋侯姬重耳和郑有私仇，是没有任何退去的可能的。

烛之武在郑国的工作履历不详，但从他拒绝姬踕的理由来看，早年的烛之武没有受到姬踕的重用，所以对姬踕一通抱怨："臣年轻的时候才能不及中人，现在老了，更一无用处，国君另寻高人吧。"

烛之武的表态差点没让姬踕哭出来，他现在唯一能指望的就是这个老家伙了，烛之武不出，奈郑亡何！姬踕只好低三下四地进行自我批评，说我狗眼看人低，当初没发现你的才能，这是寡人的过错。但话说回来，如果你不出手救郑，郑国完了，你又能得到什么好处？

姬踕的最后一句话说得非常在理，烛之武只不过对姬踕有些不满，但他对郑国还是有很深的感情的，正如大诗人艾青所言："为什么我的眼里常含着泪水？因为我对这土地爱得深沉。"

再说郑国真被晋国灭了，烛之武所有的既得利益都将化为乌有。所以于公于私，烛之武都必须出马，他没有其他选择。年迈的烛之武在城墙上系了一根粗绳子，顺着绳子缒出了城，蹑手蹑脚地钻进了秦伯嬴任好的中军大帐。

烛之武此来的目的，就是要从利益角度离间晋、秦之间的联盟关系，那首先就要站在秦国的立场上看问题。烛之武确实会说话，他并没有直接反对秦对郑用武，因为这容易激起嬴任好的反感，我凭什么要听你这个糟老头子的？烛之武问了嬴任好一个问题："二国此来，我知郑将亡矣，但请问秦伯，郑与秦之间并不接壤，而灭郑之后，秦国能否越过晋国的领土而统治郑国？"

烛之武的言下之意很明确，秦国是在为姬重耳火中取栗，秦做晋的帮凶灭了郑，到头来好处都落在了姬重耳手上，你秦国什么也得不到。"邻之厚，君之薄也"，堂堂大秦国主给当年在你门下要过饭的姬重耳当打手马仔，脑袋被驴踢了吧？

这一段是讲秦为什么不能灭郑，无利不起早。接下来，烛之武又给嬴任好分析了如果秦国这次放过郑国一马，能得到什么好处。

烛之武出城前应该是得到了郑文公给秦国的许诺，说只要秦国放郑国一条生路，郑国愿意充当秦国在东方的战略补给站，即东道主，相当于海外军事基地。"行李之往来，共其乏困"，郑国可以包下秦国日后在东线军事外交的财政支出。秦国也不富裕，在灭郑得不到任何好处的情况下，郑国提出这些丰厚的条件，嬴任好是动了心的。

以上这两招还不是最狠的，为了挑拨晋秦之间的关系，烛之武用了一个更狠的办法——嬴任好哪儿疼，他就往哪儿狠狠地戳。当年晋惠公姬夷吾将嬴任好当猴耍来耍去，让嬴任好在江湖上颜面尽失，嬴任好恨透了姬夷吾。虽然姬重耳为人和善，做事大气，但谁也无法保证姬重耳不会为了晋国利益再次戏耍秦国。

史籍上没有记载嬴任好听完烛之武这段话后是什么反应，但从结果上来看，嬴任好显然又想起了晋国的种种无耻之举，对晋国的好感被烛之武几句话煽得无影无踪。

烛之武最后警告嬴任好：郑国若存，还能在东线对晋国进行战略牵制。一旦晋灭郑，东线无忧，晋秦联盟的政治基础不复存在，以姬重耳的野心，必然会挥师西向，灭掉秦国，到时你还能笑得出来吗？这就是唇亡齿寒的道理，晋献公姬诡诸吃掉虞国的把戏，你老兄不会没听说过吧？

烛之武的口才和智慧，在这场游说中展现得淋漓尽致。先分析，后许诺，再翻旧账，最后严重警告，层层推进，思路非常清晰，让嬴任好无话可说。

嬴任好大悦，幸亏烛之武给他指点迷津，否则真成了天下第一大蠢人了。嬴任好决定放弃与晋国的军事同盟，改和郑国结盟，并留下精锐部队守卫郑国，防止姬重耳狗急跳墙。

听说嬴任好不够意思地溜了，姬重耳也没兴趣再玩下去了。以晋国的实力，真要硬拼郑国的话，不是没有获胜的希望，姬重耳拉嬴任好入伙，就是想让嬴任好替他背黑锅，现在背黑锅的人跑了，晋国单独灭郑容易招骂，姬重耳也不傻。

《三国演义》有一个桥段，就是蜀汉江州都督李严凭借旧交，一封书信退掉魏新城太守孟达的十万重兵。不过这是罗贯中虚构出来的，烛之武凭借三寸不烂之舌，硬生生把郑国从死亡线上拽了回来，一张嘴退十万师，这才是真本事。

名嘴生就一条三寸不烂之舌，巧舌如簧。不管自己有理无理，这些名嘴都能把死的说成活的，把责任一股脑儿全推给对方，噎得对方无话可说，自己仿佛成了受害者。能把无理说成有理的名嘴，想来想去，除了晋国大夫吕省，想不出第二个。说起来好笑的是，配合吕省演戏的又是堪称春秋第一黄金配角的秦穆公嬴任好。

当年晋国内乱，公子姬夷吾在嬴任好的帮助下回国即位，并允许割河西之地予秦，结果姬夷吾食言，把嬴任好气得半死。嬴任好做人真够意思，在晋国发生严重饥荒的时候出粮救晋，但姬夷吾根本就是个喂不熟的白眼狼，等到秦国大饥，嬴任好向晋求粮，被冷冰冰地拒绝。

嬴任好大怒，在公元前645年，秦军大举伐晋，一战生擒姬夷吾，晋军惨败。嬴任好对姬夷吾已经仁至义尽，看到这个白眼狼，嬴任好就恨得咬牙切齿，准备杀掉姬夷吾，用他的人头祭祀上天。幸亏姬夷吾的姐姐是嬴任好的夫人，苦苦哀求，姬夷吾才保住小命，被嬴任好踢到黑屋子里反省，暂时没有放人的打算。

国不可一日无君，应该是在晋国统治集团的授意下，大夫吕省来到王城（今陕西大荔东），与秦国签订条约。晋国的条件是无条件释放国君姬夷吾，至于晋国向秦国付出了什么代价，史载不详，但可以肯定嬴任好肯定会利用这次机会狠宰晋国一刀的。

从史籍内容上看，嬴任好并没有答应立刻放人，想再缓一缓，晋国方面同意了。但这里有个问题，姬夷吾被关禁闭，生活条件可能比较差，吕省在签约之后并没有离开，而是继续和嬴任好纠缠，目的是让秦国保证姬夷吾的人身安全。

话题是嬴任好挑起的，他问吕省，晋国对于国君被俘有什么看法？嬴任好在试探吕省的口风，因为吕省的回答将影响秦国对姬夷吾的态度，吕省也深知这一点。

嬴任好挖了一个大坑，请吕省往坑里跳，吕省如果回答国人对姬夷吾无动于衷，那等于承认姬夷吾对晋国并不重要，这岂不是自绝门户？如果回答国人希望姬夷吾早日归国，又等于增加了姬夷吾作为人质之于秦国的重要性，嬴任好可以挟此提出更苛刻的放人条件，这是晋国无法承受的。

吕省很聪明地把晋人的态度一分为二，即底层百姓和官僚士大夫阶层，巧妙地避开了嬴任好放的冷箭。吕省借晋国的普通百姓之口警告嬴任好最好不要打姬夷吾的主意，说晋国人民对国君被俘倍感耻辱，永远不会忘记秦国对晋国的这次污辱，一定要以牙还牙。晋人已经准备好了向朝廷多交赋税，帮助晋国练兵复仇，甚至宁可向夷狄低头求助，也要尽全国之力与秦国血战到底。最让嬴任好心惊的是吕省的一句话："我们已经做了扶立新君的准备，晋侯之子姬圉随时准备即位。"

姬夷吾对嬴任好来说是张好牌，但前提是姬夷吾必须保住国君的身份，如果晋人改立姬圉为君，姬夷吾之于秦国的利用价值就要大打折扣，这是嬴任好最担心的。不过对嬴任好有利的是，姬圉是姬夷吾的亲生儿子，即使姬圉即位，作为晋侯之父，嬴任好总能在姬夷吾身上榨出点油水的。

嬴任好为人太不厚黑，太讲江湖道义，他大可以先让姬圉即位，然后继续承认姬夷吾的晋侯身份，晋国一国两主，非乱不可，嬴任好就能趁火打劫。而这一点，恰恰是吕省最担心的，所以吕省在赏了嬴任好一通大棒子后，又扔给他一颗甜枣。

吕省提到了晋国官僚士大夫阶层对此事的看法，说晋国上层非常感激秦国不杀国君的做法，并承认姬夷吾当初对秦国的恩将仇报有失厚道，"我知罪矣"。晋国向嬴任好做出承诺，只要秦能安然无恙地放姬夷吾回国，晋国就愿意尊秦为江湖霸主，"此一役也，秦可以霸"。

称霸天下，对嬴任好来说是不可能拒绝的超级诱惑，而晋国又是秦国争霸的主要对手。如果晋向秦服软，则秦可以整合晋之力，集中力量对付北向争霸的楚。

任何一个政权（A国）都希望对立政权的统治集团（B国）的外交风格偏软，这有利于A国维护本国在B国的利益，没人喜欢对手是强硬派。晋国上层放下身段向秦国服软，一来照顾了嬴任好之前被姬夷吾几次糟蹋的面子，二来让晋国欠了秦国一个天大的人情，嬴任好稳赚不赔。

嬴任好不想把晋国逼得走投无路，一旦晋与楚联合，将是秦的灭顶之灾。现在晋国主动给秦国送来台阶，嬴任好当然不能不识好歹，顺杆子往下滑是最明智的选择。嬴任好满脸堆笑，告诉吕省："正合我意！"

通过与吕省的对话，嬴任好基本摸清了晋国各阶层对秦软禁姬夷吾的态度，而且也基本排除了晋人另立姬圉为君的可能性。在这种情况下，嬴任好自然要养好血统最高贵的俘虏姬夷吾，在吕省离开之后，他立刻提高了姬夷吾的待遇。

之前姬夷吾可能住在臭气熏天的牛棚里，现在嬴任好把姬夷吾安排在五星级大酒店里，享受七牢的饮食待遇。七牢是指每一牢都有一头猪、一头羊、一斗牛，保证姬夷吾吃得好，喝得好，睡得稳，不尿炕。

在当年的十一月，吃得满嘴流油的姬夷吾拍拍鼓鼓的肚皮，在秦人的护送下，安然回到晋国，继续折腾。

春秋没有职业外交官，所以各国大夫经常担任出访大使，到处混饭吃，还有当朝宰相主管外交事务的，比如千古一相管仲和晏婴。管仲曾经和楚国大夫屈完有过一次外交博弈，在前文中略有提及，下面讲讲另外一位名相晏婴的无敌嘴功。

管仲虽然铁齿铜牙能说会道，但他不以外交家著名，在外交圈中混是他的副业，而晏婴除了是一位政治家，还是一位地地道道的外交家，经常奉齐侯之命出使列国，在国际外交圈中享有鼎鼎大名。

对于晏婴的无敌嘴功，想必楚灵王熊虔再清楚不过了，因为他曾经亲身领教过晏婴的厉害。晏婴上嘴唇碰下嘴唇，就把熊虔羞臊得恨不得找个地缝钻进去，不过这不能怪晏婴仗嘴欺人，完全是熊虔故意给晏婴难堪，晏婴只是巧妙还击而已。

不知道出于什么原因，或许晏婴曾经欠过熊虔五毛钱没还，当听说大名鼎鼎的晏婴要来楚国访问时，熊虔决定当众戏耍晏婴，这就引出了春秋外交史上最著名的一次嘴战。

众所周知，晏婴身材短小，号称春秋版曹操，熊虔就在这方面打坏主意。以晏婴的政治身份，楚国应该以正卿礼节迎接齐国宰相，楚王宫的大门应该对晏婴开放。熊虔却给门卫下令，关掉正门，仅开放正门旁边的一道小门，而这道小门的高度正好能容纳晏婴进来。

傻瓜都看得出来这是楚王有意污辱晏婴，嘲笑晏婴是个矮冬瓜。晏婴堂堂齐相，江湖上有名有腕的，哪能受这种污辱？晏婴当即就回击："我听人说过，出使狗国的时候，狗国会打开狗门放人进去，楚国是天下大国，怎么也有狗门？"

这话实在够狠，熊虔讽刺晏婴是个矮子，至少还把晏婴当人看，晏婴直接把熊虔贬成了狗。不过此时熊虔还在殿上等着，而晏婴"狗论"的直接受害者是楚国礼宾人员，这些人红着脸打开了正门，请晏婴进来。

楚人突然给晏婴一个下马威，让晏婴警惕起来，熊虔不知道还会捣鼓什么下流的花花肠子出来。果然晏婴刚到殿下站稳，熊虔就高高在上地给晏婴泼了一桶洗脚水："齐国无人耶！怎么会派你出使楚国？"

这句话是很污辱人的，熊虔是说堂堂大齐居然找不出一个身高合乎国际标准的使节，却让一个"三寸丁谷树皮"滥竽充数，这是对楚国的不尊重。晏婴笑了，他慢条斯理地告诉熊虔，齐国派他出使楚国的原因。因为我们齐国有外交政策，只有贤明之士才有资格出访贤主，愚钝不肖之人只能出访愚钝不肖之主。因为我是个蠢人，所以齐侯就派我出使楚国了。

熊虔终于知道"自取其辱"四个字是怎么写的了，本欲辱人，却为人所辱。可以想象得到，刚才还自以为得计的熊虔，脸唰地一下就绿了。因为晏婴身材短小，熊虔从没把这个矮小子放在眼里，哪承想晏婴的嘴这么恶毒。

按照熊虔事先准备的剧本安排，接下来要举行招待宴会。晏婴正喝得五迷三道的时候，突然有两个楚国官员押着一个五花大绑的犯人从殿前经过，熊虔装模作样地问这个犯人是干什么的，楚吏说这是一个齐国人，因为盗窃被抓。熊虔放下酒杯，不怀好意地问晏婴："齐国人是不是都善于飞檐走壁偷东西？"

如果说前两次的戏弄只是针对晏婴个人，熊虔这次则是针对整个齐国，这是严重违反外交礼节的。就算这个犯人真是齐国人，也不能说明所有的齐人都这样，楚人有偷盗者，就能说明楚人都是翻墙大盗？

对于熊虔放出的这一炮，晏婴很快就进行了反击，也引出了一个著名的八字成语："在南为橘，在北为枳。"晏婴慢悠悠地回答：每个国家都有自己独特的风土人情，以及道德建设标准，这个齐人之所以在齐国没有盗窃记录，反而在楚国练摊，原因是楚国有适宜盗窃的土壤。

晏婴很巧妙地把这颗手雷扔了回去，"民生长于齐不盗，入楚则盗，得无楚之水土使民善盗耶？"熊虔怀里抱着这颗即将引爆的手雷，表情尴尬不已。熊虔要晏婴反思为什么齐人多盗贼，晏婴则要熊虔反思为什么好人到了楚国会做盗贼，一来一往，晏婴毫发无损，熊虔则被描成了大花脸。

熊虔步步紧逼，晏婴见招拆招，耳光一次比一次响亮，抽得熊虔眼冒金星找不着北。熊虔再没有力气和晏婴玩下去了，主动摇起小白旗认输："我真是没事找抽型的，调戏圣人，自取其辱。"

四五 / 春秋名嘴逸事

晏婴是公认的天下第一名嘴，敢和晏婴硬碰硬的，没有一个不头破血流的，在楚王熊虔被打败之后，还有一位大王败在了晏婴手上，就是吴王阖闾。《晏子春秋》记载这位吴王是夫差，但晏婴卒于公元前500年，而夫差于公元前495年即位，所以这位吴王应该是阖闾。

不知道阖闾的脑袋断了哪根筋，当听说晏婴要来时，阖闾突然决定调戏晏婴一下。事情发生在吴宫大殿前，晏婴以齐国使者的身份等候吴王传唤入宫。没想到吴国礼宾人员没头没脑地来了一句："天子请大夫入内相见。"

外交常识：普天之下，只有周王才有资格称为天子。吴王虽然对外自称大王，但在周朝爵位体系只是区区子爵，上面还有公、侯、伯三等爵位，更遑论至尊至贵的天子了。

阖闾来这么一出，纯粹是想出晏婴的丑，甚至在外交上给齐国制造大麻烦，只要晏婴以天子礼对待阖闾，就是一场严重的外交事故。晏婴何等精明的人物，阖闾这样的小把戏怎么可能让晏婴上钩？他自有对付的办法。

吴人高唱："天子请见。"晏婴哭丧着脸，再唱"天子请见"，晏婴差点没哭出来，好像他是来吴国吊唁吴王僚的。吴人不解，问夫子何故？晏婴号啕痛哭："我奉齐侯之命来见吴王，没想到我老眼昏花，走错了路，跑到雒邑去了，这可如何是好。"

……

想必阖闾已经在殿上看到晏婴的精彩表演了，以阖闾的本事，当然能看出晏婴这是在演戏给他看，晏婴闭着眼也不可能走错路。阖闾知道拿晏婴没奈何了，只好放下臭架子，让人传："吴王请见。"这才把尴尬掩饰过去。

在这个世界上有一个真理：千万不要轻视名嘴，名嘴杀人不用刀，鼓动如簧之舌，就能把对手打得找不着北。做人还是低调些好，不要没事招惹那些口吐莲花的大仙，惹不起，总躲得起吧。

四六 / 三家分晋始末

关于春秋时代的下限，在《序言》中曾经提到过，虽然分法有很多，但最主流的一种分法还是以发生于公元前403年的赵、韩、魏三家分晋为春秋与战国的年代界限。

这种分法有一定道理，但也有一定问题。众所周知，三国时代正式出现的标志是公元220年，魏王曹丕在洛阳废汉称帝，随后刘备、孙权相继称帝。

问题在于，有谁会看没有吕布、关羽、孙策、周瑜、曹操、郭嘉，没有宛城之战、官渡之战、赤壁之战、汉中之战的三国？这些伟大的人物和战役都发生于公元220年之前。

三国鼎足的真正确立点是公元208年的赤壁之战，曹操从此再无力南下，孙权守住江东，刘备据荆图益，终成三分天下。同理，虽然在公元前403年，周威烈王姬午颁诏天下，正式承认赵、魏、韩三家诸侯，但之所以是这三家瓜分晋国，原因还在于公元前458年那场著名的晋阳之战。

《春秋左氏传》的最后一年是鲁哀公二十七年（前468），但左丘明在正文结束之后突然插了一段四年后的后话，讲的就是晋阳之战的起因，可见《左传》实际上也认为晋阳之战是春秋的下限。

在不可思议的晋阳之战后，晋国第一大卿智氏的势力被赵、魏、韩三家瓜分，标志着曾经威震天下的晋国统治彻底崩溃，也意味着轰轰烈烈的战国七雄时代缓缓朝着历史的近处走来。

关于赵、魏、韩三家分晋并成为战国七雄的故事，人们耳熟能详，其实战国七雄本有可能成为战国五雄，赵、魏、韩三雄差点成为历史上的酱油客。晋国的百年世家智氏本来最有可能取代晋国单独称雄，结果历史开了一个不大不小的玩笑，实力最强的智氏家族突遭惊天逆转，大好形势急转直下，笑到最后的是赵、魏、韩，智氏却成了苦难的酱油客。

先把与晋阳之战有关的各方势力简要地介绍一下，也就是常说的晋国六卿。

智氏，首任宗主是荀首，公元前597年晋楚邲之战，荀首出任下军大夫。因荀首的封地在智（今山西永济北），是第一任智伯，史称智庄子。现任宗主是荀瑶，也就是待豫让如国士的那位智伯（即智襄子），荀瑶是荀首的六世孙。

中行氏，首任宗主是荀林父（荀首之兄），邲之战中的晋军最高统帅。因为荀林父主持的晋中军后来被改为中行，所以以中行为氏，荀林父史称中行桓子。最后一任宗主是荀寅，即中行文子。

范氏，首任宗主是士会，邲之战中任晋上军主将，士会是士𫇭的孙子。士会本来受封于随，后改封于范，所以世称范氏。最后一任宗主是范吉射，晋国名相士鞅之子。

魏氏，首任宗主是魏绛，魏绛即晋文公五贤臣之一的魏犨之孙。魏氏本来封于毕，魏绛时改封于魏，所以称为魏氏。时任宗主是魏驹，也称魏桓子。闲插一句，后来为报荀瑶国士之恩的豫让和魏驹是同宗兄弟。

赵氏，堪称晋国第一大卿，首任宗主便是文公五贤臣之一的赵衰，执政晋国二十年的赵盾即赵衰之子。现任宗主是赵毋恤，也称赵襄子，即被豫让到处寻仇的那位赵家大爷。赵氏世系是（皆为父子）：赵成子赵衰——赵宣子赵盾——赵庄子赵朔——赵文子赵武——赵景叔赵成（未为宗主）——赵简子赵鞅——赵襄子赵毋恤。

韩氏，正式的首任宗主是韩虎子，虽然韩氏就封很早，但政治地位较低，转折点是韩献子韩厥被赵衰收养，后来平步青云，成为晋国的执政大卿，标志韩氏正式成为晋国的顶尖豪门。时任宗主是韩康子韩虎。

除此之外，还有栾氏、先氏、原氏等一等大族，但在历史的大浪淘沙之下，这些曾经威赫一时的大族都无奈地躺在了历史长河的河床上，浮在河面上的，只有以上提到的六家。

之所以是这六家大卿主宰晋国政坛，一个重大标志是，从晋悼公三年至晋定公三年的五十八时间里，六家大卿轮流执政。

智氏：荀罃，执政七年，从公元前566年至公元前560年。

中行氏：荀偃，执政七年，从公元前560年至公元前554年。

范氏：士匄，执政七年，从公元前554年至公元前548年。

赵氏：赵武，执政八年，从公元前548年至公元前541年。

韩氏：韩起，执政二十八年，从公元前541年至公元前514年。

魏氏：魏舒，执政六年，从公元前 514 年至公元前 509 年。

除了韩宣子韩起执政长达不可思议的二十八年，其他诸家执政均在七年左右，大家都有肉吃，保证了各自家族在一定时间内的权力垄断。

按不成文的规定，某家的执政期结束后必须让位于其他家族。魏舒死后，由范献子士鞅执政九年（前509—前501），但自智氏宗主荀跞执政之后，情况发生了微妙的变化。

荀跞执政九年（前501—前493）之后，由著名的赵简子赵鞅接位，开始了他长达十九年的辉煌执政生涯。赵鞅在赵氏开国立基过程中的作用极为重要，是他夯实了赵氏在晋国的独特地位，相当于西晋王朝的实际创建者司马懿。

赵鞅于公元前475年去世之后，晋国大卿的位子应该由中行、韩、魏三家接替。但接替赵鞅执政的，依然出自智家，就是晋国最后一位不是出自赵、魏、韩三家的执政者——大名鼎鼎的智伯智瑶。

后人皆知赵、魏、韩三家分晋，但与其说三家分晋，不如说是三家分智。当历史的滚滚车轮碾过公元前6世纪的黄尘古道时，曾经威赫天下数百年之久的晋国早已经名存实亡，公族权力被智瑶牢牢控制。如果不是智瑶狂妄自大，目中无人，正如上面所讲，战国将会出现五雄：秦、楚、齐、燕、智。

智瑶本有机会改写历史，只是让他本人意外的是，他及他家族的命运却被历史轻飘飘地翻了过去，从此消失在烟波浩渺的历史长河之中。智氏被三家瓜分之后，后人最为可惜的并不是智瑶，而是他那位本来可以做司马懿的祖父荀跞。

在晋国智氏的发展过程中，曾经出现过一次空前的政治危机，即公元前533年六月，晋下军佐荀盈在赴齐国迎娶齐国宗女后，在返回晋国时卒于戏阳（今河南内黄）。

此时的晋侯姬彪（晋平公）正在饮酒作乐，荀盈暴死的噩耗传到晋宫，姬彪兴奋得大呼小叫。姬彪之前和荀盈有些过节，打算趁荀盈刚死，废掉自己横竖看不顺眼的智氏。

幸亏晋国的厨师长屠蒯替智氏说了几句公道话，姬彪这才取消废黜智氏的恶念，当年八月，封荀盈之子荀跞袭父位为晋下军佐。智氏这才转危为安，驶出险石林立的小河滩，从此在千里望不尽烟波的大江中自由航行。

荀跞为人沉默寡言，但并非没有主见，在他执政的九年时间里，他做得最正确的一件事情，就是帮助赵简子赵鞅扛住了范氏和中行氏的进攻。赵鞅对荀跞的拔刀相助感激涕零，在赵鞅于公元前493年执政之后，对智氏多加照顾，荀跞的儿子荀甲也在赵鞅的内阁中担任卿士，继续保持智氏在晋国政坛的高层地位。

公元前475年，赵鞅死后，晋国执政的位子落在了荀甲之子智瑶（应该称为荀瑶，为行文方便，以下皆称智瑶）手上，这应该和智氏与赵鞅保持密切的政治关系有关。

除了晋国执政大卿需要换人，智氏家族内部也面临着父死子继的问题，荀甲作为智氏宗主，有资格选择一个儿子做智氏的少东家。荀甲有两个儿子：嫡长子智瑶，庶次子智宵。按宗族礼法制度，荀甲没有任何意外地准备立智瑶为宗主，但遭到了与荀甲同族的大夫智果的强烈反对。

智果劝荀甲放弃立智瑶为嗣，改立为人贪残的次子智宵，荀甲对此非常不解，智宵是典型的花花大少，而且长得就不像个好人，立他为嗣，岂不是要灭智氏百年宗族？

智果驳斥荀甲的观点："智宵贪残，但不过是个寻花问柳的恶少，而智瑶为人美须髯，性贤明，又擅弓马、辩言辞，遇事明断，几乎是全才。但智瑶有一个最大的弱点，就是面善心黑，别人一旦触及他的底线，他是什么事情都做得出来的。"

智果在最后警告荀甲："若果立瑶也，智宗必灭。"很可惜，智果的先见之言被荀甲当成了耳旁风，荀甲甚至怀疑智果居心不良，有篡位的野心，自然也就没有听智果的。

智果坚信自己的判断没有错误，既然荀甲不听良言，那自己也就没有必要再踩在智氏的这条破船上一起沉到河里喂鱼，智果立刻带着自己的族人办理了脱离智氏家族的手续，改为辅氏，以避智瑶之祸。

智果并没有看错智瑶，智瑶万般都好，但就是人品太差，特别是恃强凌弱，这是官场大忌。智瑶从小生长的环境非常优越，没有经历过大苦大难，他对官场和人生的理解就是一句话：权大一级压死人，只要自己混得好，就有资格欺侮人。

最早受智瑶欺侮的，是赵简子赵鞅的太子赵毋恤。按道理讲，赵鞅有恩于智氏，智瑶应该善待赵毋恤，而且赵毋恤将来铁定要成为赵氏宗主，搞好与赵氏的关系，对智氏在官场上的发展至关重要，可惜智瑶并没有看透这一层利害关系。

事情发生在公元前464年，智瑶为了在国际上给自己争脸面，对南边的郑国发起了超强度的武装进攻。智瑶是晋国执政,作为晋国的二号人物,赵简子赵鞅要给足执政官面子,出兵相助,因为赵鞅身染重疾,只好派太子赵毋恤代父出征。

智瑶为什么讨厌赵毋恤,史载不详,但智瑶应该看在赵鞅的面子上,没有为难赵毋恤,而这位晋国执政大人却狂妄得简直无以复加。在一次军前酒会上,智瑶灌了一肚子猫尿,大脑不听使唤的智瑶开始强行劝赵毋恤喝酒,赵毋恤稍有不满,智瑶就举起酒杯之类的东西去砸赵毋恤。

赵毋恤是赵家的太子爷,身份贵重,在公开场合受这样的污辱,赵氏家臣们对智瑶的不知轻重极为不满,义愤填膺地要杀掉智瑶,替赵太子雪耻。

赵毋恤当然恨智瑶不给他面子,但此时是不能动晋国执政大臣的,否则会导致晋国目前相对平衡的权力格局的崩溃,这对赵氏来说是很不利的。赵毋恤平静地告诉家臣们:"家主(赵鞅)之所以立我为赵氏嗣,就是因为我能忍!"

这句话应该是当着智瑶的面说的,所以这自然被智瑶视为赵毋恤对自己的挑衅。等到打败郑国,"取九邑",回到绛都后,智瑶就跑到赵鞅面前说赵毋恤的坏话,甚至极为无理地干涉赵氏家政,要求赵鞅废掉赵毋恤。赵鞅当然没听智瑶的胡说八道,毋恤是他最优秀的儿子,赵家的香火全指望着毋恤,傻瓜才会听智瑶的。

如果说赵毋恤之前被智瑶强行灌酒还只是心存不满的话,这次智瑶要砸掉赵毋恤的饭碗,算是彻底得罪了赵毋恤。"毋恤由此怨智伯",此次智、赵交恶,打下了十二年后智赵晋阳之战,并埋下三家分晋的伏笔。

除了赵毋恤,另一家大族的宗主韩康子韩虎也是智瑶狂妄凌人的受害者。按《国语·晋语九》的说法,智瑶欺侮韩虎是在伐郑取九邑之后,具体原因不详,同时受辱的还有韩虎的家臣段规。但《韩非子·十过》篇说此事发生在智瑶联合赵、魏、韩三家灭掉范氏、中行氏,瓜分其地之后的数年。

智氏确实参与了灭范与中行氏的战争,但智、赵、韩、魏联盟的盟主是赵简子赵鞅,何况当时在位的智氏家主是智瑶的祖父荀跞。公元前497年,魏襄子魏曼多和范昭子范吉射有私仇,二人已经极不相容,魏曼多联合荀跞、韩简子韩不信等人密谋废掉范吉射,改立范氏族人范皋夷。

当年十一月,荀跞联合韩不信、魏曼多,并与晋定公姬午结成小团伙,共同进攻范氏与中行氏。七七八八之后,势力稍显单薄的范氏与中行氏根本招架不住这群杀红了眼的虎狼，范氏宗主范吉射和中行氏宗主荀寅被晋人打跑，逃到朝歌避难。

范氏和中行氏在晋国的失势，引发了一场国际上轰轰烈烈的营救范、中行的外交事件。春秋三大名君鲁定公姬宋、齐景公姜杵臼、卫灵公姬元，再加上屡被晋欺侮的郑声公姬胜，四国非常高调地组成反晋联盟，声言必救范氏与中行氏。

在反晋四国中，齐国和卫国闹得最欢，一面给范氏和中行氏输送粮草，一面勾结晋国内部的范氏和中行氏的党羽，比如赵氏的别支邯郸氏，上蹿下跳，好不威风。但问题是晋国是百年大国，实力远强于齐、卫，任凭姜杵臼和姬元使尽了吃奶的力气，也奈何晋人不得。最终，范氏和中行氏被智、赵、韩、魏联合吃掉，原来的晋国六卿格局，变成了四卿格局。

韩非子说智瑶与赵国等盟友灭范与中行氏，应该指的是公元前458年，四个赢家瓜分了原来属于范氏和中行氏的封地。在这场内部火并中，智瑶并没有出过什么大力，但因为智氏实力最强，所以分到的赃款最多。发了横财的智瑶胃口越来越大，他开始插手晋公室的君位继承之事。

因为晋出公姬凿对四家灭范、中行氏的行为极为不满，准备联合齐国和鲁国，讨伐不把晋公室当盘菜的四家大族。四卿虽然各有利益诉求，但大敌当前，他们还是组成了反晋联盟，将雄心万丈的姬凿踢出晋国，轰到齐国当寓公去了。

随后不久，又是由智瑶出面，改立晋昭公的曾孙姬骄为晋侯，就是晋哀公。此时的晋国，大局已完全被智瑶控制，《史记·晋世家》云："当是时，晋国政皆决智伯，晋哀公不得有所制。智伯遂有范、中行地，最强。"

智瑶作为官二代，人生中基本没有受过什么挫折，事业顺风顺水，这在相当程度上吊起了智瑶的胃口。在免费得到了第一块蛋糕后，智瑶还想得到更大的第二块蛋糕。

智瑶首先向韩虎提出了领土要求，韩虎手上也没多少闲地，当然不会割己肉以啖人，准备拒绝智瑶的无理要求，却被家臣段规劝住了。段规给韩虎分析了智瑶的为人："好利而骜复。彼来请地而弗与，则移兵于韩必矣。"如果韩氏拒绝智瑶，以智瑶的狂暴性格，必然发兵攻韩，韩弱而智强，胜负不问可知。

现在最好的办法就是继续养肥智瑶，让智瑶去继续搜刮赵与魏的封地，赵与魏必不予地，智瑶必攻赵、魏，则韩可以观三家之变，从中渔利。

韩虎听进了段规的建议，把万家之县送给了智瑶，韩虎的退让果然让智瑶的自信心极度爆发。随后智瑶又向赵鞅要地，本来赵鞅没打算给智瑶面子，家臣赵葭和段规一样狡猾，说韩氏给了地，如果我们不给，智瑶就会进攻我们，我们不能给韩虎当替死鬼。赵鞅暂时不想得罪智瑶，也给了智瑶一个万家之县。

既得陇、复望蜀，智瑶的胃口已经收不住了，没过多久，他又向赵氏提出了割让蔺（旧史多作"蔡"，误，地在今山西离石西）和皋狼（离石西北）的要求。此时的赵家宗主是赵毋恤，以赵毋恤的性格，加上智瑶曾经羞辱过赵毋恤，他岂肯当这个冤大头，当场拒绝了智瑶，弄得智瑶好没面子。

智瑶之所以连续向赵索地，主要是考虑到赵在三卿中实力最强，是智氏的心腹大患，必欲除之。智瑶做了两手准备，如果赵毋恤给地，则赵氏实力必然减弱，再徐图之；如果赵毋恤不给地，正好给了智瑶一个灭赵的借口，灭赵，再图韩、魏，最终统一晋国，实现代晋大业。

对于赵毋恤来说，他和智瑶已经闹翻了脸，给不给地，智瑶都不会放过他。关于这一点，《战国策·赵策一》说得很清楚："夫知（智）伯之为人，阳亲而阴疏，三使韩、魏而寡人费与焉，其移兵寡人必矣。"与其不停地让地求和，不如赌一把大的。赵毋恤也知道赵氏与智氏的实力差距太大，他对战胜智瑶没有多少信心。

赵毋恤问家臣张孟谈有何计以自保，张孟谈只说了一句话："退保晋阳。"理由是晋阳兵精甲足，有精铜高墙，府库充足，足以对付智瑶的军队。眼下的形势非常清楚，无论赵割不割地，智瑶对赵氏的军事进攻已经不可避免。智氏强而赵氏弱，如果赵毋恤死守住晋阳，以待时机之变，未必就没有可能逆转取胜。

赵毋恤拒绝割地，果然激怒了脾气暴涨的智瑶。公元前455年，晋国头号大军阀智瑶联合韩、魏二家之兵北上进攻晋阳，对不听话的赵氏军事集团进行毁灭性打击。

如果智瑶灭赵，智氏统一晋国的进程会迈出一大步。韩、魏为何跟着智瑶进攻赵氏？原因也很简单，韩虎和魏驹细胳膊拧不过粗大腿，韩、魏不听智瑶的，智瑶就首先灭掉比赵氏更弱的韩、魏。与其如此，不如先让赵氏当炮灰，他们多活一天算一天。

韩、魏和智瑶本就不是一路人，此次与智氏联兵是被逼无奈才上了贼船，从各自利益考虑，韩虎和魏驹是绝不希望赵氏被智氏灭掉的。当初智瑶向魏索地，魏驹不想割地，家臣任章说得很清楚：只有割地给智瑶，才能长其骄恃之心，同

· 四六／三家分晋始末 · 389

时逼迫赵、韩、魏组成抗智联盟。韩、魏虽然表面上与赵为敌，实际上他们是出工不出力的，甚至在暗中与赵毋恤勾勾搭搭。

韩虎和魏驹对智瑶的三心二意，智瑶竟然毫无察觉，他还在做着灭赵之后再兼并韩、魏的美梦。当初智瑶调戏韩虎和段规时，他的族兄智伯国就劝过他不要到处得罪人，"蝼蚁之毒，尚能害人，何况韩虎这样的实力派"。智瑶不但听不进去任何良言，反而极度狂妄地表示：只有我向别人发难的资格，没有别人向我发难的资格。

智瑶坚信这个世界谁的拳头硬谁就代表真理，即使没有韩、魏的支持，仅凭智氏一家的兵力，也绝对有能力把不听话的赵毋恤踢出这个由智瑶主宰的星球。

智瑶还是低估了赵毋恤的抵抗能力，赵毋恤依靠晋阳城的高墙深沟、粮秣精铜，任凭智家军连扑带咬三个月，晋阳城纹丝不动。智瑶虽然暂时没有攻下晋阳，但时间站在他这一边，因为他有足够的后勤粮草运输保障，而赵毋恤在晋阳城中的粮草却是有限的，吃一天就少一天。

赵家军的作战意志不用怀疑，即使智瑶掘开汾河水浇灌晋阳，赵家军也咬牙挺了过来，但没有粮草，铁打的身躯也是坚持不下去的。晋阳城在交战之前的粮食储备应该是惊人的，至少可以供一年之用，但智瑶已经铁了心要饿死赵毋恤，不见到赵毋恤饿瘪的尸体，智瑶是不会退兵的。

关于赵毋恤在智瑶的饥饿战中到底挺了多久，各家说法不一。《战国策·赵策一》说赵毋恤坚持了整整三年，《史记·赵世家》则说是智家军包围了晋阳一年后才放水淹城。从字面上看，《赵策》的说法更为可靠，晋阳在智瑶的围攻下奇迹般地坚持了三年，真不知道赵毋恤是怎么度过这三年的。

当初赵简子赵鞅派家臣董安于守晋阳时，就是把晋阳当成赵氏的战略根据地来经营的，所以储备了上限可以支撑三年的大量粮草，没想到果然派上了用场。当赵家班人马在晋阳度过第三个新年时，城中已经是一片破败景象，粮草基本吃光，不用智瑶出兵攻城，赵家军已经倒死了一大片，史称"财食将尽，士卒病羸"。

在围城之初，对抵抗智瑶最有信心的是赵毋恤，但在三年之后，最先提出向智瑶认输的，还是赵毋恤。无论是从现实还是从心理上，赵毋恤都已经坚持不下去了，他亲口承认："粮食匮，城力尽，士大夫病，吾不能守矣。"

从保全晋阳城中士庶百姓的角度考虑，早投降早安生。但对于晋国的百年大族赵氏来说，一旦投降，赵氏的下场比范氏、中行氏还不如。因为就凭智瑶褊狭刚狠的性格，曾经得罪过智瑶的赵毋恤要是落入智瑶手上，是断然没有活路的。

在智瑶的强力包围下，赵毋恤已经看不到任何翻盘的希望，赵氏家臣张孟谈却笑了，他问赵毋恤为什么不在看到智瑶致命软肋的情况下，刺出致命的那一剑。张孟谈所谓的智氏软肋，就是智氏盟军韩氏与魏氏的态度。

上面讲过，韩虎和魏驹是被智瑶胁迫着才参加对赵氏的围攻的，这一点就注定了韩、魏二家是极有可能被赵氏说服反水的。只有赵氏活下来，韩、魏才同样可以活下来，否则大家一起完蛋。赤壁之战时，鲁肃坚决要求孙刘联盟抗曹，也是这个道理。

形势果如张孟谈分析的那样，韩虎、魏驹早就盼着赵毋恤派人与他们密洽反抗智瑶的大事。张孟谈亲自缒出晋阳城，蹑手蹑脚地钻进韩虎的大帐，先质问韩、魏为何助智为虐，赵氏被灭，下一个就是你们这俩傻瓜。韩、魏当然知道这一点，他们急需要做的是与赵氏约好日期，然后三家里应外合，灭掉智瑶，三家共分晋之天下。

张孟谈回城的当天晚上，赵、韩、魏三国联盟就已经做好了剿灭智氏的一切准备。赵毋恤派出一队精锐之兵，趁着茫茫夜色，溜到城外的汾水大堤上，还没等守堤的智军官吏叫出声，几十颗人头就已落地。

张孟谈的计策并不复杂，就是决水倒灌，利用智瑶挖好的坑，请智瑶跳进坑里。自古道水火无情，智瑶只看到了水的利己性，却没有看到同样一条河也有被敌人利用的可能性，当汾河的水势掌握在赵毋恤手中时，智瑶的狂妄人生就走到了尽头。

在之前的汾河决水时，因为在城中有较高的地势，所以赵氏军队并没有受到大水影响。而当赵毋恤对城外放水时，情况就完全不同了，城外地势低平，没有建筑物抵挡汹涌而来的大水，智家军很快就被大水冲得七零八落，"智伯军救水而乱"。

智瑶可能意识到自己水权丧失，但已经晚了。被大水冲得头昏脑涨的智瑶还没有擦干身上的水，就发现被困在晋阳三年的赵家军已经呐喊着从城中杀了出来，带头的是赵家班主赵毋恤，"襄子将卒犯其前"。

这是赵毋恤对抗智瑶的最后一次机会，赵家军几乎是拼尽了最后一口力气，冲进了遍地是水的阵中，和已经溃不成军的智家军缠斗在一起。对智瑶来说，最可怕的并不是"病羸"的赵家军，而是之前三年一直在晋阳城下养精蓄锐的韩、魏两支军队。

如果韩、魏两军站在智瑶这一边，赵毋恤必死无疑，但韩虎和魏驹现在最想做的就是亲手将智瑶送上西天。智家军本来实力强劲，但被大水冲乱，同时又被赵毋恤的哀兵捅了一刀，基本上没什么抵抗力了。

韩、魏二军捡了一个现成便宜，"翼而击之"，韩虎攻智之左，魏驹攻智之右。再加上赵军，三支对智瑶怀有深仇大恨的军队在历史老人的见证下，完成了一次历史性的奇迹大逆转，最有可能代晋自立的智氏一朝覆灭，狂妄自信到极点的智瑶也死在乱军之中。

智氏的灭亡，意味着原来属于智氏的封地将被赵、韩、魏三家瓜分，三家分晋的格局正式形成。晋国早已经名存实亡，除了绛都和曲沃两地，其他晋国所有土地都不属于晋君所有。

由于赵家的实力最强，在这场晋阳之战中受损最严重，所以赵毋恤理所当然获得了最肥的那块肉，甚至这场分赃大会也是赵毋恤本人主持的。史称"赵北有代，南并智氏，强于韩、魏"。

对韩、魏来说，赵毋恤吃到了大头，一强两弱的局面并没有改变，不过已经打破了之前一超三弱的局面。赵的实力还不足以吞并韩、魏，这就能让三家实力达到恐怖的平衡，而不是之前恐怖的不平衡。

最可惜的还是智瑶，他只差一步就可以取代姜齐的田和成为战国第一个易姓诸侯。但智瑶的狂妄自大，导致他不能做出准确的战略判断，以及他性格上的严重缺陷，生生断送了大好前程。正如《战国策·赵策一》的评价："知（智）伯身死、国亡、地分，为天下笑，此贪欲无厌也。"

智瑶之亡，实际上就是亡在一个"贪"字上。如果智瑶不是过于露骨地四处伸手抢地，也不至于把本来置身于智赵恩怨事外的韩、魏两家逼得走投无路，最终和赵联手灭智。西汉淮南王刘安对此发了一通感慨："（智瑶）军败晋阳之下，身死高梁之东，头为饮器，国分为三，为天下笑，此不知足之祸也。"

大好天下，从智瑶的手指缝中溜走，从此智氏湮没于发黄的故纸堆中，再无重见天日之机，时也命也。历史上大名鼎鼎的三晋赵魏韩三国正式登上历史舞台，即战国七雄之其三。

《资治通鉴》卷一开篇"威烈王二十三年戊寅（前403），（天子）初命晋大夫魏斯、赵籍、韩虔为诸侯"。

四七/《诗经》的魅力（上）

下面讲一讲文学。

每个时代都有其带有明显时代烙印的文学，这话很有道理，唐有唐诗，宋有宋词，元有元曲，春秋自然也不例外。说到春秋时代的文学作品，其中不用多作介绍，我们可以张口说出中国文学史上第一部诗歌总集——《诗经》。

虽然《诗经》的时代，距离现代社会已经有两千五百多年了，但直到今天，我们依然能在生活中遇到大量与《诗经》有关的著名诗句，这也是《诗经》魅力长久不衰的明证。简单列一下家喻户晓的《诗经》名句：

《国风·周南·关雎》：关关雎鸠，在河之洲。窈窕淑女，君子好逑。这句是《诗经》中最著名的。同出此诗的还有"辗转反侧"。

《小雅·车辖》：高山仰止。

《国风·秦风》：所谓伊人，在水一方。

《邶风·击鼓》：执子之手，与子偕老。

《小雅·伐木》：出自幽谷，迁于乔木（"乔迁之喜"的出处）。

《小雅·鹤鸣》：他山之石，可以攻玉。

《国风·黍离》：知我者，谓我心忧；不知我者，谓我何求！

《国风·桃夭》：桃之夭夭（"逃之夭夭"的出处）。

《卫风·硕人》：巧笑倩兮，美目盼兮。

《大雅·荡》：靡不有初，鲜克有终。

《周南·兔罝》：赳赳武夫，公侯干城。

《邶风·谷风》：宴尔新婚。

《邶风·北风》：携手同行。

《卫风·氓》：信誓旦旦。

《唐风·绸缪》：今夕何夕。

还有许多，不再一一列举。

《诗经》并非一人一时所作，而是春秋时人整理了从商周到春秋中叶的各类文学作品的总集，就像我们不能说诗是自唐朝才有的一样。因为《诗经》所载诗歌的来源比较复杂，有宫廷舞宴诗，有民间爱情诗，也有讽刺时政诗，所以《诗经》没有一个固定的作者。

据《史记·孔子世家》记载，孔子曾经整理过《诗经》，最终将原来散落的《诗经》三千多篇删定为三百零五篇，也就是俗称的"诗三百"。不过这个说法遭到无数后人的质疑，认为孔子并没有删定过《诗经》，持此观点的，远有朱熹、叶适，近有胡适、钱玄同。该派学者最有力的一个证据，就是《诗经》创作时间最晚的《陈风·株林》的出现，比孔子出生那一年（前551）足足早了47年。

对后人来说，孔子是否删定过《诗经》并不重要，重要的是我们有幸看到了华夏先民给后世留下的这份无价的精神遗产。正如近代学者顾颉刚所说："我们要研究文学和史学都离不开《诗经》，它经过了两三千年，本质还没有损坏，这是何等可喜的事！我们承受了这份遗产，又应该何等的宝贵！"

孔子删定《诗经》，在史学界争议非常大，但西汉毛亨、毛苌修订《诗经》是确定无疑的，几乎没有争议。我们现在看到的《诗经》其实就是二毛所编集的版本，所以自西汉以来，《诗经》也称为《毛诗》。

《诗经》现在所存三百零五篇，外加六篇笙诗。上面讲了，《诗经》是当时各阶层创作的诗歌作品的总集，体裁相当于《全唐诗》，存集了上自帝王、下至寒士的作品。

关于《诗经》的分类，宋人苏轼曾经对了一个下联，就是著名的"四诗风雅颂"。《诗经》分为三大块，分别是《风》《雅》《颂》，而《雅》又分为《大雅》和《小雅》，所以称为四诗。

在三百零五篇中，《风》的篇幅最多，有一百六十首；其次是《小雅》七十四首；《大雅》三十一首，《颂》四十篇。其中《颂》和《大雅》主要是讲述商周贵族对自己祖先的歌功颂德，类似于后代王朝的庙舞，内容相当枯燥乏味。

比如《颂·执竞》篇："执竞武王，无竞维烈。不显成康，上帝是皇。自彼成康，奄有四方，斤斤其明。钟鼓喤喤，磬筦将将，降福穰穰。降福简简，威仪反反。既醉既饱，福禄来反。"这是肉食者吃得满嘴流油之后，歌颂自己的富贵生活，完全不接地气。

单纯从艺术上讲,《颂》和《大雅》不属于民间创作,但也有值得肯定的地方,比如二篇在一定程度上起到了记载商周时重大历史事件的作用。比如《大雅·文王之什·大明》提到了周武王姬发伐纣,战于牧野,"殷商之旅,其会如林。矢于牧野。……牧野洋洋,檀车煌煌,驷騵彭彭。维师尚父……肆伐大商,会朝清明"。描写了周军伐商的浩大场面。

　　还有就是《大雅·文王之什·绵》,描写了周人从弱至强的发展过程,涵盖了政治制度、人事制度、经济制度,还有周人建设城市的场面,是研究周朝历史必须要用到的珍贵史料。

　　特别值得一提的是,四大古典名著之一的《水浒传》的书名,就是取自《绵》篇的第二段:"古公亶父,来朝走马。率西水浒,至于岐下。"这首诗讲述了周文王姬昌的祖父姬亶父率族人沿着渭水西行,来到岐山定居的历史。"水浒",顾名思义,就是水边,《水浒传》书名的本义,就是水边发生的故事。

　　相对于《颂》和《大雅》,《小雅》具有明显的士大夫情怀,对下层的人文关怀更为强烈,视野往下看,而不像《颂》那样高高在上。当然,《小雅》也有不少描写士大夫饮酒享乐的诗篇,但比那些描写肥头大耳的贵族篇章更有艺术气质。正如近代学者朱东润所说:"《小雅》多言人事,《大雅》多言祖宗。"

　　在享乐的同时兼顾对下层的关怀,这并不矛盾,历朝历代的士大夫都是如此,这是知识分子的阶级双重性所决定的。白居易一边和妙龄歌姬打情骂俏,一边痛骂贪官污吏,为底层百姓鼓与呼,就是最典型的例子。

　　三国枭雄曹操有一首著名的《短歌行》,其中"呦呦鹿鸣,食野之苹。我有嘉宾,鼓瑟吹笙"这几句实际上并非曹操的原创,而是曹操全文照抄《诗经·小雅·鹿鸣》的原句。

　　这首著名的《鹿鸣》位列《小雅》第一篇,在文学史上的影响非常深远。曹操就做了一回文抄公,曹操的儿子曹丕也写了一篇《短歌行》,其中"呦呦游鹿,衔草鸣麑"一句,也是化用了《鹿鸣》的句子。

　　之所以说《小雅》中的诗篇比《颂》更具有文学性和士大夫气质,主要是因为二者之间的传播性有天壤之别。《颂》让人看得昏昏欲睡,几乎没有名句流传下来,而《小雅》的名句数量,在《诗经》中仅次于《风》,而多于《大雅》和《颂》。

　　除了《鹿鸣》,《小雅》中脍炙人口的名篇还有:

《皇皇者华》：载驰载驱。

《常棣》：兄弟阋于墙，而御其务。

《伐木》：出自幽谷，迁于乔木。

《采薇》：昔我往矣，杨柳依依；今我来思，雨雪霏霏。

《出车》：岂不怀归？畏此简书。

《菁菁者莪》：既见君子，我心且喜。

《庭燎》：夜如何其？夜未央。

《鹤鸣》：他山之石，可以攻玉。

《北山》：溥天之下，莫非王土；率土之滨，莫非王臣。

《甫田》：万寿无疆。

《白华》：天步艰难，之子不犹。

大家都知道，《诗经》里有许多歌颂爱情的篇什，多集中在《风》，其实《小雅》也有几篇爱情诗，其中以上面提到的《菁菁者莪》最为特殊。说它特殊，不是因为这首诗的句子有什么与众不同，而在于它的朦胧意境，以及留给后人解读的广阔空间。

《菁菁者莪》和《小雅》中的另一篇爱情诗《隰桑》在文字结构上非常相似，而且主题接近，都描写了一位美丽的女人在郁葱的山丘中遇到让她一见倾心的男子。

《隰桑》的叙事方法比较直白，如"心乎爱矣，遐不谓矣？中心藏之，何日忘之？"将少女敢于向心上人示爱的勇敢表现得淋漓尽致。《菁菁者莪》则有些像李商隐那首著名的《无题》诗，欲说还休，既可以解释为君子之交，也可以理解成爱情诗，全诗如下：

> 菁菁者莪，在彼中阿。既见君子，乐且有仪。菁菁者莪，在彼中沚。既见君子，我心则喜。菁菁者莪，在彼中陵。既见君子，锡我百朋。泛泛杨舟，载沉载浮。既见君子，我心则休。

古人对这首诗的解读有一定分歧，《毛诗》将此诗解读为培养教育音乐人才，而朱熹却批评《毛诗》的观点是胡说八道，朱熹认为这是一首描写君子交往的诗。由于历史环境的不同，近现代人则更多地从爱情角度解读此诗，依然可以说得通。

近人胡适批判汉朝文人扭曲爱情诗的本意，"《诗经》里面描写的那些男女恋爱的事体，在那班道学先生看来，似乎不大雅观，于是对于这些自然的有生命的文学不得不另种种附会的解释。明明是一首男女的恋歌，他们故意说是歌颂谁、讽刺谁的"。

就《菁菁者莪》所描写的内容，再结合逻辑的合理性来判断，一个男子在山间遇到另外一个修养、涵养俱佳的男子，心情激动，面色潮红，被解读为君子之交，实在太过牵强，也不符合诗中的意境。《隰桑》中有"既见君子"，这里的"君子"是指令妙龄女郎心动的漂亮男生，《菁菁者莪》中的"我"不应该是男人，而是一个对爱情充满渴望的女孩。

在《小雅》七十四首诗中，爱情诗并非主流，反映民间疾苦的诗最多。如果说《颂》和《大雅》是"钟鼎烹食"，《风》的主色调是民间纯朴的情感抒发，《小雅》的主格调就是"悲天悯人"。这些历史上无名的诗人，同情社会底层的蝼蚁百姓，以笔作戈，投向残暴腐朽的统治者，《小雅·大东》就是这方面的典型诗篇。

《大东》创作于西周时期，作者是谭国（今山东济南附近）的卿大夫，姓名没有留传下来。这首诗反映的是西周王朝（极有可能是周幽王时期）对东方百姓的残暴压迫，可谓字字血泪，让人不忍卒读。

《大东》原诗共七段，每一段文字都充满了对剥削百姓的西周贵族的极度痛恨，特别是第一段直入主题，底层人民的痛苦与心酸跃然纸上。这一段讲述西周贵族把从谭国抢夺来的财物装上大车，向西快乐地驰行，而谭国百姓眼睁睁看着自己的劳动成果被他人掠夺，转过身去，泪流满面。

第二段是怒斥西周掠夺百姓财物的强盗行径，造成百姓的极度贫穷。"小东大东，杼柚其空；纠纠葛屦，可以履霜？佻佻公子，行彼周行。既往既来，使我心疚。"家里的织机都被恶如虎狼的地主们抢光了，只穿着草鞋，冬天如何抵御霜寒冰刀？但地主老爷们依然向穷苦百姓征收苛捐杂税，毫不手软。

第三段以下是作者的大声疾呼，"契契寤叹，哀我惮人。……哀我惮人，亦可息也"。作者希望周王朝的贵族能够体谅民生艰难，减轻百姓负担。杜甫在著名的《茅屋为秋风所破歌》的结尾也作同样呼吁："安得广厦千万间，大庇天下寒士俱欢颜。"诗人忧国忧民，却打动不了贪婪残暴的统治阶层，不夺民利，这伙寄生虫就无法生存，所以这种痛彻心肝的呼吁在当时显然是不可能实现的。

孔子说过"《诗》三百，一言以蔽之，思无邪"。抛开《大雅》和《颂》廉价的歌颂，其他诗篇的思想境界非常纯净博大，基本涵盖了社会道德层面的所有范畴，有爱，有恨，当然也有孝。

孝是什么，很简单，孝顺父母，礼敬长辈。在中国古代的道德体系中，"孝"本来是排在"忠"前面的，后来统治者为了治下万民为自己卖命，变成了"忠孝"，甚至将"忠"与"孝"对立，说什么忠孝不能两全。

《孝经·三才章》开宗明义地讲道，"夫孝，天之经也，地之义也，民之行也"，这是孔子说的。在《圣治章》中，孔子再次强调"孝"的重要性，"天地之性，人为贵；人之行，莫大于孝"。孝，是对人类最基本的道德要求。而在《五刑章》中，孔子奋声疾呼"五刑之属三千，而罪莫大于不孝！"孔子认为，世界上最罪大恶极的事情就是对父母不孝，特别是那些弑父弑母的人，更为法律人伦所不容。

一个人活在世上，不一定有子女，但一定有父母。《孝经》大力宣扬子女对父母的孝道，对中国历史影响极大，这也是中华民族传统美德最核心的思想体系，不孝者即为兽行，天可诛之，地可绝之。

四八 /《诗经》的魅力（下）

《诗经》中以民风诗为主，反映孝道的作品不多。但其中有一篇，论艺术感染力，论给人们带来的心灵震撼，论催人泪下的程度，在诗三百中都是首屈一指的，就是《诗经·小雅·蓼莪》。

全诗如下：

蓼蓼者莪，匪莪伊蒿。哀哀父母，生我劬劳。
蓼蓼者莪，匪莪伊蔚。哀哀父母，生我劳瘁。
瓶之罄矣，维罍之耻。鲜民之生，不如死之久矣。
无父何怙？无母何恃？出则衔恤，入则靡至。
父兮生我，母兮鞠我。拊我畜我，长我育我，顾我复我，出入腹我。欲报之德。昊天罔极！
南山烈烈，飘风发发。民莫不谷，我独何害！
南山律律，飘风弗弗。民莫不谷，我独不卒！

《蓼莪》有一点特殊之处在于，虽然这首诗描述的是孝子感念父母养育之恩，展现一个孝子浓浓的思亲之情，但其立意主旨，却是控诉统治者的残暴，所以后世作注者多把此诗归入讽刺诗，比如《毛诗》就说《蓼莪》"刺幽王也"。

《蓼莪》讲的是一个农家孩子被官府征兵入伍，不得不离开父母，去异地服役。后来从家乡传来噩耗，父母已经亡故，士兵站在河边，看着随风摇荡的芦苇，哭诉着对父母的思念，以及未能在二老面前尽孝的自责。这首诗行文流畅，感情真挚，感人肺腑，非大手笔不能出此。

《蓼莪》没有用太多的情景铺垫，就直接切入思念父母的正题。前两段中的"哀哀父母，生我劬劳……生我劳瘁"。读到这儿，我们会联想到一个场景：白发苍苍的父母，腰弯背驼，在烟熏火燎之间品尝着生活的艰辛。

孩子长大后，会因为各种原因抱怨父母。我们总认为向父母索取是天经地义的，但我们很容易忽略父母把我们一把屎一把尿地拉扯大，是何等的不易。有句话说得好："不养儿不知父母恩。"等孩子成家立业生儿育女后，会更深刻地体谅父母的辛苦。

第三段是讲对父母离世的彻入骨髓的痛，"鲜民之生，不如死之久矣"。接下来紧跟一句："无父何怙？无母何恃？"看着让人心酸，父母都不在了，无依无靠的我在这个世界上还有什么意义？

经过前面的铺垫，诗人的感情越来越饱满，情绪越来越激动，高潮即将到来。

第五段是《蓼莪》最精彩的段句，"父兮生我，母兮鞠我。拊我畜我，长我育我，顾我复我，出入腹我"。这一段并没有用直白的感情抒发，而是客观描述士兵还在襁褓的时候，父母抱着他的场景，可谓字字深情，情感表达反而更加强烈。

如果换成白话文，就是"父亲生了我，母亲抚养我，你们爱我养我，抚养我长大，教我做人，出门抱我"。天下的父母之爱是相通的，不论古今中外。除了一些不幸的婴儿，大多数人都被母亲柔软温暖的身体抱过，能感受到母亲身上深沉而博大的母爱。

当士兵流着眼泪讲完他对父母的思念之情时，突然情绪失控，仰天哭喊"我想报答父母的大恩大德，可他们现在在哪里！苍天可恨！"虽然后面还有两段，但感情已经基本平复，算是给这首感情饱满真挚的孝亲诗实现了软着陆。

历代诗评家对《蓼莪》的评价极高，其中以清晚期的诗评家方润玉的评价最有代表性，方润玉在《诗经原始》卷十一中，称《蓼莪》是"千古孝思绝作，尽人能识"。甚至可以这么说，《蓼莪》在历代孝亲诗中的地位，就相当于《三国演义》在通俗小说中的地位，当得起开山鼻祖。

一向提倡孝道的孔子对此诗极为推崇，说"于《蓼莪》见孝子之思养也"。自此之后，"蓼莪"也成为孝子的别称，后世许多诗人都在自己的诗篇中用到了"蓼莪"一词，比如在曹植的五言诗名篇《灵芝篇》中就写道："蓼莪谁所兴，念之令人老。退咏南风诗，洒泪满袆抱。"唐人牟融在《邵公母》中也饱含深情地歌颂母爱的伟大，"伤心独有黄堂客，几度临风咏蓼莪"。

特别值得一提的是，在中国著名孝子故事集《二十四孝》中，也有"蓼莪"

孝子的一席之地，就是著名的"王裒闻雷泣墓"，排在《二十四孝》最后一位。

王裒是魏晋人，其父王仪是司马昭属下司马，因事被司马昭杀害。王裒痛恨司马昭，终生不为晋臣，在父亲墓前筑庐教书。每天早晨和傍晚，王裒都要给父亲扫墓，跪在墓前痛哭流涕，泪水淹湿了墓前的树木，树为之枯死。

后来母亲病故，因为母亲惧怕雷声，每次天空打雷，王裒都来到墓前对着天空大喊："有儿在此，阿母莫惊。"因为思念父母过度，王裒每次读到《诗经·小雅·蓼莪》"哀哀父母，生我劬劳"的时候，总会情绪失控，失声痛哭。学生们担心老师的身体，以后读书时就把《蓼莪》删掉了，以免刺激到老师。

王裒的孝思是天生的，并非刻意做作，为了行孝，他甚至连性命都不要了。西晋末年，天下大乱，家族成员纷纷逃到江南避难，王裒不忍抛弃父亲墓舍，号啕不去。后来乱兵闯到墓前，王裒动了逃跑的心思，但最后还是坚定地留了下来，"遂为贼所害"。

除了《蓼莪》，《诗经》中还有一首孝亲诗，就是《国风·唐风·鸨羽》。《鸨羽》和《蓼莪》的结构形式大体相同，都是孝子在边疆服兵役，而且起句皆借物言志。士兵看到天上飞翔的鸨鸟，联想到自己的父母在家无依无靠，泪如雨下，悲愤地痛斥统治者的贪婪残暴，"父母何怙？""父母何食？""父母何尝？"情义真挚，同样感人至深，只不过《鸨羽》没有过多地铺开讲述孝子之思，从艺术感染力上比《蓼莪》弱了许多。

说完了《小雅》，我们接着讲《风》。

关于《风》与《雅》、《颂》在歌颂形式上的区别，宋人郑樵在《六经奥论》中认为"风土之音曰风"，而《雅》是朝廷音，《颂》是宗庙之音，换言之，《风》是属于民间的。

《风》的正式名称其实是《国风》，顾名思义，"国"就是周朝分封的诸侯，按朱熹的解释，"凡诗之所谓风者，多出于里巷歌谣之作，所谓男女相与咏歌，各言其情者也"。这个解释和郑樵的解释是相近的。

《国风》共分为十五个部分，即十五国之歌风，为《周南》《召南》《邶风》《鄘风》《卫风》《王风》《郑风》《齐风》《魏风》《唐风》《秦风》《陈风》《桧风》《曹风》《豳风》，共一百六十首诗。

还要讲两个问题，一是作为西周和春秋前期的重要国家，《国风》中为何没有鲁风和宋风。其实鲁国和宋国并非没有作品入选《诗经》，而是都放在了《颂》

的部分里，鲁歌称为《鲁颂》、宋歌称为《商颂》。

至于原因，其实很简单。宋国是商殷子姓后裔，受周朝礼待，可以用天子礼乐。鲁国是周公姬旦之后，王国维说鲁国"亲则同姓，尊则王朝"，所以鲁国和宋国的地位较高，得以进入《颂》，与《周颂》并列。这就相当于司马迁著《史记》，把项羽放进了本纪，把孔子放进了世家，以显示他们与众不同的历史地位。

第二个问题，《国风》为何没有楚风和晋风，而楚、晋都是当时首屈一指的超级大国。实际上《唐风》就是《晋风》，因为晋国的开国始祖姬叔虞本来封在唐国，后改名为晋。

关于楚风，实际上就是《周南》和《召南》二篇，"二南"文学覆盖的范围大致在长江流域和汉水流域，和楚国的统治区域基本重叠，近人胡适就坚持这个观点。"二南"在《诗经》中的地位非常重要，排在各篇之首，我们再熟悉不过的《关雎》就是《周南》第一篇。

《国风》的艺术价值，可以说是四诗中最高的。《小雅》虽然尽可能地接了地气，但毕竟是用士大夫的眼光往下看，有时难免带有一丝清高，更注重写作技巧。

《国风》是民歌合集，从底层百姓的角度反映了当时社会的各方面生活形态，真实、纯朴、质朴，没有过于精细的雕琢，更注重原生态的释放。《国风》堪称中国古代文学中的大百科全书，大致可以分为感情生活类、社会劳动类、讽刺官府类、歌颂英雄类。

感情生活类，这类作品在《国风》中的比重最大，相关诗章有《桃夭》(女子出嫁)、《汝坟》(思念远方的丈夫)、《女曰鸡鸣》(夫妻的和谐生活)、《野有死麕》(男女幽会)、《绿衣》(悼念亡妻)、《木瓜》(恋人互赠礼物)、《狡童》(恋人之间产生小矛盾)、《风雨》(夫妻久别重逢)，等等。

我们都知道，爱情是人类社会永恒的主题，也维系着人类的生存繁衍，甚至有人说没有爱情的诗篇是灰暗的。打开这些情诗，扑面而来的是一股远古质朴的气息，虽然相隔两千多年，依然感觉那么的亲切。

《小雅》中有几篇爱情诗，但从影响力上讲，《国风》的爱情诗更胜一筹，有许多家喻户晓的名句。《关雎》就不用多介绍了，小学生都能张口即来："关关雎鸠，在河之洲。"下面讲讲几首知名度不如《关雎》，但同样精彩的爱情诗篇。

现代社会生活节奏加快，人与人之间日渐疏远，特别是夫妻之间，"七年之痒"，几乎成了夫妻谈虎色变的名词。其实婚姻并不可怕，可怕的是对婚姻的不自信，只要双方相敬如宾，忠于对方，就不会出现什么危机。婚姻危机，往往来自背叛。说到夫妻和睦，我们会想到东汉梁鸿和妻子孟光"举案齐眉"的故事，其实要说第一例反映夫妻生活和谐的文学作品，当属《诗经·郑风·女曰鸡鸣》。

与其说《女曰鸡鸣》是首诗，不如说它是一组动态的家庭生活画，语言生动，画面感很强。《女曰鸡鸣》绘声绘色地描述了一对夫妻一天的幸福生活，恩爱礼敬，让后人羡叹不已。全诗如下：

女曰："鸡鸣。"士曰："昧旦。子兴视夜，明星有烂。""将翱将翔，弋凫与雁。"

"弋言加之，与子宜之。宜言饮酒，与子偕老。琴瑟在御，莫不静好。"

"知子之来之，杂佩以赠之。知子之顺之，杂佩以问之。知子之好之，杂佩以报之。"

诗的开头其实是夫妻刚睡醒的一段有趣对话，看到丈夫还在呼呼大睡，妻子摇醒了丈夫，然后指着窗外说道："该起床了，鸡都打鸣了。"丈夫似乎还没有睡醒，揉着惺忪的双眼，反驳妻子："你胡说什么呀，没看到天上的启明星灿烂吗？再让我睡一会儿。"妻子很可爱，她在床上做了一个射箭的动作，然后撒起娇来："早点起来吧，一会我们到外面打几只野鸭子，改善一下伙食。"

看来丈夫已经答应了妻子的请求，妻子依偎在丈夫怀里，用轻柔的声音告诉丈夫："等你把野味打来后，我下厨做菜，再给你准备一壶好酒。我愿意和你共品美味，共享幸福人生。我弹琴，你鼓瑟，歌唱美好的生活，就这样我们一起牵着手慢慢老去。"

这对夫妻家境并非大富大贵，丈夫应该是以打猎为生，生活水平并不高，但幸福与否，并不完全取决于物质财富，精神财富更重要。我们可以想到这样一幅场景：丈夫哼着小曲，拎着野鸭回家，妻子轻轻扑打丈夫衣服上的灰尘，然后把野味拿到厨房，丈夫在旁边打下手。夫妻有说有笑，什么叫幸福？这就是幸福。

讲完《郑风·鸡鸣》，再来讲一下《齐风·鸡鸣》。二者的结构基本相同，都是天刚蒙蒙亮的时候，夫妻在床上的对话，但《女曰鸡鸣》洋溢着夫妻恩爱的幸福，《齐风·鸡鸣》重在讽刺贪吃懒惰的丈夫，有很强的视觉效果。

根据《毛诗·鸡鸣诂训传》的解释，这个好吃懒做的家伙是齐哀公姜不辰，也有观点认为此诗是讽刺齐襄公姜诸儿的。《鸡鸣》和《女曰鸡鸣》中的女主人公，都非常善良贤惠，天要亮了，妻子有责任催促丈夫起床，去忙营生。

所不同的是，《女曰鸡鸣》中的丈夫知道男人肩上的责任，很顺从地起床去打猎，而《鸡鸣》中的丈夫，不但不听妻子的话，反而胡搅蛮缠，和妻子打嘴仗，场面非常有趣。

还是妻子先推醒沉睡的丈夫，说："没听到鸡在打鸣吗？大臣们都来了，你该起床上朝了。"同样遭到了丈夫的反驳，不过这位丈夫也许天生就是一个搞笑派，他的回答足以让人喷饭，把妻子气得差点背过气去。

"匪鸡则鸣，苍蝇之声。"你听错了，哪有什么鸡打鸣的声音，明明是一群苍蝇在嗡嗡乱飞。丈夫慵懒地回答完，然后翻过身去，想继续睡觉。妻子有些不高兴了，苍蝇的声普怎么能和鸡鸣一样，一定是丈夫不想起床。她告诉丈夫天色已经大亮，结果丈夫又无厘头地回了一句："你看错了，那不是天亮，那是月光。"

第三段是丈夫的"反击"，他似乎不满妻子对他的催促，反而想让妻子再陪他多睡一会儿。"虫飞薨薨，甘与子同梦。"丈夫说苍蝇的嗡嗡声非常悦耳，可以起到催眠作用，夫妻二人同入好梦。

面对这个懒丈夫，妻子被彻底激怒了。虽然诗中没有动作描写，但可以想象一下：妻子满面怒气，一把掀开被子，或者干脆一脚把丈夫踢下床。然后妻子做河东狮吼状："大臣们等不到你，都下朝回家了！你再这样懒散，会招人骂的，不知内情的还以为我是个狐狸猜，我可不想替你背这个黑锅！"

关于《鸡鸣》中的男女主人公的身份，历来争议很大。有人认为这对夫妻不是国公与妃，而是普通士人夫妻，还有观点认为这对夫妻是一对偷情的野鸳鸯。其实这对夫妻是什么身份并不重要，国君也有正常的婚姻生活，也和普通人一样，该懒的照样懒，该坏的照样坏。

《诗经》能被历代儒家奉为经典，不是没有道理的。《诗经》不仅是一部质量上乘的文学作品集，还是反映当时社会生活百态的史料集，更重要的是拓宽了华夏先民的文学创作思路，对后世的文学、美术、音乐，乃至政治都产生了极为深远的影响，这才是《诗经》留给后人最大的价值所在。

说到《诗经》对中国美术史的影响，就不得不提及一首极为著名的诗篇，就是特别受文艺青年追捧的《诗经·秦风·蒹葭》。《蒹葭》是诗经中最富有"小资情调"的诗，意境之朦胧、视觉之丰富、感情之幽深，历代诗中无出其右者。有观点认为，《蒹葭》是中国朦胧诗的鼻祖，这种说法很有道理。

对于《蒹葭》的解读，《毛诗》认为这是讽刺秦襄公嬴开不用贤人的，实在有些牵强。西汉的道学先生们从来不用爱情的视角来解读《诗经》，动辄讽刺这个国主，讽刺那个夫人，现代人看历史的角度与古人是有所区别的，我们更愿意从人性的角度来解读历史，对《蒹葭》同样如此。

《蒹葭》基本上被现代人看作让人动情的爱情诗，其实这也不难理解。这首诗的第一句就让人怦然心动，读者会不由自主地被带入一幅动态的水墨画中，随之悲，随之喜。

"蒹葭苍苍，白露为霜。所谓伊人，在水一方。溯洄从之，道阻且长。溯游从之，宛在水中央。"翻译过来，就是："一个初冬的清晨，长满芦苇的河边，白露点点滴滴在芦苇的叶上，晨风轻拂，芦苇摇荡，河水轻轻地流淌。有一个男人站在岸边，透着河上泛起的轻薄雾气，痴情地望着对岸，他似乎发现了一个长发飘散、素衣轻盈的女子，站在清澈的河水边，在雾气朦胧之中，看不真切。"

这已经不是一首诗了，而是一位画者在宣纸上尽情泼洒着墨香，几笔连下，遂成千古巨制，让人爱不释手。近人王国维对这首诗推崇备至，他在《人间词话·卷上》中说过：《蒹葭》一篇，最得风人深致。"以《蒹葭》之美，当之无愧。

北宋词人晏殊那首著名的《蝶恋花》："昨夜西风凋碧树，独上高楼，望尽天涯路。"就是借用了《蒹葭》的意境，但按王国维的说法，《蝶恋花》意气悲壮，不如《蒹葭》洒落轻盈。

其实，要说意境与《蒹葭》最为相似的，并不是晏殊的《蝶恋花》，而是三国第一才子曹植那篇感动千古的《洛神赋》。《洛神赋》之所以能打动人，大致有两点，一是曹植对甄洛割舍不下的感情，二是赋中缥缈朦胧的情景描写，读之仿佛置身于仙境中。河水中升腾的雾气，映衬着一位美丽女人的忧伤，打湿了诗人的心扉，也感动了读者。

虽然《蒹葭》是诗，《洛神赋》是赋，但二者的精神内核是相同的，充满了彷徨和忧伤，而且主场景都发生在河边。从曹植悲剧性的人生来推测，《蒹葭》的作者也应该是一位郁郁不得志的士大夫，只能写诗以言志。"国家不幸诗家幸，话到沧桑句便工"，他们个人的不幸，恰恰成了后世读者们的幸运。

大事年表

公元前 771 年　周幽王十一年

因幽王无道，申侯联合犬戎，发兵攻下周都镐京，幽王被杀，西周灭亡。同年，申侯立幽王前太子姬宜臼为周王，是为周平王，东周开始。

公元前 770 年　周平王元年

平王迁都雒邑（今河南洛阳）。因秦襄公派兵护送平王东迁，平王把岐山以西赏秦，将秦国列为诸侯。

公元前 757 年　周平王十四年

郑庄公姬寤生出生，不为母武姜所喜。

公元前 743 年　周平王二十八年

郑武公姬掘突去世，姬寤生即位，是为郑庄公。同年，郑庄公把受母亲宠爱的弟弟共叔段封于京（今河南荥阳）。

公元前 739 年　周平王三十二年

晋侯姬伯被曲沃桓叔姬成师派心腹潘父杀死。晋国大宗拒绝曲沃小宗姬成师赴翼城成为大宗。

公元前 731 年　周平王四十年

曲沃桓叔去世，子姬鳝即位，是为曲沃庄伯。

公元前 724 年　周平王四十七年

曲沃庄伯在翼城杀死晋孝侯。

公元前 723 年　周平王四十八年

管仲出生。

公元前 722 年　周平王四十九年

鲁隐公元年，为孔子订《春秋》的起始年。

公元前 720 年　周平王五十一年

周平王崩，孙姬林即位，是为周桓王。周王室和郑国交换人质，郑国割东周之麦，又取东周之禾，两国交恶。

公元前 719 年　周平王五十二年，周桓王元年

卫国公子州吁杀卫桓公姬完自立。卫国大夫石碏设计杀死州吁及自己的儿子石厚，立公子姬晋为卫侯，是为卫宣公。

公元前 718 年　周桓王二年

曲沃庄伯联合周天子及诸国，讨伐翼城，败。

公元前 716 年　周桓王四年

曲沃庄伯去世，子姬称继位，是为曲沃武公（晋文公姬重耳之父）。

公元前 710 年　周桓王十年

曲沃武公灭晋哀侯，但晋人立哀侯之子为君。

公元前 704 年　周桓王十六年

楚国君主熊通自封为楚王，对抗周天子。

公元前 694 年　周庄王三年

齐襄公姜诸儿和鲁桓公的夫人、自己的亲妹妹庄姜偷情，并杀死来齐国访问的鲁桓公。鲁桓公子姬同继位为鲁君，是为鲁庄公。

公元前 686 年　周庄王十一年

瓜代之祸，齐国内乱。齐襄公被公孙无知所杀。襄公两弟：姜纠奔于鲁，姜小白奔于莒。

公元前 685 年　周庄王十二年

公孙无知被杀，齐国大乱。两公子展开"龟兔赛跑"，回齐国争位。姜小白装死骗过管仲，抢先一步回临淄即位，是为齐桓公。姜纠失败被杀。齐桓公拜管仲为齐国国相，对齐国内政外交进行全面改革。

公元前 684 年　周庄王十三年，鲁庄公十年

齐国灭谭。

齐鲁大战于长勺，曹刿大败齐军（见著名的《曹刿论战》）。

楚攻蔡国，活捉蔡哀侯。

公元前 682 年　周庄王十五年，鲁庄公十二年

宋国公子南宫万杀宋闵公，宋国内乱。

公元前 681 年　周僖王元年，鲁庄公十三年，齐桓公五年，秦武公十七年

齐国会集宋、陈、蔡等国，在北杏会盟，商讨帮助宋国平乱事宜。

公元前 680 年　周僖王二年

齐陈蔡邾四国伐宋。

楚国灭息国。

公元前 679 年　周僖王三年，齐桓公七年

齐桓公会宋、陈、郑、卫等国国君于甄（今山东甄城），齐国始霸，为春秋五霸之始。

公元前 678 年　周僖王四年

曲沃武公灭晋国大宗，成为新的晋国大宗，改称为晋武公。

郑国攻宋，齐国以郑国背盟，与宋、卫攻郑。

齐桓公会鲁、卫、宋、郑、滑、许、滕诸国国君盟于幽。

楚国灭邓。

公元前 677 年　周僖王五年

周僖王崩，子姬阆继位，是为周惠王。

晋武公姬称去世，子姬诡诸即位为晋侯，是为晋献公。

公元前 672 年　周惠王五年

陈国公子田完奔于齐，齐桓公封他为工正，是田氏齐国的始祖。

晋灭骊戎，获骊姬。

公元前 671 年　周惠王六年

楚公子熊恽杀兄，自立为楚王，是为楚成王，与鲁国通好。

公元前 669 年　周惠王八年

卫懿公姬赤立。

晋献公平诸公子之乱，晋国再无公族势力。

公元前 668 年　周惠王九年，齐桓公十八年

楚攻郑，齐以盟主身份率诸国救郑。

公元前 667 年　周惠王十年

齐桓公会宋、鲁、郑、陈诸国于幽，盟。齐桓公被周天子命为侯伯（盟主）。

公元前 666 年　周惠王十一年

晋献公让太子姬申生住在曲沃，儿子姬重耳住在蒲城，姬夷吾住在屈。

公元前 664 年　周惠王十三年，齐桓公二十二年

齐桓公北伐山戎，救燕（成语"老马识途"源出于此）。

公元前 661 年　周惠王十六年，晋献公十六年

晋灭霍、耿、魏三国。

公元前 660 年　周惠王十七年，鲁闵公二年

鲁国大夫庆父杀鲁闵公，奔莒。鲁僖公立，庆父自杀（成语"庆父不死""鲁难未已"源出于此）。

卫懿公好鹤无道，为狄人所杀。

公元前 659 年　周惠王十八年，齐桓公二十七年，楚成王十三年

秦穆公嬴任好继位。

公元前 656 年　周惠王二十一年

齐桓公率诸侯伐蔡，以解楚攻郑之围。诸侯和楚国在召陵会盟。

公元前 655 年　周惠王二十二年，晋献公二十一年

晋太子姬申生在内乱中拒绝出逃，自杀。姬重耳和姬夷吾出国避难。

晋献公假途伐虢，灭虢国。

晋公子姬重耳出奔于翟。

公元前 653 年　周惠王二十四年

周惠王崩，太子姬郑继位，是为周襄王。

公元前 651 年　周襄王元年，齐桓公三十五年

夏，齐桓公在葵丘大会诸侯，周襄王派人庆贺，标志着齐桓公姜小白正式成为天下霸主。

晋献公姬诡诸去世，晋国大乱。大臣里克杀掉骊姬之子姬奚齐，立公子姬夷吾为晋侯，称晋惠公。

晋公子姬重耳求秦穆公，欲入秦避难，穆公许。百里奚迎姬重耳入秦。

宋桓公子御说去世，子兹父继位，即著名的宋襄公。

公元前 650 年　周襄王二年

晋惠公杀里克及丕郑，背秦晋之约，两国失好。

公元前 648 年　周襄王四年

齐相管仲出使东周，拒绝周天子赐的上卿之礼，只受下卿。

楚国灭黄国。

公元前 645 年　周襄王七年，齐桓公四十一年

齐相管仲及大臣隰朋卒。死前，管仲反对齐桓公用易牙、竖刁、姬开方，桓

公不听。

秦国与晋国大战于韩原,秦胜,俘晋惠公,旋又释放。

公元前644年　周襄王八年

晋惠公欲杀兄重耳,重耳奔齐,齐桓公以宗室女嫁重耳。

公元前643年　周襄王九年,齐桓公四十三年

春秋第一任霸主齐桓公姜小白去世,诸公子争位,齐国大乱。公子姜无亏在易牙扶持下继位,太子姜昭出奔宋国。

公元前642年　周襄王十年

宋襄公联合诸侯平定齐乱,奉齐太子姜昭回齐继位,即齐孝公。齐公子姜无亏被杀。

郑国向楚国屈服。

公元前639年　周襄王十三年

宋襄公欲争霸,与楚战于盂,败,为楚军俘虏。随后,楚军大举攻宋。不久,楚释放宋襄公。

公元前638年　周襄王十四年

夏,宋与楚战于泓水。宋襄公假仁假义,迂腐可笑,为楚所败。宋襄公大腿中箭。

公元前637年　周襄王十五年

九月,晋惠公去世,太子姬圉继位,即晋怀公。

晋公子重耳入楚,受楚成王优待,楚成王问重耳何以报楚之德。重耳回答:退避三舍。楚臣子玉请成王杀重耳,以绝楚后患,成王不许。

重耳入秦,以姬圉妻为妻。

公元前636年　周襄王十六年

重耳在秦穆公帮助下,入晋继位,是为晋文公,杀晋怀公。

公元前633年　周襄王十九年,晋文公四年

齐孝公姜昭去世,公子姜潘杀孝公太子,自立为齐侯,是为齐昭公。

晋文公改军制,为上、中、下三军,以赵衰为卿。

公元前632年　周襄王二十年

晋楚城濮之战,楚国大败。晋文公会盟诸侯,周襄王亲自祝贺,以晋文公为方伯,承认晋文公的霸主地位。

公元前 630 年　周襄王二十二年

秦伐郑。郑国大夫烛之武奉牛酒智退秦军（词语"东道主"源出于此）。

公元前 628 年　周襄王二十四年，晋文公九年，楚成王四十四年

冬，晋文公姬重耳去世，子姬欢继位，是为晋襄公。

公元前 627 年　周襄王二十五年

秦晋在殽大战，晋军胜。

公元前 626 年　周襄王二十六年

楚国太子商臣发动政变，成王自杀，商臣即位为楚子，是为楚穆王。

公元前 624 年　周襄王二十八年

秦军攻晋，大胜。西戎臣服于秦，秦穆公为西戎霸主。

公元前 621 年　周襄王三十一年

秦穆公嬴任好去世，以 177 人殉葬，秦人哀之，作《黄鸟》。穆公子嬴罃继位，是为秦康公。

晋襄公姬欢去世，赵盾掌国政。

公元前 620 年　周襄王三十二年

秦奉晋国公子姬雍回国继位，为赵盾所拒绝，败秦军于令狐。赵盾立公子姬夷皋为晋侯，是为晋灵公。

公元前 619 年　周襄王三十三年

周襄王崩，太子姬壬臣继位为周天子，是为周顷王。

公元前 614 年　周顷王五年

楚穆王去世，太子熊侣即位，就是著名的楚庄王。

公元前 609 年　周匡王四年，鲁文公十八年

鲁文公去世，子姬俀继位，是为鲁宣公。从此，三桓主持鲁政，鲁国公室无权。

公元前 607 年　周匡王六年

周匡王姬班崩，弟姬瑜即位，是为周定王。

晋赵盾派赵穿杀晋灵公。晋国太史董狐直书赵盾弑君。赵盾立姬黑臀为晋侯，是为晋成公。

公元前 599 年　周定王八年，陈灵公十五年

陈国有美女夏姬，郑国之女。陈灵公与大臣孔宁、仪行父三人共同私通夏

姬。夏姬之子夏徵舒不忿，杀陈灵公。

公元前597年　周定王十年

楚军与晋军大战于邲，楚胜，楚庄王称霸。

公元前596年　周定王十一年

晋景公以邲之战晋败为由，杀名将先榖，夷其族。

公元前591年　周定王十六年

楚庄王去世，子熊审继位，是为楚共王。

公元前588年　周定王十九年

晋国军队扩张，由三军扩大为六军。

公元前586年　周定王二十一年

周定王崩，子姬夷即位，是为周简王。

郑国在楚国失宠，转而与晋国结盟。

公元前585年　周简王元年

晋国迁都新绛。

寿梦在吴国称王，为吴王之始。

公元前584年　周简王二年

楚国攻打郑国，晋率诸侯来救，楚军大败。

吴国与中原往来。

公元前583年　周简王三年

晋国内乱，大夫屠岸贾杀赵氏，即赵氏孤儿事件。

公元前581年　周简王五年，晋景公十九年

晋景公姬孺去世，子姬寿曼即位，是为晋厉公。

公元前579年　周简王七年

宋国执政华元调解晋、楚罢兵，开"弭兵之会"。

公元前578年　周简王八年

晋国约齐、鲁、宋等八国攻秦，秦国大败。

公元前575年　周简王十一年

晋、楚在鄢陵大战，楚国大败。

公元前563年　周灵王九年

郑相子产平定郑国五族之乱。

公元前 562 年　周灵王十年

鲁国三桓三分公室。

郑国与楚国断绝关系，正式臣服于晋国。

公元前 560 年　周灵王十二年

吴国迁都姑苏。

公元前 559 年　周灵王十三年

吴国在皋舟与楚国大战，楚军败。

公元前 558 年　周灵王十四年，晋悼公十六年

晋悼公姬周去世，子姬彪即位，是为晋平公。

公元前 553 年　周灵王十九年

晋平公与诸侯在澶渊与齐国会盟。

公元前 551 年　周灵王二十一年，鲁襄公二十二年

孔子出生。

公元前 548 年　周灵王二十四年

晋率诸侯伐齐，齐国大夫崔杼杀死齐庄公，诸侯退兵。崔杼立公子姜杵臼为君，是为齐景公。

公元前 546 年　周灵王二十六年

宋国劝晋、楚两国休兵，晋、楚、宋、齐、鲁、秦、卫、陈、蔡、郑、许诸国，在商丘会盟，史称"第二次弭兵之会"。盟约规定，晋楚两个超级大国从此再不打仗。

齐大夫庆封杀崔杼全族，崔杼自杀，庆封掌握齐国实权。

公元前 545 年　周灵王二十七年

周灵王崩，子姬贵即位，是为周景王。

齐国庆封失权，奔吴。

公元前 544 年　周景王元年

吴王余祭攻越失败，余祭被越国俘虏，旋杀。余祭之弟夷昧即位为吴王，使季札出使中原诸国。

公元前 543 年　周景王二年

郑国子产为相，全面进行改革。

公元前 542 年　周景王三年

郑国子产不毁乡校。

公元前 540 年　周景王五年

晋国韩宣子出使鲁国，称赞周礼尽在鲁国。

公元前 538 年　周景王七年

楚国伍举出使晋国，求晋国允许楚国会诸侯，晋国同意。

郑相子产改革土地制度，作丘赋。

公元前 537 年　周景王八年，鲁昭公五年

鲁国公族三桓"四分公室"。

公元前 536 年　周景王九年

郑相子产铸型书。

公元前 534 年　周景王十一年

楚国灭陈国。

公元前 532 年　周景王十三年

齐国大夫陈氏（田氏）与鲍氏等大族，灭高氏、栾氏等大族。陈、鲍瓜分其产。陈桓子以小惠取信于齐人，为田氏代姜齐之伏笔。

公元前 529 年　周景王十六年

楚平王复立陈国。

公元前 527 年　周景王十八年

吴王夷昧去世，子姬僚即位，就是著名的吴王僚。

公元前 524 年　周景王二十一年

周景王铸大钱，单穆公反对，景王不听。

公元前 522 年　周景王二十三年

楚大夫费无忌诬蔑太子建谋反，楚平王杀太子老师伍奢及其子伍尚。太子建与伍奢子伍员（伍子胥）逃奔郑国。太子建欲取郑，事败被杀，伍子胥奉太子建之子胜出奔吴国。

郑相子产卒，其子太叔继续执政。

公元前 515 年　周敬王五年

吴公子光用刺客专诸，刺杀吴王僚，自立为吴王。公子掩余奔于徐，烛庸奔于钟吾。

公元前 514 年　周敬王六年

晋国灭祁氏与羊舌氏，晋六卿掌政。

公元前 512 年　周敬王八年

吴国灭徐国。

公元前 511 年　周敬王九年

吴国袭扰楚国，楚国疲于奔命。

公元前 506 年　周敬王十四年

吴国在柏举大败楚军，吴军攻入郢都，楚昭王逃奔随国。伍子胥鞭楚平王尸。楚大夫申包胥出奔秦国，哭墙三日，请秦出兵复楚。

公元前 505 年　周敬王十五年，楚昭王十一年，吴王阖闾十年

楚军在稷大败吴军，随后，楚昭王回到郢都。吴王弟夫概反阖闾失败，奔楚。秦哀公派五百兵车救楚。

公元前 501 年　周敬王十九年，鲁定公九年

孔子做官，任鲁国的中都宰。

公元前 500 年　周敬王二十年

鲁国与齐国在夹谷举行会议。孔子代理鲁国宰相事，抨击齐国淫乐，齐国把汶阳之地交给鲁国。

公元前 497 年　周敬王二十三年

孔子离开鲁国。

晋国赵鞅受范氏和中行氏的攻击，逃到晋阳。智氏、韩氏、魏氏讨伐范、中行，二氏奔于朝歌。

公元 496 年　周敬王二十四年，吴王阖闾十九年

吴国与越国在槜李大战，吴军败，阖闾受伤，不久去世。吴太子夫差即位为吴王，发誓要报仇。

公元前 494 年　周敬王二十六年

楚国灭蔡。

吴军与越军战于夫椒，越败，越王勾践降吴，为吴奴。

公元前 490 年　周敬王三十年，齐景公五十八年

齐景公去世，立公子荼，诸公子奔于列国。

公元前 489 年　周敬王三十一年

齐国内乱，陈氏（田氏）与鲍氏驱国氏、高氏，杀死齐君晏孺子，改立公子姜阳，是为齐悼公。

公元前 486 年　周敬王三十四年，吴王夫差十年

吴国北伐齐国。开通邗沟。

公元前 484 年　周敬王三十六年

孔子归鲁。

吴鲁联军在艾陵大败齐军。

吴王夫差宠信太宰伯嚭，逼死忠心侍吴的宰相伍子胥。

公元前 482 年　周敬王三十八年，吴王夫差十四年，越王勾践十五年

吴王夫差北上，与晋、鲁等国会于黄池，欲争天下霸主。已被释放回越的越王勾践，卧薪尝胆、生聚教训二十年，北上伐吴。

公元前 479 年　周敬王四十一年

孔子去世。

公元前 478 年　周敬王四十二年

卫国奴隶暴动，杀卫后庄公姬蒯聩。

楚惠王灭陈。

越军在笠泽大败吴军。

公元前 473 年　周元王三年，吴王夫差二十一年，越王勾践二十二年

越王勾践灭吴，吴王夫差自杀。越国北上，与齐晋鲁宋会盟。周元王以勾践为方伯，成为春秋最后一任霸主。

公元前 458 年　周贞定王十一年

晋国的智氏、韩氏、赵氏、魏氏联合，灭掉范氏与中行氏，瓜分其地。

公元前 453 年　周贞定王十六年，晋出公二十二年

赵襄子、魏桓子、韩康子联合，共同灭掉势力最大的智伯瑶，为三家分晋伏笔。

公元前 425 年　周威烈王元年，晋幽公九年（赵襄子五十一年）

赵襄子去世，其弟赵桓子继位。

公元前 423 年　周威烈王三年

韩武子攻郑国，杀郑幽公。

公元前 403 年　周威烈王二十三年

周天子正式命晋国大夫赵籍、魏斯、韩虔为诸侯，赵魏韩三家分晋，标志着春秋时代的结束，以及战国时代的开始。